中国图书馆事业发展报告
（图书馆建筑卷）

国家图书馆　编

编　委：申晓娟　顾建新　陈　超　高　波
　　　　胡建平　谢春枝　陶　涛　张　伟
　　　　郭欣萍　刘秀峰　赵彦静　邓景康
　　　　唐光前　张悦霞　郑建程

中央编译出版社
Central Compilation & Translation Press

图书在版编目（CIP）数据

中国图书馆事业发展报告. 图书馆建筑卷／国家图
书馆编. —北京：中央编译出版社，2022.6
ISBN 978-7-5117-4088-5

Ⅰ.①中… Ⅱ.①国… Ⅲ.①图书馆-建筑设计-
研究报告-中国 Ⅳ.①G259.2

中国版本图书馆 CIP 数据核字（2021）第 253220 号

中国图书馆事业发展报告. 图书馆建筑卷

责任编辑	杜永明	
责任印制	刘　慧	
出版发行	中央编译出版社	
地　　址	北京市海淀区北四环西路 69 号（100080）	
电　　话	（010）55627391（总编室）	（010）55627313（编辑室）
	（010）55627320（发行部）	（010）55627377（新技术部）
经　　销	全国新华书店	
印　　刷	三河市华东印刷有限公司	
开　　本	710 毫米×1000 毫米　1/16	
字　　数	552 千字	
印　　张	32.75	
版　　次	2022 年 6 月第 1 版	
印　　次	2022 年 6 月第 1 次印刷	
定　　价	98.00 元	

新浪微博：@中央编译出版社　　　　**微　　信：**中央编译出版社(ID: cctphome)
淘宝店铺：中央编译出版社直销店(http://shop108367160.taobao.com)　（010）55627331

本社常年法律顾问：北京市吴栾赵阎律师事务所律师　闫军　梁勤
凡有印装质量问题，本社负责调换，电话：（010）55626985

国家图书馆白石桥馆舍一期工程夜景

国家图书馆白石桥馆舍二期工程侧面图

国家图书馆白石桥馆舍二期工程阅览中庭

国家图书馆文津街馆舍普通古籍阅览室

湖北省图书馆全景图

湖北省图书馆侧面图

湖北省图书馆智海殿堂

湖北省图书馆夜景图

江西省图书馆大厅

江西省图书馆新馆鸟瞰夜景图

江西省图书馆红色图书馆

广州图书馆正门外景图

广州图书馆大堂及中庭

广州图书馆开馆前读者有序排队

太原市图书馆夜间实景图

太原市图书馆正"V"形共享空间

天津滨海新区图书馆中庭全景

天津滨海新区图书馆中庭天井内部

上海杨浦区图书馆
阅览室

上海杨浦区图书馆
中厅

上海杨浦区图书馆
外景图

清华大学图书馆玻璃幕墙巧
妙联系馆内外空间

清华大学图书馆西馆大厅

清华大学图书馆北馆

汕头大学图书馆外景图

汕头大学图书馆一楼大厅

汕头大学图书馆外景雕塑

汕头大学图书馆二楼阅览区

山东交通学院无影山校区图
书馆一层咖啡厅

山东交通学院无影山校区图
书馆中庭

山东交通学院无影山校区图书馆

中国科学院文献情报中心借查阅一体的现代化阅览环境

中国科学院文献情报中心

序

在中华文明漫长的历史发展中，图书馆无疑占有重要地位。不同时期建成的风格各异的图书馆建筑，不仅是中华民族浩瀚文明成果赖以世代传承、永续利用的重要载体，同时也以其不断发展变化的建设形制，见证着中华民族对典籍文化内涵及图书馆价值、功用的认识和理解的发展与进步。

中华民族自古热爱文化、敬惜字纸，藏书历史绵远悠长。天一、晦宋、嘉业、海源等私人藏书蜚声四海，兰台、东观、石渠、天禄等官府藏书闻名千古，这些公私藏书秘藏于室，其建筑多古朴典雅、威严庄重，一方面凸显人们对典籍文化的崇敬与珍视，另一方面也折射出当时知识文化生活与平常百姓之间的距离。1902 年，清末开明乡绅徐树兰在今浙江绍兴创办古越藏书楼，虽仍沿袭古时称谓，却完全打破以往藏书楼"藏而不宣"的传统理念，将徐氏历代收藏的 7 万余卷藏书悉数面向社会开放，其建筑形制也因之变革，率先以中庭开阔处为大众阅览场所。自此以往，更多私人藏书楼走向开放，或转为公藏，各地仿效西方图书馆形式建立的公立图书馆也渐次开办，国家图书馆的前身京师图书馆即建成于这一时期。当此之时，藏书与服务相结合的近现代图书馆理念逐渐推广，进而对图书馆的建筑形式产生深刻影响。各地新建馆舍不仅专设图书观览之所，更对选址多有筹谋。京师图书馆自 1912 年开馆至 1931 年文津街新馆落成，馆址数迁，不独为扩大面积、敷于布置，更考虑交通便利等诸多因素。1916 年，教育部呈文称："各国通例，恒于公园中附设图书馆，教育博物馆等，使一般国民于藏修息游之际，无形自然之中，得增进其常识，涵养其性情，所谓不召自来，无言而化之国民教育。"并以此在中央公园辟设京师图书馆通俗分馆，体现了近现代图书馆主动服务于公民教育的先进理念。

20 世纪中叶以来，我国图书馆事业发展日新月异，图书馆建筑在数量、规模不断扩大的同时，其设计理念与建设风格也随着经济发展不断变迁，特别是改革开放之初，《图书馆汇报提纲》经中央书记处批准通过，就图书馆馆舍条件的改善提出了极具现实意义的推进意见，促成了包括国家图书馆白石桥新馆在内一大批图书馆的新建和改扩建。这一时期建成的新馆，多为兼具民族风格和地域特色，体现中国气派的现代化新馆，不仅采用了当时较为先进的建筑技术，同时也融汇了国际一流的图书馆服务理念，引入了大量现代化的图书馆设施设备，不少图书馆打破了藏、借、阅空间相互分离的传统建筑结构，采用统一层高、统一柱网、统一荷载，大开间的框架结构，使图书馆得以不断适应用户需求，灵活调整服务格局。

20世纪90年代，人类社会发展迎来以信息化为典型特征的第三次浪潮，现代信息技术飞速发展，也给图书馆的建筑设计、空间布局的变革与创新带来了新的机遇与挑战。在国内外图书馆事业由传统图书馆向数字图书馆转型的过程中，各类图书馆建筑的设计与施工也越来越离不开对数字化、网络化、智能化技术及其配套设施设备的综合部署与应用。例如，一些图书馆引入楼宇智能化管理系统，应用RFID技术合理布置门禁，动态引导读者分流；与高新技术企业合作建设智慧阅读空间，应用大数据技术对读者信息进行自动采集、分析，在此基础上向读者精准推送个性化资源与服务；建设智能书库，实现书刊自动存取、分拣传输系统的全智能化管理等。

而这些现代技术设施的应用，反过来又进一步推动了图书馆空间价值的持续拓展及其功能布局的不断重构。图书馆不仅仅是人们与书籍美好相遇的场所，而且日益成为人们与心灵对话，感知和体验多元文化，与他人交流思想、共享知识的场所，成为致力于为各类创新创造活动打造新的学习、交流、协同与共享空间，成为具有凝聚力和感染力的文化传承、交流与共享空间，成为联结人与人、人与社会、人与文明、人与知识、人与未来的文化空间。与此同时，随着人们文化意识的日益觉醒，许多地方都开始着力将其新建图书馆项目打造为当地的城市名片、文化地标，甚至网红打卡地。

近年来，围绕图书馆建筑变革与空间发展的研究和讨论日益热烈，不仅图书馆行业内部日益重视对图书馆建筑的研究，网络空间中也开始流行各种不同形式的"最美图书馆"榜单，凸显了图书馆在当今社会生活中日益重要的突出地位与作用。如何适应社会需求的发展变化，打造更为优雅、舒适、便利的学习阅读环境和交流体验空间，已成为今天广大图书馆人必须深入研究和思考的重要议题。为此，国家图书馆研究院在其策划的《中国图书馆事业发展报告（蓝皮书）》系列出版项目中，特别提出"图书馆建筑"这一专题，力求对我国改革开放以来的图书馆建筑发展进行一次全面的总结梳理，并在此基础上对这一领域当前及未来一段时期的创新发展进行前瞻思考。这一选题得到国内图书馆建筑领域诸多专家、同仁的大力支持，来自公共图书馆、高校图书馆、专业图书馆的二十余位专家学者，合作开展了广泛深入的调查研究，搜集了大量研究文献、图片资料及一手数据，经过近两年时间的精心锤炼，最终成果以图文并茂的形式呈现给广大读者。本书立足于改革开放以来我国图书馆建筑及其理念的发展变化、建筑功能的拓展，以及建筑空间布局的优化等内容进行研究探讨，并附百余张精彩图片，力图在理论探讨之余为读者提供一场图书馆建筑实践的视觉盛宴。

全书共分为总报告、专题报告、案例研究、附录四个部分。总报告对本书涉及的重要概念进行了界定，总结了我国图书馆建筑发展的主要成就，并对其未来发展趋势进行了研究与分析。专题报告部分分别从图书馆建筑理念、建筑设计与功能布局、空间再造与创新等视角切入，进行专题领域的系统理论分析。案例研究部分精选了近年来美誉度较高的 11 家经典图书馆代表，包括获得"建筑工程鲁班奖"的国家图书馆一期、二期建设工程，多次获国家各类优秀建筑奖的清华大学图书馆建设工程，荣获第二届全国绿色建筑创新综合奖一等奖的山东交通学院无影山校区图书馆项目，以及被美国《时代周刊》誉为"2018 年最值得去的 100 个地方"的天津滨海新区图书馆等，对其建设理念、建筑特点、设计思路、功能亮点、利用情况等进行分析总结。附录部分对全国副省级以上城市和省会城市图书馆改革开放以来的新建、改扩建项目情况进行了比较系统的调查梳理，以期为学者进一步研究及读者进一步了解提供详实的一手资料。本书的编纂出版得到了全国许多图书馆的积极参与与热情帮助，得到了专家学者及其研究团队的理解支持与悉心付出，在此谨向所有参与本书编纂出版的机构与个人表达衷心谢忱。我们真诚地希望本书能够为广大读者全面了解我国图书馆建筑发展提供可靠资料，同时也希望能够引发社会各界对图书馆建筑及其未来发展的更多关注与思考。

《中国图书馆事业发展报告（蓝皮书）》是国家图书馆研究院这些年精心培育的一个研究品牌，也是我馆坚持联合业界、服务业界的一个重要项目，自2012 年以来，已陆续出版农村图书馆、数字图书馆、少儿图书馆、图书馆标准化等多个专题，各卷编撰及出版均得到各级各类图书馆和有关教育科研机构的高度关心与支持，希望未来能够进一步深化与业界专家学者及各类教育科研、实践机构的开放合作，不断总结事业发展新经验，研究事业发展新问题，探索事业发展新路径，共同推进图书馆事业发展与理论研究。

编　者

2021 年 12 月

目　录

案例研究

表目录

图目录

总 报 告

第一章 改革开放以来
我国图书馆建筑发展总论

 1978 年，党的十一届三中全会在北京召开，会议确立了以经济建设为中心，坚持四项基本原则，坚持改革开放的基本路线。党的十一届三中全会至今，经过四十多年的发展，我国国家综合实力显著增强，社会公共事业繁荣发展，公共文化服务体系不断完善，文化软实力和中华文化影响力大幅提升。在改革开放的时代背景下，中国图书馆事业长足发展，尤其是图书馆建筑发展迅速，全国各级各类图书馆建筑新建、改扩建数量众多，图书馆建筑设计理念不断发展，图书馆建筑在功能、结构、布局、造型等方面发生了重大变化。在这个发展的过程中，一些图书馆建筑不再仅仅单纯作为一馆馆藏和读者读书的物质承载主体，同时还成为一个地区的地标，乃至一个地域的文化符号。

 四十多年后的今天，图书馆的内涵不断延伸，职能日益扩充，计算机技术、通信技术、网络技术等现代信息技术在图书馆中的应用愈发普及和深入，引起了图书馆的服务和管理等工作的一系列巨大变化，直接影响到图书馆建筑的设计理念和图书馆建筑的构成及空间布局。作为建筑实体的图书馆并没有如预言般消失，而是日益发展，尤其是以人为本、人与自然和谐发展的理念渐入人心，越发受到重视，人性化、生态化、开放化、智能化等理念体现在一座座图书馆建筑之中。在我国，图书馆类型众多，各类型图书馆如国家图书馆、公共图书馆、高等院校图书馆、专业图书馆等，都分别建设有鲜明特色的图书馆建筑，图书馆建筑作为一个国家、一座城市、一所学校、一个行业的文化景观，不仅是传承历史文化与人文精神的载体，同时也承载着满足人们文化需求与审美取向的重任。

 纵观改革开放以来我国图书馆建筑事业的发展历程，以《图书馆建筑设计规范》① 为代表的一系列标准规范，是图书馆人与建筑设计师们共同努力的成果，为图书馆建筑的设计提出了明确的指引，也是我国图书馆建筑事业日趋成熟的标志。与此同时，建筑技术不断发展，奠定了图书馆建筑进一步发展的坚实基础，现代信息技术日新月异，对图书馆建筑功能的进一步完善提供了更广阔的空间。未来，在经费支撑、建筑工艺、信息技术等多种因素的作用和影响下，特别是在人们对图书馆功能定位的认识和对图书馆需求的不断发展变化中，我国图书馆建筑的发展将走向何方，是值得我们深思的一个重要话题。

总报告从图书馆建筑的概念入手，梳理改革开放以来我国图书馆建筑的发展历程，总结、分析我国图书馆建筑建设发展取得的主要成就，并对我国图书馆建筑的发展趋势进行展望。

第一节　图书馆建筑概论

建筑是为了满足人类社会活动的需要，利用物质技术条件，按科学法则和审美要求，并通过对空间的塑造、组织与完善所形成的人为物质环境。[1]通常认为，建筑是建筑物和构筑物的总称，我们一般将直接供人们生活居住、工作学习、娱乐和从事生产活动的建筑称为建筑物，如住宅、学校、办公楼、体育馆、图书馆等；而把间接供人们使用的建筑称为构筑物，如水塔、蓄水池、烟囱等。建筑学理论认为，构成建筑的基本要素主要有三项，分别是建筑功能、建筑技术和建筑形象。建筑功能即建筑的实用性，随着社会的发展，人们物质文化生活水平的提高，人们对建筑功能的要求也在不断提高；建筑技术是实现建筑的手段，包括建筑材料、结构与构造、施工技术等内容；建筑形象是指建筑物的内外观感。[2]构成建筑的三要素中，建筑功能是最基本的要素，建筑技术是实现建筑功能的必要手段，建筑形象则是建筑功能、建筑技术的综合表现，三者之间紧密联系、不可分割，形式服从于功能，功能在建筑中起主导作用。

---

① 《图书馆建筑设计规范》（JGJ 38—87）最早于 1987 年发布并实施，十余年后进行了修订，形成《图书馆建筑设计规范》（JGJ 38—99），作为强制性行业标准于 1999 年 10 月 1 日起实施，原标准同时废止。2015 年 8 月 28 日，《图书馆建筑设计规范》（JGJ 38—2015）发布，此规范在 JGJ 38—99 的基础上经过全面修订而成，于 2016 年 5 月 1 日正式实施。

一、什么是图书馆建筑

建筑被认为是一门艺术，是用特定的语言，来表达所处时代的文化传统、价值观念和科技水平。图书馆建筑是一种特殊的建筑类型，在图书馆"要素说"理论的形成与发展过程中，图书馆建筑一直被视为构成图书馆的基本要素之一。杜定友先生1921年8月在广州市民大学作的讲演中就将人才、书籍和房屋作为图书馆的三要素而提出[3]；1934年刘国钧先生提出图书、人员、设备和方法四要素，1957年又提出了读者、图书、领导与干部、工作方法、建筑和设备五要素[4]；1984年蒋复璁提出："图书馆之基础有四：一曰图书，二曰人员，三曰经费，四曰建筑。"[5]；1985年，吴慰慈先生等在《图书馆学概论》一书中提出"图书馆的构成，有藏书、读者、干部、技术方法、建筑设备等要素。"[6]1988年，黄宗忠先生在《图书馆学导论》一书中提出："图书馆应有藏书、人（馆）员、读者、建筑和设备、技术方法、管理6个要素构成。"[7]

关于图书馆建筑的概念，国内学界的观点较为一致，且多是从图书馆管理工作的角度出发，对图书馆建筑进行定义。通常认为，图书馆建筑是指根据图书馆的职能、任务、管理方式、读者对象的特殊要求而设计建造的图书馆专用建筑物。[8,9,10]图书馆建筑不同于一般的办公楼、教学楼、宿舍建筑，它在选择馆址，确定面积、建筑结构、房间的布局和功能等方面，要进行专门设计和施工。作为公共建筑的一种，图书馆建筑涉及透彻的功能分析、紧凑的整体布局、完美的空间处理、合理的结构选择等问题，它有独特的设计和造型，一座好的图书馆建筑，是图书馆功能、现代技术和建筑艺术的完美结合。它的表现形式、使用工艺、承载功能和艺术形象，在一定程度上反映了文化、教育、科学技术的进步程度乃至社会经济的发展水平。

根据李明华先生在《规划设计图书馆建筑要旨》中所述，现代图书馆建筑的构成主要包括六个方面：（1）房屋，阅读研究房间、培训交流房间、藏书空间、管理用房与设备用房，各种功能空间的组合；（2）设备，书架阅览桌椅等家具、电梯、通风空调设备、变配电设备、安保监测预警及灭火设备等；（3）交通，馆内外的交通联系安排，安全疏散紧急逃生通道，停车场地的布置等；（4）网络，现代图书馆是集群化、网络化的，馆内、馆外的信息传输交换与服务全依赖于网络联结；（5）氛围，图书馆建筑不仅是布置好三维空间，更要有优良的文化氛围，给人以精神的享受与陶冶；（6）环境，从传统上的"馆中有园，园中有馆"到"馆人合一"，现代图书馆更加注重环境的和谐。[11]

上述所列的六项内容是广义的图书馆建筑构成，涵盖内部空间、家具设备、信息网络、内外环境等诸多要素。

为使研究更为深入和聚集，本书所讨论的图书馆建筑，仅从狭义角度着眼，即对图书馆建筑的研究仅限于图书馆馆舍及其空间布局，包括馆舍新建、旧馆改造和在原建筑背景下根据职能变化进行的空间再造，图书馆家具设备、网络、交通等不在本书研究范围。

二、图书馆建筑的特征

图书馆是人们用以传播知识和传递信息的社会设施，是收集、整理和保存文献信息并向读者提供查询、借阅及相关服务的科学、文化、教育机构。随着时代的发展，图书馆的功能也在不断地扩展，图书馆建筑不仅与读者的需求和使用息息相关，与图书馆员也密切联系，同时还受到现代信息技术发展的影响。作为公共建筑的重要类型，相当数量的图书馆建筑表现出了标志性、地标性特征，与地区的发展密切相关。

概括而言，图书馆建筑具有以下特征：

（一）功能的多样性

图书馆是一个多功能机构，虽然不同时期、不同国家、不同类型的图书馆在功能上侧重点会有所不同，但总体而言，有些功能是每个图书馆都要具有的，是支撑和服务于图书馆基本职能的建筑功能，例如收集、整理、传递文献信息，有些功能是以基本职能为基础而逐渐衍生的，随着社会的发展而变化，是图书馆的基本职能在一定社会的表现形式，被称为图书馆的社会职能。[12]关于图书馆的社会职能，国际图书馆协会与机构联合会（简称"国际图联"，International Federation of Library Associations and Institutions，IFLA）在1975年法国里昂举行的"图书馆职能科学讨论会"上，对图书馆的社会职能作出总结，将图书馆的社会职能总结为四个方面的内容：（1）保存人类文化遗产；（2）开展社会教育；（3）传递科学情报；（4）开发智力资源。[13]随着经济社会和科学技术的发展，尤其是在互联网环境下，人们获取信息方式的改变正在挑战传统功能价值体系，图书馆原来有限狭义的功能定位将转化为多元协调发展的功能定位，文化中心、信息中心、知识中心、学习中心、服务中心、体验中心、共享中心、创新中心和发展中心是图书馆功能不断扩展的充分体现。图书馆建筑是图书馆一切功能的承载体，是实现图书馆功能的物质基础，是图书馆开展各项工作的先决条件。不同发展阶段的图书馆建筑因图书馆服务方式、服务功能、发挥职能与作用的不同，其建筑规模、建筑方式、内部布局有着很大的不同。[14]社会的发展、科技的进步、人们精神文化需求的提高，对图书馆提出了更高的要求，图书馆的职能在不断扩充，这就要求图书馆建筑在功能上也要扩展，呈现功能上的多样性，从而满足图书馆职能发展的要求。

（二）使用的灵活性

灵活性的含义比较宽泛，凡在空间内所形成的布局、组合、划分等能表现出一定的可变性、互换性、适应性、渗透性和扩展性的建筑空间，可以统称为灵活可变的空间。[15]英国著名建筑专家哈里·佛克纳·布朗（Harry Faulkner Brown）在1997年召开的第10届图书馆建筑与设备研讨会上提出了图书馆建筑设计10项原则，其中灵活性位于首位。① 我国图书馆建筑领域的专家也十分重视图书馆建筑的灵活性，原中国图书馆学会建筑与设备委员会主任朱成功、著名建筑学家鲍家声等都曾在相关著述中对图书馆建筑的灵活性进行阐述。朱成功认为，图书馆建筑中往往要求在不改变结构的条件下其内部空间有灵活变动的可能性，这就是图书馆建筑使用功能上的灵活性；[16]鲍家声认为，图书馆设计必须具有很大的灵活性，以适应可能发展的新材料、新设备和新的管理方式。[17]概括而言，灵活性赋予了图书馆建筑发展的生命力，它突破了传统图书馆建筑内部功能和使用要求固定不变的束缚，要求图书馆建筑应在满足当前需要的同时，为适应将来发展变化提供更大的可能性。

（三）布局的合理性

图书馆的空间布局与利用一直以来都是图书馆设计与建设的重要任务。图

---

① 哈里·佛克纳·布朗（Harry Faulkner Brown）借用著名的基督教"十诫"提出了10项图书馆建筑设计原则，分别为：①灵活性；②紧凑性；③适用性；④扩展性；⑤多样性；⑥条理性；⑦舒适性；⑧稳定性；⑨安全性；⑩经济性。

书馆建筑空间布局的设计，需要做到功能使用的灵活性与可行性最大限度的完美统一。图书馆建筑的布局问题是图书馆科学管理的内容之一，需要兼顾整体和局部，既要从整体上考虑建筑功能发展变化的需要，更要从局部上做到科学合理的安排，科学合理的图书馆空间布局，是一个动态的、根据需求不断改进完善的变化过程。具体体现为以下几个方面，一是图书馆区域划分要合理，藏书、读者、工作人员三条流线设计顺畅便捷；二是图书馆空间组织要按照动静分区的原则，区分不同类型读者及工作人员的不同活动区域；三是图书馆空间布局要考虑与业务的较好匹配性，使业务工作流程的各个环节之间密切联系；四是图书馆整体环境应保证良好的通风与采光，尽可能满足读者对阅览和活动空间的需求。建筑布局设计合理，有助于使建筑的内部功能达到适用性、方便性、灵活性、科学性、安全性的要求，同时又满足现代图书馆科学管理的要求，为实现图书馆的服务功能提供空间上的支撑。

（四）设计的美观性

设计理念是图书馆建筑的灵魂，它决定着图书馆建筑的空间结构以及建筑功能的发挥。随着社会的发展、科技的进步和应用，图书馆逐渐成为一个地域或者一种文化的象征，图书馆的标志性地位得到越来越广泛的认同。相应地，图书馆建筑的设计理念也在不断发展和变化，注重通过艺术造型来展现图书馆的文化特质。一般认为，图书馆建筑的设计包括外形设计和室内设计两个部分，图书馆建筑的外形是向外界展示图书馆的第一道风景，充分体现着建筑的文化性格与特征，与周围的文化环境相互协调，展现时代特色；图书馆内部空间设计与图书馆的外形设计是相辅相成、辩证统一的，包括建筑空间塑造、结构造型、光照与色彩设计等内容。对于图书馆建筑而言，理想的建筑形式应是感性和理性的结合，建筑师利用各种灵活的组织方法、综合的艺术手段、优秀的建筑形象，形成一系列建筑和艺术元素的组合与变化，从而达到设计上的美观性，满足人们的审美需求，使图书馆成为人们心仪的学习、研究、休闲、交流之所。

（五）环境的舒适性

鲍家声和龚蓉芬在《图书馆建筑求索——走向开放的图书馆建筑》一书

中，将舒适性作为图书馆空间质量的评价因素之一，① 认为"舒适性是就图书馆内外空间对人的生理、心理感受的综合评价"[18]。长期以来，图书馆一直努力践行着以人为本的服务理念，满足读者和工作人员的人性化需求，在图书馆建筑的设计上，尤其注意为读者提供方便、高效、舒适的阅读环境，包括光环境、声环境、热环境、空气品质等在内的各种环境因素，从视觉、听觉、触觉、嗅觉等多方面多角度满足读者的需求。图书馆不仅仅是文献信息收集、流通之地，更是人与人之间的交流场所，越来越多的图书馆立足于为读者提供一个学习、阅览、休闲、社交的场所，开始关注读者对环境的需求：适宜的温湿度、低分贝的声音、柔和的光线、清新的空气以及不可或缺的绿化等。

三、图书馆建筑的价值

图书馆建筑的价值何在？从不同的角度可以有许多不同的解读：建筑师看重的是造型别致和艺术效果，结构师看重的是结构体系，经济师看重的是投入产出效益，环境工程师看重的是对环境的影响，图书馆员看重的是服务方式和工作条件，读者看重的是功能的完善、使用的便捷，图书馆建筑专家看重功能、造型、服务、管理、设施等综合性能。[19]图书馆是供社会成员使用的文化设施，图书馆建筑的价值随着图书馆事业的发展、图书馆功能的扩展在不断地被重新认识。概括而言，图书馆建筑的价值主要体现在以下几个方面。

（一）社会价值

图书馆传承着人类的文明，记载着社会的进步，在人类永不停步的发展和进步史中，发挥着不可或缺的巨大作用和无可替代的社会价值。近年来，图书馆作为国家重要的文化与教育机构、公众自由平等获取各类信息的主要场所，在保存民族文化遗产、传播信息与知识、推进社会教育、丰富公众文化生活等方面发挥着越来越重要的作用，具有深远的社会意义。图书馆建筑是承载图书馆提供服务的物质载体，是供社会成员平等享用知识信息和进行交流的处所，

---

① 其他图书馆空间质量的评价因素包括：一是高效性，一方面指一定面积内书架及座椅的排放效率，另一方面指一定空间内的使用效率；二是灵活性，与传统固定功能模式的图书馆比较，这是现代图书馆最显著的特点；三是可发展性，对于发展的要求是相对的，随着图书网络和储备图书馆的出现，图书馆从使用效率角度应当寻求最佳规模，并非越大越好；四是经济性，包括两层含义，建造的经济性和运行的经济性。

是文化知识积聚和文明传承的形象体。"公共空间""第三空间"① 等用以描述图书馆的概念都来自社会学领域[20]，图书馆的社会价值不言而喻，图书馆建筑是图书馆的实体承载，其社会价值自然也涵盖其中。

（二）文化价值

所谓文化价值，是指那些凝结在人们通过实践活动所创造的物质产品和精神产品中，能够满足人们的物质和精神文化需要的价值。[21]图书馆建筑的文化价值与建筑的价值观密切联系，在建筑发展的各个历史阶段，建筑的文化价值总是被肯定的，建筑的功能空间有文化价值，建筑的艺术造型也有文化价值。[22]图书馆是人类发展历史上一种典型的文化现象和文化活动，图书馆建筑作为积累、保存、传播人类智慧成果的场所，既是文化的象征也是文化传承的体现，图书馆建筑作为展示文化的形象有它的文化价值，作为文化活动的容器更有相应的文化价值。

（三）人文价值

所谓图书馆建筑的人文价值，就是要求其建筑外观、功能、布局、设施的安排及内外环境的营造，都要以人为中心，处处给读者以亲切和关怀，充分考虑读者的意愿与习惯，以方便读者利用文献信息和进行交流活动为出发点和归宿，为读者提供舒适、优美的环境。[23]图书馆建筑要充分体现人文化已经成为图书馆界的共识，图书馆建筑的人文价值通过设计理念、建筑形象、功能布局等多方面予以体现，在一定程度上对图书馆的利用效果会有很大的影响。关注人是现代图书馆建筑的基本宗旨，尊重人，尊重人的尊严，尊重人的精神需求，以人为本，营造开放、平等、亲和、无障碍的阅读和服务环境，是现代社会对图书馆服务的基本要求，也是图书馆建筑人文价值的基本体现。获得图书馆服务是民众的一项文化权利，图书馆建筑要为人着想，要给读者营造安全、方便、舒适、温馨的环境，要给工作人员提供良好的工作环境。

（四）艺术价值

建筑是技术和艺术的综合作品，它有严密的科学性，又有丰富的艺术性。

---

① 该概念来自社会学领域，最早提出"第三空间"概念的是美国社会学家雷·欧登伯格（Ray Oldenburg），他认为第一空间是家庭，第二空间是职场，也就是工作空间，第三空间是指闹市区、咖啡馆、酒吧、城市公园、图书馆等公共空间。

建筑艺术通过空间组合、体形、比例、尺度、质感、色调、韵律等建筑艺术语言，构成一个丰富的形体体系，形成艺术形象，造成一定的意境，表现出特定的时代精神。[24]建筑成为审美对象，是历史发展的产物，经历了从实用到审美的发展过程，建筑艺术美的本质即满足人们实用功能的需求和满足人们精神需求的统一。最初的建筑，目的性较为单一，仅仅是基于实用目的，随着社会的发展和进步，建筑才逐渐具有了审美价值，它是一种呈于空间、偏于表现的实用与审美相结合的艺术，图书馆建筑艺术自然也不例外。图书馆建筑所体现的美学价值应是功能与艺术的结合，只有既适用于图书馆的功能需要又表现出其审美价值的建筑形象，才能形成图书馆建筑的艺术价值。

第二节　我国图书馆建筑的建设与发展

自改革开放以来，我国图书馆建筑经历了一个大发展的时期。在这 40 多年中，各级政府规划立项了一批图书馆建筑新建、改扩建项目，大大推动了我国图书馆建筑发展的进程。在本书的编纂过程中，为确保对我国图书馆建筑发展进行全面与科学的总结梳理，我们对 82 家副省级以上、省会城市公共图书馆（含独立建制的少年儿童图书馆）进行了问卷调查，对改革开放以来上述图书馆的新建、改扩建项目相关数据进行摸底，调查所获原始数据以附录形式进行全面展现，通过这些详尽客观的调研数据，可以清晰地看到改革开放以来我国图书馆建筑建设与发展的总体脉络。

关于图书馆建筑的发展历程，我国图书馆学界也多有研究，结合图书馆学界的既往研究成果以及我们所进行的调研，本报告将改革开放以来我国图书馆建筑的发展概括为三个主要阶段：分别为 20 世纪 80 年代的起步探索阶段、20 世纪 90 年代的快速发展阶段和 2000 年至今的稳步提质阶段。

一、起步探索阶段

（一）外部环境

20 世纪 80 年代是中国改革开放的前十年，也是中国经济在现代化道路上大步前进的十年，我国社会主义建设进入了新的历史时期。在这十年中，中国经济以惊人的速度发生变化，整个 80 年代平均经济增长率达到了 9%，这个速度不仅大大高于世界平均 2.8% 的增长速度，而且也快于一些增长较快的发展中国家的经济增长。[25]经过十年的发展，我国国民生产总值由 1980 年的 4470 亿元增加到 1990 年的 17400 亿元[26]，综合经济实力的增强，促使文化、教育、科研等公共领域的财政资金支持力度进一步加大。据统计，1990 年，国家财政分费用类别支出中，社会文教费为 737.61 亿元，比 1980 年（199.01 亿元）增长 270.64%。[27]同时，城乡人民的生活明显改善，1990 年城镇居民人均生活费收入 1387 元，农民人均纯收入 630 元，扣除物价因素，分别比 1980 年增长 68.1% 和 124%。[28]随着国家经济实力的增强、科学研究和文化教育事业的发展以及人民生活水平的改善，对图书资料的需求日益增多，极大地推动了我国图书馆事业进入新的发展时期。1978 年 2 月，中华人民共和国第五届全国人民代表大会会议《政府工作报告》中明确指出要"发展各种类型的图书馆，组成为科学研究和广大群众服务的图书馆网"[29]，这是中华人民共和国成立以来《政府工作报告》中首次为图书馆事业发展指明方向。1980 年 5 月，中共中央书记处第 23 次会议讨论通过《图书馆工作汇报提纲》，提纲就改善图书馆条件、加快北京图书馆新馆（今国家图书馆总馆南区馆舍）建设提出了具体建议[30]，该文件对提高图书馆事业认知、推动图书馆事业发展具有重大意义。此后，相关主管部门先后制定、实施了有关条例和规定，进一步从政策上保障图书馆事业的发展。

（二）基本情况

文甲龙先生在《图书馆建筑十年述略》一文中这样概括改革开放十年来图书馆建筑的发展："七十年代最后一年的五月，中共中央书记处首次研究了图书馆的发展规划和有关北京图书馆新馆（今国家图书馆总馆南区馆舍）的建设问题，我国图书馆建筑进入了新的发展时期。图书馆建筑法规更臻完善，独立馆舍的建筑面积日益增加，图书馆建筑的学术活动更为活跃，建筑实践得到了科学的总结，建筑理论又反过来指导着建筑实践，形成了建筑理论和建筑实践都蓬勃发展的十年。"[31]文先生发表此文是在 1989 年，即便今日我们回头来看，他对那一时期我国图书馆建筑发展的总体评价仍然是客观而全面的。这一时期，党中央积极倡导的全党全社会"尊重知识、尊重人才"的精神越发深入人心，整个社会对文献信息的需求大量增加，同时图书馆建筑不能适应图书馆事业发展这一矛盾也逐渐加剧，促使图书馆建筑理论和图书馆建筑实践同时得以发展。

回顾 20 世纪 80 年代我国图书馆建筑领域的发展，主要可以概括为以下几个方面：

1. 图书馆建筑法规、标准和规范①

20 世纪 80 年代，较具有代表性的图书馆建筑规范性文件和标准主要有二，一是《一般高等学校校舍规划面积定额（试行）》（［79］教计字 472 号），另一是《图书馆建筑设计规范》（JGJ 38—87）。《一般高等学校校舍规划面积定额（试行）》由教育部制定，经国家计划委员会、国家基本建设委员会审查同意于 1979 年 12 月 31 日颁布，该规章中专门设置了一节"图书馆"，对图书馆的建筑内的各种空间构成、建筑面积定额等内容进行了明确的规定[32]，从规章的角度有效保障了高等院校图书馆建筑的发展。在此基础上，1984 年 4 月 10 日，教育部发布了《教育部关于调整和补充〈一般高等学校校舍规划面积定额〉的意见》（［84］教基字 092 号），规定"书库藏书量已超过《定额》的规定者可按现有藏书量并考虑若干年的发展增加书库的建筑面积"[33]。《图书馆建筑设计规范》（JGJ 38—87）由原城乡建设环境保护部、文化部和国家教育委员会批准，于 1987 年 5 月 13 日以（87）城设字第 286 号文发布，自 1987 年 10 月 1 日起试行。规范正文内容共分六章，分别为：总则、基地和总平面、建筑设计、书刊资料保护、防火和疏散、建筑设备，另有三个附图和部分附录[34]，从图书馆的选址、总平面布局、建筑设计等方面作出相关规定和最低限值，确保图书馆建筑设计符合适用、安全、卫生、经济的要求。该规范属于行业标准范畴，具有一定的权威性，它结束了我国图书馆建筑设计工作历来无章可循的局面，对各级各类图书馆的建筑设计都有深远的影响。此外，在地方图书馆立法中，也有对图书馆建筑的相关规定。例如，《贵州省县级图书馆工作条例》（黔府［1985］49 号）第五章关于"经费、馆舍和设备"的规定中，要求"县馆馆舍扩建或新建的规模，可按全县人口的藏书情况确定，一般为一千到二千平方米"。

2. 图书馆建筑理论研究和学术活动

改革开放以来，随着图书馆事业的发展，特别是图书馆建筑实践的需要，

---

① 图书馆建筑作为建筑的一种类型，首先需要遵循我国关于建筑的相关法规、标准和规范。本报告旨在研究我国图书馆建筑的发展，将对相关的图书馆建筑法规、标准和规范进行梳理和分析，对各类型建筑具有普适规范作用的建筑类法规、标准和规范不再进行单独梳理。

对图书馆建筑领域进行的理论研究也日益增多，鲍家声、朱成功、谭详金、李明华、高冀生等著名专家、学者倾力于此学术领域的研究。这一时期先后出版的有关图书馆建筑研究专著有南京工学院和清华大学的《图书馆建筑设计》（1979 年）、书目文献出版社翻译出版的美国汤普逊著的《图书馆建设的计划与设计》（1981 年）、鲍家声的《图书馆建筑》（1986 年）和《中小型公共图书馆建筑设计方案图集》（1986 年）等[35]，这些专著对我国当时图书馆建筑的发展起到了重要的指导作用，其中鲍家声主编的《图书馆建筑》和美国汤普逊著的《图书馆建设的计划与设计》在 20 世纪 80—90 年代一直是图书馆建筑界重要的参考书。在此期间，发表在图书馆学和建筑学刊物上的有关图书馆建筑的学术论文数量也呈增长趋势。在 1980 年前的 32 年中，我国图书馆建筑学领域年均论文产出不足两篇，而 1981 年到 1987 年的 7 年间，年均产出论文已达 60 篇，是前 32 年产出的 30 倍。[36]这些学术论文主要集中在图书馆建筑综述、图书馆建筑设计、图书馆空间布局、建筑的灵活性等方面，与图书馆建筑实践的发展互相影响、相得益彰。与此同时，图书馆建筑领域的学术交流活动也多有开展，例如，第一次全国图书馆建筑设计经验交流会于 1982 年 3 月18—23 日在陕西省西安市召开，来自北京图书馆（今国家图书馆）、部分建筑设计院、大专院校和公共图书馆的 133 名代表参加会议，围绕我国现代化图书馆建筑设计，进行交流讨论；[37]同年，全国高校图书馆建筑工作会议在沈阳召开，来自全国 12 所重点大学和国家建工总局东北设计院的代表参加了会议，对我国高校图书馆的建筑标准、设计技术、使用功能与服务方式的变革等问题进行了深入细致的讨论。[38]此外，原文化部图书馆事业管理局于 1984 年组织召开了图书馆建筑座谈会，江西省图书馆学会、湖南省高校图书馆工作委员会也分别在省域内组织召开图书馆建筑专题讨论会、湖南省高等学校图书馆建筑研讨会等。

3. 图书馆建筑实践

20 世纪 80 年代被图书馆界称为"图书馆建筑的黄金时代"①，这一时期的

---

① 20 世纪 80 年代对于中国的图书馆具有划时代的意义，图书馆建筑呈现出罕见的建筑速度与建筑规模，"图书馆建筑的黄金时代""图书馆全面发展的十年"等提法都是对这一阶段图书馆事业发展的概括。2000 年以后，鲍家声、吴越等专家、学者对这一提法提出了新的思考，认为与其称这十年为图书馆全面发展的十年，不如说是起步探索的十年更为确切，也是传统图书馆面临挑战的十年。本报告中亦采用了此观点，认为从整体发展的角度来看，20 世纪 80 年代属于图书馆建筑发展的起步探索阶段。

图书馆建筑，无论从规模、数量还是类型和风格上，都基本达到了中华人民共和国成立以来的最高水平。十年间，北京图书馆新馆（今国家图书馆总馆南区馆舍）建成，建筑面积 14 万平方米，被评为 80 年代北京十大建筑物之首，全国省、市级图书馆大都进行了新建或扩建，总建筑面积约在 80 万平方米以上，同时，大专院校图书馆和区县图书馆也在全国各地开始了新馆建设工程，形成了一个前所未有的图书馆建筑黄金时代。[39] 截至 1987 年，在全国公共图书馆系统中，有 21 个省馆和 27 个市馆已经批准兴建和扩建，建筑面积一般都在 2 万平方米以上，湖南、广西、贵州、宁夏、广东、甘肃、河北等省新图书馆已经建成并投入使用，与此同时，还建成一大批区、县图书馆。[40] 据不完全统计，十年来新建图书馆建筑总面积，甘肃省为 38744 平方米，河北省为 47557.2 平方米，宁夏回族自治区为 52782 平方米，吉林省为 91043 平方米，陕西省为 96652.5 平方米，河南省为 106278.9 平方米。[41] 根据本报告对全国部分副省级以上、省会城市公共图书馆（含独立建制的少年儿童图书馆）改革开放以来新建、改扩建项目调查结果显示，天津图书馆、河北省图书馆、安徽省图书馆、甘肃省图书馆、石家庄市图书馆、呼和浩特市图书馆、大连图书馆等很多图书馆都建设有新的项目。在公共图书馆馆舍建设出现新局面的同时，20 世纪 80 年代也出现了大学图书馆建筑的建设高潮。据 1981 年 7 月全国 670 所高校统计，图书馆馆舍面积共 132.33 万平方米，而至 1991 年全国高校图书馆馆舍面积已达 400 万平方米，十年间高校图书馆馆舍面积增加了两倍。1981 年有 79 所高校在建图书馆，建筑面积 42.16 万平方米，188 所高校筹建图书馆建筑面积 87.12 万平方米。1982 年 5 月据全国 26 个省、市、自治区 697 所院校统计，有 116 所高校新建图书馆馆舍共 538261 平方米，另有 31 所高校扩建图书馆馆舍共 81463 平方米。至 1985 年高校为 1053 所，图书馆馆舍面积共 279 万平方米，当时有 200 所高校在建造新馆舍，建筑面积共 279 万平方米。[42]

这一时期，图书馆建筑呈现的景象除了上文所述新建和扩建馆舍外，尤为值得关注的还有建馆指导思想上的转变。随着改革开放后与国际图书馆界交往的增多，我国图书馆界开始突破传统图书馆建筑模式，引进了国外 20 世纪 50 年代流行的模数式图书馆，并结合我国的情况进行了设计和实践，南京铁道医学院图书馆、深圳大学图书馆等都是模数式图书馆建设的样例。所谓"模数式图书馆"，是不带天井、形体方整、柱网划一、按一定的模数进行设计的块状布局的图书馆，它是为解决图书馆使用的灵活性和互换性而产生的，其最大的建筑特点是采用统一的柱网、统一的层高、统一的楼面荷载，也称为"三统一"的图书馆。[43]模数式图书馆契合了我国图书馆界反思传统图书馆模式而提出的以阅为主、藏阅一体的开架管理的现代图书馆新模式。同时，这个时期的图书馆建筑也仍旧有传统图书馆建筑的影响存在，因此呈现出"固定功能型"和"模数式"相结合的特征。

二、快速发展阶段

（一）外部环境

进入 20 世纪 90 年代，中国的发展更加令世人瞩目，经济体制改革的目标确定为社会主义市场经济，中国国民经济和社会发展第八个五年计划（以下简称"八五"计划）、第九个五年计划（以下简称"九五"计划）先后实施并顺利完成。中国经济的增长率始终保持在 8% 左右，个别年份还达到 10% 以上，1999 年中国的 GDP 已超过 1 万亿美元。[44]在经济持续增长基础上，人民生活继续改善，城乡居民收入大幅度增加，城镇居民家庭人均可支配收入和农村居民家庭人均纯收入，2000 年分别达到 6280 元和 2253 元，人民群众衣、食、住、行、用消费水平不断提高，生活质量显著提升。[45]这一时期，以信息科学、信息技术为主要标志的世界科技革命出现新的高潮，为适应世界经济、科技的发展潮流，国家先后提出并实施了科教兴国、可持续发展、对外开放"走出去"等多项战略，有力推动了我国的现代化建设进程。此外，社会主义民主法制建设和精神文明建设进一步加强，科技、教育、文化、卫生、体育等各项社会事业取得了重大进步。图书馆事业作为我国文化事业的重要组成部分，得到充分发展，进一步巩固、提高了 80 年代的发展成果，各类型图书馆数量都有很大的增长，图书馆建筑的数量和规模也日趋扩大。

（二）基本情况

1. 图书馆建筑法规、标准和规范

20 世纪 90 年代的图书馆建筑规范性文件和标准主要包括《普通高等学校建筑规划面积指标》（建标［1992］245 号）、《中小学图书馆（室）规程》

（教备［1991］70 号）、《中等专业学校图书馆规程》（教备［1997］10 号）
和《图书馆建筑设计规范》（JGJ 38—99）。《普通高等学校建筑规划面积指
标》①《中小学图书馆（室）规程》[46]和《中等专业学校图书馆规程》[47]均由
国家教委发布，分别设专门章节就普通高等学校图书馆建筑的规划、中小学和
中等专业学校图书馆的馆舍建设作出了明确规定，有效保障了教育系统图书馆
建筑的科学发展；《图书馆建筑设计规范》（JGJ 38—99）是在"1987 年规范"
的基础上修订而成的，此次修订总结了十多年来图书馆建设的新经验，充分研
究了图书馆管理模式与信息运作方式的发展与变化，吸取了最新科研成果，使
规范更具科学性和先进性。[48]规范共 7 章、24 节、189 条款及 3 个附录，适用
于公共图书馆、高等学校图书馆、科学研究图书馆及各类专门图书馆等的新建
和改扩建工程，对我国现代化图书馆建设与发展起到了积极的指导作用。

2. 图书馆建筑理论研究和学术活动

20 世纪 90 年代的十年间，我国图书馆建筑快速发展，图书馆界和建筑界
积极投入图书馆建筑方面的研究，比 80 年代更为热烈，图书馆建筑理论研究
的广度和深度上都有进一步的扩展，出版了一批高质量的专著、论文集和大型
图册，主要包括《论图书馆设计：国情与未来——全国图书馆建筑设计学
术研讨会文集》（1994）、《中国图书馆建筑集锦》（1996）、《上海图书馆新馆工
程筹建资料汇编》（1998）、《国际图书馆建筑大观》（1999）等，对图书馆建
筑进行研究的学术论文数量也比 80 年代有较大比例的增加，共计有 650 余
篇。② 这一时期图书馆建筑领域的学术交流活动也十分频繁，一方面，中国图
书馆学会学术委员会下设的图书馆建筑与设备研究组③积极发挥作用，联合图
书馆界、建筑界等机构组织了全国图书馆建筑设计学术研讨会、图书馆未来及
其建筑研讨会、中小型图书馆建筑设计研讨会等多个国内学术会议，对图书馆
员和建筑师的良好沟通、合作起到了积极的推动作用。[49]另一方面，图书馆建
筑领域学术交流活动的范围日益扩展，相关领域的专家、学者已经不再满足于

---

① 该文件是在修订 80 年代《一般高等学校校舍规划面积定额（试行）》和《教育部关于调整和
补充〈一般高等学校校舍规划面积定额〉的意见》两个文件的基础上所颁发的。

② 本数据根据《图书馆建筑论文索引（1949—1991）》和《图书馆建筑与设备文献索引（1992—
2002）》综合统计而来。

③ 图书馆建筑与设备研究组成立于 1988 年，隶属于中国图书馆学会学术委员会，截止 2020 年共
历经 8 届。

在我国内地地区的学术交流活动，不断加强与我国台湾地区以及国际上其他国家和地区的联系，加强沟通、交流经验。海峡两岸首次图书馆建筑学术研讨会在中国台北隆重举行①，1997 年第 10 届图书馆建筑与设备研讨会（第 63 届国际图联会前会）②、第 11 届国际图书馆建筑学术研讨会③等会议的召开，都及时有效地总结、交流了图书馆建筑设计经验，对图书馆建筑的发展动向进行了深入探讨。

3. 图书馆建筑实践

90 年代，我国图书馆建筑的发展主要呈现两个特点，一是馆舍建设数量急剧上升，二是馆舍建设规模日趋扩大。就馆舍建设数量来看，1991—2000 年，全国省级图书馆及省会城市、计划单列城市已建成和正在建设新馆舍有 32 所，建筑总面积达 83 万平方米，馆舍数量是 80 年代所建的这一级图书馆数量的 3.6 倍，建筑总面积为 4.3 倍。在 355 个地市图书馆和 2200 多个县级图书馆中，90 年代新建和扩建馆舍的数量也都大大多于 80 年代。[50] 在普通高等学校中，新建、扩建的图书馆馆舍有 500 多所，建筑总面积约有 400 多万平方米，比 80 年代所建馆舍面积增加了两倍多。[51] 随着科学技术的发展，这一时期专业图书馆发展较快，馆舍设施得到很大改善，建设有中国人民解放军医学图书馆、中国科学院图书馆新馆等一批院、所图书馆。就馆舍建设规模来看，馆舍面积在 80 年代的基础上呈现越来越大的趋势。以公共图书馆为例，建筑规模在 2 万平方米以上的就有 20 多所，其中达到 3 万平方米以上的有 12 所，根据夏国栋先生对 1991—2000 年新建部分图书馆（含已建成新馆舍或正建设中的省、自治区、直辖市和部分大城市图书馆）建筑面积的统计，38 所图书馆馆舍总面积 103.04 万平方米，平均每馆 2.7 万多平方米。[52] 这一时期

---

① 海峡两岸图书馆建筑研讨会由台湾淡江大学（教育资料科学学系、觉生纪念图书馆）主办，于 1999 年 4 月 29 日至 5 月 1 日在台北举行，图书馆界和建筑界的代表 142 人与会，其中大陆代表 18 人。这是两岸图书馆学者和建筑师首次就图书馆建筑科学共同切磋，主题为"变化中的图书馆和图书馆建筑"，会议出版有论文集，内容涉及图书馆建筑的各方面，特别是应对信息技术带来的挑战、馆员参与图书馆建设的全过程、建筑师与馆方的合作、图书馆启用后的评估等，多有深入论述与探讨。

② 会议的主题是"智能化图书馆建筑"，来自 30 多个国家近 80 位图书馆员、建筑设计师以及工程技术人员出席了研讨会，我国与会代表有 5 位。

③ 第 11 届国际图书馆建筑学术研讨会于 1999 年 8 月 15—19 日在上海图书馆举行，参加此次会议的有来自 24 个国家的近 100 名代表以及上海图书馆的部分专业人员，本次研讨会共分 5 次会议，会议主题分别为：东亚图书馆建筑、如何筹建新图书馆、新技术与图书馆建筑、新馆开放几年后的评价、图书馆建筑与环境。

具有代表性的图书馆建筑有：清华大学图书馆新馆、山东省图书馆、上海图书馆、北京大学图书馆新馆、浙江图书馆等，其中首都图书馆新馆、清华大学图书馆新馆位列北京 20 世纪 90 年代十大建筑。[53]此外，根据本报告对全国部分副省级以上、省会城市公共图书馆（含独立建制的少年儿童图书馆）改革开放以来新建、改扩建项目调查结果显示，内蒙古自治区图书馆、上海图书馆、浙江图书馆、福建省图书馆、西藏自治区图书馆、杭州少年儿童图书馆等很多图书馆都建设有新的项目。

这一时期，图书馆建筑在设计理念上也发生了变化。随着 20 世纪 90 年代国民经济飞速发展，国家进一步重视文化教育事业，特别是现代信息技术广泛应用到图书馆之中，给各图书馆的服务和管理都带来了一系列重大的变化，闭架管理逐步向开架管理的模式转化，"读者第一"的原则和"藏书接近读者"的管理思想得到广泛认同，直接影响到图书馆的本身结构及其建筑，"人在书中、书傍人边"的图书馆建筑设计甚为通行。[54]有学者认为，也是从这一时期开始，图书馆建筑开始成为一座文化建筑，注重营造一个自然、优美、富有文化艺术神韵的氛围，图书馆建筑从选址造型、结构设计、平面布局、内外环境上，都注意文化气息、地方特色与时代精神。[55]

三、稳步提质阶段

（一）外部环境

2000 年以来，我国经济运行总体平稳，经济发展势头依然强劲，经济增长速度在世界主要国家中名列前茅。2000 年，我国 GDP 突破万亿美元大关（10808 亿），超过意大利成为世界第六大经济体，2005 年达到 2.26 万亿美元，超过法国位列第五位，在 2006 年、2008 年和 2010 年又分别超过了英国、德国和日本。至 2013 年，我国 GDP 已经接近 10 万亿美元，占世界经济总量的 12.3%，成为仅次于美国的经济大国。[56]进入"十三五"时期，我国经济发展进入新常态，增长速度从高速转向中高速，发展方式从规模速度型转向质量效率型，经济结构调整从增量扩能为主转向调整存量、做优增量并举，根据经济发展新常态的趋势变化和特点，面对全球新一轮科技革命和产业变革的重大机遇和挑战，党中央和国务院把创新摆在国家发展全局的核心位置，作出实施创新驱动发展战略的重要部署。这一阶段，文化政策环境持续向好，"文化强国"战略深入实施，文化惠民政策不断丰富，同时，得益于平稳发展的经济环境，文化事业的财政投入保障性也日益增强，2018 年全国文化事业费达928.33 亿元[57]，此外，公共文化服务理念逐步深化，"三馆一站"公共文化设施全部免费开放，基本实现了"县有公共图书馆、文化馆，乡有综合文化站"[58]，公共文化资源配置进一步向基层倾斜，初步建立了覆盖城乡的公共文化服务体系，以满足人民基本文化需求。图书馆作为公共文化设施，是公民学习科学知识、提升科学文化素质的一个重要平台和场所，在我国公共文化设施建设取得了较大进展的同时，图书馆建设取得了不小的成就，随着图书馆硬件设施建设水平和管理水平的提升，愿意到图书馆看书学习的民众越来越多。

（二）基本情况

1. 图书馆建筑法规、标准和规范

2000 年以来，图书馆建筑相关的法规、标准和规范较以往的历史时期有所增加。在法律层面，《中华人民共和国公共文化服务保障法》（以下简称《公共文化服务保障法》）《中华人民共和国公共图书馆法》（以下简称《公共图书馆法》）中都包含有与图书建筑相关的规定。《公共文化服务保障法》中对"公共文化设施（指用于提供公共文化服务的建筑物、场地和设备）的建设与管理"进行了明确的规定，该法第 14 条明确规定"公共文化设施是指用于提供公共文化服务的建筑物、场地和设备，主要包括图书馆、博物馆、文化馆（站）、美术馆……"，由此明确界定了图书馆的公共文化设施属性，第15—19 条分别对公共文化设施列入规划、设计和建设，新建、改建、扩建等相关内容进行了规定；《公共图书馆法》中第 15 条规定："设立公共图书馆应当具备下列条件：（一）章程；（二）固定的馆址；（三）与其功能相适应的馆舍面积、阅览座席、文献信息和设施设备；（四）与其功能、馆藏规模等相适应的工作人员；（五）必要的办馆资金和稳定的运行经费来源；（六）安全保障设施、制度及应急预案。"在标准规范层面，2008 年颁布实施的行业标准《公共图书馆建设标准》（建标 108—2008）和《公共图书馆建设用地指标》（建标［2008］74 号）等明确提出了以服务人口作为公共图书馆建设主要依据的原则，根据人口状况的不同对各地区公共图书馆的数量、规模、结构和分布分别提出了指导意见，《公共图书馆建筑防火安全技术标准》（WH 0502—96）

从建筑分类和耐火极限、建筑基地、总平面和平面布置、防火分区和建筑构造等方面进行了指引，《图书馆建筑设计规范》（JGJ 38—2015）在 1999 年的基础上再次进行了修订，国家标准《公共图书馆服务规范》（GB/T 28220—2011）《图书馆建筑设计规范》（JGJ 38—2015）等对公共图书馆建筑面积及各功能区域面积、阅览座席数量、馆藏规模及更新速度、设施设备配置提出了具体建议。2017 年原文化部出台的《"十三五"时期全国公共图书馆事业发展规划》，首次在国家规划中对每万人公共图书馆建筑面积和阅览室坐席数也制定了发展指标。

表 1-1 "十三五"时期全国公共图书馆事业发展主要指标

类别	指标	单位	2015 年	2020 年
设施网络	每万人公共图书馆建筑面积	平方米	94.7	110
	阅览室坐席数	万个	91.07	105

在地方图书馆立法中，《北京市图书馆条例》（2002 年）、《山东省公共图书馆管理办法》（2009 年）、《上海市公共图书馆管理办法》（2015 年）、《广州市公共图书馆条例》（2015 年）等都对图书馆建筑进行了相应的规定。例如，《北京市图书馆条例》在第三章"图书馆设置"中，对"新建、改建、扩建公共图书馆"进行了相应规定，《山东省公共图书馆管理办法》第 12 条要求"公共图书馆的馆舍、文献信息资源和相关设施、设备必须严格管理、保护，任何单位和个人不得侵占、损毁或者擅自改变公共图书馆馆舍的功能用途。因城乡改造确需拆除公共图书馆或者改变其功能用途的，按照《公共文化体育设施条例》的有关规定执行。"《上海市公共图书馆管理办法》中对图书馆建筑的设计方案、馆舍面积、布局等作出了明确的规定。《广州公共图书馆条例》中第 15、16、21 条，以及第 54 条第一款等都是关于图书馆建筑方面的规定。

2. 图书馆建筑理论研究和学术活动

进入 21 世纪以来，图书馆建筑进入又一个快速发展时期，图书馆馆舍的总体建设数量和单馆建筑面积都有了新的突破，对图书馆建筑的研究也深入发展，成为图书馆学研究的一大热点。有学者对 2000 年至 2010 年图书馆建筑文献进行整理、分析发现，研究成果较为集中地表现在建筑人性化的设计追求、绿色环保建筑、智能化建筑以及人文环境的营造等方面。[59]关于高校图书馆建筑理论研究方面，有学者分析认为，主要可以概括为两个方面，一是关于建筑方案、建筑原则及建筑评估体系等倾向于理论的研究，另一是关于室内布线布局、防火、绿化等倾向于实践的研究。[60]学术研究的一系列成果推动了我国图书馆建筑实践不断发展，同时也存在"讨论研究多，实践应用少"、部分成果没能广泛应用的遗憾。2000年以来，图书馆建筑领域的学术交流活动更为频繁，"新世纪图书馆建筑发展研讨会""新时期高校图书馆建筑学术研讨会""图书馆建筑上海研讨会"等的召开，推动了全国范围和部分地域范围内图书馆建筑的发展，尤其是"2003海峡两岸图书馆建筑研讨会""2007海峡两岸四地图书馆建筑学术研讨会"以及五届海峡两岸高校图书馆建筑学术研讨会的召开，为两岸图书馆建筑思想的交流提供了更广阔的平台，极大地促进了两岸图书馆建筑理论和实践的发展。

3. 图书馆建筑实践

2000年以来，我国相继实施国民经济和社会发展第十至第十三个五年规划，国家日益重视公共文化服务体系建设，重视维护公民文化权益，文化建设成为国家发展战略的重要组成部分。在公共图书馆建设方面，"十五"期间，国家实施了县级图书馆、文化馆建设规划，中央财政安排4.8亿元，补助全国1086个县级两馆建设项目，"十一五"期间，为解决县级两馆设施设备落后等问题，中央财政在2009年至2012年，对全国面积未达标的县级两馆修缮给予资金补助，使其更好地为基层群众提供文化服务。[61]2011年，全国公共图书馆建筑面积994.9万平方米，至2018年，全国公共图书馆建筑面积达1596万平方米，增长幅度高达60%。另外，根据本报告对全国部分副省级以上、省会城市公共图书馆（含独立建制的少年儿童图书馆）改革开放以来新建、改扩建项目调查结果显示，在投资金额上，全国范围内建成的投资在亿元以上的公共图书馆有南京图书馆、黑龙江省图书馆、山东省图书馆、云南省图书馆、四川省图书馆等；在建筑面积上，国家图书馆一期维修改造工程作为改扩建工程，改扩建后建筑面积17万平方米，新增面积30000平方米，大多数省级图书馆也新建或改扩建了新馆，例如，辽宁省图书馆新馆（浑南）建设工程、湖北省图书馆新馆建设工程等的建筑面积已达10万平方米以上，山西省图书馆长风馆建设工程建筑面积近50000平方米，河北省图书馆改扩建工程，改扩建后建筑面积 50606 平方米，广东省立中山图书馆改扩建项目一期工程，改扩建后建筑面积 76207 平方米，新增面积 39346 平方米。此外，全国范围内新建或改扩建县级图书馆 1000 多个，全国图书馆的馆舍条件大为改善。在高校图书馆建设方面，20 世纪 90 年代中期，我国开始实施"211 工程"，进入 21 世纪我国高等院校发展加快，随着高等学校的发展，高校图书馆也迅速发展起来，馆舍建设规模日益增大。据统计，2007 年约有 300 所高等院校建设新馆或扩建馆舍，2006 年馆舍平均为 6000 平方米，2007 年度 531 所高校馆舍面积 891 万平方米，馆舍平均面积达到 1.68 万平方米，其中 95 座建筑获得中国建筑工程质量最高奖——鲁班奖。[62] 从 2006 年到 2010 年，高校图书馆的馆均建筑面积呈持续增长趋势，但 2011 年开始增长缓慢，高校图书馆进入建筑面积的平稳增长时期。2016 年，792 所高校图书馆的建筑总面积为 1976 万平方米，馆均约为 2.49 万平方米，此外另有 128 所高校图书馆在建馆舍建筑面积约 308.9 万平方米，馆均约为 2.41 万平方米。[63] 在专业图书馆建设方面，2001 年，建筑面积 4 万平方米，时称"国内规模最大、智能化水平最高的国家科学图书馆"——中国科学院文献情报中心新馆竣工。

这一时期我国的图书馆建筑，一经建设完成，已经不单单是在国内、在业界具有一定的影响力，而是已经走出国门，将这种影响力带到了国际社会。2016 年，国际图联专业委员会下属的环境持续性与图书馆特别兴趣组（Environmental Sustainability and Library Special Interest Group）创立了绿色图书馆大奖（Green Library Award）①，我国图书馆界取得了优异的成绩：广东省立中山图书馆、香港中文大学图书馆获得 2017 年绿色图书馆大奖②第二名，佛山市图书馆获得 2018 年绿色图书馆大奖③第一名。尤其是在"2018 年绿色图书馆大奖"评选中，佛山市图书馆在全球 32 个国家的参评图书馆中脱颖而出，取得

---

①　绿色图书馆大奖（Green Library Award）由国际图联专业委员会下属的环境持续性与图书馆特别兴趣组（简称 ENSULIB SIG）于 2016 年创立，由德国德古意特出版社（De Gruyter Publishing）赞助，第一名能获得 500 欧元奖金。大奖的宗旨是通过奖励跟环境持续性对话的最佳绿色图书馆，增强图书馆的社会责任以及引领环境教育的意识。

②　2017 年度的大奖活动共收到来自全球的 35 个申请，第一名的获得者是德国巴特奥尔德斯洛图书馆，第二名的获得者除广东省立中山图书馆、香港中文大学图书馆外，还有肯尼亚阅读树图书馆、塞尔维亚乌齐斯图书馆、乌克兰的利沃夫生态教育项目。

③　2018 年度的大奖活动共收到 32 份来自全球的申请，包括中国、美国、法国、印度等国家。其中佛山市图书馆荣获第一名，第二名由 5 所图书馆获得，分别来自于匈牙利、罗马尼亚、克罗地亚、伊朗、肯尼亚。

了我国图书馆历年来在该评选活动中获得的最好名次。评委们认为，佛山市图书馆拥有一个重要的文化建筑，其与周围的环境保持和谐，且有着引人注目的建筑设想。图书馆建筑及其服务在可持续发展理念下得到更好的应用，该理念延伸到建筑设计、图书馆内部管理、读者环保教育等方面，为市民提供了令人印象深刻的阅读体验。[64]

第三节 我国图书馆建筑发展取得的主要成就

改革开放 40 多年来，我国图书馆事业得到了迅速发展，图书馆的建设数量、建设规模都大大超过了历史上的最高水平，国家图书馆、公共图书馆、高校图书馆、专业图书馆等各类图书馆建设取得了长足进步，基础设施建设不断完善，基本建成了较为完备的图书馆体系。图书馆建筑的发展，受到社会经济发展情况、图书馆职能演变情况、建筑理念的演进情况等多种因素的影响，不同的建筑思想在图书馆建筑中都得以展现。人们关于图书馆的观念以及图书馆建筑设计理念也发生着重大的转变，逐步从传统图书馆设计模式转移到现代开放式图书馆设计模式，并且日益强调图书馆建筑创作理念。回顾我国图书馆建筑发展的历程，图书馆界和建筑界密切合作、协同探索，积极面对外部环境，创造了很多图书馆建筑的成功之作，其中颇有精品。图书馆建筑发展有收获，也有经验，对我国图书馆建筑的发展历程进行分析、总结，有利于为图书馆建筑未来的健康发展提供有益借鉴。

一、我国图书馆建筑发展的主要影响因素

我国图书馆建筑正处于继往开来、发展变革，由传统图书馆向现代图书馆的过渡与转变的时代。纵观改革开放以来我国图书馆建筑的发展历程，图书馆建筑发展受到多种因素的影响，既包括经济发展水平、社会环境状况、文化政策条件等外部间接因素的影响，也包括图书馆学理论和建筑学理论的发展、图书馆功能演进、数字图书馆技术发展、中外建筑界加强交流等内部直接因素的影响。总体来说，内部直接因素是我国图书馆建筑发展的主要影响因素。

（一）图书馆学理论和建筑学理论的发展

就图书馆建筑的发展而言，图书馆学理论和建筑学理论的发展都对其有很大的影响。例如，图书馆学中关于图书馆构成要素的研究，经历了从"三要素"到"六要素"发展。在图书馆要素理论发展的过程中，建筑是作为一个后进因素被纳入理论体系中的，图书馆建筑的重要性随着图书馆学理论的发展被不断认知。

图书馆建筑作为建筑的一种类型，在受图书馆学理论发展影响的同时，也深受建筑学发展趋势的影响。随着人们对工业化的认识，"绿色设计""为人的设计""高科技"成为建筑设计领域的热门话题，公共建筑理念创新发展，绿色环保的要求日渐突出、无障碍设计成为对特殊人群关注的必需，自然界与人们的共存方式被要求重新思考，建筑不仅仅被要求关注建筑的使用者——人，同时还要求在满足人们的生理和心理需求的同时也要充分考虑人与自然的和谐相处，这些都无形中对图书馆建筑的发展产生着重要的影响。

（二）图书馆的功能及服务理念演进

图书馆是随着社会的发展不断进步的，图书馆的功能随着社会的发展需要而不断演变。有学者认为，"一部图书馆的发展史其实就是图书馆功能的演进史"[66]，图书馆功能的重要地位可见一斑。图书馆的功能随着时代的变迁发生了巨大而深刻的变化，从强调典藏的系统性发展到重视文献信息的流通性，对馆藏文献的利用上经历了从以藏为主，转向藏用结合，再到以用为主的过程，在服务侧重点上由以书为主转向以读者为主，即由以物为主转向以人为主的服务思想。图书馆的功能以及服务理念深刻影响着图书馆的建筑设计理念：传统图书馆功能较为单一，对应的图书馆建筑空间相对固定，藏、借、阅、管四个部分彼此分隔，各自一体；图书馆的功能随着社会的进步演变，发展至"藏"和"阅"逐渐成为图书馆的两大功能，对应在建筑理念上，立足于开架管理模式进行设计，或实行开架管理和闭架管理相结合的方式进行设计；随着社会的进步和高科技的发展，现代图书馆的概念提出，社会化、信息化、网络化成为现代图书馆的主要特点，图书馆被称为"知识宝库""学术研究中心""情报信息中心""学习中心"，甚至还有诸如"知识百货商店"或"超市"[67]这样形象的称谓，近年来出现的创客空间、视听空间、自助服务区、交流研讨空间、动静分区等，这些概念意味着图书馆的功能发生了重大变化，对应到服务理念上，越发强调"普遍服务"。有学者提出，21世纪图书馆理想的服务理念，应体现在四个方面：（1）信息和知识的获取自由；（2）知识资源的公开与分享；（3）公共服务平等；（4）为到馆读者和非到馆读者服务并重。以上四点，可以归纳成为读者实行"普遍服务"的理念，开展的是一种"任何人在任何地方都能够以合理的方式和公平的标准获得图书馆服务"。[68]随着现代图书馆职能的变化，对图书馆建筑提出了新的要求，切实促进民众文化水平提升是图书馆的职责所在，图书馆的多时空、全媒体服务，使得图书馆的社会教育职能、传播交流职能日益发挥，图书馆变成了一个"触手可及、无处不在"的文化空间，日益成为市民生活继家庭空间、工作空间之外的"第三空间"，图书馆空间由封闭、固定的空间形态转变为开放、灵活的空间形态，开放、灵活、舒适等成为现代图书馆建筑的基本要求。

（三）数字图书馆技术飞速发展

数字图书馆是新技术发展与人类信息、知识需求发展相结合的产物。数字图书馆概念的提出始于20世纪90年代，随着研究和建设的深入，人们对于数字图书馆逐渐形成较为清晰的认识，认为数字图书馆是运用现代信息技术，对各种类型的文献信息资源中有价值的内容即知识，进行挖掘、数字化存储、整理、传播，以有效支持用户学习和知识创新的信息服务体系。[69]数字图书馆技术具有信息资源数字化、信息组织网状化、信息检索智能化、信息存取网络化、信息服务知识化、信息利用共享化等特征[70]，具有"零距离"效能，能够实现与物理距离无关的服务工作，使图书馆能够为读者提供远距离的信息服务，同时可以实现无载体传播，在数字图书馆技术下，信息与文献的物质载体脱离，信息的传输通过计算机网络实现。数字图书馆超出了实体"馆"的概念，突破了传统图书馆"藏书建筑"的认识，以数字形式实现对信息内容的处理，大大优化了图书馆的服务功能，对图书馆产生了深刻影响，尤其是对图书馆服务模式的影响。数字图书馆以数字化文献资源信息为主，其服务是开放型的，超越时间和空间的约束，服务对象范围广、人数多，读者在任何时候、任何地域都可以通过网络使用数字图书馆。

信息技术改变了图书馆的工作服务模式，同时导致了图书馆建筑空间的变化和设计原则的调整，图书馆建筑设计不仅要包括传统的物流（书籍、读物等）和人流（读者、服务人流）的设计，而且包括信息流的设计，不仅要考虑实体的建筑空间设计，同时要考虑建筑空间与网络空间的整合设计，要求图书馆设计从传统固定而又划分琐碎的空间中解放出来，采用一种开放的、灵活的布局方式，使其适应可能的发展以及进行技术改造的可能，具有极高的灵活性。

（四）不断加强的中外建筑界交流

1978 年 12 月召开的中国共产党十一届三中全会，决定以"解放思想、开动脑筋、实事求是、团结一致向前看"作为指导方针，作出了把工作重点转移到现代化上来的决策。以此为标志，中国进入了改革开放的新的历史时期。在对外开放的背景下，中外建筑界的交流逐渐增多，大量的现代西方城市建筑文化理论被介绍进来，据有学者统计，只在 1980—1985 年的 5 年之间，全国各种报刊上出现的有关西方现代建筑文化理论的文章，就有 47 篇之多。[71]一批国际著名的建筑师相继访问中国，有的还在中国留下了作品，长城饭店、香格里拉饭店、中国大酒店等都是具有一定代表性的作品，这些新建筑不仅极大丰富了中国的城市面貌，对中国建筑师也是难得的观摩和学习的机会。1992 年后，改革开放进入到一个新的阶段，我国的房地产迅速崛起，越来越多的境外建筑师来到中国开展业务，为中外建筑界交流创造了丰厚的土壤。

与此同时，图书馆建筑领域的中外学者之间也开启了日益密切的交流，1999 年第 11 届国际图书馆建筑学术研讨会召开，与会的国内外图书馆界、建筑界的专家、学者进行了深入交流、探讨，国内对国外图书馆建筑的关注持续升温，国外建筑师走向中国市场后，也开始关注到图书馆这一建筑领域。一些国内图书馆建设工程，面向全球公布"图书馆建设设计招标公告"，吸引国内外有影响力的建筑设计机构投标，因此使得许多大型图书馆建筑或者由国外建筑设计机构设计，或者由国内外建筑设计机构联合设计，其中，国家图书馆二期工程暨数字图书馆工程由来自德国 KSP 恩格尔·齐默尔曼建筑设计有限公司、华东建筑设计研究院有限公司联合设计完成，天津滨海新区图书馆由荷兰 MVRDV 建筑设计事务所与天津市城市规划设计研究院建筑分院合作设计完成，它们都是中外双方建筑设计机构共同设计完成的代表。此外，我国图书馆建筑也开始走向国际，在各种不同领域和层面开始斩获奖项，例如上海嘉定图书馆新馆被美国权威设计杂志《室内设计》（*Interior Design*）评选为 2013 年"全球最佳公共图书馆"，广东省立中山图书馆、佛山市图书馆等获得国际图联"绿色图书馆大奖"等，都是中国图书馆建筑在国际社会影响力的体现。

二、我国图书馆建筑发展的主要成就

四十多年来，持续向好的经济、社会环境为我国图书馆事业的发展提供了重大机遇，我国图书馆事业飞速发展，中华大地上各种类型的图书馆建筑拔地而起，图书馆界和建筑界共同建造了大批有着丰富文化内涵、良好阅读环境、广泛采用新技术、功能设计友好的图书馆建筑，在造福广大读者的同时，推动了图书馆事业不断向前发展。同时，图书馆的重要性逐渐被人们所认知，于公共图书馆而言，公共图书馆在城市文化发展中的地位日益重要，成为一个城市文化发达的标志，很多城市都把公共图书馆建筑作为城市的文化地标，图书馆成为地域经济、文化发展水平的象征符号，体现着城市管理者的治理理念，展示着城市的发展进程；于高校图书馆而言，高校图书馆被认为是"大学的心脏"，是大学发展的知识动力之源，高校图书馆建筑已成为大学校园内一道靓丽的风景。

图书馆建筑的指导思想、建设目标、设计理念、社会责任等核心要素也发生了从传统到现代、从守正到创新、从建筑地标到文化地标、从普惠均等到开放包容、从园林庭院到绿色生态、从功能单一到多元复合的渐进转变。尽管服务的对象、范围、重点有所不同，各类图书馆建筑都走出了一条共同的创新发展、面向未来的开放复合型道路，通过不断提升建筑外形的艺术魅力、深化空间的文化内涵、增强功能的服务效力，努力成为市民向往、读者喜爱的文化空间和精神家园。

我国图书馆建筑发展在建筑规模、建筑功能和建筑影响力等方面取得重要成就。

（一）图书馆建筑规模日趋扩大

改革开放以来，我国图书馆建筑的建设与发展经过了三个不同的发展阶段，从 20 世纪 80 年代的起步探索，到 90 年代的快速发展，再到 2000 年以后的稳步提质，走出了一条独具中国特色的发展道路。40 多年间，图书馆建筑规模日渐扩大，在建筑面积上，逐步走高，从最初一个馆的建筑总面积不足 1 万平方米、2 万平方米的规模，到现在部分图书馆的建筑面积已经达到 10 万平方米以上。如本报告前文所述，在起步探索的 10 年中，全国省、市级图书馆大都进行了新建或扩建，总建筑面积约在 80 万平方米以上，到了 90 年代，全国省级图书馆及省会城市、计划单列城市已建成和正在建设新馆舍有 32 所，建筑总面积达 83 万平方米，2000 年以来，大多数省级图书馆也新建或改扩建了新馆，据统计，2011 年，省级图书馆馆均建筑面积 3.54 万平方米，市级图书馆馆均建筑面积 0.88 万平方米，至 2018 年，省级图书馆馆均建筑面积为 4.61 万平方米，增长幅度达 30%，市级图书馆馆均建筑面积为 1.23 万平方米，增长幅度达 39.8%，全国图书馆的馆舍条件大为改善。

据《文化和旅游发展统计公报》等资料显示，2018 年全国共有公共图书馆 3176 个，比 2017 年增加 10 个，是 1978 年的 2.6 倍，是 1995 年的 1.2 倍；实际使用房屋建筑面积 1595.98 万平方米，比 2017 年增长 5.3%，是 1995 年的 3.8 倍；平均每万人公共图书馆建筑面积 114.4 平方米，比 2017 年增加 5.4 平方米，是 1995 年的 3.3 倍，提前完成《"十三五"时期全国公共图书馆事业发展规划》中 110 平方米的目标。

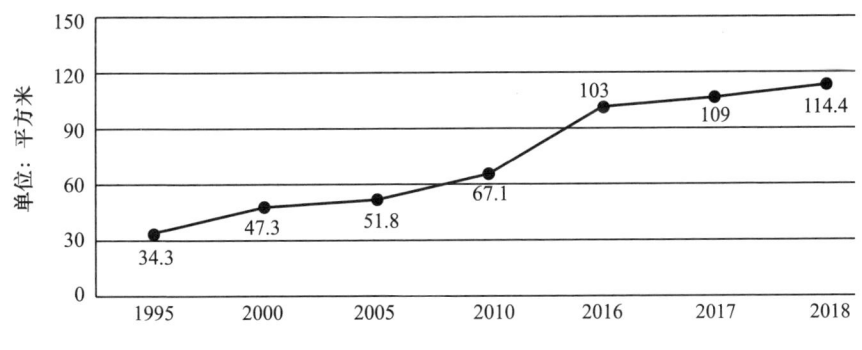

图 1-1　全国平均每万人公共图书馆建筑面积

为全面梳理和科学总结改革开放以来我国图书馆建筑的发展，在本报告的编纂过程中，国家图书馆研究院开展了对部分公共图书馆的调研工作，主要对副省级以上、省会城市公共图书馆进行了调研，摸底改革开放以来图书馆新建、改扩建项目情况。具体而言，自 2019 年 4 月起，国家图书馆研究院对全国 82 家副省级以上、省会城市公共图书馆的新建和改扩建项目进行了调研，根据反馈的调查问卷①，省级公共图书馆中建筑面积（包括已完成项目和在建项目）在 10 万平方米以上的有 3 家，分别是辽宁省图书馆、湖北省图书馆和上海图书馆，建筑面积（包括已完成和在建项目）在 5 万平方米以上的有 9 家，其他省级图书馆的建筑面积基本都在 3 万平方米以上，少数几家是 2 万平方米的规模。近年来，在副省级图书馆、省会城市图书馆的建设中，图书馆的建筑规模也呈现出日渐扩大的趋势，副省级公共图书馆的新建和改扩建项目中，广州图书馆建筑面积 9.8 万平方米，目前深圳图书馆建筑面积 4.9 万平方米，2013 年立项的深圳第二图书馆设计面积为 6.9 万平方米。

表 1-2　部分省级公共图书馆新建、改扩建项目建筑面积统计表②

建筑面积	省级公共图书馆新建、改扩建项目
10 万及以上平方米	湖北省图书馆新馆建设工程（2012 年）、辽宁省图书馆新馆（浑南）建设工程（2014 年）、上海图书馆东馆项目工程（2016 年批准立项）
5 万及以上平方米	上海图书馆新馆工程（1997 年）、山东省图书馆新馆建设工程（2002 年）、南京图书馆新馆建设工程（2006 年）、重庆图书馆新馆建设工程（2007 年）、广东省立中山图书馆改扩建项目一期工程（2011 年）、河北省图书馆改扩建工程（2011 年）、吉林省图书馆异地新建项目（2013 年）、四川省图书馆新馆建设工程（2015 年）、江西省图书馆新馆建设工程（2019）、新疆维吾尔自治区图书馆二期改扩建工程（2013 年批准立项）、贵州省图书馆异地扩建项目（2018 年批准立项）

---

① 截至 2020 年 1 月 10 日，收到调查问卷反馈 72 份，其中省级公共图书馆发出调研问卷 32 份，收回调研问卷 32 份，副省级公共图书馆发出调研问卷 15 份，收回调研问卷 15 份，省会城市公共图书馆发出调研问卷 16 份，收回调研问卷 14 份；在对少年儿童图书馆的调研中，副省级以上、省会城市共发出 19 份，收回调研问卷 11 份。

② 表格中数据的统计时间为截至 2020 年 1 月 10 日，表格中的年份为竣工时间，部分为批准立项时间的已经单独说明。

（续表）

建筑面积	省级公共图书馆新建、改扩建项目
3 万及以上平方米	辽宁省图书馆新馆建设工程（1997 年）、浙江省图书馆新馆工程（1998 年）、陕西省图书馆新馆建设工程（2000 年）、黑龙江省图书馆新馆工程（2003 年）、云南省图书馆改扩建工程（2003 年）、广西壮族自治区图书馆扩建改造工程（2004 年）、宁夏回族自治区图书馆建设项目（2008 年）、山西省图书馆长风馆工程（2012 年）、广西壮族自治区桂林图书馆建设项目（2014 年）、福建省图书馆改扩建工程项目（2015 年批准立项）、海南省图书馆二期工程项目（2017 年批准立项）
2 万及以上平方米	湖南省图书馆新馆建设工程（1984 年）、河北省图书馆新馆工程（1987 年）、河南省图书馆新馆建设工程（1988 年）、天津图书馆复康路馆建设工程（1991 年）、福建省图书馆新馆工程（1995 年）、内蒙古自治区图书馆建设工程（1997 年）、安徽省图书馆新馆扩建工程（2002 年）
1 万及以上、以下平方米	甘肃省图书馆新馆建设工程（1986 年）、西藏自治区图书馆新建工程（1996 年）、西藏自治区图书馆改扩建工程（2016 年）

　　高校图书馆的建筑规模发展，与改革开放以来中国高等教育的发展密切相关。1978 年我国有高校 598 所，高校图书馆 598 所，1994 年有高校 1080 所，高校图书馆 1073 所，2005 年有高校 1867 所，高校图书馆 1608 所[72]，我国高等教育的发展以及高校图书馆建设都处于不断的发展中。图书馆建筑是图书馆的基本物质条件，本报告前文所述据 1981 年 7 月 670 所高校统计，图书馆馆舍面积共 132.33 万平方米，可见当时相当多的高校没有独立的图书馆建筑。80 年代以后，随着国民经济的恢复，党和政府高度重视发展教育，不断加大对高等教育事业的投资，以此为契机，高校图书馆建筑进入了一个空前发展的时期。尤其是 90 年代以来，通过新建和改建、扩建的图书馆馆舍有 500 多所，建筑总面积比 80 年代所建馆舍面积增加了两倍多。据统计，2005 年我国高校图书馆馆舍面积增至 2505 万平方米，是 1995 年馆舍面积 600 万平方米的 4 倍。[73]此外，据"教育部高校图书馆事实数据库"统计，2017 年，共有 777 所高校图书馆提交了馆舍建筑规划面积，总面积是 1961.7 万平方米，馆均值为 2.52 万平方米，馆舍建筑面积排名前 5 的高校图书馆是：山东大学图书馆，14.7 万平方米；中山大学图书馆，11.7 万平方米；厦门大学图书馆，10.3 万

平方米；贵州大学图书馆，8.8 万平方米；大连理工大学图书馆，8.3 万平方米，在高校图书馆馆舍面积的变动趋势上，2006 至 2010 年、2012 至 2014 年，呈稍轻微陡峭曲线增长趋势。[74]

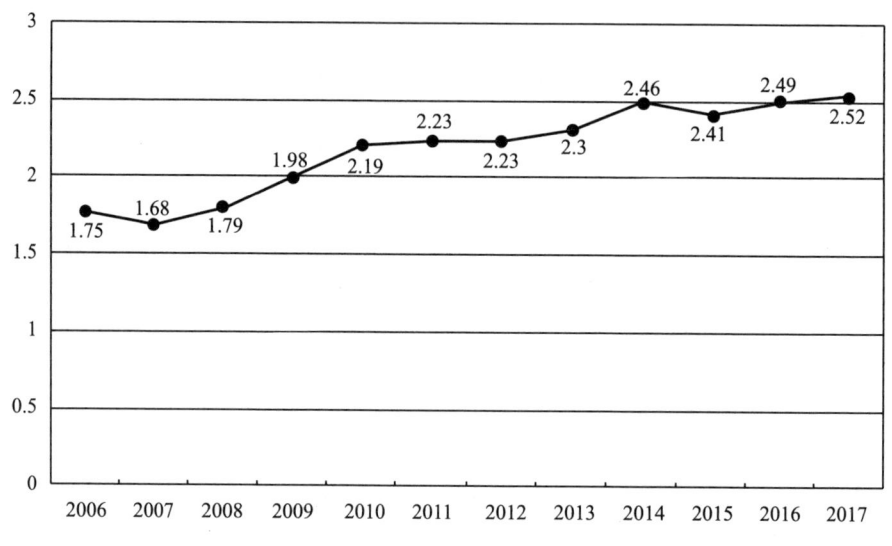

图1-2　2006—2017 年度高校图书馆建筑面积馆均值（万平方米）[75]

（二）图书馆建筑功能不断扩展

在 20 世纪 70—80 年代，"图书馆是否会走向消亡"一度成为图书馆界讨论的热门话题，很多人认为图书馆会走向消亡。时至今日，图书馆不仅没有消亡反而蓬勃发展，一座座现代化图书馆建筑拔地而起，蔚为壮观，日益成为人们的"知识殿堂""精神家园"。随着时代的发展，图书馆的建筑功能也在不断扩展，从以藏为主、藏阅分开的闭架管理模式到以阅为主、藏阅一体的开架管理模式，从封闭、固定的图书馆空间形态到开放、灵活的图书馆空间形态，从单一的集中型藏书形态到分散的多线性藏书形态，无不说明了图书馆建筑的功能处在不断发展的历程中。国际图联前秘书长福赫特博士认为：图书馆建筑将仍然发挥重要作用，特别是公共图书馆将显示出越来越大的社会价值。图书馆将成为很好的聚会场所，成为社区跨越种族和语言障碍的桥梁，成为社区的信息中心，受到社会广泛的尊重和信任。[76]

1. 文献信息藏阅空间

图书馆具有文献信息保存及传承功能，从最初的藏书楼藏书到利用信息技术将馆藏数字化、电子化，再到网络信息资源的开放获取，图书馆持续对文献资源进行系统收集、整理、开发、利用，使人类知识得以继承和交流。图书馆首先是文献藏阅空间，既包括传统文献信息的藏阅，也包括数字化文献信息的藏阅，在进行文献信息保存的同时，兼顾民众的阅读权利，促进阅读兴趣的培养和提高。现代图书馆建筑中，文献收藏空间借助新的建筑技术的帮助，采光、通风以及安全设施都已经不是问题，文献阅览空间高度开放，与其他功能空间进行有效衔接，使图书的阅读量得到有效的提高，同时为读者提供更好的阅读体验。

2. 文化交流空间

图书馆是促进文化交流与传播的平台，在推动文化繁荣兴盛的今天，图书馆承担着更多的文化交流职能。现代图书馆不仅向读者提供舒适的阅读环境，而且向社会提供文化活动的场所，当代各类图书馆建筑中，大多建设有演讲厅、报告厅、展览厅、多媒体室等各种文化交流空间，可以向公众提供学术会议、报告会、研讨会、讲座、展览等多样化的服务，使图书馆融入人们的日常生活，推动文化交流与传播。

3. 娱乐休闲空间

图书馆建筑顺应时代发展的趋势，从"以人为本"的设计理念出发，加入了舒适性的功能。多数图书馆为读者的娱乐、休闲提供一定的空间，设置视听室、餐厅、茶吧、咖啡厅等区域，多方面满足读者的需求，吸引更多的读者到图书馆。娱乐休闲空间的设置，是图书馆建筑功能多元化的体现，作为图书馆建筑的配套服务功能，不仅满足了广大人民群众的精神文化需求，而且有助于营造良好的文化氛围，提升民众文化素养，在提升图书馆总体服务水平的同时，促进文化进步和发展。

4. 创客空间

在"大众创业、万众创新"的社会背景下，我国不少图书馆在创客服务方面进行了积极探索。图书馆开设创客空间，目的在于整合自身在专题文献信息资源组织、知识服务、交流平台搭建等方面的专业优势，为新兴创新创意实践提供支持。为了确保空间的有效运营，图书馆在创客空间选址、布局、设备配置及合作管理等方面进行了有益探索，通过多种形式为创客提供支持和服务，为鼓励和支持公众的创意活动，培育创客精神，推进经济社会的创新发展做出了积极贡献。

此外，还要看到，图书馆建筑功能正随着阅读的变化而发生着改变。"现代传媒的伟大，不仅仅在于技术，更在于内容本身的超越、想象结构的重组。我们同时坚信，阅读革命所酝酿的，将是人类史上前所未有的文明大裂变。"[77]这是《当代阅读宣言》中对阅读正发生的巨大变化的描述，随着数字化的发展、智能化的升级，图书馆建筑也将适应阅读的变化趋势，顺应图书馆功能的变迁而不断发展。

（三）图书馆建筑影响力日益提高

近二十年，我国建筑行业发展强劲，形成与国际并跑的格局。2017 年，我国 65 家建筑企业上榜美国《工程新闻纪录》国际承包商 250 强，数量连续三年居各国首位，既有国际视野又有民族自信的建筑师人才大批涌现。建筑行业不断提升设计水平，突出地域特征、民族特点和时代风貌，突出建筑使用功能及节能、节水、节地、节材和环保等要求，建筑愈发安全舒适、节能高效。伴随着建筑行业的发展，我国图书馆建筑的影响力也在不断提高，越来越多的图书馆承担着城市标志性的文化建筑、大学的核心建筑的责任，以显而易见的形式表达着图书馆的内涵。就公共图书馆而言，它不仅仅作为一个文化建筑屹立于城市之中，而且承担着文化中心的职责，发挥着文化传承和文化交流的功能，在推动城市软实力的提升方面发挥着重大作用。例如国家图书馆二期工程跻身北京新十大建筑行列，上海图书馆跻身上海十大地标建筑，广州图书馆树立了城市文化地标、城市窗口的新形象，这些都体现出了公共图书馆在当前我国城市发展中的重要地位。就高校图书馆而言，它不仅仅局限于为高等学校教学和科学研究服务，越来越多的高校图书馆建筑强调设计、关注功能，是学校面向外界最好的名片，成为名副其实的学校的灵魂所在，"国内最美的 10 个大学图书馆"即便并非官方的直接评价，也是高校图书馆建筑影响力的一种体现。例如清华大学图书馆、北京大学图书馆、苏州大学炳麟图书馆、南京大学杜厦图书馆、汕头大学图书馆等无不矗立于美丽的校园中，彰显着自身的风采。

图书馆建筑影响力日益提高的另一表现是各种相关奖项的获取。我国建筑行业最高奖项——鲁班奖自1987年设立以来，成为建筑人梦寐以求的最高荣誉，目前该奖项每两年评选一次，每次获奖工程数额不超过240项，我国的图书馆建筑中，北京图书馆（今国家图书馆）1989年获建筑工程鲁班奖，国家图书馆二期工程暨国家数字图书馆工程获2009年度中国建设工程鲁班奖，首都图书馆、海南省图书馆、山西省图书馆、中山大学图书馆、河北大学图书馆等也都先后获得鲁班奖；2009年，国家图书馆获新中国成立60周年"百项重大经典建设工程"。

表1-3　1987—2017年获得中国建筑工程鲁班奖的图书馆建筑

年度	公共图书馆 （18）	高校图书馆 （37）	专业图书馆 （1）
1988 年	国家图书馆一期（北京图书馆新馆）		
1993 年	长春市图书馆		
1996 年		哈尔滨工业大学图书馆	
1997 年		大连大学图书馆	
1998 年	上海图书馆新馆	燕山大学图书馆	
2000 年		大连理工大学伯川图书馆	
2001 年	首都图书馆一期 武汉图书馆新馆		
2002 年			中科院图书馆
2003 年		华北电力大学图书馆	
2004 年	天津泰达图书馆	大连东软信息学院图书馆 广西大学图书馆	
2005 年		韶关学院图书馆 渤海大学多功能图书馆 沈阳化工学院图书馆	
2006 年	海南省图书馆	兰州大学榆中校区图书馆 陕西师范大学新校区图书馆 中山大学图书馆	

（续表）

年度	公共图书馆 （18）	高校图书馆 （37）	专业图书馆 （1）
2007 年	南京图书馆新馆	锦州医学院图书馆 苏州大学新校区炳麟图书馆 中国海洋大学崂山校区图书馆 泉州师院图书馆 景德镇陶瓷学院新校区图书馆	
2008 年		浙江师范大学图书馆 山东理工大学图书馆 福州大学新校区图书馆 东南大学新建九龙湖校区图书馆	
2009 年	国家图书馆二期工程暨国家数字图书馆工程	哈尔滨工程大学图书馆 西安电子科技大学新校区公共教学楼群行政楼与图书馆	
2010—2011 年度	浦东图书馆（新馆） 天津海河教育园区公共图书馆 玉溪聂耳文化场馆工程（聂耳纪念馆、图书馆、大剧院）	中南大学新校区图书馆 湖北第二师范学院图书馆	
2012—2013 年度	首都图书馆二期 鄂尔多斯市东胜区图书馆	南京大学仙林校区图书馆 临沂大学图书馆 昆明理工大学呈贡校区（一期）图书馆	
2014—2015 年度	天津图书馆 山西省图书馆	贵州财经学院花溪新校区图书馆	
2016—2017 年度	四川省图书馆新馆 河源市图书馆新馆	南开大学新校区（津南校区）图书馆 天津大学新校区公共中心区工程（主楼、图书馆、体育馆） 河北大学图书馆 云南大学呈贡校区图书馆 广西民族大学西校区图书馆 遵义医学院新蒲校区图书馆	

此外，我国的一些图书馆建筑，在国内具有较大影响力的同时，还获得有各种国际相关奖项和评价，据不完全统计，2000 年以来我国图书馆建筑国际获奖和评价情况如下表所示：

表1-4　2000 年以来我国图书馆建筑获得国际相关奖项和评价一览表

图书馆	国际相关奖项和评价
佛山市顺德区图书馆	获得由美国建筑师协会（American Institute of Architects，AIA）和美国图书馆协会（American Library Association，ALA）联合评选的 2007 年"图书馆建筑奖"（Library Building Awards）
重庆图书馆	荣获美国建筑师协会（AIA）和美国图书馆协会（ALA）评选的 2009 年"图书馆建筑奖"
上海嘉定图书馆	被美国权威设计杂志《室内设计》（Interior Design）评选为 2013 年"全球最佳公共图书馆"，也被誉为"上海最美图书馆"
广东省立中山图书馆	国际图联专业委员会下属的环境持续性与图书馆特别兴趣组（Environmental Sustainability and Library Special Interest Group）2017 年绿色图书馆大奖（Green Library Award）第一名
香港中文大学图书馆	国际图联专业委员会下属的环境持续性与图书馆特别兴趣组 2017 年绿色图书馆大奖第二名
佛山市图书馆	国际图联专业委员会下属的环境持续性与图书馆特别兴趣组 2018 年绿色图书馆大奖第一名
天津滨海新区图书馆	荣登美国《时代》周刊"2018 年最值得去的 100 个地方"榜首
云南双河村图书馆	荣获 2018 年 AR 图书馆建筑奖（AR Library Award）高度赞扬（AR Library Award Highly Commended）奖
唐山市图书馆	荣获 2019 年度德国 ICONIC 标志性建筑设计大奖

第四节　我国图书馆建筑未来发展趋势与展望

建筑是人类历史文化的载体，是对各时期、各地区、各民族的经济状况、社会结构和文化形态等的物化反映。图书馆建筑在建筑领域的各种类型建筑中，具有特殊的意义，它在推动、促进知识积累的同时，呈现着人类文明的进步。当前，图书馆本身所赖以生存的社会环境处在快速发展变化之中，信息技术飞速发展，社会公众信息行为深刻变革，知识载体不断更新，阅读方式日益扩展，图书馆的社会职能逐渐扩大，图书馆的服务和管理不断创新和提升，这些都将对我国图书馆建筑的发展产生深刻的影响，专家学者对图书馆未来的发展多有探讨，无疑，图书馆的主要功能不只是提供图书和信息，而要充分发挥自身的专业技能和资源优势，向"支持人类学习和创造知识环境"的方向发展。在这种趋势下，我们既要立足眼前，总结我国图书馆建筑发展所取得的成果，并发现当前存在的不足，也要放眼全球、展望未来，把握国际图书馆建筑领域发展的新动态、新趋势，不断提升我国图书馆建筑的发展水平，推动图书馆事业创新发展。图书馆建筑要做到对社会文明进行艺术表达，同时也需要注重科技与人文的相互交融，建设生态文明，这既是时代发展对图书馆提出的需求，也是文化自信的必然要求。

一、坚持图书馆建筑文化的传承创新

伴随着人类文明的发展和社会的不断进步，图书馆的内涵逐渐深化，外延日益扩大，图书馆建筑本身的发展也经历了一个由封闭到开放、由简单到复杂、由传统到现代化的历程，体现着文化的历史进程和鲜明的时代特征。图书馆建筑文化是一个较为宽泛的概念，有着多方面的内涵，具体而言，它是指某一图书馆建筑所展现出的某一国家、某一地区、某一民族的建筑思想、理念和情感，它具有很强的时代性、地域性和民族性。[78] 当前，全球化的发展，把人类文明更加紧密地连接在一起，作为各民族文明成果的保存和传承机构，世界各国图书馆间的交流与合作日益频繁，图书馆建筑设计日渐面向全球化，中外共同设计创作的图书馆建筑数量与日俱增，东西方文化的交流与融合多有体现，这也给图书馆建筑的发展提出了新的课题——"寻求特色图书馆建筑文化"[79]。一方面，要跟踪、了解国外图书馆建筑领域的发展趋势，大胆吸收国外建筑设计理论前沿的思想和观念，了解国外建筑文化，汲取时代精神，要立足全球视野和国际站位；另一方面，图书馆建筑要注重对地域性、民族性的理解，注重保护历史文化遗产、尊重地域文化、民族文化，凸显地域风格和民族特色，注意与周围环境、区域的协调统一，挖掘建筑本身的文化精髓。二者之间，最为重要的一点是要在历史传承与时代创新二者之间取得一个恰当的平衡点，传承不是简单地对传统形态进行复制，需要考虑时代的发展与现实的需要，创新需要以传承为基础，彰显特色，历史传承与时代创新有机结合，可以充分展现图书馆建筑中最具生命力和感染力的文化内质和艺术魅力。

二、践行开放多元的建筑设计理念

图书馆建筑的发展是与时代的发展紧密相连的，遵循开放多元的建筑设计理念是图书馆建筑发展的时代要求，也是未来图书馆建筑发展和变革的一种契机。一是要做到"以人为本"，注意强调人性化、人文化，切实从读者需求出发，创造灵活自由的空间设计和崭新的建筑形态，营造舒适的空间感受和人文氛围；二是坚持"可持续发展"，可持续发展观下"发展"和"可持续"齐头并重，图书馆建筑的可持续发展要求从设计理念到建造和运营过程都秉持低能耗理念，注重生态、环保，在发展的过程中达到经济、社会、环境的和谐共生；三是强调"开放的设计理念"，建筑现象首先是一种社会现象，社会生活形态的动态特征要求建筑环境形态必须是一种开放的体系，以达成建筑形态与社会生活形态的互适[80]，针对图书馆建筑而言，图书馆建筑设计的开放化理念体现在图书馆内外空间与环境组织和营造上，以满足功能和使用需求，开阔的空间形式有利于增加空间的使用层次，为读者的交互行为发生提供更大的可能性；四是提升"个体可识别性"，图书馆建筑设计的理念中既有共通的内容，同时也需要强调发挥特色，突出个性化，增强图书馆的可识别性和个体特色，彰显图书馆各自的气质。

三、提升图书馆建筑的智能化水平

1984 年，世界上第一座智能大厦在美国康涅狄格州哈特福德市诞生，被称为"都市大厦"，从此，智能建筑以世界建筑业高新技术的姿态在世界范围内蓬勃发展。[81]我国国家标准《智能建筑设计标准》（GB 50314—2015）中对智能建筑的定义是：以建筑物为平台，基于对各类智能化信息的综合应用，集架构、系统、应用、管理及优化组合为一体，具有感知、传输、记忆、推理、判断和决策的综合智慧能力，形成以人、建筑、环境互为协调的整合体，为人们提供安全、高效、便利及可持续发展功能环境的建筑。[82]智能建筑的兴起极大地影响着图书馆建筑的发展，图书馆智能化已成为现代化图书馆发展的必然趋势。智能化图书馆是一个高新技术的结合体，它将建筑、计算机、通信、楼宇自动化、通信自动化、办公自动化、综合布线系统等系统功能有机地结合在一起，是社会经济、信息技术高速发展的必然产物。[83]未来，随着计算机科学和现代信息技术的飞速发展，图书馆建筑的智能化水平将进一步提升，图书馆建筑公共能耗将大大降低，图书馆建筑相关管理工作的效率将得到极大提高，图书馆所提供的公共文化服务将更为便捷，将更大程度地满足读者需求。

四、积极推动绿色生态图书馆建设

"绿色图书馆"（Green Library）最早于1991年由美国学者苏珊娜和杰姆斯提出，指在建筑物的全生命周期内最大限度地节能、节水和节材，减轻对环境的负荷，保护环境和减少污染，为读者提供健康、适用和高效的使用空间。[84]绿色图书馆也被称为生态图书馆，1998年①在我国国内学者的文章中首次出现此概念，此后多有学者对此进行理论研究，2006年我国开始实施《绿色建筑评价标准》（GB/T 50378—2006），这是我国重视绿色、生态化建筑的一项重大举措，也说明绿色、生态技术应用于建筑已经成为现代建筑设计的主流。绿色、生态建筑是当今建筑发展的一大趋势，图书馆建筑的发展也需要遵循这一方向。绿色、生态图书馆建筑有两个主要特征：一是注重节约能源，确保图书馆空间的布局可以实现读者对馆藏资源利用率最大化的同时，降低对能源的过度依赖和消耗，有效节约对电、水等能源的消耗，提升自然光的利用率，增强自然通风的使用率，确保节能措施综合有效，注重有效资源的回收与利用，积极开发利用可再生资源；二是注重环境保护，在图书馆建筑的设计、建造及运行过程中，都要最低限度地减少破坏图书馆的生态环境，做到废物排放减量无害、内外环境健康舒适，营造人与自然和谐相处的图书馆建筑。

参考文献：

[1] 宋海宏，陈宇夫，李梅.建筑设计及其方法研究 [M]. 北京：中国水利水电出版社，2015：1.

[2] 魏华，王海军.房屋建筑学 [M]. 西安：西安交通大学出版社，2015：1.

[3] 杜定友.图书馆与市民教育 [M]. 广州：市民大学出版部，1921（民国十年）.9.

① 我国学者孙玉宁在《南方建筑》（1998年第4期）中发表了《未来图书馆建筑设想》一文，提出了"绿色图书馆"的概念。

[4] 刘国钧. 什么是图书馆学 [J]. 中国科学院图书馆通讯, 1957 (1).

[5] 吴慰慈, 董焱. 图书馆学概论 [M]. 北京: 北京图书馆出版社, 1985.

[6] 黄宗忠. 图书馆学导论 [M]. 武汉: 武汉大学出版社, 1988.

[7] 蒋复璁. 蒋序 [M] //王振鹄. 图书馆学论丛 [M]. 台北: 台湾学生书局, 1984.

[8] 武德运. 图书馆通论 [M]. 西安: 陕西人民出版社, 2006: 354.

[9] 潘寅生. 图书馆管理工作 [M]. 北京: 北京图书馆出版社, 2001: 263.

[10] 刘迅, 王德安, 李保忠等. 图书馆管理工作指南 [M]. 沈阳: 东北工学院出版社, 1993: 105.

[11] 李明华. 规划设计图书馆建筑要旨 [M]. 北京: 海洋出版社, 2014: 5.

[12] 黄宗忠. 图书馆学导论 [M]. 武汉: 武汉大学出版社, 2013: 131 - 132.

[13] 于瑛. 现代图书馆管理体系研究 [M]. 哈尔滨: 东北林业大学出版社, 2016: 12 - 14.

[14] 于迎娣. 公共图书馆发展的动力来自公众的关注和参与 [J]. 图书馆杂志, 2007 (10): 61 - 62.

[15] 许耀华. 论现代图书馆建筑的灵活性 [J]. 青岛建筑工程学院学报, 1991 (2): 22 - 28.

[16] 李明华, 沈济黄, 于铁男. 论图书馆设计: 国情与未来 [M]. 杭州: 浙江大学出版社, 1994: 345.

[17] 鲍家声. 试谈现代化图书馆设计的若干问题 [J]. 江苏图书馆工作, 1980 (3): 21 - 30

[18] 鲍家声, 龚蓉芬. 图书馆建筑求索: 走向开放的图书馆建筑 [M]. 北京: 中国建筑工业出版社, 2010: 28.

[19] 李明华. 探讨图书馆建筑的价值观与基本准则 [C]. 中国图书馆学会. 中国图书馆学会年会论文集 2007 年卷. 北京: 北京图书馆出版社, 2007: 235 - 240.

[20] 贾佳. 图书馆作为第三空间的社会价值研究 [D]. 武汉: 华中师范大学: 2013: 8 - 14.

[21] 程延. 非物质经济概论 [M]. 北京: 中国财政经济出版社, 2013: 140.

[22] 顾建新. 图书馆建筑的发展: 多元生态和谐 [M]. 南京: 东南大学出版社, 2012: 36.

[23] 刘静霞. 论图书馆建筑的人文价值 [J]. 图书馆学刊, 2005 (4): 138 - 139.

[24] 王悦欣. 浅论大学图书馆的建筑艺术 [C]. 戴利华. 2003 海峡两岸图书馆建筑设计论文集. 北京: 北京图书馆出版社, 2003: 193.

[25] 吕政，史忠良. 从贫困走向小康：中国经济五十年 [M]. 北京：经济管理出版社，1999：360 – 361.

[26] 同 [25].

[27] 国家统计局. 中国统计年鉴 1993 [M/OL]. [2018 – 04 – 26]. http：//data. cnki. net/Yearbook/Single/N2005120238.

[28] 吕政，史忠良. 从贫困走向小康：中国经济五十年 [M]. 北京：经济管理出版社，1999：362 – 363.

[29] 王云. 办好图书馆网 为科学研究和广大群众服务 [J]. 图书馆建设，1978 (1)：3 – 4.

[30] 董兆祥，彭小华. 中国改革开放 20 年纪事 [M]. 上海：上海人民出版社，1998：105.

[31] 张白影，荀昌荣，沈继武. 中国图书馆事业十年：1978—1987 [M]. 长沙：湖南大学出版社，1989：677.

[32] 一般高等学校校舍规划面积定额（试行）[EB/OL]. [2018 – 04 – 26]. https：//www. pkulaw. com/.

[33] 教育部关于调整和补充《一般高等学校校舍规划面积定额》的意见 [EB/OL]. [2018 – 04 – 26]. https：//www. pkulaw. com/.

[34] 柯寒. 城乡建设环境保护部、文化部和国家教委正式颁布《图书馆建筑设计规范》[J]. 图书情报工作，1987 (4)：46.

[35] 金沛霖. 图书馆建筑与图书情报技术论文（1949—1989. 综述）[C]. 中国图书馆学会. 图书馆建筑与图书情报技术论文选. 北京：书目文献出版社，1993：7 – 8.

[36] 赵雷，吕春莲，王瑞亨. 对我国图书馆建筑学研究文献的综述 [C]. 李明华，李昭醇，赵雷. 中国图书馆建筑研究跨世纪文集. 北京：北京图书馆出版社，2003：41.

[37] 陈锡贤. 全国图书馆建筑设计经验交流会侧记 [J]. 广东图书馆学刊，1982 (4)：30 – 31.

[38] 全国高校图书馆建筑工作会议在沈召开 [J]. 图书馆学刊，1982 (4)：85.

[39] 金沛霖. 图书馆建筑与图书情报技术论文（1949—1989. 综述）[C]. 中国图书馆学会. 图书馆建筑与图书情报技术论文选. 北京：书目文献出版社，1993：6.

[40] 谭详金. 80 年代我国图书馆建筑述评 [C]. 李明华，李昭醇，赵雷. 中国图书馆建筑研究跨世纪文集. 北京：北京图书馆出版社，2003：106.

[41] 张白影，荀昌荣，沈继武. 中国图书馆事业十年：1978—1987 [M]. 长沙：湖南大学出版社，1989：681.

[42] 高凡，赵颖梅. 变迁中的大学图书馆建筑 [M]. 成都：西南交通大学出版社，

2010：7.

　　[43] 李明华，沈济黄，于铁男.论图书馆设计：国情与未来 [M].杭州：浙江大学出版社，1994：100.

　　[44] 葛勇平.国际关系理论与实践 [M].哈尔滨：哈尔滨工业大学出版社，2014：28.

　　[45] 中共中央党史研究室.中国共产党的九十年：改革开放和社会主义现代化建设新时期 [M].北京：中共党史出版社、党建读物出版社，2016：846.

　　[46] 田晓娜.中国学校图书馆室工作实用全书 [M].北京：国际文化出版公司，1994：750 - 752.

　　[47] 罗全胜.图书馆常用法律法规及规章制度 [M].北京：中国教育出版社，2010：68 - 73.

　　[48] 高冀生.修订《图书馆建筑设计规范》的介绍 [J].南方建筑，2000 (2)：51 -53.

　　[49] 朱成功，李明华，朱强.图书馆员与建筑师友好合作获益良多：中国图书馆学会图书馆建筑与设备研究组的经验 [J].大学图书馆学报，2000 (5)：22 - 27.

　　[50] 夏国栋.20 世纪90 年代中国图书馆建筑概览 [C].李明华，李昭醇，赵雷.中国图书馆建筑研究跨世纪文集.北京：北京图书馆出版社，2003：113.

　　[51] 同 [50].

　　[52] 同 [50]：114.

　　[53] 北京市规划委员会.北京十大建筑设计 [M].天津：天津大学出版社，2002：3.

　　[54] 杜克.中国图书馆建筑集锦 [M].北京：中国大百科全书出版社，1996：1.

　　[55] 常林.数字时代的图书馆建筑与设备 [M].北京：北京图书馆出版社，2006：24.

　　[56] 王先庆，文丹枫.供给侧结构性改革 新常态下中国经济转型与变革 [M].北京：中国经济出版社，2016：5.

　　[57] 中华人民共和国文化和旅游部2018 年文化和旅游发展统计公报 [EB/OL].[2019 - 06 - 10].http：//zwgk.mct.gov.cn/auto255/201905/t20190530 _844003.html？key-words =.

　　[58] 数读40 年：公共文化事业不断进步文化走出去亮点纷呈 [EB/OL].[2019 - 06 -10].http：//www.xinhuanet.com/politics/2018 - 12/01/c_1210006191.htm.

　　[59] 苏丽，张晶.2000 年—2010 年图书馆建筑文献分析综述 [J].图书馆学研究，2011 (18)：11 - 15.

[60] 刘敏. 我国图书馆建筑研究文献调查分析 [J]. 江西图书馆学刊, 2008 (2)：114-116.

[61] 韩永进. 中国图书馆史, 现当代图书馆卷 [M]. 北京：国家图书馆出版社, 2017：404.

[62] 谭祥金, 赵燕群. 谭祥金赵燕群文集 [M]. 广州：中山大学出版社, 2010：915.

[63] 中国图书馆学会, 国家图书馆. 中国图书馆年鉴. 2017 [M]. 北京：国家图书馆出版社, 2018：198.

[64] 佛山市图书馆获国际图联"绿色图书馆大奖" [EB/OL]. [2019-06-27]. http：//theory. gmw. cn/2018-07/31/content_30221843. htm.

[65] 陶述先. 图书馆广告学 [J]. 武昌文华图书馆学专科学校季刊, 1929, 1 (3).

[66] 王关锁, 吴涛. 图书馆和谐发展的理念与实践 [M]. 北京：线装书局, 2007：209.

[67] 鲍家声, 龚蓉芬. 图书馆建筑求索：走向开放的图书馆建筑 [M]. 北京：中国建筑工业出版社, 2010：29.

[68] 吴稌年, 张逸新. 论服务理念对图书馆建筑的影响 [C]. 顾建新. 图书馆建筑的发展多元生态和谐. 南京：东南大学出版社, 2012：253.

[69] 龚胜泉. 知识管理与数字图书馆建设研究 [M]. 成都：四川大学出版社, 2014：103.

[70] 同 [69]：109-112.

[71] 邹德侬. 中国现代建筑史 [M]. 天津：天津科学技术出版社, 2001：370.

[72] 郑兰. 新中国 60 年来高校图书馆事业的建设与发展 [J]. 现代情报, 2009 (11)：218-220.

[73] 同 [72].

[74] 2017 年中国高校图书馆发展报告 [EB/OL]. [2019-10-18]. http：//www. scal. edu. cn/sites/default/files/attachment/tjpg/7. pdf.

[75] 同 [74].

[76] 尉伟. 图书馆建筑功能散论 [J]. 图书馆界, 2003 (2)：23-25.

[77] 当代阅读宣言 [EB/OL]. [2019-10-23]. http：//blog. sina. com. cn/s/blog_684c24090100lzze. html.

[78] 李曦. 融合服务理念的图书馆建筑文化研究 [J]. 山东图书馆学刊, 2013 (2)：25-29.

[79] 蒋太岩等. 数字图书馆建设理论与应用技术 [M]. 北京：高等教育出版社,

2004：474.

［80］鲍家声，龚蓉芬.图书馆建筑求索：走向开放的图书馆建筑［M］.北京：中国建筑工业出版社，2010：58.

［81］张波.建筑产业现代化概论［M］.北京：北京理工大学出版社，2016：128.

［82］智能建筑设计标准［EB/OL］.［2019 - 10 - 18］.http：//download. mohurd. gov. cn/bzgg/gjbz/GB50314 - 2015% E6% 99% BA% E8% 83% BD% E5% BB% BA% E7% AD% 91% E8% AE% BE% E8% AE% A1% E6% A0% 87% E5% 87% 86. pdf.

［83］吴麟.高校图书馆建筑的智能化研究［M］.呼和浩特：内蒙古大学出版社，2015：3.

［84］严贝妮，陈希萍.美国"绿色图书馆"的溯源、发展及其对我国的启示［J］.情报资料工作，2013（1）：94 - 97.

（执笔人：申晓娟 刘英赫 李 丹 张若冰）

专题报告

第二章　图书馆建筑理念的变化*

　　改革开放前，图书馆整体上属于传统的图书馆，以闭架管理方式为主，读者通过借书处借阅图书，建筑功能基本上延续了以前藏、借、阅三个部分。改革开放以来，党和国家重视科学文化的发展，在向现代化进军的相关政策指导下，图书馆界加强了对外的交流，引进了国外主要是欧美国家的先进理念，加大了投入，图书馆事业得到迅速发展。图书馆经历了从封闭到开放、从以"藏"为中心到以"用"为中心、从以"图书"为本到以人为本、从手工到自动化、电子化、数字化、智能化的不同阶段；从形态上讲，是从传统图书馆发展过渡到电子图书馆、复合图书馆、数字图书馆、智慧图书馆等的过程。在此过程中，图书馆的职能和管理体制、信息资源和技术条件的变革、管理模式和服务方式等都发生了很大变化。

　　图书馆建筑的设计理念随着图书馆管理与服务的发展而变化，还会受到环境、文化等因素的影响。改革开放40多年，经济、技术、社会发生了巨大的变化，国家确立的建筑设计方针也从"适用、经济、在可能条件下注意美观"发展到"适用、经济、绿色、美观"。本章力图梳理图书馆建筑，从传统图书馆走向开放、满足功能要求、图书馆艺术形象、发展模数式图书馆、新技术的应用和建筑智能化、生态图书馆、节能环保和健康舒适、协同多元和共享空间等几个方面来介绍我国图书馆建筑设计理念的演进、发展。

　　* 本章内容为国家社会科学基金资助项目"高校图书馆空间再造模式与策略研究"（项目编号：16BTQ024）的研究成果之一。

第一节 立足开放，向现代图书馆过渡

图书馆建筑设计理念受到社会经济文化发展的影响。改革开放前，我国图书馆一直沿用近代图书馆的管理方式和设计模式，按闭架管理的方式进行设计，把"藏、借、阅"分开，功能相对固定，平面布局基本上是阅览室在前，书库在后，目录和出纳台居中的"T"或"工"结构。这样建成的图书馆适用于以藏为主、实行闭架管理，以清华学堂图书馆（现清华大学图书馆）、东南大学图书馆（现四牌楼校区老馆）、国家图书馆分馆（文津街）等为代表，我们今天称之为传统图书馆。改革开放之初，虽然"开放性""模数式"的设计理念引入国内，但国民经济处于恢复之中，物资严重匮乏，图书馆的价值追求基本满足于将原有图书馆的建筑和空间，适时地归还图书馆，陈旧破损的阅览环境和设施能够基本恢复到位，因而对文化的追求，对图书馆建筑的设计，多数还停留在满足于保存文献阶段，仅以适度开放为主。80 年代很多图书馆进行了改扩建，根据图书馆的功能要求与读者需求变化，或是对图书馆局部空间进行调整，或是在原图书馆的基础上进行扩建，原则是尽量保持图书馆原有的属性和建筑风格。这个时期是按照现代图书馆的要求对传统图书馆的模式进行变革，即从传统图书馆向现代图书馆过渡的阶段。但由于管理理念和经济状况还不完全具备现代图书馆建筑的特征与条件，在图书馆建筑上也反映出过渡性的特点。

为适应图书馆事业发展的要求，1980 年 5 月 26 日，中共中央书记处第 23 次会议讨论并通过了《图书馆工作汇报提纲》，要求改善图书馆条件、加速北京图书馆新馆建设。[1]北京图书馆（现为中国国家图书馆）20 世纪 70 年代立项，1987 年建成，面积达到 14 万平方米，具有中国民族风格，成为 80 年代的北京十大建筑之一。同时，一批新馆相继建成，其中也不乏具有开放性设计理念的，如上海交通大学包兆龙图书馆、深圳图书馆、广东省立中山图书馆等就是 80 年代图书馆建筑的典范。图书馆建筑实践也促成了相关政策和文件的出台。

1987 年 3 月，国家教委颁布的《普通高等学校图书馆规程》中提出："逐步扩大书刊资料的开架范围，实行常用书刊的开架阅览、短期借阅，提高利用率。馆舍建筑应适应现代化管理的需要，满足图书馆业务功能的要求，具有调整的灵活性"。[2]同年开始试行的《图书馆建筑设计规范》（JGJ 38—87）也要求："图书馆建筑设计应结合国情和地方特点，符合先进的管理方式，适应现代化的服务手段，并适当考虑今后发展时，进行调整、改造的可能。图书馆设计应使藏书接近读者。"[3]

图书馆是新技术的积极接受者和使用者，此时计算机开始应用于图书馆管理与服务实践之中。多媒体技术的应用也为图书馆文献信息资源采集、存储、组织与服务带来变革。改革开放初期，图书馆建筑设计结合我国国情和地方特点、吸收国外先进经验，其理念包括开放性、适用性、文化性等内容。

一、开放性

图书馆建筑是图书馆功能的物质载体，具有提供服务场所、保护馆藏、文化审美、技术支持等功能，图书馆功能的变化深刻影响了图书馆建筑的设计理念。图书馆开放性包含两个层面的含义：一是社会的开放性，主要是从宏观层面而言，是指图书馆向社会的开放程度、对用户群体的服务延伸度等，这是图书馆存在的价值证明，也是现代图书馆建筑设计的理念基点；二是服务的可及性，主要是从微观角度而言，是指图书馆馆藏、空间、技术等资源的公平性、服务效率和质量。反映在图书馆建筑设计上，开放性具体体现为选址贴近用户，借、阅、藏、管功能四位一体，把最好的空间留给用户。[4]

20世纪70年代末，我国图书馆界按照向现代化进军的要求，吸收国外图书馆管理和设计的先进经验，提出了开放的要求。北京图书馆扩大开架，部分中外文科技期刊、外文新书、工具书已实行开架借阅。[5]1980年，鲍家声提出了立足"开架"设计，提倡开架管理的现代图书馆的管理模式，以适应图书馆建筑由传统闭架式管理走向开架式管理的发展趋势。[6]此后1985年建成的上海交通大学包兆龙图书馆设计时采用大空间格局和开架服务的方案；1986年深圳图书馆就实行全开放的管理模式。

图书馆建筑的开放性与图书馆功能的演变紧密关联。此时，图书馆内涵在不断变化，职能在不断更新，电子计算机技术在图书馆的应用不断扩大，这给图书馆的服务和管理都带来一系列的变化，直接影响到图书馆本身的结构及图书馆建筑。图书馆界形成了从"重藏轻用"或"藏用结合"到"以用为主"的管理和服务理念，实行闭架和开架相结合，实现"三线藏书"管理的共识。

三线藏书，即一线藏书是实行开架借阅的书刊，二线藏书是放在辅助书库里的书刊，邻近开架阅览和外借处，三线藏书是放在基本书库里的不常用书刊和密集书库里的罕用书刊。[7]

这个时期的图书馆建筑设计，已有现代气息，要求图书馆有独立馆舍，处理好藏、借、阅、管的功能分区与关联。图书馆的建筑强调借阅开放，即在图书馆的空间布局上，减少藏书空间，扩大用于读者借阅服务等活动场所。开放式图书馆就是将这些传统图书馆静态的、固化的空间体系转变为动态的、灵活的、富有弹性的空间体系，以适应用户多元的、多变的、个性的信息服务需求。回顾图书馆建筑设计的理念，开放性趋势愈加明晰。

二、适用性

在 80 年代初期，与我国经济发展水平相适应，国家的建筑方针是"适用、经济，在可能条件下注意美观"，图书馆处于从传统图书馆向现代图书馆过渡阶段，建筑设计也首先强调功能第一、适用为重，并考虑适应性和灵活性，能适应图书馆近期功能上的要求和长期发展的变化。这时的图书馆，既保持"藏、借、阅"相对独立的布局，又面临着两个变化：一是图书馆走向现代化，管理模式在改变；二是科学技术应用于图书馆，出现了许多新的知识载体。满足功能和布局合理是评价图书馆设计的首要标准，适用性就相当重要。

新老交替时期的图书馆，需要采用多种藏阅结合的方式，实行开架管理和闭架管理相结合，必然引起图书馆内部空间的变化。大多数馆既有独立的藏书空间，考虑读者流线的单一性，即读者先借后阅，先进出纳厅再到阅览室；也有藏阅一体空间，考虑读者直到阅览室或出纳厅，甚至进入书库。知识载体的多样化，凡是可以传播知识和信息的一切载体，如文字、声、像、实物、图片等都成为图书馆收藏和为读者提供服务的手段，知识载体的多样化导致了藏书结构的多样化，过去局限于印刷的藏书来满足用户需求的局面将被打破，图书馆在接收、保管、使用印刷资源的同时，一切声像、缩微、机读文献及光盘与电子书目等都将被接收、保管和流通服务。[7]

上海交通大学包兆龙图书馆应用了复印、视听和缩微等技术设备，开辟视听资料阅览室、缩微制作与阅览室、学生报告厅等，并实行计算机流通管理系统。[8]北京大学图书馆老馆拥有藏书量很大的书库，馆舍经过改造装修后，有较大的使用价值。新馆建筑是紧连老馆扩建的，要建成"以藏阅结合的开架阅览室、珍善本书库、各种现代化设施以及学术活动场所”的大楼。[9]

三、文化性

建筑是“凝固的音乐，石头的史诗”，图书馆建筑既是图书馆功能的物质载体，也是人类文化的表现形式，图书馆建筑以其独特的艺术形式来表现其文化保存、传播、交流、引导等功能。不同时期的图书馆建筑文化拥有不同的风格，不同区域的图书馆建筑文化也是各放异彩。明代宁波“天一阁”藏书楼采用江南民居的建筑手法，“园中有馆、馆中有园”，体现了“天人合一”的哲学思想[10]，是中国古代藏书楼建筑文化的典范，可见图书馆建筑对文化具有传承与塑造的作用。“现代图书馆建筑文化包含着开放精神、人文精神与服务精神，强调建筑的功能、环境与现代化管理的统一，经济、技术及特色造型相结合”[11]。这一时期，我国图书馆建筑注重文化的传承，这种文化传承是通过对场所精神的追求和文化符号的塑造来实现的，一是顺应自然环境，注重图书馆建筑与环境的协调，二是融入文化环境，图书馆建筑成为城市文化、校园文化的延伸。

图书馆建筑的文化符号分为两个层面，外在层面是图书馆建筑外部形象的，包括结构、布局、色彩、装饰等，内在层面是指图书馆建筑的象征意义，体现图书馆建筑的社会文化、民族区域和时代文明等。国家图书馆一期工程最后选用的是以著名建筑师杨廷宝为首的“五老方案”，按照“形式民族化、内容现代化”的指导思想，设计具有鲜明的中华民族文化特征，成为北京和中国的文化地标。它坐落在紫竹园公园旁边，环境优美，风景宜人。馆区有绿地2 万平方米，约占基地总面积的 30%，室外绿化以绿地为基调，配以珍贵树种，树木花草浑然一体，做到三季有花、四季有长青，并具有层次清楚、分区明显的特点。读者从东门进馆，可以看到两个美丽的庭院，馆内还有五个绿化区，当年“园中有馆，馆中有园”的设想已经成为现实。广东省中山图书馆根据民族特色和南方特点，充分利用建筑群空间，搞好环境绿化，庭院中装建叠石，蓄水造景，借景添色，创造一个“雅、静、美”的外部空间，给读者提供一个良好的学习环境。[12]清华大学图书馆三期建成于 1991 年，其设计理念是“尊重历史、尊重环境、为今人服务、为先贤增辉”，尽管建筑体量较大，但其外观设计相当低调，采取与旧馆基本一致的建筑风格并根据使用和技术经济条件做一定的变化处理，以形成和谐完整而又有一定时代感的建筑群形象。该馆的目录大厅，纵贯四层楼高，周围是阅览室和书库，站在大厅中央，透过玻璃墙可以看到多层围绕的书架，作为进馆后的第一个印象，使读者产生"进入知识宝库"的心理感受，从而激发其努力学习的热情[13]。新馆建成后，读者踊跃前来，开馆前的学生排队队伍成为一道靓丽的风景线。

总体上看，这一时期图书馆从封闭走向开放，逐步向现代图书馆过渡，因此图书馆建筑还没有完全摆脱近代图书馆模式的影响，而是"固定功能型"和"模数式"两种模式的结合，还存在功能不尽完善、过于追求外观、空间资源浪费等现象。除北京图书馆、上海交通大学图书馆、深圳图书馆外，还有一批图书馆如广东省中山图书馆、湖南图书馆、北京农业大学图书馆、上海图书馆、北京大学图书馆，探索先行，在开放性、适用性和文化性方面树立了很好的榜样，产生了很大的影响。公共图书馆也随着经济体制的改革和文化建设的复兴，回归公益性服务的本位，因强化图书馆建设对精神文明的贡献作用，强调图书馆城市文明、城市文化的标志性，公共图书馆得到重生。图书馆建筑新建立项、图书馆作用发挥、现代技术的推动，对图书馆建筑设计理念的推进，从坚守传统到模仿国外，从以藏为主到以用为上，从经济实用到美观生态，从实体建筑到虚拟馆藏，图书馆设计理念的演变非常频繁，但开放的理念则是主流。

第二节　满足功能，发展模数式图书馆

一、模数式图书馆的引入和"三统一"的实践

模数式图书馆（Modular Library）是在固定功能的图书馆的基础上发展起来的现代图书馆的一种形式，是按一定的模数式原则进行设计的。它具有较大的空间，统一的柱网、层高和荷载能力，布局可以灵活变化，以家具组成不同的功能空间，力求适应图书馆多种功能的需求和发展[14]。模数式图书馆是由四根柱子组成的矩形或正方形的一个个单元组成，在单元里布置阅览桌椅就可以作阅览区域使用，安上书架就可以作书库使用，摆上办公桌椅还可以作办公室使用，如果单元之间进行转换时，在结构上没有任何困难，在使用上有充分的灵活性和适应性。

结合图书馆的特点和发展，20 世纪 80 年代以后图书馆建筑设计的要求是首先要满足功能，具有灵活性、适应性和良好的内外环境。设计要紧凑、灵活，讲求实用，平面、空间的利用要经济，为各种知识载体的高效率流通，为读者借阅提供高效能服务创造条件；应当摒弃把图书馆当作纪念性建筑设计，追求对称、气派、庄严等做法。

随着对外交流的扩大，在西方国家广泛流行的模数式图书馆也被介绍到国内，引起极大的关注。如《关于美国的图书馆建筑》一文中介绍了"模数式图书馆"，指出其外形方整、布局紧凑，具有很大灵活性、适应性的优点，也指出其需要全部空气调节、人工照明、浪费能源的不足。[15]

80 年代，国内经济还比较落后，以及受图书馆传统观念的影响，模数式图书馆设计理念在当时是有争议的，图书馆界和建筑界对此的探索和实践也很谨慎。处于特区的深圳大学图书馆是我国最早真正按照模数式图书馆建设的实例，该馆建于 1986 年，平面为 60 米×60 米的简洁、规整的正方形，地上 4 层，地下 1 层，局部 7 层，内设高达 6 层的共享空间。采用统一柱网、统一层高和统一荷载的"三统一"设计原则，采用 7.0 米×8.0 米模数式单元，层高统一为 4.0 米，楼面荷载统一为 700 千克/平方米，采用了集中空调设施。[16]由于主要是人工采光，全部使用空调，能耗过大。

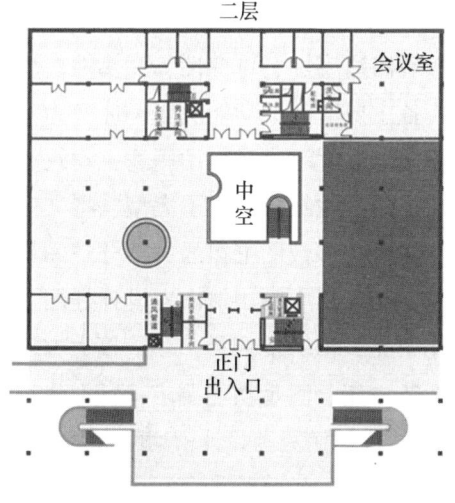

图 2 - 1　深圳大学图书馆二楼平面图

图 2 - 2　北京农业大学图书馆三楼平面图

北京农业大学（现中国农业大学）图书馆于 1988 年动工，1990 年建成，平面为 55.6 米×55.6 米的方形平面，采用统一的 6.6 米×6.6 米的柱网，层高统一为 3.90 米，楼面荷载统一为 650 千克/平方米，无内墙间隔，采取开敞连贯的室内大平面空间，达到很大的灵活性，为解决运行成本过高等问题，舍弃方形而采用"L"型，双面采光进深不超过 30 米，这样就加大了采用自然光的范围，对图书馆布局和管理带来了一系列新的变化。

二、模数式图书馆获得认可，写入规范

1990 年 5 月，中国图书馆学会和中国建筑学会在宁波举办了"全国图书馆建筑设计学术研讨会"，就如何根据中国国情设计好现代图书馆建筑进行了深入的探讨。关于模数式图书馆，有的代表认为，还是应该按照图书馆的功能区分，不能全馆一律"三统一"，认为不分功能采用大跨度、大进深、以简化功能区分不符合国情，盲目照搬国外的东西，造成浪费和不适用，应是教训而不是好经验。绝大多数代表认为，借鉴国外模数式设计，结合国内图书馆管理的实际需要，区别情况实行"三统一"是有利的，使图书馆空间增加了灵活性，布局可以按照发展进行调整。很多建筑常常不是按照原来的设计意图使用的，建筑师也无法预留充分适应的空间，因为人们的要求伴随着时间的推移而发展变化着。面对日益复杂的功能及其可能的变化，处理不应繁上加繁，相反应该"以简驭繁"。所以，"三统一"设计是从客观的功能提出来的，图书馆是布局、组合、划分、使用及发展上都能表现出适应性、可变性、互换性、渗透性和扩展性。在固定空间渗入时间因素；各主要空间的功能从单一性变为尽可能的多样性；空间大小可以随时根据需要任意扩大缩小或变动用途；建筑空间的有效利用，使得适用、经济、美观三者得到最优结合。除了大型、特大型图书馆外，必然有一部分固定的闭架藏书空间；大多数图书馆的大部分空间具有灵活可变性是必要的。会议取得一些共识：必须从中国国情出发设计好图书馆，可以根据情况局部借鉴国外的模数式图书馆，但不能照抄，不能搞大方块的全空调设计。图书馆的建筑设计原则应该是"充分满足功能要求；科学先进经济高效；环境协调造型美观；灵活可变考虑发展；馆方与设计密切配合"[17]。

中国图书馆学会学术研究委员会图书馆建筑与设备分委员会和黑龙江省图书馆学会联合举办的"图书馆未来及其建筑研讨会"，于 1991 年 10 月 5—10 日在大庆市召开。会议认为，中国图书馆事业从 80 年代起，已进入由传统图

书馆向现代图书馆转变的时期，图书馆的未来可以考虑"10—20"年。会议形成共识：未来图书馆建筑要适应向现代图书馆发展的新要求；研究设计"发展过渡型"的图书馆建筑，兼顾当前需要和长远发展；在建筑设计中，应遵循适用、灵活、高效、经济、安全、美观等原则；要走中心图书馆和分馆、基层馆相结合的网络化服务，注意布局；充分重视中小型图书馆建筑的设计。[18]

图书馆建筑设计的一个标志性事件是 1993 年 9 月，中国图书馆学会和中国建筑学会共同组织了对北京农业大学图书馆建筑的使用后评估。专家们认为，该馆吸收模数式图书馆设计的方法，不受国内传统设计布局的束缚，亦未生搬硬套国外的模式和方案，而是充分考虑国情、校情，把国外先进经验与本馆的具体实际结合起来，设计上有所突破和创新，是 20 世纪 90 年代建成的比较成功的现代化大学图书馆。[19]

一些学者认为，在图书馆建设实践中，我们较多地吸取模数式图书馆的三统一原则，而对其空间大、适应性强，集藏、借、阅、管四大功能为一体，形成相对独立的工作和建筑单元等的重要性，认识尚有不足。在管理中将阅览面积相对集中，适当扩大空间，增加书刊开放量，对方便读者使用，效果肯定是明显的；也可以提高管理工作的质量，使管理人员能进一步地了解和掌握所负责的单元内的书刊，使每一个藏、借、阅、管单元内的管理人员都能成为读者与载体之间的重要媒介，更充分地发挥知识、信息的效益。[20]丁树筠分析了模数式图书馆的优势和不足后，提出在我国采用和推广模数式设计是可行的，即使增加点投资、花点代价也是值得的。[21]模数式图书馆设计是一个吸收传统图书馆的合理内涵，不断修正和完善的发展变化过程，要依据国情，研究、借鉴、发展模数式图书馆。

1996 年建成开放的上海图书馆平面设计体现了高效性和灵活性，通过以下数据即可看出：分区统一柱网（多层部分 7.50 米×7.50 米，高层书库部分 7.20 米×7.20 米），分区统一层高（多层部分 4.50 米，高层书库部分 3.2 米），统一荷载（500 千克/平方米）。开架阅览的书架中距以 1.5 米为基准，基本书库的书架中距以 1.2 米为基准。布置紧凑而经济，体现了书库使用的高效率。[22]

高冀生和赵卫中认为，模数式图书馆开始逐步克服其早期的许多不足，摆脱其过于单一化，模数化的设计沿着多元化、人文化的方向发展。首先是建筑空间的多样化，中庭空间被引入图书馆，使得图书馆建筑内部空间实现了从模数式大空间向流通空间的转变；其次是模数式图书馆建筑形式与造型的多样化，包括利用模数空间单元灵活造型，以及模数空间单元本身也逐步突破三统一原则[23]，即结构可以根据需要统一主体柱网，但其他不适应的功能空间（书库或业务办公用房）可独立于主体柱网之外单独设计。

各类图书馆随着管理模式的改变，服务手段的不断完善和现代化，对图书馆的建筑空间要求有较大的灵活性和适应性，以满足功能调整变化的需要。在1999年6月发布的《图书馆建筑设计规范》（JGJ 38—99）中规定："图书馆各空间柱网尺寸层高荷载设计应有较大的适应性和使用的灵活性。藏、阅空间合一者，宜采取统一柱网尺寸、统一层高和统一荷载。"[24]在其"条文说明"中还是指出，"三统一"是汲取国外模数式图书馆的特点为我所用，在确定图书馆各空间的柱网、层高和荷载时，设计应从灵活性方面多加考虑，综合分析，慎重确定。规范还增加了计算机及网络技术在图书馆应用和防火的有关内容。

当然，强调"三统一"并非涉及所有的空间，对于藏、阅合一的空间，功能经常发生调整变化空间，宜采用"三统一"的做法。至于功能相对稳定的空间，如办公、会议室，内部业务用房，则应按实际使用要求确定其柱例尺寸和层高，按结构荷载规范中的规定选用荷载。因为新建馆舍的结构形式多采用钢筋混凝土框架系统，针对以往藏阅一体空间设计中的不同柱网尺寸和荷载，其柱网尺寸按1.25米或1.20米的倍数，取7.50米×7.50米或7.20米×7.20米，荷载按《建筑结构荷载规范》取500千克/平方米比较合理。

三、结合国情，发展模数式图书馆

图书馆是一个不断发展的有机体。模数式的设计思想给图书馆带来革命性的变革，灵活性使其具有强大的生命力，也给正处于向现代化迈进的我国图书馆建筑设计提供了良好的思路和方向。随着现代图书馆功能的多元化、综合化、复杂化，除了传统的藏、借、阅、管等功能外，又增加了许多公共的社会功能。绝对的模数式的设计模式有一定的局限性，如，缺乏空间形态的多样性，难以适应新功能空间的要求，缺乏与环境的有机联系，建造和运行成本较高，因此模数式图书馆也在发展、变化，克服以部分空间浪费和结构浪费为代价换来的"灵活性"，适应新的要求。

在模数式图书馆的基础上，鲍家声和葛昕结合我国国情，提出了"模块式"图书馆的设计模式，"模"是指模数式设计，"块"是指功能块，即按不同职能的空间进行分区。模块式图书馆设计就是把"模"与"块"两者结合起来，不同的功能块可以按其空间需求设计成不同的结构柱网，不同的层高，即主张按功能分区进行模数式设计。[25]

"模块式"图书馆的主要设计原则包括：（1）必要的功能分区，模块式设计对图书馆的功能分区及空间组织进行了新的划分与组合。分区包括入口区、读者区、研究区、公共活动区、基藏区、办公区和技术设备区，有些分区之间相对独立稳定。（2）分区模数化设计，根据不同的功能要求，分区统一柱网、层高、荷载，统一规划设备，分区实施。（3）设置"服务功能块"，包括楼梯、电梯、厕所等服务性空间，位置相对独立，尽量避免对主要使用空间的切割或插入，以提供空间使用最大的灵活性。其功能块的组织方式包括垂直分层组织、平面单元组织、混合式空间组织三种方式。

按上述理念，鲍家声在深圳市职业技术学院图书馆的设计中，将现代图书馆基本使用空间分为两大部分，一是传统图书馆的使用功能空间（阅览室、藏书空间及服务管理空间），另一个是现代需要的社会公共活动功能空间（陈列厅、会议报告厅等），此外，又将为主要使用空间服务的交通空间、卫生间等附属使用部分作为一个服务功能块，将三者组织成一个有机的空间整体。将报告厅、展览厅等社会功能块靠近入口，将图书馆传统功能块（阅、藏、借、管）置于基地南面，这样在使用时，两种不同性质的功能块不仅不相互干扰，

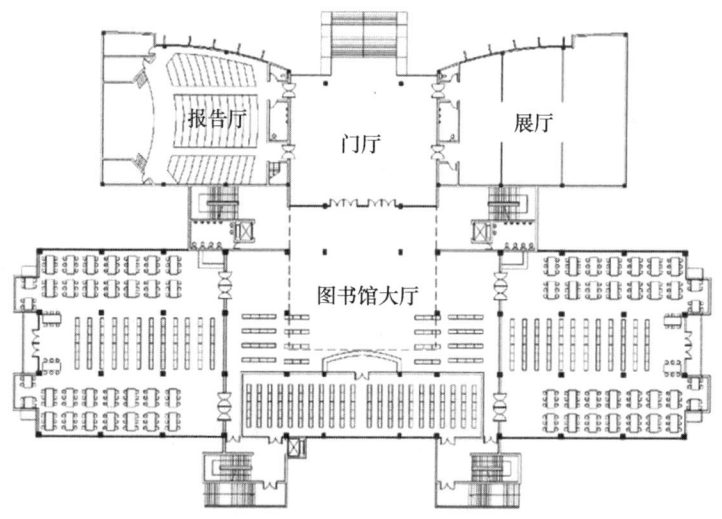

图2-3　深圳市职业技术学院图书馆一层平面图[16]

而且各自有其合适的空间形态。报告厅和展览厅是在一层，室内空间较高，与阅览室的均质空间有明显的不同。这样的功能空间更合理、更经济。

模数式图书馆的核心是灵活性和适应性，"模块式"图书馆是在此基础上发展起来的，"模"还是强调灵活性，因此，"模块式"图书馆还是属于模数式图书馆的一种形态。就像图书馆的内涵有了很大的变化，但还称之为图书馆一样。

2003年10月，中共十六届三中全会提出了以人为本、全面协调可持续发展观，图书馆的发展向着节能、绿色的方向发展。在2015年《图书馆建筑设计规范》再次修订时，在条文中取消了"藏、阅空间合一者，宜采取统一柱网尺寸、统一层高和统一荷载"和"框架结构的柱网宜采用1.20米或1.25米的整数倍的模数"[26]。但是，在"条文说明"中仍然保留下面的内容，开架管理逐步扩大，要求藏阅合一的综合空间越来越多，出现了"三统一"的做法，在确定图书馆藏阅空间的柱网、层高和荷载时，需从灵活性方面多加考虑，综合分析，慎重确定，但是从图书馆的"各空间"变成了"藏、阅空间"。还继续指出藏书空间的结构形式多种多样，但常用柱网尺寸按1.20米或1.25米的倍数，多为7.20米×7.20米或7.50米×7.50米，此结构体系经济合理，并能较好满足使用要求。因建筑材料和结构技术的发展，也出现了更大的柱网尺寸。

第三节　造型美观，平衡实用性和艺术性

建筑功能是基础，建筑形象也很重要。图书馆建筑具有独特的建筑标识性功能和文化象征性含义。一方面作为传承文明、保护文化遗产、传播知识信息的重要场所文化建筑，一般来说图书馆都处于城市、学校等的核心区，其建筑造型有很强的"信息中心、文化中心"特征，成为现代读者阅读获取知识的信息殿堂；另一方面作为一个国家、地区和民族的文化艺术象征，国家精神文明、民族文化的公益窗口和服务载体，能给人们带来巨大的审美追求和精神力量。

一座成功的图书馆建筑是图书馆学、建筑学和技术科学的完美结合，是图书馆相关的学者、设计者、建设者与使用者意志的表现。图书馆的建筑造型应

该是随着社会的发展和图书馆功能的变化而变化，与功能、环境和谐统一。我国图书馆建筑造型的演变鲜明地体现了图书馆设计理念发展的阶段性，从满足初级基本的功能需求的实用性建筑，逐步发展为艺术形象多元、体现个性的建筑，从藏书楼式的封闭、简陋、单调、规整的建筑，逐步发展成开放、人文、绿色、优美、多样的建筑。

图书馆建筑造型往往被看作是科学技术和文化艺术综合发展的一个象征，既有严密的科学性，又有丰富的艺术性，其艺术与一般的艺术有着共同的审美特征，并以其静态的空间形象艺术来感染人。但是，建筑并非是一种纯粹的艺术品，其真正的社会价值体现在图书馆的实用程度上，只有适用于图书馆的功能需要，又表现出审美价值的建筑形象，才能构成真正的、适合于时代特征的图书馆建筑艺术。所以图书馆建筑造型的构思和设计应以功能需求为基本出发点，通过空间的合理组织，并使与基地环境有机融合，通过一定的物质手段，创造出既能适应现代功能需要又具有时代感和文化氛围、有着自己个性的建筑形象。[27]

图书馆的造型往往代表着一个城市的文化形象、一所大学的校园品位。漂亮的建筑造型给人以赏心悦目的审美感受。现代图书馆建筑设计需要考虑功能需求、建筑规模、建筑材料和建筑技术的影响等原则。

一、建筑造型要满足功能需要

改革开放初期，图书馆建筑主要传承图书馆的典型形式，保障藏书、图书加工整理的基本功能，以及读者借阅、交流和行政办公等区域，这是图书馆从闭架管理到开放管理的基本理念。即保证阅览室在前，书库在后，配以目录厅和出纳台等半开架模式，将藏书与读者服务二者有机联接，这时的图书馆建筑造型设计多为传统图书馆造型"工""山""T""日"或"田"字形，或者加上其他条形组合；建筑艺术性表现为壮观宏大，功能固定，结构对称，造型相对单一。其建筑层高、荷载和柱网分别按其各自的需要进行独立设计，书库的窗户狭长，便于闭架图书的保护。同时期的中小图书馆建筑造型占地最少、结构最简、成本最低。20世纪90年代以后，设计和建设的图书馆考虑开放性、适应性和灵活性，广泛采用了"模数式"建筑新理念，并充分考虑了"以用户为中心"来进行建筑设计和布局，呈现设计多元化。何镜堂认为，建筑师在创新时要以人为本，而不应该把创新看作是一种形式，只追求立面上的与众不同，外观奇特和视觉冲击。"我认为建筑的功能永远是它的第一性，离开了使用功能，那这个建筑就失去了存在的意义"[28]。好的建筑造型能吸引读者进去，好的功能和环境能使读者留下来。

1986年按照模数式设计的深圳大学图书馆，不拘泥于室内用途的固定，开间方便灵活，能适应建筑平面的变化，扩大空间利用的互换性，创造性地采用了多功能的现代图书馆建筑模式。其造型简洁、色调明快，虚实对比得当，与周围建筑、环境协调，具有较浓厚的文化学术气息。三至六层外墙均采用墙面凸出，落地窗凹进的手法，形成挺拔的虚实垂直线条，与两侧建筑的横向线条成对比，也将直接射入阅览室的阳光变成柔和的漫射光。

图2-4　深圳大学图书馆　　　　　图2-5　深圳大学图书馆中庭

上海交通大学闵行校区图书馆位于校区中心位置，于2008年9月建成交付使用。新馆与信息中心大楼的塔楼建筑连成一体构成图书信息大楼，图书馆建筑面积3.5万平方米，拥有9个全开架学科阅览室和1个密集书库，整体建筑成"E"形，代表进入"电子图书馆"时代。图书馆由公共服务共享大厅与北面三栋四层大型阅览楼组成，除综合阅览空间之外，设置若干小组学习讨论室和小型研讨会议室，使图书馆成为支持不同学习方式、研究习惯和使用需求的信息共享空间和学术交流中心。图书信息大楼由法国人设计，属于自然简约的欧式建筑风格。

二、建筑形象要体现标志性、时代性

现代化的图书馆建筑应当是功能与造型完美结合的艺术品。一座成功的图书馆建筑应当富含文化底蕴，彰显时代特色，表达服务理念，能够与周围环境一起共同塑造文化氛围，充分发挥其功能。图书馆建筑构图也不再是简单的"方盒子"，应该千变万化，造就独具时代特色和民族特色的新颖别致的文化殿堂。

上海图书馆新馆坐落在淮海中路西段，于1997年12月对外开放，建筑面积8.3万平方米，藏书量1320万册，设3000个阅览座位。其建筑设计理念为"以人为本"，一切为读者提供方便，同时利于管理。图书馆的建设定位是"创作现代化的大型图书馆，布局开放而紧凑，流线清晰便捷，为使用者提供最大的方便，创造优雅的室内外环境空间；创作体现时代精神与上海地域文化特色相结合的图书馆，以丰富的文化内涵形象与总体环境立足于上海"。通过设计力求空间的高效率，读者能便捷地到达任何阅览区；提高图书的开架率，缩短人与书的距离；采用先进的运书设备，缩短借书等候时间；采用电脑查目与咨询，快速找到所需图书资料；创造优美而宁静的阅读环境。建筑造型将上海百年来形成的建筑文化与90年代的时代性相结合，中西文化交融，设计了两个虚实对比的塔楼，丰富了建筑群的天际线，多维台阶式块体形象如同自然生长的台阶，隐喻着沉积人类知识的台阶，期待人们不断攀登。馆入口外东西广场分别命名为知识广场和智慧广场，巨型不锈钢雕塑"智慧树"象征着人类智慧强盛的生命力。该馆强调文化建筑的性格特征和细部表达。建筑立面为增加层次，以大面积的米白色为基调、配以小面积的浅灰、中灰与少量的深灰甚至黑色，形成素雅的色彩系列，在蓝色的天空和绿色的树、草坪的衬托下，建筑显得宁静高雅。造型是内部功能的反映，窄窗、宽窗、玻璃幕墙成了书库、开架阅览室、公共大厅的诠释；多维的阶梯隐喻了沉淀人类知识的台阶，期待着人们不断"攀登"。[29]

该建筑成功地处理了复杂的功能关系，为现代化管理创造了良好条件，具有上海特色和时代感的造型，优美的环境及浓郁的文化氛围，受到读者及各界的广泛好评，荣获新中国50周年上海十大金奖经典建筑、国家第8届优秀工程设计金奖，堪称中国现代图书馆建筑的代表。

图2-6　上海图书馆图

图2-7　上海图书馆目录大厅

　　北大校园素以美丽著称，北京大学图书馆新馆的建筑风格为新古结合，整体布局南北对称，主楼的大屋顶采用琉璃瓦仿古屋面，质朴大方，端庄稳重。建筑造型与原有校园建筑风格实现了完美的和谐统一，既保持了北大燕园古典建筑的传统风格，与校园周围景观浑然一体，又体现了现代建筑的时代特征。[30]图书馆成了北大校园的标志性建筑，为校园添景增辉，于是有了"一塔湖图"的传说。

图2-8　北京大学图书馆

图2-9　东南大学李文正图书馆

　　东南大学李文正图书馆为学校的标志性建筑，位于校区的主轴线上，是校园的中心。建筑采用了传统经典的三段式古典立面形式，基座、双柱、檐口三部分形成良好的比例关系，130多米连续的柱廊使建筑在立面上有很大的气势，给人以震撼；以强烈的虚实对比、体块的穿插产生强烈的现代感及庄重严肃的形象特征；在细部设计上，墙体的凹凸产生丰富的阴影，使立面具有强烈的立体感。建筑墙面采用白色花岗岩干挂，并以连续的凹缝，强调建筑的竖向感；整体造型独特、简洁、美观、流畅、庄重，是东南大学的传统文脉、时代精神及文化特征的综合反映。

天津滨海新区图书馆以"滨海之眼"造型引起市民好奇和媒体关注，进而被热推为"网红图书馆"。该馆建筑设计立意和功能组织的独到之处，是形象的"滨海之眼"与功能的"书山"实现外在与内在的融合——建筑形象围绕"滨海之眼"展开，建筑空间通过中庭"书山"联系。从图书馆基本功能和创新需求出发的空间安排是合理和成功的，但实际使用中也显露出值得注意的问题。中庭作为新型共享空间，在安全管理、资源消耗、内容配合等方面都会付出较高代价。图书馆文旅融合发展的理性思路是"好用、好玩、好看"，希望走在前沿的天津滨海新区图书馆有能力做得更好。

三、建筑造型要具有文化内涵和艺术魅力

图书馆建筑中最具生命力、最能打动人的东西便是其展现的文化品质和艺术魅力。我国现代图书馆建筑十分注重中华优秀文化的传承和对民族性、地域性的理解，在大胆吸收国外建筑文化、设计理念的同时，注重延续地域文化脉络，挖掘建筑本身的文化精髓，恰如其分地融合中西文化，既体现时代精神，又充满浓郁的民族特色、地域风格。

位于北京西郊紫竹院旁，环境幽美、建筑恢宏的中国国家图书馆以高层书库居中，周围环绕着低层阅览室，其中布置了三个中国庭园式内院，构成了一组"馆中有园、园中有馆"的独具东方文化特色的建筑群。其建筑形式立面造型对称严谨，富有中国民族及文化传统特色，尤其以孔雀蓝琉璃瓦大屋顶，淡乳灰色瓷质面砖，汉白玉栏杆，配以古铜色铝合金门窗和蓝色玻璃，在紫竹院绿荫衬托下，平添了中国书院特点。室内以表现中国辉煌文化的壁画、浮雕处理，文化气息浓郁。

贵州省图书馆建筑形象具有鲜明的民族文化与地域特色，其建筑设计理念借鉴了贵州山地民族地区干栏式建筑手法，裙房方正如墩，墩上挺然高耸的塔楼隐喻一本微微打开的书，给人以书中畅游之感，外墙立面以虚实大梁为构架，饰以水族的象形文字、彝族《夜郎庆典》竹简、帛书和传统浮雕的图案等形式，浮雕将贵州各族人民优秀民族文化的片段，用少数民族地区特有的建筑材料来表现，将多种现代化技术融入建筑之中，传统民族地域文化与现代文

明完美地结合在一起，民族与地域文化在这里得到弘扬和升华。室内又以大梁柱为风格，极力造就清纯灵秀、自然朴实的气质，蕴涵地域的文化特质，以贵州特有的文字、典籍和图像三要素，充分体现了贵州诸民族传统文化的精髓和"贵山书院"的文明传承[31]。

南京图书馆新馆以科学先进性、城市场所性、文化艺术性为理念，突出造型的独特、简洁、美观和流畅。建筑师受南京明城残垣的启发，将"现代钢结构"与"城墙遗韵"融为一体，既体现古城深厚的文化积淀，又有强烈的现代感，主立面气势宏大，中间顶部形如眼球的镂空造型，诠释为人用眼睛去阅读，当知识积累深厚，就会"智慧洞开"，这种象征性表达强化了城市的人文氛围。[32] 新馆在桩基施工中发现了六朝时期梁代建康城内皇城遗迹，设计师专门设计了六朝遗址展示区"湮没的皇宫"，300 平方米遗址上方铺设钢化玻璃地坪，将砖路、古井、古墙等文物保持原样，将宫城一角直观、形象地展示给读者。这一尊重历史文化、保护文物的做法，使得该馆成为世界上罕有的"馆中藏遗"的内涵图书馆。

图 2 – 10　南京图书馆皇宫遗址展示

上海嘉定图书馆建筑沿袭江南书院风格，屋顶形似打开的书籍，将古朴风韵与现代气质完美融合。该馆采用前庭后院中天井的景观设计，划分了 16 个庭院空间，营造出园林层叠的交错感，被美国权威设计杂志《室内设计》（*In-*

terior Design) 评选为 2013 年"全球最佳公共图书馆"。建筑表层是石板＋木质的结构，结合了中国和外国不同建筑用材。传统灰瓦构成的外墙结合玻璃幕墙，与灰砖木棕水景相结合。从高处看，它好像是一本本打开的图书。斜坡屋顶，房顶撑起了足够的挑高，让阅读环境更空旷明净。图书馆建筑有两面都制造出环水的效果，还能眺望到旁边的远香湖。[33]

四、建筑创作要合理利用新技术、新材料

新技术发展和新材料出现、使用，为图书馆建筑创作提供了更多的方法和手段，建筑师应该充分利用新技术、新材料创作丰富多彩的图书馆建筑新形象。

天津滨海新区图书馆建筑地上部分属于特大跨度连体结构，中间连接体由四榀跨双层高平面桁架及楼面梁、板、水平支撑等组成。为了实现方案设计所追求的空间自由表达，结构必须满足建造一个无柱、通透空间的要求。中庭承载多种类型功能并且尺度大，既要确保上部的空间完整、功能连贯，还要给下部创造连续无柱空间提供结构基础，因此工程采用钢框架支撑整体结构形式。建筑的 4 层、5 层采用 54 米×60 米跨度的空间桁架联系南北两侧功能区域；"书山"上段吊挂在桁架之下，桁架同时还承担东西两侧玻璃幕墙的荷载。考虑技术和工期要求，连续桁架施工采用现场地面拼装、整体吊装的工艺。"滨海之眼"的"眼球"也就是球形多功能厅，采用与上部主体结构脱离的双层球形网壳结构。这个相对独立空间的各种功能要求，全部通过下部结构实现。球形体内部为两层结构，上层是报告厅空间，下层包括中心工作间和环绕楼梯与走道。[34]

北京建筑大学新校区图书馆的上部立面采用了双层表皮，玻璃幕墙之外以菱形交汇的 GRC（Glass fiber Reinforced Concrete 的缩写，玻璃纤维增强混凝土）网格包覆，使建筑犹如一件镂空的藏宝盒，朦胧而婉约，菱形网格的图案又抽象地对传统建筑漏窗进行了现代诠释。在连续均质统一的菱形网格模数之中，根据不同朝向的日照及遮阳要求，不同的立面变幻出各异的图案，疏密有致。在阳光最强烈的时候，这层网格就成了屏蔽直射光的有效屏障，而被 GRC 网格捕捉到的阳光从间隙洒入室内，斑驳成影，为空间增加了生动活泼的气氛。

新材料的使用为建筑注入了时代的气息，更使建筑成为一个空灵、雅致的

当代艺术品。建筑整体基于梁板柱形成了内部支撑体系，四立面首先由钢化玻璃进行围合，并与第五立面一起由 GRC 网格包覆构成。因此，图书馆的上层表皮是有独立支撑体系的双层界面，支撑结构与立面自身一同编织而成。在建筑的材料选择与节点处理上，充分考虑建筑的技术经济性和文化艺术性的综合平衡。轻盈的 GRC 纤维水泥复合构件与坚固的内层钢骨支撑杆件的结合，以及材料力学与结构力学的综合运用，使得建筑呈现出技艺平衡的整体稳态。[35]

图 2-11　北京建筑大学图书馆

五、建筑形象创造要具有个性特征

建筑的个性特征是建筑艺术价值的重要一面。建筑物的类型很多，功能各异，不论采用何种材料、结构和构筑方法，建筑形象最终都要能反映或表现它的个性，即在建筑艺术处理上必然赋予每一幢建筑物恰如其分的形象。建筑师在造型设计时应采用多方面的手法，表现其文化的性格。[36]表现图书馆建筑个性还要考虑用户（读者和管理者）的特点，公共图书馆与大学图书馆的定位和目标不一样，呈现的建筑个性也应该有所不同，前者侧重于公共性、参与性，后者更关注学习性、学术性。也可以从建筑环境出发针对环境所赋予的特殊性，因地制宜，以环境与建筑的特殊矛盾作为切入点。从建筑创作的角度来说，设计要有构思有创意，避免千篇一律和雷同，就是模数式，也不能都是方盒子，要形成建筑的个性特征。

苏州大学炳麟图书馆，位于苏州大学独墅湖新校区，她形似一朵绽放的"水晶莲花"，寓意"出淤泥而不染，濯清莲而不妖"的高尚情操，坚守质朴、简约、流畅的风格，抒发着江南情怀的浪漫气息，凸显信息时代大学图书馆独特的文化气质。现已成为苏州大学新校区乃至苏州工业园区的标志性建筑。

图 2 – 12　苏州大学炳麟图书馆　　　图 2 – 13　南京师范大学敬文图书馆

南京师范大学敬文图书馆位于仙林新校区，是学校的标志性建筑，远观如一本打开的图书，寓意师生们打开知识殿堂的大门展翅腾飞，形象鲜明，充满个性。馆内设有大型全架书刊借阅室、电子阅览室、多媒体视听室、多功能报告厅、专题研究室和休闲交流区。

图书馆的建筑艺术形象要符合其身份特点：基层馆的形象宜简洁大方、平易近人；省市级的图书馆能适当显示其作为重要文化建筑所具有的品位；学校图书馆往往是校园中的主要建筑，要根据校园规划的要求与周围建筑形成和谐统一的整体并体现其主导地位，而国家图书馆，要在物质上和精神上表现其作为国家最高文化设施之一的职能，具有宏大而庄重的形象，体现民族文化的光辉和国家的尊严。[37]

第四节　技术引领，从自动化到智能化

先进的装备和技术是图书馆科学管理思想得以实施的基础和保证。除了整体结构和布局的设计，图书馆的建筑设计理念在服务方式和手段的运用上，都要充分体现图书馆的开放性，以适应新时期读者对文献、知识、信息需求的广泛性、时效性、便捷性和高效性的特点，充分利用先进的设备和技术手段最大

限度地方便读者，主要体现在自动化系统、自助服务系统、自助式图书馆、座位管理系统等相关设备和技术的应用和建筑智能化方面。

一、图书馆自动化系统

我国图书馆自动化先后经历了单机运行、集成化管理、网络化发展和智能图书馆管理系统等阶段。在单机运行阶段，计算机开始在图书馆应用，操作系统以 DOS 为主，研制单项目、单功能的自动化管理系统，开始重视中文书目数据库的建设，数据主要以 DBASE－Ⅲ 为主，以实现管理功能为主要目的；在集成化管理系统阶段，为实现图书馆多项功能而开发自动化管理系统，是由分离式的试验系统发展到集成化管理系统的实用阶段，操作系统平台主要以 UNIX 及 DOS 为主，数据库建设主要以 FOXPRO 及自行开发为主，管理功能和数据资源建设并重，支持标准化数据处理的图书馆集成系统得到推广；在网络化发展阶段，因特网在中国迅速普及，特别是中国教育科研网 CERNET，使图书馆可以低通信成本实现馆际信息交流，原有的图书馆自动化集成系统不断改进，开发出更适应网络化发展要求的系统，操作系统主要以 Windows NT 为主，逐渐向分布式网络发展形成集管理功能、数据资源建设和馆际数据资源共享并重的、开放互联的网络化集成系统；在智能化图书馆管理系统阶段，新一代纸电一体智能图书馆管理系统融合了云计算、大数据、人工智能，以微服务思维对图书馆应用，以软件引导其用户快速发现所需资源与服务。

北京图书馆 1985 年成立了自动化发展部，并在此之前引进日本 M—150H 电子计算机，研制出的北京图书馆书目自动化系统，由采编检索综合子系统、流通管理子系统、书目产品子系统三部分组成[38]；北京大学图书馆 1985 年开始系统分析、数据准备及设备安装，在 VAX/11－750 上开发图书馆的自动化系统[39]；上海交通大学图书馆也在 HP/3000－930 计算机上进行图书馆自动化的开发研制[40]；复旦大学图书馆 1993 年引进日本富士通公司的 K670 超级小明计算机和 ILIS 图书馆计算机集成管理系统软件，正式开始使用计算机进行图书馆的流通、典藏等业务的自动化；1999 年 5 月，复旦大学全面引进新的图书馆自动化系统，该系统采用了美国 AMERITECH 公司的 Horizon 图书馆管理系统软件，包括采访、编目、期刊管理和流通管理等[41]。

20 世纪 80 年代末，我国图书馆自动化系统发展历程取得了突破性的进展，一批实用系统开发成功投入运行，国内有 50 多个图书馆和情报所与国外

9 个系统进行联机检索，设置终端，有 100 多个图书馆安装了不同型号的微型计算机用于馆内业务管理，其中最有影响的是两个联合目录系统（北京大学图书馆的西文图书馆联合编目系统、中国科学院的西文连续出版物联合目录系统）、3 个集成系统（深圳大学图书馆计算机管理集成系统、东北电力学院图书馆研制的整体化图书馆情报计算机管理系统、空军政治学院研制的中西文兼容图书馆计算机管理集成系统 ALCMS）和 5 个流通系统（深圳图书馆研制的实时多用户计算机光笔流通管理系统、上海交通大学图书馆研制的 SJTUCS 光笔输入多用户实用图书馆流通系统，南京大学图书馆、北京师范大学图书馆和北京图书馆也分别对部分流通业务实现计算机管理）[42]。

进入 90 年代，我国图书馆自动化系统软件市场迅速发展，比较有影响的有：深圳图书馆的 ILAS、南京大学和东南大学联合开发的汇文、北京息洋电子技术研究所的 GLIS、北京现代文津信息技术研究中心的"文津"图书馆综合管理系统、深圳大学图书馆的 SULCMSI、北京金盘电子有限公司的 GDLIS、大连博菲特信息技术开发公司的 WXGJXT、上海交通大学图书馆的 UNILS 等。

由深圳图书馆在 1988 年承担并组织全国八个省公共图书馆的技术人员参加研制的"图书馆自动化集成系统（ILAS）"是最具影响力的系统，该系统是基于 UNIX 系统、用 C 语言成功开发的，能适合不同规模、各种类型图书馆使用的通用图书馆自动化集成系统。1991 年研制成功后，向全国推广，用户曾达到 3000 家。[43] 最初包括图书采访、编目、流通、联机检索、连续出版物管理和参考咨询六个子系统组成的应用软件包，一套完整的硬件配置方案和提供符合规范的书目数据库。升级后的 ILASII 增加了网上联合编目、馆际互借、全文数据库检索、办公自动化、多媒体数据库查询、网上导航等信息服务功能。ILAS 走过的路是按渐进式发展方向前进的，开发技术由不成熟到成熟，系统规模由小到大，数据积累由少到多，应用环境由微机到小型机再向网络方式发展的过程，充分体现了我国图书馆自动化从无到有、从小到大、从试验到实用、从单机版到多用户再到网络版的全过程，是我国图书馆自动化发展的一个缩影。

1999 年起在全国推广使用的"汇文文献信息服务系统"（简称汇文）由南京大学图书馆、东南大学图书馆等单位组建的江苏汇文软件有限公司等联合开发，为国内近 900 多家知名高校和公共图书馆所选用。随着计算机网络技术的不断发展，2018 年，汇文系统已经更新至 5.6 版本，能够系统满足图书馆文献采访、编目、典藏、流通借还、流通管理、流通阅览、连续出版物管理、业务统计、系统管理等各业务环节的需求，为更先进、更智能、更安全的智慧图书馆提供了可靠的平台支撑和服务保障。2019年4月，南京大学图书馆发布新一代智慧图书管理系统，新一代的系统采用面向服务的体系框架，对原系统重新设计，重构并统一了图书馆对各类资源管理的工作流程，以全球知识库代替分散的本地资源库，以软件即服务（SAAS）的云服务方式进行系统部署，通过整套API接口，整合和扩展多种服务，最后经由前端系统为用户提供简单直观的搜索界面，引导其快速发现所需资源。2019年10月，江苏汇文公司也发布了最新的一代图书馆系统META，该系统具备了SAAS服务模式、微服务架构等技术特点，以中央知识库作为数据服务支撑，并在统一资源管理、采购决策，读者推荐、大数据分析决策等功能深入结合了人工智能及机器学习，根据用户的访问行为模式，不断调整、改善及优化，极大程度地提升了用户的使用体验。

二、图书馆自助服务系统

图书馆自助服务系统可分为馆内实体空间里的自助服务和网上自助服务，其中基于图书馆建筑空间的馆内自助服务系统主要包括自助借还系统和自助文印系统，让读者在一定的条件下，根据自己的阅读兴趣、需求偏好、灵活自主地完成馆藏查询、文献借还、文本的打印复印和扫描等操作，实现自我服务。

自助借还系统，主要是指基于计算机网络技术、数据技术和自动识别技术，让读者自行借阅图书文献的设备硬软件的集成，包括自助借还机、流通管理软件、安全监测系统、其他软硬件、信用体系和相关管理制度等。读者可以自行完成图书文献的检索和借还手续，而不用经过图书馆员的柜台服务。按使用功能，可划分为自助式借还系统和只具备自动识别、分拣功能的还书系统；按照识别技术，可划分为条码识别模式和无线射频识别模式。条码识别模式的自助借还系统主要包括条码扫描仪、充消磁仪以及相关联的图书馆自动化管理系统，该系统以图书上的条形码作为识别符来进行图书的借还操作；无线射频识别技术的自助借还系统是由电子标签、阅读器和数据管理系统三部分组成，以图书的电子标签作为识别对象来进行图书借还操作。① 2005年9月，东莞图

---

① 本节述及的是基于条形码识别的自助借还系统，基于无线射频识别技术的自助借还将放在后续基于无线射频识别（RFID）技术的自助图书馆一节中阐述。

书馆利用建设新馆的契机，在不改变馆藏图书条码和磁条方式的基础上，利用3M 图书自助借还、图书检测设备，结合视频、自动门禁、语音等系统，在馆内开辟了 100 多平米的独立空间，实现 24 小时的图书借还服务。[44] 2007 年，中国矿业大学图书馆也实现了图书自助借还服务。

自助文印系统，是在图书馆内集中或者分布设置文印设备，主要设备由打印、复印、扫描多功能一体机和触摸屏控制一体机组成，设备可以脱机或者联网使用。自助打印、复印、扫描可以为有偿服务，根据文印的不同幅面及黑白或彩色制定收费标准，读者凭借已充值的校园一卡通或专用文印储值卡，选择自助设备完成文本的打印、复印和扫描。

自助服务系统的应用延长了图书馆服务时间，提高了图书的流通量，提升了读者的满意度，降低了图书馆工作人员的劳动强度，节约了图书馆人力资源成本，使图书馆工作人员从简单的重复劳动中解放出来，以便图书馆将工作重点转移到更专业、更深层次的服务工作中去。针对自助服务系统使用中的问题，图书馆应通过不断完善系统硬软件和相关管理制度来解决，未来还要随着科技的进步，将自助服务系统与人脸识别技术、视频监控技术、监控报警器和手机短信提醒等技术相结合，为读者提供更加良好的用户体验，实时掌握和处理自助服务设备使用中的各种情况。

三、自助式图书馆及无线射频识别技术的应用

自助式图书馆服务是以满足读者多样化需求，用自助方式完成图书的借还、阅览、检索、咨询等功能，完善读者服务需求的一项创新的空间服务模式。无线射频识别（RFID 技术）在图书馆领域中的不断应用，使自助式图书馆服务功能得以实现，深受读者欢迎，促进了我国图书馆事业的发展创新。

2004 年 1 月，图书馆人注意到在图书馆服务的技术应用中 RFID 较条码有更多的优越性：资料可更新、方便资料辨读、简化借还书作业、加快盘点作业等[45]；2006 年，集美大学诚毅学院图书馆率先将 RFID 技术应用到图书馆，成为国内第一家建成具有完善功能模块并进入实用阶段的 RFID 智能馆藏管理的图书馆[46]；同年 10 月深圳图书馆新馆开放，应用 RFID 技术取代条形码技术，成为国内第一家全面使用 RFID 技术的公共图书馆，共有 100 万册纸质文献资源应用了 RFID 标签，涵盖了所有中外文图书和报刊合订本，在 RFID 的应用领域上，深圳图书馆没有局限于图书借还流程，而是充分利用了 RFID 技

术的特点，结合本馆实际，形成了一整套的功能体系，并开发了融合多项管理流程的 RFID 文献智能管理系统，在自助借还、文献定位、馆藏清点、归架管理等环节实现了技术、服务、管理等方面的创新，对我国图书馆服务升级起到了极大的示范作用[47]；2007 年 10 月，武汉图书馆是我国第三家研发并全线使用国内自主开发的 RFID 智能馆藏管理系统及相关产品的图书馆[48]，成为我国图书馆 RFID 实践领域的又一次突破，实现了 RFID 技术在图书馆应用的独立自主，标志着我国图书馆应用 RFID 技术的基本成熟；还有汕头大学图书馆（2006 年）、东莞图书馆（2007 年）、上海交通大学图书馆（2008 年）、电子科技大学图书馆（2009 年）、华中师范大学图书馆（2010 年）等都成为早期 RFID 技术的采用者。

2012 年 3 月，由国家图书馆牵头起草的文化行业标准《图书馆—射频识别—数据模型》通过评审验收，并于 6 月实施；该标准为 RFID 在图书馆的推广创造了良好的政策环境；2013 年 2 月，上海交通大学与高校图书馆 RFID 技术联盟联合发布《高校图书馆 UHF RFID 技术数据模型规范与应用指南》；图书馆 RFID 相关的标准规范体系与标准规范基本明确，市场上出现图书馆应用 RFID 的完整解决方案，为图书馆 RFID 创新实践奠定了基础。

RFID 技术在图书馆应用中的基本功能包括图书自助借还、自动分拣、自动盘点以及图书的安全防盗等；另外，利用 RFID 技术性能还可以实现图书馆内定位导航功能，不仅可以解决用户的定位及位置引导问题，还成为资源导航的捷径，成为用户行为及需求分析的重要数据来源。随着 RFID 系统功能的不断完善，图书馆的服务范围不断拓展和延伸，管理效率和服务质量得到提高。

2007 年，东莞图书馆引进银行 ATM 理念，引入国内首台 RFID 图书馆 ATM，可藏书 500—1000 册，由电脑触摸屏、借书卡插口、图书出入口和流动文字 LED 显示屏组成，利用智能机械手精准定位和抓取技术，灵活地将所借图书送出，将所还图书上架，较好地减少人工干预，提高了图书流通利用率，实现居民家门口的 24 小时自助服务[49]；2007 年 12 月，深圳图书馆与深圳市海恒智能技术有限公司联合开发基于 RFID 的自助服务设备，不久，首台馆外自助图书馆服务机正式向市民提供服务[50]。24 小时自助图书馆创新了图书馆的服务理念，使图书馆在真正意义上走向广大人民群众，帮助实现了图书馆"免费、平等、开放"的宗旨，提高了图书馆的外在形象和内涵，推动了全民阅读，实现了图书馆服务时间的延伸、地域的延伸、资源的流动。基于 RFID

技术的"城市街区24小时自助图书馆"，对拓展公共图书馆服务体系功不可没，中山大学资讯管理学院程焕文教授甚至将其称为"第三代图书馆"或者"图书馆3.0"。RFID在我国图书馆的十余年实践探索，从服务理念、管理模式方面为图书馆带来了又一次新的技术革命。

四、座位和空间使用管理系统

高校图书馆随着招生规模的扩大、图书馆环境的改善，到图书馆学习的人次数越来越多，阅览座位资源不足问题就日益凸显，各高校图书馆想尽办法防治占座行为，但往往收效甚微。为了让每位读者都能公平地享受到图书馆的座位（空间）资源，座位管理系统应运而生。

图书馆座位管理系统是通过"卡在人在"或红外线感应来判断是否用书本等物品占座，系统的核心是运用信息管理系统中座位管理模块，对座位资源进行信息化管理，在统一的信息管理下，实现管理系统内对座位的合理调配。系统除了包含基本的选座、刷离、管理、分析等功能外，还设计了网络预约、信息发布、指纹认证、人脸识别等功能，使座位管理系统向更加人性化的方向发展。

2005年3月，东北农业大学图书馆新馆运行，为提高自习室使用效率而开发了一套自习室座位管理系统，对自习室的座位进行限时管理，每次刷卡只能使用一定的时间，在这段时间之内可续订座位，这是全国首家采用计算机对座位进行管理的图书馆[51]；2005年9月，东南大学设计了一个单片机应用系统，以消除图书馆中乱占座位的不正常现象，使图书馆资源得到科学合理和有效的利用[52]；2008年10月，哈尔滨商业大学图书馆对自习区座位采用计算机管理；2011年起，国内高校图书馆陆续使用座位管理系统，厦门大学图书馆、上海交通大学图书馆、山东大学（威海）图书馆、东南大学图书馆等也相继使用了座位管理系统。随着智能手机在大学生读者群中的普及，基于智能手机（smart phone）的座位管理系统应运而生，2013年5月，山东大学（威海）图书馆启用手机版座位预约系统，利用智能手机第三方软件，将每个座位生成相对应的二维码，读者可以通过手机WAP网站选座、预约、暂离、释放座位等，也可以通过手机拍照识别二维码签到或者释放座位。

在使用座位（空间）管理系统的高校图书馆中，有的采用了"通用"选座模式，即一台座位管理系统可以选择所有开通该功能的阅览室或自修室的座位，选座方式有随机和自选两种模式；有的高校图书馆开设网上预约功能，网上预约功能为读者选座提供更便捷、更人性化的服务；有的高校图书馆利用学校现有的校园一卡通系统，结合学校的教务管理系统，配以阅览室座位管理数据库、管理终端等，开发出一套科学的阅览座位管理系统，对阅览座位进行科学、有效的管理，大大提高阅览座位的利用率。

这些层出不穷的信息技术，使图书馆服务的能级不断得到提升，推动了图书馆建筑空间的管理。

五、图书馆建筑智能化

图书馆建筑智能化是指综合采用电子信息技术、计算机技术和现代通信技术对图书馆建筑内的设备进行自动监控、信息资源实施科学管理以及提供优质高效信息服务通道的现代化建筑物。[53]

《图书馆建筑设计规范》（JGJ 38—2015）和《智能建筑设计标准》（GB 50314—2015）对图书馆建筑智能化都有规定[26][54]：图书馆宜根据规模、性质及建设条件进行建筑智能化系统设计，不同类型的图书馆建筑智能化系统配置都包括六个方面，即信息化应用系统、智能化集成系统、信息设施系统、建筑设备管理系统、公共安全系统、机房工程等。图书馆信息化应用系统的配置应满足图书馆业务运行和物业管理的信息化应用需求；信息网络系统应满足图书阅览和借阅的需求；建筑设备管理系统应满足图书储藏库的通风、除尘过滤、温湿度等环境参数的监控要求；安全技术防范系统应按图书馆的阅览、藏书、管理办公等划分不同防护区域，并应确定不同技术防范等级。图书馆建筑智能化就是通过综合布线系统将这些系统进行有机综合，将所有的语音信号、数据信号、视频信号与监控系统的布线，经过统一的规划设计，综合在一套标准的布线系统中，这是现代图书馆向网络化、数字化、智能化发展和实现各种功能的基础，是图书馆未来发展的需要，图书馆要依靠计算机和网络向读者提供更多、更新的电子化信息。这些系统的实现，引发了图书馆的一系列变革，直接影响到图书馆建筑本身的结构及其设计与实现，图书馆建筑需要一种全新的设计理念和设计方法，以实现图书馆建筑的智能化。

智能化建筑通常有三大不可缺少的要素：楼宇自动化系统（BAS）、通信自动化系统（CAS）、办公自动化系统（OAS）。楼宇自动化系统主要是对图书馆建筑中所有机电装置和能源设备实现高度自动化和智能化的集中管理，运用计算机数据处理，自动计量和控制技术对智能建筑内的能源、机电、消防、保安等设备通过通信网络进行信息互换和联动，主要包含环境设备监控系统、能源设备监控系统、消防自动化系统、安全防范自动系统；通信自动化系统是图书馆的"中枢神经"，由线缆及相关连接硬件形成的信息通道，分布在馆舍各层，包括语音、音响、影像、数据通信和多媒体网络通信在内的各个子系统；办公自动化系统是人们借助计算机技术、通信技术、多媒体技术和行为科学等先进技术完成各种办公目标的人机系统。其主要任务是馆藏文献的管理与服务，决定了信息资源的管理效率和服务质量，是图书馆建筑智能化的关键。主要包含信息资源管理系统、信息资源服务系统、用户管理系统等；另外，综合布线也是智能建筑的重要组成部分，直接关系到图书馆智能化水平，结构化综合布线系统（PDS）是当前图书馆建筑设计中最先进、最有发展前途和最大适应性的拓扑结构布线方式，其主要特点体现在标准化、模块化、兼容性、先进性和灵活性方面。

2002 年 6 月正式开馆的中国科学院图书馆建筑智能化系统的设计坚持了实用性、开放性、先进性、可靠性和经济性相结合的原则，内容包括楼宇自控系统、火灾自动报警和消防联动控制系统、安保监控系统、综合布线系统、公共广播系统、卫星电视接收系统、数字程控交换机系统、一卡通系统、电子会议系统、车库管理系统，并实现了基于楼宇控制系统的系统集成。中国科学院图书馆的建筑智能化系统，充分利用现代计算机技术、控制技术、通信技术和相应设备，提高建筑物运行、管理、安全防护及信息服务等方面的自动化程度，节约能耗、降低人工成本、提高管理效率，为读者和工作人员提供安全、高效、舒适、便利的学习和工作环境。[55]

第五节　节能环保，建设生态图书馆

第二次世界大战以后，工业化急剧推进的后果日益显现，已出现资源短缺、水土流失、环境破坏、城市缺水、大气污染的现象，人们在试图征服自然的同时，也不知不觉地变成了被自然征服的对象。一些有远见、有社会责任感的建筑师把注意力放在可持续发展的城市与建筑上，而"生态建筑""绿色运动"等思想和实践也在全球范围内受到广泛关注。1987 年，联合国世界环境与发展委员会的报告《我们共同的未来》中，把可持续发展定义为"既满足当代人的需要，又不对后代人满足其需要的能力构成危害的发展"。中国地大物博，人口众多，人均资源是贫乏的，节能环保更显得重要。

一、时代呼唤生态图书馆

我国经济快速增长，各项建设取得巨大成就，但也付出了巨大的资源和环境被破坏的代价，群众对环境污染问题反应强烈。图书馆建设在取得成就的同时，其建筑也存在以下问题：（1）追求建筑规模和高层建筑，造价较高，强调标志性，牺牲经济性；（2）片面追求"模数式"，造成空间封闭，不利于自然通风；（3）环保节能意识不强，大范围使用玻璃幕墙，对建筑保温不利，造成能耗过大，而且光线过强，产生眩光和光污染；（4）空间分配不合理，门厅大而无当，挑空过大过高等，造成空间的浪费；（5）片面追求全开架，缺少基本书库或密集书库，建成不久馆藏空间就不够；（6）设计和建设不够审慎，馆方参与较少，赶工期，设计失误和工程质量欠缺时有发生，刚建成不久就要维修或改造。图书馆是人员高度密集的公共场所，属于高能耗的公共建筑，如果建设本身不考虑节能环保，今后运营管理方面也成为负担。[56]据统计，我国建筑用能约占全国能源消费总量的 27.5%，并将随着人民生活水平的提高逐步增加到 30% 以上。公共建筑用能数量巨大，浪费严重。[57]

据统计，我国建筑用能约占全国能源消费总量的 27.5%，并将随着人民生活水平的提高逐步增加到 30% 以上。在克服"非典"疫情后，党的十六届三中全会提出坚持以人为本，树立全面、协调、可持续的发展观，促进经济社会和人的全面发展。2005 年 7 月实施的《公共建筑节能设计标准》，适用于新建、扩建和改建的公共建筑的节能设计，通过改善建筑围护结构热工性能，提高空调采暖设备和照明设备的效率，在保证相同的室内热环境参数条件下，与未采取节能措施前相比，全年采暖、通风、空调和照明的总能耗应减少 50%。2006 年我国颁布的首部《绿色建筑评价标准》借鉴国际先进经验，对评估建筑绿色程度、保障绿色建筑质量、规范和引导我国绿色建筑健康发展发挥了重要的作用。2007 年，我国修订了《中华人民共和国节约能源法》，明确节约资源是我国的基本国策。中国图书馆学会在 2010 中国图书馆学会年会召开之际，向全国图书馆界发出"珍惜环境资源，建设节约型图书馆"的倡议，包括新馆设计与建设贯彻绿色建筑理念，即充分重视节能、节地、节水、节材和环境保护，从建筑角度为建设节约型图书馆奠定基础。[58] 2015 年《图书馆建筑设计规范》再次修订时，增加了室内环境、智能化、节能的有关内容和规定。[26] 2015 年教育部《普通高等学校图书馆规程》要求高校图书馆馆舍应满足图书馆的功能需求，节能环保，根据需要持续改善图书馆的服务设施，重视图书馆内外环境的美化绿化。

2012 年 11 月，党的十八大报告指出，建设中国特色社会主义的总体布局是经济建设、政治建设、文化建设、社会建设、生态文明建设五位一体；2016 年 2 月发布《中共中央国务院关于进一步加强城市规划建设管理工作的若干意见》提出"适用、经济、绿色、美观"的建筑方针，反映了国家在加快生态文明建设的进程，此后又对相关的法规、标准进行了修订。2015 版的《公共建筑节能设计标准》（GB 50189）对原标准做了修订和更新；2014 年和 2019 年又两次进行了修订《绿色建筑评价标准》。《绿色建筑评价标准》（GB/T 50378—2019）重构了绿色建筑的评价指标体系，由安全耐久、健康舒适、生活便利、资源节约（节地、节能、节水、节材）、环境宜居五类指标组成，且每类指标均包括控制项和评分项。[59]

二、生态图书馆及其建设实践

（一）生态图书馆

生态建筑是根据当地自然牛态环境，运用生态学、建筑学和其他科学技术建造的建筑；它与周围的环境形成有机的整体，实现自然、建筑与人的和谐统一，符合可持续发展的要求。[60]生态建筑和绿色建筑虽然叫法不同，但内涵相通，都是从人与自然和谐发展、节约能源、有效利用资源和保护环境角度考虑的，将可持续发展理念引入建筑领域，追求"环保、节能、健康、效率"。1998 年孙玉宁在《未来图书馆建筑设想》一文中提出"绿色图书馆"的概念[61]，接着国内不少学者在吸收国外观点和理解基础上纷纷阐述了对生态图书馆的认识。石同生是较早研究生态图书馆的代表，认为"生态图书馆是生态建筑中一个组成部分[62]"；也有图书馆在建设时就采用生态技术策略，注重节能环保，充分体现人、建筑与自然的和谐统一，如 2003 年建成开放的山东交通学院图书馆被称为中国第一座生态图书馆。

本章所指的生态图书馆限定在生态建筑的范畴，一是强调以人为本，人与自然的交流；二是强调以环境为主，考虑对遭受破坏的环境资源进行弥补。

（二）生态图书馆建筑实践

山东交通学院图书馆以生态建筑为建设理念，依据地域气候、地形地貌、自然资源和生活方式，采取因地制宜、适度设计的措施协调物质、能源在建筑系统内的循环转换，创造出环保、低耗、节能、生态平衡的建筑环境和健康、美观、高效的学习工作环境，充分体现人、建筑与自然的和谐统一。该图书馆投入使用后，第一年运行能耗比普通学校建筑相比，降低40%以上，2007年3月该项目荣获第二届全国绿色建筑创新综合奖一等奖。

广东省省立中山图书馆在设计中充分考虑了广州的气候特征，建筑物与环境、朝向相适应，满足了生态循环要求及节能观念，最大限度地节约能源。这座建筑在设计中优化了大楼外墙，调整墙体与窗户的比例达到最佳契合点，外墙窗扇全部采用外推方式，扩大自然风的流量，使春、秋、冬三季不开空调，采用全面的自然通风，同时也考虑了满足夏季读者对自然通风座位的需求等。此外，还使用太阳能供电系统，为路灯、读者活动场所、书库及行政业务用房提供照明电源；做好雨水回收，收集建筑屋面雨水及硬质地面雨水，经处理后用于卫生间冲洗和园林绿化灌溉等需求。既有建筑部分改造后建筑节能率超过60%，项目整体能耗水平达到国家绿色建筑要求，本项目先后荣获国家"双百"低能耗建筑应用示范工程、广东省"双十"低能耗建筑应用示范工程等多项荣誉称号。[63]

浦东图书馆新馆建筑对节能环保提出了很高的要求：在建筑的全寿命周期中，最大限度地节约资源——节地、节能、节材、节水，保护环境和减少污染。具体措施上，建筑采用整体集中的布局形式最大限度节约了土地，使得大部分基地可以还原为绿色植被；简洁严谨的六面体造型可以减小体型系数，实现围护结构良好节能效果；墙、板、柱尽可能使用清水混凝土，表现建筑朴素天然的品位，节约了大量装饰材料；建筑还采用了包括东、西立面外循环双层呼吸式幕墙及竖向石材百叶遮阳系统、建筑设备系统节能技术、大空间气流组织模拟分析技术、雨水收集利用、可再生能源和施工节能技术等，并通过技术模拟和分析，客观评价各项技术对能源节约和运营成本的作用。[64]

三、生态图书馆建设原则

生态建筑应处理好人、建筑和自然三者之间的关系，既要为人创造一个舒适的空间小环境，即健康宜人的温度、湿度、清洁的空气、好的光环境、声环境及具有长效多适的灵活开敞的空间等；同时又要保护好周围的自然环境，即对自然界的索取要少、对自然环境的负面影响要小。建筑设计应遵循被动节能措施优先的原则，充分利用天然采光、自然通风，结合围护结构保温隔热和遮阳措施，降低建筑的用能需求。

我们在尊重自然的同时，也要充分利用自然资源进行设计，包括风、光、热、水、气、土、林等气象及天然资源，在建筑设计中一定要坚持立足于自然采光和自然通风为主的设计原则；建筑的总平面设计要有利于冬季日照，并避开冬季主导风向，夏季利于自然通风；场地总平面设计要不破坏当地的文物、自然水系、湿地、森林、基本农田和其他保护区；根据当地气候和自然资源条件，充分利用太阳能、地热能等可再生资源；在方案设计、规划阶段统筹利用好各种水资源，通过技术、经济比较，充分回收利用雨水，用于绿化景观、洗车等，以达到节水的目的；结合建筑布局和当地的气候条件、地质地貌进行设计；根据地域气候不同的特点，根据场地不同的地形、地质、地貌顺应自然进行设计，不要见山就开，见水就填；尽量减少对地形地貌的破坏，要遵循"轻轻碰地球"的原则。[65]

（一）选址合理适中，与环境协调

图书馆选址应符合地方和学校的总体规划，位置适中、交通方便、环境安静，符合国家现行有关安全、消防、卫生、环境保护等标准的规定。

2001年建成的苏州图书馆选址在苏州古城中心、人民路原市政府所在地。总体布局分为南北中三大区域，建筑与园林融为一体。北区主楼为文献借阅区，阅览区可以观赏花园景色，令人心旷神怡；中区为古籍馆和近代园林建筑——天香小筑，以古文献阅览和读者休闲、贵宾接待为主；南区少儿图书室、报告厅和培训楼前有占地数亩的绿色广场、水池假山、飞流瀑瀑，两棵粗壮的百年香樟树绿荫冠盖。各种建筑物掩映在翠绿之下，读者入馆置身于大自然之中，无不被此景吸引而流连忘返。这座布局合理、功能完善、环境优美的园林式图书馆，是人与自然和谐相处的现代图书馆建筑之典范。[66]

图 2-14　苏州图书馆中区园林

　　深圳老图书馆（现儿童图书馆）与荔枝公园相邻，紧靠风景优美的公园，馆舍布局与环境协调，馆内外环境相互呼应，公园被图书馆借景，在阅览室可以观赏周围美景，馆区有大面积庭园绿化，形成良好的室外环境与"小气候"，从而成为广大读者十分喜爱的阅读研究场所。

　　国家图书馆新馆一期选址在紫竹院公园之北邻，园馆相依，山水映带，环境优美，幽静宜人，位置适中，交通方便。馆区占地 7.42 公顷。馆区建筑密度 40.3%，不但借景紫竹院公园，而且馆区内有大片绿地和大面积的内庭院，形成馆在园中的格局。[67]

（二）围护结构保温和遮阳

　　通过围护结构的保温隔热和遮阳措施增加建筑物的保温效果，达到节能的目的。广东省立中山图书馆改扩建工程针对性地对改建工程和新建工程的外墙、门窗、屋面等围护结构采取增加保温层、隔热层、使用隔热性能优良的单层（部分中空）涂膜玻璃铝合金窗、冷桥特殊处理、屋面隔热绿化等措施，取得了良好的效果。在既有建筑和新建建筑的屋面上采用厚 30 毫米挤塑型聚苯乙烯板隔热层，再进行厚 500 毫米植物绿化。[63]

　　山东交通学院图书馆建筑的外墙、屋顶都采用保温隔热材料，外墙采用

240毫米厚砼墙体加60毫米厚膨胀珍珠岩，屋顶采用350毫米厚加气砼保温屋面，外窗安装中空塑钢窗。在东、南、西三个不同朝向，分别采用了退台式植物绿化遮阳、水平式遮阳、砼花格遮阳墙三种不同的遮阳方式，而在玻璃大厅内采用了内遮阳方式。[68]

（三）自然采光和通风

自然采光与通风也更符合人的回归自然的阅读环境的要求。我国现代图书馆设计可以采用以自然采光为主，以人工照明为辅的方式，在进深较大的开架阅览区中，阅览区以自然采光为主，开架藏书区可以人工照明为辅，少数特殊要求的藏阅空间，可以采用人工照明和安装空调设施。建筑设计应结合基地具体的日照、方位条件采用多样化的布局，尽可能使图书馆的各部分都有良好的朝向和自然通风。[7]

中山大学东校区图书馆为确保主阅读空间充足的自然采光、通风，设计中在大阅读空间中设有一个通高的绿化共享庭院，主阅读空间均向共享庭院开设窗扇，形成良好的自然通风、换气，并获得更多的自然光线。阅读空间的东西两墙面设置锯齿形窗，开窗均朝向北面，从而最大限度地利用自然采光，防止了东西侧阳光对阅读空间和书库的直射，并利于防晒节能、降低能源消耗。在南北两面的主入口设计上，利用地块本身南北高差4米的特点，将北向主入口门厅设计得高于南向主入口一层，有效阻挡了冬季主导风，而夏季时则利于疏导东南风形成穿堂风，自然地达到冬暖夏凉的效果。[69]

海南大学图书馆坐落在秀丽的东坡湖畔，考虑到海南属于湿热的亚热带地区，一年四季艳阳高照，气候炎热，所以海南大学图书馆的阅览室集中在朝向南北、互相平行的高楼中，这样就有了较好的自然穿堂风，减少与缓和了夏天的酷热。[70]

庭院是具有我国特色的建筑空间，既能充分利用自然采光通风，又能利用良好的自然环境。[20]清华大学图书馆百年历经三次扩建，都保留或建有相应的庭院空间。北京大学在老馆改造时，为了最大限度地增加馆内的公共活动空间，将两个内庭院加上采光顶，改建为阳光大厅和"绿色大厅"，后来也是考虑自然采光和通风的要求，保留了拟作为"绿色大厅"的北庭院。

（四）节水

我国是世界上水资源最为短缺的国家之一，这要求我们必须充分开发利用雨水资源以实现水资源的平衡。现在雨水利用的宗旨是采用源头控制的理念，尽量将雨水直接利用或者渗入地下，在解决城市缺水和防洪问题的同时实现雨水的资源化、生态化，同时使用效率高的节水器具。

中国石油大学（华东）在图书馆工程实施中采取了以下技术措施：（1）屋顶绿化；（2）透水铺装；（3）下凹式绿地设计；（4）渗透一体化的雨水管线。通过以上措施不仅实现了节水，而且着重削减了径流流量，保证了雨水的合理利用，减小了对环境的影响。[71]广东省立中山图书馆在给排水系统中，把污水排水管网与可循环利用的原水给排水管网分开，中水设备主要把个人洗涤等生活用水、大型中央空调的冷却塔排水、雨水等原水分级处理，转化成较为洁净的中水，达到使用标准的中水主要用于卫生间冲洗、绿化浇灌、广场清洁、外墙清洗等。山东交通学院充分利用北部池塘水作为冷却水，收集雨水作为水景用水，并循环使用。

（五）采用适度技术

图书馆对室内物理环境有较高的要求，单纯依靠建筑设计难以满足需求，选择适度先进的绿色技术与设备至关重要。如利用太阳能实现光热转换和光电转换，光热技术将太阳能转化为热能，可以为图书馆提供生活所需热水，光电技术利用太阳能将太阳能转化为电能储藏在蓄电池中，晚上释放出来供照明需要；在特殊地区使用地源热泵空调系统，利用土壤、地下水等作为冷热源，减少其他辅助热源和冷却设备。

对建筑供暖、通风、空调和照明系统进行自动监控：采用智能照明系统，在自然采光区域为照明系统配置定时或光电控制设施，根据室外光线强弱自动调节照度，使室内的照度始终维持在恒定状态；温湿度检测系统，并对空调通风系统的冷热源、风机、水泵等设备有效监测，按照工艺要求自动控制设备系统，在不同温湿度情况下自动调节降低能耗。在巧妙利用自然资源的同时，有效减少了人为的环境污染和破坏，实现了保护环境的初衷。[72]南京工程学院图书馆和山东交通学院图书馆都采用地表水地源热泵空调技术，利用天然湖水作为可再生资源的中央冷热源系统。

（六）做好日常运营维护

上海图书馆在入口处使用有自动电梯从一楼到达二楼和三楼，原来设计时自动电梯没有感应装置，所以无论有无读者上下，电梯均保持同样的运行速度，电能耗费较大。后来有后勤管理人员提出了增置感应装置的建议并予以实施，仅此一项改进的设计，一年就节约了数十万元的图书馆日常运行费用。[73]四川大学图书馆对空调系统进行了节能改造，改造后预计综合节电率可达69%。[74]

第六节 绿色发展，营造健康舒适环境

党的十九大报告指出，中国特色社会主义进入新时代，我国社会主要矛盾已经转化为人民日益增长的美好生活需要和不平衡不充分的发展之间的矛盾。在我国经济社会发展的进程中，图书馆经历了"以书为本"到"以人为本"的发展过程，随着社会经济的发展和生活水平的提高，现代化图书馆更强调人文的关怀，涉及网络布局、室内外环境、人文氛围、私密空间、家具设计等细节，要为读者提供一个健康舒适的环境。

一、规模适当，加强图书馆网络建设

进入新世纪，一些图书馆建设规模很大，建筑体量、规模成为一些地方和领导的首要关注，然而，图书馆应根据服务对象、馆藏规模等因素确定规模，不是越大越好，有的馆建筑空间大了，但内部安排不尽合理。2008年出台了两个政府规范性文件，即住房和城乡建设部、原国土资源部、原文化部发布《公共图书馆建设用地指标》（建标［2008］74号）和住房和城乡建设部、国家发展和改革委员会、原文化部发布《公共图书馆建设标准》（建标［2008］108号），都在当年正式施行，提出了公共图书馆设施建设的基本原则应以人为本，科学规划，规模适当，功能优先，经济适用，环保节约，以大型图书馆为骨干，以中小型图书馆为基础，立足于构建覆盖全社会的普遍均等、惠及全

民的公共图书馆服务网络。[75]

《公共图书馆建设标准》作为政府规范性文件[75]，第20条要求在确定公共图书馆建筑面积时，首先应依据服务人口数量和下表确定相应的藏书量、阅览座位和建筑面积指标，再综合考虑服务功能、文献资源的数量与品种和当地经济发展水平因素，在一定的幅度内加以调整。总建筑面积调整幅度应控制在±20%以内。

表2-1 公共图书馆总建筑面积以及相应的总藏书量、总阅览座位数量控制指标[75]

规模	服务人口（万）	建筑面积		藏书量		阅览座位	
		千人面积指标(平方米/千人)	建筑面积控制指标	人均藏书（册、件/人）	总藏量（万册、件）	千人阅览座位（座/千人）	总阅览座位（座）
大型	400~1000	9.5~6	38000~60000	0.8~0.6	320~600	0.6~0.3	2400~3000
	150~400	13.3~9.5	20000~38000	0.9~0.8	135~320	0.8~0.6	1200~2400
中型	100~150	13.5~13.3	13500~20000	0.9	90~135	0.9~0.8	900~1200
	50~100	15~13.5	7500~13500	0.9	45~90	0.9	450~900
	20~50	22.5~15	4500~7500	1.2~0.9	24~45	1.2~0.9	240~450
小型	10~20	23~22.5	2300~4500	1.2	12~24	1.3~1.2	130~240
	3~10		800~2300	1.5~1.2	4.5~12	2.0~1.3	60~130

公共图书馆的规模大小，不再完全取决于行政级别，而主要服从于服务人口。如服务人口在20万~150万的，建设4500~20000平方米的中型公共图书馆。《建设标准》对公共图书馆的内部布局、分项面积、外观造型、室内装修、环保节能、防灾防火、建筑设备等提出了比较系统的原则要求。比如明确规定公共图书馆宜采用大空间结构形式，将公共图书馆的用房项目分为8大类41项，提出了各类用房的面积比例，以及在不同规模的公共图书馆设置与否的

指导性意见。

我们要根据实际需要控制好建筑规模，不攀比，不贪大。2001年建成开放的苏州图书馆建筑面积只有2.5万平方米，是一个富有园林风格、浓郁地方文化特色和现代化功能的图书馆，集读书学习、文化教育、娱乐休闲、会展培训为一体，开馆以后，以其优美的环境、优良的设施、优质的服务吸引了众多读者。[76]作为苏州图书馆的一部分，2019年建成的苏州第二图书馆充分考虑到与老馆的功能衔接和错位发展，已成为一座兼具公共图书馆服务、文献存储集散和配套服务功能的复合型公共图书馆，是国内首个大型智能化书库、儿童向往的"悦读天地"、高端信息服务新平台和温馨舒适的"市民书房"。图书馆的文献存储集散功能区可高密集容纳700余万册藏书，实现存储空间的最大化利用，信息服务平台实现了全市范围的资源共享，使公共服务体系的"最后一公里"更加完善，在全国率先实现图书馆服务的智能化管理。

2005年起步的苏州图书馆总分馆建设，形成了特色鲜明的"苏州模式"，其公共图书馆服务的全覆盖主要通过分馆、轨道交通图书馆、集装箱图书馆、网上借阅社区投递和24小时自助图书馆等方式实现。到2019年底，苏州已发展成有1个总馆、83家分馆、28个流通服务点、103个网上借阅投递点的图书馆服务体系。[77]

2011年，东莞市实施32个镇街24小时图书馆自助服务站（ATM）并优选推荐有房舍的自助图书馆；2014年底改扩建总馆的自助图书馆，从原来的100平方米增加到680多平方米，藏书从原来的1万册增加到4万多册。在2015年春节假期的10天时间内，仅此自助图书馆就吸引了4万多人次读者，外借图书1万多册。东莞图书馆24小时自助服务方式赢得了国际同行的赞赏。美国图书馆协会主席罗伊2007年将之称为"never closed library"，并在2008年颁发首届"国际创新奖"。[78]

张家港市常住人口100多万，图书馆馆舍面积1.5万平方米，共有4个楼层，大小适中，并不突兀，让读者从视觉上没有强烈的冲击，从心理上没有距离感，展示了图书馆海纳百川、广迎宾客的胸襟。在设计时从整体入手，从选址、楼层分布、周边环境到局部设计等各个方面都充分考虑了人的需要，遵循舒适、便利、实用的设计理念，体现了"以读者为本"的设计准则，营造了自由舒适的文化环境。外观具备简洁、理性、稳重的风格，同时还带有时代感，体现出一种年轻、向上、与时俱进的品质，展现出其作为知识宝库的文化内涵。

2014 年 8 月，张家港市图书馆在购物公园建成 24 小时图书馆驿站，现在张家港市已在街道、社区、乡镇等地建设了 31 个图书馆驿站。图书馆驿站规模不大，每个 35—200 平方米。通过现代技术手段实现智能化管理，以 RFID 为基础，内设自助借还、自助办证、智能门禁、自助上网、灯光自动控制、空调智能控制、远程监控、消防报警、数据汇总分析和故障自检及应急响应等 10 大系统，辅以张家港市完善的全民志愿者服务模式，解决了管理人员问题、降低了运行成本，用户可以随时自主选择使用时间，突破了传统图书馆不能全天候开放的局限，实现公共阅读服务的"全天候"服务。每个"24 小时自助图书馆"的设备成本低，30 多万元；维护费低，约 2 万元。

图 2-15　张家港市图书馆　　　　　　图 2-16　张家港图书馆驿站

2016 年南京图书馆 24 小时自助图书馆开始服务，位于南京图书馆正门右侧，提供 6000 册图书，3 台自助借还机，1 台电子阅读屏，配置了阅览桌椅，免费无线 WIFI。读者持有南京图书馆借阅卡即可刷卡进门，可以在馆内随时借书还书，目前图书主要分为社会科学和自然科学两大类。读者也可以在馆内阅读由中文在线网提供的电子资源，对自己感兴趣的电子书，可以通过扫描二维码存入手机，随时随地阅读。自助图书馆内部环境安静，陈设精美，空间虽然不大，但温馨雅致，营造了良好的读书气氛。24 小时自助图书馆打破了传统图书馆在服务时间上的限制，让上班族、学生、自由职业者等城市各类阅读群体都可以充分享受到更加便捷的文化服务，实现了现有条件下图书馆服务效率的最大化。

二、营造健康舒适环境

在提倡"以人为本"的今天，图书馆建筑也应该从建筑环境心理学的角度满足身处环境中的"人"以视觉、听觉、嗅觉、知觉、体觉等心理和生理全方位的舒适感。

（一）视觉舒适性

要满足读者的视觉舒适感，首先图书馆建筑形象要让进入的读者感觉舒适。其次，建筑内外的装饰要整洁、典雅。从环境心理学的角度看，最重要的是建筑内阅读空间的光照和各功能空间的色彩。国外研究表明：自然采光能形成比人工照明系统更为健康和更为兴奋的工作环境，可以使工作效率提高15%，90%的人更喜欢在有窗户和可以看到外面的房间中工作。建筑设计要回归自然，尽可能利用自然采光，不仅可以节省能源，还能为人创造更健康的生活环境。[79]

（二）听觉舒适性

读者在安静的环境下学习研究，能在满足精神需要的同时获得心理的满足，因此，为读者创造安静舒适的环境，能起到促进身心健康的作用。读者对于听觉的不适来源于噪声，噪声主要产生于人员之间的谈话、机械运行等。在营造舒适的听觉环境时，应在声环境设计中充分考虑噪声污染问题。在图书馆建筑选址时即远离公路、操场、锅炉房等噪声源，尤其是阅览室的朝向应尽量选择背离噪声源的一面；在总体布局时，应注意馆内各功能的闹静分区；在设计阅览室时，应设计适当的层高，使室内噪声得到有效衰变；在建造过程中，对声环境要求较高的阅览室采用隔音材料；装修时尽量避免铺设复合地板或木地板。

（三）嗅觉舒适性

空气清新的环境会使读者的心境同样感到清新，有利于读者学习，而空气污浊的环境会使读者感到恶心不畅，不利于读者学习。建筑装饰材料等释放的多种有害气体不能及时排出到室外，大量聚集于室内，会造成图书馆内空气质量恶化。新鲜清洁的空气不仅是生理需要，同样也是心理需要。在图书馆阅览室这样人流量大的室内，好的空气品质能保证读者大脑血氧的供应，从而增强记忆效果，提高阅读质量。图书馆应该通过通风、栽种花木等来创造一个良好的嗅觉环境。

（四）体觉舒适性

有学者认为，湿度为 50%—60%，气流在 10 厘米/秒以下，穿着普通衣服，脑力劳动以 25℃左右感到最舒适。让人体感舒适的温湿度有利于阅读学习，而温度过高或湿度不够会使人易烦躁，情绪不稳，不利于读者阅读学习；湿度过低则使人反应迟钝，在心理上有一种收缩感，也同样不利于读者阅读学习。图书馆的重要家具主要包括书架、阅览桌和座椅。家具选择时应尽量依据人机工程学进行。

（五）空间舒适性

不同的使用者对于阅览空间的要求不同，有的人喜欢选择大空间，感受良好的学习氛围，而有的人喜欢选择私密性较强的空间。私密性较强的空间更加强调个人的领域感，可以是独立而相对隐蔽的阅览席，也可以在公共空间内而个人领域感较强的位置。休闲是"人"内在的一种正当的精神需要，图书馆休闲功能体现了"以人为本"的理念。处于信息社会的高校图书馆应在充分发挥原有功能的基础上，进一步拓展自己的休闲功能，吸引更多的不单纯为获取信息和知识的读者们到图书馆感受文化休闲。

汕头大学图书馆阶梯式的自修室设计同样别具匠心，成为"景观自修区"。所有自修室的座位都面朝落地的玻璃立面，"水景和天空两个自然元素"一览无余，室内和室外的空间融为一体，形成人与自然、图书馆与校园环境的内外交流。主阅览厅两侧各设置了一个面积为 175 平方米的"露天竹园"，种有大片的翠竹，四季常青，潇洒自如。内院竹园的设计，与主阅览厅串联起良好的横向空间序列，同时也是读者自省、休闲的场所。馆内书架、阅览桌椅等家具选择，材质、颜色和搭配力求符合人体生理特点需要，读者不用蹲下来就可以取到书。

天津大学新校区图书馆设计首先抛弃一般校园图书馆标志性的做法，压低建筑高度，放大建筑平面，建筑地上四层、地下一层，东西长 158.4 米，南北长 117.6 米；再在尺度较大的平面里挖空一个 72 米见方的院子作为阅读广场。院子里种满了树，有梧桐、海棠、枸树等；树下是可以阅览和交流的休闲空间，院内还引入了起伏的草坡和几块水池。图书馆东、西两侧中部的底层用异形曲面架空，形成通往内院的出入口，人们可以在其中穿行，庭院不仅仅是

图 2 – 17　天津大学新校区图书馆庭院

图书馆的庭院，更像是整个校园的公园。穿过门洞进入这片环境，再进入图书馆，氛围经过环境的过渡变得静谧，人也沉静下来。

图书馆的空间模式由此变得特殊，不再是传统的那种高大、庄重的形象，而是通过中心"庭院"弱化建筑体量，使其更加平实近人。让学生感觉读书不再是一个紧张、严肃的事情，而是很轻松、很享受。或许有的同学仅是无意间散步至此，就被美好的环境感染，坐在树下随手翻阅一本书；或许有的同学来这里是为了与其他人会面、交流，在沟通中得到心灵的满足。建筑内部也布置了一些小庭院，并且将天光引入，是休息或交流的好去处，让人在建筑内部也能够感受到绿色植物带来的勃勃生机。[80]

第七节　协同多元，创建共享空间

随着互联网信息技术的发展，图书馆资源的形态、读者获取资源的行为方式发生了根本性变化。图书馆正经历由传统图书馆的文献服务到数字图书馆的信息知识服务，进而到泛在图书馆的空间服务的转型历程，图书馆的"场所"功能变得愈发重要。作为城市的公共文化空间，公共图书馆的社会功能在不断延伸与拓展，以适应学习型社会"终身学习""创造创新"的要求，营造自由、开放的文化空间。同时，作为教学与研究支撑的高校图书馆，在"以学习者为中心"的建构主义教学理论导向下，其功能向"学习中心""知识中心""交流中心"转变。肖珑提出除了传统的空间外，还应该创新、发展、增加"学习空间""共享空间"和"创意空间"等新的空间。[81]

为满足现今用户对图书馆资源、服务、空间的多元化需求，充分支持用户的学习、社交与文化活动，图书馆建筑设计中引入了"多元协同、共享空间"的理念，以用户需求为中心，以协作式学习为导向，建设空间、资源和服务三者有机结合的第三空间、共享空间（Commons）和创客空间。

一、图书馆向"第三空间"的演变

"作为场所的图书馆""作为第三空间的图书馆"是国际图书馆协会联合会 2009 年会"图书馆设计建筑"卫星会议的主题，图书馆"场所"功能逐渐回归。从早期以保存纸本图书杂志为主的"图书中心"，到数字技术最初兴起时图书馆"场所"角色相对削弱，再到因为读者多样化的新需求，图书馆物理的"场所"位置再次获得重视。[82]吴建中认为，图书馆的三要素是"人、资源、空间"，并进行了系统考察，提出要发掘图书馆作为场所的价值，更加注重图书馆作为城市第三空间的价值，更加注重复合型图书馆的建设，更加注重信息交互和咨询能力的提升，更加注重与社会各界的广泛合作。[83]

空间服务成为图书馆的核心服务之一，从而图书馆再次成为读者主动的聚集中心，成为城市中重要的第三空间。相对于家庭环境的第一空间、职场环境的第二空间而言，图书馆也可以作为第三空间，像美术馆、咖啡馆、博物馆等场馆一样满足用户休闲娱乐的需求。褚树青认为，"第三空间"这个概念对于图书馆而言过于宽泛，不能反映图书馆的文化特质，为区别地铁站、马路等公共空间，应加上一个前缀"文化"，即"第三文化空间"。杭州图书馆建筑面积 4 万多平方米，建筑空间功能包括阅读区、学术交流区、行政区、设备辅助区等，设置有 2800 平方米的展览空间、960 平方米的多功能学术交流空间、550 平方米的培训中心、450 平方米的读者之友社、可容纳 350 人的现代化设施齐全的报告厅等，这些空间的设置提升了公共图书馆的服务品质，整体空间设计友善、庄重、唯美，已将杭州图书馆打造成一个集学习空间、交流空间、创意空间、展示空间、娱乐空间于一体的交流平台，"让图书馆成为市民除家庭、单位以外最想去的地方"，使杭州图书馆真正成为一个"平民图书馆"。

2019 年开馆的苏州第二图书馆充分考虑到与老馆的功能衔接和错位发展，建设阅读学习与文化休闲相互融合、焕然一新的新概念图书馆，建成了国内首个大型智能化书库、儿童向往的"悦读天地"、高端信息服务新平台、温馨舒适的"市民书房"，着力营造温馨、舒适、开放、包容的公共空间，为市民提供高水准的文化艺术欣赏和文化消费的平台，使图书馆成为市民除单位及家庭以外的最佳休闲活动场所，充分满足市民学习求知、交互交流、文化休闲的需求。

图书馆向第三空间的演变可以认为是图书馆历史上的一次空间革命，空间服务作为图书馆在此演变过程中提供的核心服务之一，应更加注重为图书馆与用户之间、用户与用户之间的互动提供一种环境与空间资源，无论是硬件资源还是软件资源，实体空间还是虚拟空间，最终的目标是满足用户的知识和信息需求。

二、从信息共享空间到学习共享空间、学术共享空间

信息共享空间（Information Commons，简称 IC）是 20 世纪 90 年代初期在信息技术革命、开放获取运动和共享式学习的大背景下产生的，源于图书情报学、信息经济学的发展对图书馆空间形态的影响，为拓展图书馆服务提供了新的契机。[84]信息共享空间是图书馆共享空间发展的最初模式，是以用户为核心，基于协作共享的理念，为用户提供一个资源共享、信息交流、协作学习的高度整合的一站式信息服务平台。IC 既是一种新型的实体空间，也是一种独特的虚拟环境，更是一种新型的服务模式。

作为一种动态的服务模式，IC 诞生的初衷是为各类读者提供学习和协作交流的场所，并提供信息服务和技术上的支持。随着建构主义学习理论在我国教育界的进一步发展，以及读者需求的多样化、个性化转变，信息共享空间逐步衍生出更为丰富的功能内涵，发展出不同的空间模式，如学习共享空间（Learning Commons，简称 LC）、学术共享空间（Academic Commons，简称 AC）等。LC 更加重视对于学习者的知识创造与交流过程的支持，强调对小组交流、协作式学习的指导和帮助。科研或学术共享空间以研究型群体为主要服务对象，对研究类学术活动、科研过程提供全面的信息支持、技术辅助、科研数据管理、科研成果管理与共享、版权服务等知识服务。相比于 IC，LC 与 AC 不再是被动的服务提供者，而是通过一系列具体的服务项目积极主动地参与到

读者的学习与研究的过程中去。

我国的信息共享空间最初主要有三种建成方式：原多媒体阅览室或电子阅览室改建而成、新建图书馆时建设、原图书馆另辟空间建设。如清华大学图书馆从 2005 年 9 月起对其电子阅览室进行布局改造和设备更新逐步向 IC 转变；中国科学院文献情报中心于 2006 年在馆内空间中辟出 IC 空间；2008 年建成的上海交通大学闵行校区新图书馆将 IC 理论贯穿于全馆，建设多元化的 IC 实体空间。

上海交通大学图书馆从用户视角出发，将图书馆的资源、设备、技术、场所、馆员、师生等有效整合，将信息共享空间（IC1）和创新社区（IC2）两种先进服务模式有机融合，设计由物理和虚拟环境共同构成的 IC^2（IC1 × IC2）创新服务模式，融入用户的教、学、研全过程，提供无处不在、无时不有的泛学科化服务。随着 IC^2 服务理念深化，上海交通大学图书馆对其共享空间服务形式和内容进行改进和创新，先后推出创新交流社区、学业分享中心、新技术体验区等新型共享空间和服务。

浙江大学图书馆信息共享空间于 2012 年 10 月建成开放，位于紫金港校区基础馆三楼。其主要服务内容包括借阅服务（资源和设备）、多媒体制作服务、视听教育服务、信息素质教育培训、参考咨询服务、学科导航服务以及信息交流服务等。空间分八大功能区：学习空间、研究空间、知识空间、文化空间、创新空间、系统体验空间、外文特藏研修空间及多媒体空间。其中，学习空间、知识空间及外文特藏研修空间主要供个人安静学习；研究空间、创新空间分别提供独立隔断及开放式的研讨空间；系统体验空间及多媒体空间旨在培养学生的实践能力；文化空间设置在 IC 入口处，主要为师生举办文化沙龙、信息素养讲座提供场地。读者可以通过在线预约、系统预约使用 IC 内的不同空间。浙江大学图书馆空间改造由信息共享空间逐渐转化为信息化社区模式。[85]

我国图书馆共享空间由 IC 逐步向资源、服务、空间更为融合的 LC 甚至 AC 发展。信息技术的发展改变了学生的学习和研究行为，高校经历了从知识传授到建构性合作教学模式的转变，信息共享空间的服务模式受到冲击，逐渐发展为学习共享空间。学习共享空间进一步辅助学习者的学习协作，促进课程学习和知识创造，整合资源技术和其他支持性服务，是大学校园内的协同交互式学习环境，将实体空间和虚拟空间相结合，整合多种信息资源，促进个人及小组学习与研究的协作空间。与信息共享空间一样，学习共享空间由实体环境、虚拟环境和支持环境三大部分组成，其功能则更侧重于对协同学习的支持。我国学习共享空间的兴起始于 2008 年，我国学者首次将学习共享空间理论引入，指出其以学生为中心，支持协作和交互，建构主义相关理论发展了教学理论，协作式与探究式学习方式为学习者提供了更多学习的可能，学习共享空间对群体学习的辅助成为更多的需求。[86]在学习共享空间的发展变化中演化出能动型学习空间，图书馆提供学习与交流协作的场所，学生可以获得包括写作指导等具有针对性的学习支持服务。[87]

中国科学院文献情报中心 2010 年 9 月开放了建设面积约 400 平方米的学习共享空间，集个人学习、小组研讨、互动培训、自助检索等功能于一体。学习共享空间扩展了图书馆内的学习区域，增加了培训室、研讨室，以及相应的设备如投影仪、电子白板、视屏设备等，建设了支持协同式互动的学习交流场所。学习共享空间服务以学生需求为中心，学生不再是单纯的服务接受者，扩展了空间主题范围，增加了课程、沙龙、计算机实验、电影主题展播等服务。LC 和以前建成的 IC 包括咨询台、自习区、培训教室、阅览区、多媒体视听室、网络区、研讨教室、书刊区、休闲区等，各区域之间相互嵌套，毫无隔阂，学生可以实现自由学习和交流[88]。

东南大学图书馆 2014 年进行空间再造，建设学习共享空间，形成了多个具有特色、功能完善、主题鲜明的学习空间，内部颜色搭配明亮、舒适性高、采光良好、灵活性高，配置完善的软硬件设置提供充足的信息资源，并有馆员和学科专家，学习者可在此空间进行学习辅导、互动交流、培训课程、科研活动、艺术欣赏等活动。

图 2 – 18　东南大学图书馆彩色研讨间

图 2 – 19　东南大学图书馆协作学习空间

随着高校教育教学工作的高速发展，高校师生和科研人员对信息资源和服务产生了更高的需求，在信息共享空间和学习共享空间建设发展的基础上，学术共享空间应运而生，以研究型群体的需求为主要导向，为学生、教师和科研人员开展学习和科研活动提供全面的信息支持和过程管理，是集学习、教育、科研为一体的综合性学术环境，体现了高校图书馆的学术功能和使命。学术共享空间在高校图书馆的研究型用户中存在着丰富的空间、资源与服务的需求。围绕学术研究需求开展学术共享空间服务，符合信息时代和学术研究环境下对图书馆学术环境和服务功能的新要求。

我国很多图书馆提供了共享空间相关服务，但建设独立的共享空间的馆舍数量还有待增加。各图书馆建设的共享空间的名称较为繁杂，主要由安静学习空间、协作研讨空间、电子阅览区、多媒体视听区、讲座培训区、休闲服务区、参考咨询区等功能区以及 IT 技术支持构成。如今已经建设出真正实现资源、服务、人员、空间高度融合的共享空间的馆舍数量尚少。

图书馆共享空间服务模式从信息共享空间、学习共享空间发展到学术共享空间，是在原有共享空间基础上的深入，聚焦于共享研究过程，各种设施和环境、人员配置为学术人员的学习研究活动服务，是图书馆个性化服务理念的核心体现。总的来说，我国图书馆共享空间建设遵循"以用户为中心""因需而变"的原则，以及"合作协同""开放共享"的理念，从实体层、虚拟层、支持层三方面开展建设。[89]

三、创客空间建设

"创客空间"概念由《创客杂志》提出："它是一个真实存在的物理场所，一个加工车间、工作室功能开放交流的实验室、工作室、机械加工室。"这是一个供人们分享有关电脑、技术、科学、数字、电子艺术等方面兴趣并合作、动手、创造的地方，可分为三种类型：独立的创客空间、以学校为基地为学校服务的创客空间和以公共图书馆为基地为社区服务的创客空间。为了支持人们创作，创客空间一般提供电脑和一些电子制作所需的设备，如：用于制作原型的铣床、激光切割机、数控机床、开源的单板机控制器、3D 打印机等。

为有效利用既有空间资源、鼓励公众参与文化互动、体验创新服务，上海图书馆将一个原 800 平方米的专利标准检索工具阅览室改造成集"设计师家园""极客先锋空间"和"创客天地"于一体的全新开放式创意阅览室——

"创·新空间"，并于 2013 年 5 月正式启用，首创我国公共图书馆创客空间服务。"创·新空间"设置了阅读空间、IC 空间、专利标准服务空间、创意设计展览空间、全媒体交流体验空间共五大区域，并开展专家讲堂、设计展示、读者培训、创客交流等活动，提供 Makeblock 工作坊、水培种植工作坊、建筑复原模型工作坊等服务项目。

此后，2014 年 6 月，长沙市图书馆建立"新三角创客空间"。2015 年 6 月，成都图书馆的"阅创空间"正式成立开放。2016 年 4 月，深圳图书馆成立创客空间，专门为青少年、儿童打造集创意交流、教育及实践于一体的图书馆空间。同年，广州图书馆根据不同服务年龄对象，设立了"创客空间"以及"儿童与青少年创客空间"两个独立的创客空间。目前，创客空间服务已经成为我国公共图书馆服务的重要内容之一，各地图书馆都在实践中积极探索。

高校图书馆作为高校教育和科研发展的有力推进者，积极开展创客服务的探索与实践更好地契合了高校"双创"教育改革的方针。我国众多高校图书馆相继建设创客空间。2015 年 5 月，上海海事大学的"众创空间"正式开放，这是国内首个支持师生创新、创业的高校图书馆创客空间。2016 年 3 月，武汉大学图书馆工学分馆设立了"创客空间"。同年 5 月，上海交通大学图书馆"创客空间"建成开放。

作为大学生创客实践基地，武汉大学图书馆工学分馆的"创客空间"配备有智能化双屏云学习终端、3D 打印与扫描系统、触摸全媒体阅读器、MAC电脑的"创客云平台"等空间设施。同时，武大图书馆着力构建专业有效的创客馆员服务队伍，将部分擅长技术的馆员转型为专门为创客空间服务的馆员，如原"地图管理员"转变为"3D 打印专家"，工学分馆馆长参与学习成为 AR/VR 专家，并设立学生创客活动联系和组织专员，先后开展了创客嘉年华、创客沙龙、创客分享会、创客俱乐部（Make Club）等品牌性的系列活动。

上海交通大学图书馆"创客空间"由位于图书馆内部的"焦土"创客空间及设在图书馆外部的"京东"创客空间组成。"焦土"创客空间主要用于较为安静的项目，如无人值守的文具售卖区域"诚信格子"、用于旧纸张回收的"纸上添华"，以及 3D 建模等项目。"京东"创客空间，采用低成本集装箱改造，适用于会产生高音量的活动。馆员与学生创客们紧密协作，鼓励学生不断尝试，同时开展"师说"活动，邀请学校各学院、部门的教师共同开展培训讲座，培养学生们的创客文化素质及创新能力。该创客空间成功孕育了"创咖""吃货联盟"订餐系统等创客项目。

总的来说，我国公共图书馆比较注重与创客公司和社区的合作，并且针对不同的用户群体开设丰富的创客活动和项目，注重培养用户的学习技能和自主学习能力；高校图书馆受双创教育体系影响，利用自身的资源优势，为本校学生和教师提供了更多接触新型工具和设备的机会，并利用不同用户的文化知识背景促进学科的知识交流和思想创新，越来越多的名校加入则提升了创客空间的服务质量和规模。

参考文献：

［1］适应四化需要 发展图书馆事业——中央书记处听取汇报通过《图书馆工作汇报提纲》［J］. 湘图通讯，1980（4）：1.

［2］普通高等学校图书馆规程［J］. 大学图书馆通讯，1987（5）：19 - 22，27.

［3］图书馆建筑设计规范 JGJ38 - 1987［S］. 北京：中国建筑工业出版社，1987.

［4］林汉城，黄俊贵. 图苑探真 图书馆散论［M］. 广州：广东人民出版社，2001：46 - 47.

［5］谭祥金. 北京图书馆当前工作中的几个问题［J］. 图书学通讯，1979（1）.

［6］鲍家声. 试谈现代化图书馆设计的若干问题［J］. 江苏图书馆工作，1980（1）：21 - 30.

［7］鲍家声. 创造有中国特色的现代化图书馆建筑［J］. 建筑学报，1995（10）：31 - 33.

［8］何大镛. 一座新型的现代化的大学图书馆——介绍上海交通大学包兆龙图书馆［J］. 自然杂志，1986（01）：5 - 9 + 82.

［9］关肇邺. 百年书城 一系文脉［J］. 建筑学报，1998（5）：15 - 19，3.

［10］李昭醇. 天人合一：文化自信与文化自觉之间的张力——天一阁藏书楼的堪舆标本价值启迪［J］. 图书馆论坛，2005（06）：256 - 261.

［11］李明华. 对中国图书馆建筑文化的思考［J］. 中国图书馆学报，2005（3）：90 - 92.

［12］谭祥金. 八十年代我国图书馆建筑述评［J］. 图书与情报，1989（4）：12 - 18.

［13］关肇邺. 尊重历史、尊重环境、为今人服务、为先贤增辉——清华大学图书馆新馆设计［J］. 建筑学报，1985（07）：24 - 29 + 83 - 84.

［14］中国大百科全书总编辑委员会. 中国大百科全书：图书馆学、情报学、档案学

[M]. 北京：中国大百科全书出版社，1993：281.

［15］无名氏. 关于美国的图书馆建筑 [J]. 图书馆学通讯，1980（04）：27 - 28.

［16］鲍家声. 图书馆建筑研究与实践 [J]. 建筑学报，2004（12）：18 - 21.

［17］中国图书馆学会建筑与设备分委员会. 全国图书馆建筑设计学术研讨会会议纪要 [C] //李明华等. 论图书馆设计：国情与未来. 杭州：浙江大学出版社，1994：1 - 9.

［18］同 [17]：291 - 295.

［19］佚名. 对北京农业大学图书馆建筑的评估 [J]. 南方建筑，1994（01）：50 - 52.

［20］高冀生. 中国图书馆建筑回顾与跨世纪思考 [J]. 南方建筑，1999（03）：5 - 10.

［21］丁树筠. 现代图书馆建筑浅议 [J]. 大学图书馆学报，1990（05）：23 - 27 + 37.

［22］张皆正，唐玉恩. 上海图书馆新馆 [J]. 建筑学报，1997（05）：37 - 44 + 67 - 68.

［23］高冀生，赵卫中. 模数式图书馆之演变 [J]. 建筑学报，1997（05）：32 - 36 + 67.

［24］图书馆建筑设计规范 JGJ38 - 1999 [S]. 北京：中国建筑工业出版社，1999.

［25］鲍家声，葛昕. "模块式"图书馆设计初探 [J]. 大学图书馆学报，2000（05）：16 - 21.

［26］图书馆建筑设计规范 JGJ38 - 2015 [S]. 北京：中国建筑工业出版社，2015.

［27］鲍家声. 现代图书馆建筑设计 [M]. 北京：中国建筑工业出版社，2002：167.

［28］中国工程院院士批标志性建筑泛滥缺乏实用性 [EB/OL]. [2020 - 04 - 05] http：//scitech. people. com. cn/GB/7022514. html.

［29］何大镛. 上海图书馆新馆工程筹建资料汇编 [M]. 北京：上海科技文献出版社，1998：330 - 332.

［30］李东明 武振江. 巧妙的构思 成功的连接——北京大学图书馆新馆的建筑特色 [J]. 大学图书馆学报，2000（06）：21 - 23.

［31］白钰. 民族文化与地域文化之升华——夜郎故土上的省级图书馆 [J]. 贵州民族学院学报：哲学社会科学版，2008（01）：206 - 208.

［32］南京图书馆 凹字造型智慧洞开 [EB/OL]. [2020 - 04 - 05]. http：//archive. Wenming. cn/wmzg/2009 - 09/07/content_17618660. htm.

［33］腾讯视频. 上海嘉定图书馆：颠覆你对图书馆的想象 [EB/OL]. [2020 - 04 - 05]. https：//v. qq. com/x/cover/tu9n6uwm5fnrayv/i0635jb9ass. html? ptag = qqbrowser.

[34] 世界最美图书馆："滨海之眼"建造过程，让你大开眼界！[EB/OL]. [2020 - 04 - 05]. https：//www. sohu. com/a/244402371_161325.

[35] 任力之等. 地以静而方，天以动而圆——北京建筑大学图书馆设计探讨 [J]. 建筑技艺，2015（03）：88 - 99.

[36] 鲍家声. 现代图书馆建筑设计 [M]. 北京：中国建筑工业出版社，2002：167.

[37] 关肇邺. 徜徉在知识的殿堂 [J]. 知识就是力量，2005（7）：52 - 54.

[38] 余明霞. 20世纪80年代中日图书馆事业交流及其影响研究 [J]. 图书馆建设. 2017（8）：95 - 100.

[39] 陈源蒸. 北京大学图书馆应用计算机系统分析报告（摘要）[J]. 现代图书情报技术. 1985（4）：7 - 13.

[40] 杨宗英，史树民，周贤芬. 带光笔联机多用户的图书馆流通管理系统 [J]. 现代图书情报技术. 1989（4）：2 - 7.

[41] 葛家翔，袁力，林郁. 复旦大学新一代图书馆系统的开发和应用 [J]. 上海高校图书情报学刊. 1999（3）：1 - 5.

[42] 陈源蒸，王雅丽. 我国图书馆自动化的现状与展望 [J]. 黑龙江图书馆. 1988（4）：13 - 16.

[43] 王世伟. 新中国图书馆服务理念与实践60年 [J]. 图书馆杂志. 2009（10）：2 - 11.

[44] 董朝峰. 图书馆自助服务研究及应用进展 [J]. 图书馆论坛. 2009（4）：152 - 154.

[45] 张厚生，王启云. 图书馆服务的无线技术—RFID的应用 [J]. 大学图书馆学报，2004（1）：56 - 59.

[46] 刘白秋. 图书馆RFID技术应用调查分析——以集美大学诚毅学院图书馆为例 [J]. 吉首大学学报（社会科学版），2009（6）：140 - 142.

[47] 吴晞，甘琳. 迈向智能化图书馆——无线射频识别技术在图书馆的应用和创新 [J]. 中国图书馆学报，2006（6）：65 - 68.

[48] 叶莉. RFID技术在图书馆的应用实例及障碍分析——以武汉图书馆为例 [J]. 图书馆论坛，2008（10）：71 - 73.

[49] 陈松喜，张秀梅. 现代图书馆馆藏利用的发展方向——图书馆ATM利用实证研究 [J]. 图书馆杂志，2011（8）：26 - 28，91.

[50] 深图. 深圳图书馆首推"城市街区24小时自助图书馆系统" [J]. 图书馆论坛，2008（4）：52

[51] 杜波. 基于单片机及CAN技术的图书馆自习室座位管理系统的实现 [J]. 情报

探索，2008（3）：62－63．

[52] 刘大杰等．基于单片机和红外接近开关的图书馆座位管理系统 [J]．电子工程师，2006（5）：73－75．

[53] 喻萍．图书馆建筑的智能化和生态化 [J]．图书馆工作与研究，2004（2）：60－62．

[54] 智能建筑设计标准 GB50314－2015 [S]．北京：中国计划出版社，2015．

[55] 郑建程，戴利华．中国科学院图书馆新馆的建筑智能化系统 [J]．大学图书馆学报，2000（6）：16－20．

[56] 顾建新．建设生态图书馆建筑的思考 [M]//顾建新．图书馆建筑的发展：南京：东南大学出版社，2012：67－71．

[57] 公共建筑节能设计标准 PGB50189－2015 [S]．北京：中国建筑工业出版社，2015．

[58] 中国图书馆学会．珍惜环境资源，建设节约型图书馆 [J]．图书馆建设，2010（12）：2．

[59] 绿色建筑评价标准 GB/T50378－2019 [S]．北京：中华人民共和国住房和城乡建设部，2019．

[60] 中国社会科学院语言研究所词典编辑室编．现代汉语词典（第5版）[D]．商务印书馆。

[61] 孙玉宁．未来图书馆建筑设想 [J]．南方建筑，1998（04）：50－51．

[62] 石同生．生态图书馆理论与实践 [J]．图书馆工作与研究，2003（04）：8－10．

[63] 黄健．广东省立中山图书馆改扩建项目中的建筑节能技术 [J]．建筑施工，2013，35（11）：1011－1012．

[64] 宋雷，崔中芳．生长在公园里的图书馆 上海浦东图书馆新馆设计 [J]．时代建筑，2009（06）：80－85．

[65] 鲍家声．低碳经济时代的建筑之道 [J]．建筑学报，2010（07）：1－6．

[66] 宋希民．与"天香小筑"对话——苏州图书馆设计创作随笔 [J]．新建筑，2002（06）：11－14．

[67] 李家荣等．北京图书馆新馆建设资料选编 [M]．北京：书目文献出版社，1992．

[68] 袁镔．简单 适用 有效 经济——山东交通学院图书馆生态设计策略回顾 [J]．城市建筑，2007（04）：16－18．

[69] 郑启皓，黄劲．广州大学城中山大学图书馆 [J]．建筑学报，2006（02）：57－60．

[70] 刘晨，李春．浅析生态图书馆建设 [J]．图书馆理论与实践，2011（04）：26－

28.

[71] 滕华忠. 绿色图书馆建筑中节能节水的几点探讨 [J]. 建筑节能，2017，45 (12)：39 – 43.

[72] 王钰萱，张群，王小岗. 基于新版《绿色建筑评价标准》的高校绿色图书馆建设研究 [J]. 建筑与文化，2017 (01)：115 – 117.

[73] 王世伟. 当代图书馆建筑设计中应理性处理的各种关系和矛盾 [J]. 图书馆论坛，2006 (06)：269 – 272.

[74] 佚名. 川大图书馆成绿色典范 [J]. 智能建筑，2016 (06)：12.

[75] 公共图书馆建设标准 [EB/OL]. [2020 – 05 – 20] https：//wenku. baidu. com/view/ 1cfdb2e25cf7ba0d4a7302768e995 1e79b89692a. html.

[76] 许晓霞. 实体图书馆的强大生命力——苏州图书馆新馆开馆三年来的实践与体会 [J]. 新世纪图书馆，2004 (05)：67 – 69.

[77] 苏图简介 [EB/OL]. [2020 – 05 – 20] http：//www. szlib. com/AboutSzlib/AboutSzlibSingle? catId = 27.

[78] 服务时间之维——图书馆服务时间拓展漫谈 [J]. 图书馆建设，2016 (02)：6 – 9.

[79] 鲍家声. 建筑创作的回归 [J]. 建筑学报，2009 (06)：92 – 95.

[80] 周恺，吕俊杰. "以学生为本"的新型图书馆——天津大学新校区图书馆 [J]. 建筑学报，2016 (10)：44 – 45.

[81] 肖珑. 后数图时代的图书馆空间功能及其布局设计 [J]. 图书情报工作，2013，57 (20)：5 – 10.

[82] 许桂菊. 作为场所的图书馆：再思考与展望 [J]. 大学图书馆学报，2014，32 (03)：44 – 49.

[83] 吴建中. 开放存取环境下的信息共享空间 [J]. 国家图书馆学刊，2005 (03)：7 – 10.

[84] 吴建中. 转型与超越：无所不在的图书馆 [M]. 上海大学出版社，2012：58.

[85] 王左利. 以未来视角设计图书馆空间——访浙江大学图书馆副馆长黄晨 [J]. 中国教育网络，2013 (8)：67 – 68.

[86] 任树怀，盛兴军. 学习共享空间的构建 [J]. 大学图书馆学报，2008 (04)：20 – 26.

[87] 吴建中. 从量的发展到质的提升：研究图书馆的新课题 [J]. 图书馆杂志，2017，36 (10)：4 – 10 + 114.

[88] 彭小花. 从信息共享空间到学习共享空间——以中国科学院国家科学图书馆

IC&LC 为例 [J]. 图书馆学研究，2012（20）：72 - 77.

[89] 任树怀，盛兴军. 信息共享空间理论模型建构与动力机制研究 [J]. 中国图书馆学报，2008（04）：34 - 40.

（执笔人：顾建新　周建屏　尹良伟）

第三章　图书馆建筑设计与功能布局

第一节　图书馆建筑设计的背景与理论基础

随着各类新兴技术在图书馆中的应用普及，以及用户需求的增长与转变，图书馆的功能也在不断延伸，从传统的借、阅、藏功能逐渐向教育、保存、交流、宣传、展示等多元化功能拓展。因此，图书馆建筑的功能也应当与之相匹配，即应从技术创新应用需求和用户服务需求出发，结合图书馆多元功能特点及发展趋势，对现代化图书馆建筑设计与功能布局等相关议题进行深入探讨。

一、图书馆建筑设计发展背景分析

（一）外部发展形势

图书馆建筑设计以满足用户的现实需求为出发点和落脚点，而用户的需求始终伴随着时代的演变不断显现出新特点。尤其在科技飞速发展时期，技术革新在很大程度上改变了人们获取信息、感知世界的方式，从而引导、衍生出新的用户需求。需求转变和技术进步等外部因素正不断影响着图书馆建筑设计与功能布局。

据美国的一项调查研究显示，图书馆读者的需求已经远远超越了传统的借阅需求：96%的受访者希望图书馆为儿童及老年人提供新技术培训项目，如计算机、智能手机及应用软件；87%的受访者希望图书馆提供更多舒适的阅读、工作及休闲场所；87%的受访者希望图书馆购买3D打印机及其他数字化工具并帮助人们学习使用；64%的受访者希望图书馆移走一部分实体资源以创造更多技术空间、会议空间及文化活动空间。[1]这些具体的需求建议在一定程度上为未来的图书馆建筑设计指明了方向。目前，为了满足多元化的用户需求以及有效应对用户信息行为的转变，在国内外图书馆建筑设计过程中已经涌现出许多新的设计思维，如"用户参与式设计""用户沉浸式体验设计"等，实现了图书馆与用户的深度交互。

技术革新对图书馆建筑设计和功能布局的影响可以概括为两个方面[2]：第一，新的信息存储和信息获取技术压缩了实体馆藏空间。传统图书馆以收集、保存和使用印刷型资源为主，对建筑功能和空间的需求表现在为不断增长的资源提供存储场地，但随着信息存储技术和检索获取技术的发展，馆藏结构逐渐转变为纸质资源和数字资源并存且后者逐渐超越前者的局面；同时，随着网络、云计算等技术的发展和共享理念的普及，已无需图书馆单独保存所有资料。这些变化使图书馆用于存取实体馆藏的空间得以释放。图书馆可以利用释放的空间，为用户提供更广泛的服务。第二，新功能空间的出现扩展了图书馆建筑的价值。新技术的进步，使人们足不出户就能获得信息资源，它为人们带来便利的同时也对图书馆造成了冲击，流通率降低、到馆人数下降、建筑空间闲置等给图书馆造成巨大压力，这些问题迫使图书馆思考如何使建筑功能和空间用途作出转型；除了满足传统服务功能外，能够提供舒适的服务环境、获取各种新技术工具、开放共享学习交流平台的多元化新功能空间，已逐渐走进图书馆建筑，例如"共享空间""创客空间"等，有效拓展了图书馆建筑的价值和内涵。

（二）内部发展形势

从图书馆业内角度分析，国内外图书馆界对图书馆建筑设计的相关领域非常重视，尤其是在各级专业组织或政府部门的大力支持与推动下，积极参与制定多种法律、法规以及标准等文件，对图书馆建筑设计提出具体、细致的要求，有效推进图书馆建筑设计的标准化、规范化发展。

国际层面。2010年，国际图联发布《公共图书馆服务发展指南（第二版）》，指出"图书馆建筑是公共图书馆服务设施中非常重要的部分，它们的设计必须能够反映图书馆的服务功能，能为社区的所有成员所利用，并应能非常灵活地适应服务工作的新变化。……图书馆专业人员必须确保能够有效地利用和管理图书馆建筑，使图书馆的所有设施充分服务于整个社区的利益。"其还指出在规划图书馆建筑时，必须考虑图书馆功能、规模、空间设计、设计特点、开架存取、标志设置、图书馆环境、电子和影响设备、安全和停车设施等因素，并基于每项因素提出了具体的指导意见。除此以外，由国际标准化组织制定发布的《ISO/TR 11219—2012 文献和情报．图书馆建筑定性条件和基本统计．空间，功能和设计》，为图书馆建筑设计的各个环节制定了完整、全面的实施标准与细则。

国内层面。《公共图书馆法》《公共文化服务保障法》等国家法律，对公共图书馆的馆舍和内部设施建设提出了相关规定。除上述法律文件，我国还先后制定出台《图书馆、博物馆、美术馆、展览馆卫生标准》（GB 9669—1996）《公共图书馆建设标准》（建标 108—2008）《公共图书馆建设用地指标》（建标〔2008〕74 号）《图书馆建筑设计规范》（JGJ 38—2015）等多份标准文件，对图书馆建筑设计中的各相关环节制定出具体要求及建设标准。

二、图书馆建筑设计理论研究

（一）国外研究

近年来，国外针对图书馆建筑设计与功能布局的研究较多集中在建筑功能及内外部软硬件设计对图书馆服务和发展的推动作用等方面，主要包括两大研究主题：

一是关于图书馆建筑绿色环保设计及可持续性研究。探讨如何在建筑设计中引入环境可持续元素，将与可持续相关的举措整合到项目、活动和服务当中。涉及图书馆建筑的节能环保模型与实践案例研究；图书馆建筑的能效、照明、通风、供暖、加热与冷却、隔热与保温、室内装饰、水利用与收集系统、双层玻璃窗、降噪、冲水、电力供给、废弃物处理等技术应用研究；图书馆建筑的绿色与节能设计元素研究，包括集成能源管理的监测与控制系统、复合真空玻璃建筑围护结构、节能照明系统、暖通中的变频空调系统、雨水收集利用系统等；以及有关节能与室内环境舒适度的绿色技术研究，包括与建筑设计和施工有关的技术以及与地点、时间和用户偏好有关的技术等。[3]

二是关于图书馆建筑设计的未来发展趋势研究。较为集中的研究方向是基于数字化时代背景的图书馆建筑、空间、功能及设施设备的建设与发展研究，主要讨论新兴计算机网络技术在图书馆建筑设计上的应用和发展，包括如何创造新图书馆建筑以适应先进的科学技术、数字化环境下如何将图书馆建筑空间与虚拟媒体空间进行深度整合、如何利用新技术实现图书馆内多种功能的复合融通等。除此之外，其他研究方向还包括：针对新图书馆建筑的整体建设与规划、设计与使用研究，未来图书馆建筑的"以人为本"设计以及如何满足用户新需求、提供新服务的探索与研究等[4]。

与此同时，国外还出现了一些在以往并不多见但近期开始受到关注的研究方向。其中比较突出的领域是关于图书馆建筑与空间的灾后重建及防灾设计的研究[5][6]，探讨图书馆如何加强防灾和灾后重建的能力建设，总结图书馆灾后重建的一些经验并提供相应建议。

（二）国内研究

国内相关研究主要集中在以下三个方面[7]：

一是关于图书馆建筑设计理念、原则的研究。建筑设计的理念研究集中在五个领域：（1）在读者、知识、馆员之间，以及书、机、人之间创造最佳的、和谐的交流环境、交流场所论；（2）以"服务重于收藏、取得胜于拥有"为创新型理念的协调增长论；（3）利用高智能技术优化管理手段，以灵敏、智能为其建筑重要特征的自助型复合图书馆论；（4）力求学术文化与建筑文化相统一，借助独特的人性化设计营造舒适人文阅读环境的图书馆建筑文化论；（5）遵循节能、环保、健康原则，充分考虑建筑物对自然环境及人类自身产生的影响的建筑生态论。在建筑设计原则方面，相关研究的结论集中在"适用、高效、灵活、舒适、安全、经济、美观"及"开放、人文、智能、艺术"等关键点上。

二是关于图书馆建筑空间与技术、智能化应用的实践研究。大多数研究分析了图书馆建筑空间的演变与技术的关系。研究普遍认为图书馆建筑空间的利用、建筑空间的功能以及未来建筑空间的形式都与技术的发展与进步密切相关，正确采取智能化、科学化的技术手段能使图书馆拓展出更多空间功能，并能更有效地规划空间布局，更高效地利用空间。在近年对重要的图书馆空间服务如知识共享空间、信息共享空间、学习共享空间、创客空间、数字学术空间等的研究中，信息技术被作为重要且必须的支撑手段予以论述。

三是关于图书馆建筑与文化的关系研究。相关研究主要集中在图书馆建筑的文化内涵、文化在建筑设计上的体现、建筑中的文化要素以及表现方式、建筑文化的发展变迁、建筑空间与人文环境的融合等方面。这些研究都建立在"图书馆建筑与文化是息息相关的，建筑具有文化性"这一共识的基础之上。在开展图书馆建筑设计时，不仅要看其是否满足物理功能的硬性指标，而且还要考虑文化性这一软性指标。

第二节　国外图书馆建筑设计与功能布局实践

一、国外图书馆建筑设计与功能布局发展概况

（一）发展沿革

18世纪末至19世纪初，现代图书馆建筑开始在欧美等国家萌芽，其中以1854年建成的伦敦大不列颠博物院图书馆为代表的图书馆多采用藏阅分开、空间功能固定的闭架形式，读者和图书截然分开，只能通过出纳台获取图书。[8]进入19世纪末和20世纪，伴随着图书馆的普及，出版物因工业化生产而价格大大降低，以及搜集专门文献资料的研究读者人数增多等因素，图书馆的空间布局逐渐由闭架转为开架，由单一制转为分部制，出现了藏阅空间合一的模数式图书馆，如1952年开放的美国艾奥瓦大学图书馆[9]；进入21世纪，随着科学技术的不断进步，数字化、信息化程度的快速加深，人们对图书馆观念的更新换代，虚拟图书馆、数字图书馆等应运而生，伴随而来的实体空间的增加和人们对沉浸学习、协作交流、创意共享、智慧融合等空间的需求，图书馆在功能布局与空间设计方面亦出现了新的变化，这个时期的图书馆功能布局与空间设计很难总结出一种全球性的特征形式，有研究者归纳为三个方面：一是有机的空间组织形态，空间设计跳脱"模数式"的思维框架，以功能需求为出发点，充分考虑基地环境、地域文化和城市肌理的特点，形成有机的建筑平面形式；二是对公共空间的重塑，体现为局部空间设计理念更加注重用户的个性化需求，"学习共享空间"、社区"第二居所"概念出现，加强虚拟化的

数字空间与物理空间的联系；三是对城市肌理脉络的传承，通过空间设计延续"文化共性"，保留、扩展、再发开历史建筑遗产，利用新科技新能源保护自然环境等方法传承文化、保护自然遗产。[10]

（二）近年来国外图书馆建筑发展概览

伴随着经济的发展、社会的进步、人们对知识的渴求，以往的老旧图书馆受制于历史设计导致了使用率下降，需要通过新建、翻新及扩建来满足现代读者对于图书馆功能布局与空间设计日趋多元化的需求，以此推动了图书馆建筑与空间设计的创新发展。

美国的公共图书馆事业发达。根据美国图书馆协会（ALA）2019 年 4 月发布的《2019 美国图书馆状态报告（State of America's Libraries Report 2019)》，2018 年，全美拥有公共图书馆 16568 家（含分馆），比星巴克咖啡馆（14606个）多；访问公共图书馆的频率 13.5 亿人次，高于看电影的频率（12.4 亿人次）。从图书馆建筑分析，根据美国《图书馆杂志》的统计数据显示，2013 财年至 2018 财年的 6 年间，全美合计新建、翻新及扩建公共图书馆 469 家，平均每年 78 家；其中 2015 财年和 2016 财年均达 92 家，数量为期间最高，面积也最大，分别为 196861 平方米和 197730 平方米；近年来新建、翻新及扩建公共图书馆的数量都有下降趋势。经测算，美国新建公共图书馆的平均建筑面积在 2000—3600 平方米之间，说明新建图书馆以小型图书馆为主。新建公共图书馆的平均建设成本呈现总体上升的趋势，从 2013 财年的 785 万美元/个上升到 2018 财年的 1803.2 万美元/个。

表 3 – 1　2013—2018 财年美国公共图书馆新建和翻新情况[11]

	2013 财年	2014 财年	2015 财年	2016 财年	2017 财年	2018 财年
新建数量	27	29	38	33	26	20
翻新及扩建数量	47	55	54	59	44	37
新建面积（平方米）	43680	66702	83260	77213	57269	72037
翻新及扩建面积（平方米）	66461	108189	113601	120517	101299	87040

（续表）

	2013 财年	2014 财年	2015 财年	2016 财年	2017 财年	2018 财年
新建、翻新及扩建成本总计(美元)	357747758	575850119	672736914	634499203	609376210	553985856

从图书馆建筑设计来看，美国图书馆建筑奖（Library Building Awards）是美国图书馆设计最有权威性的奖项，评选出的图书馆建筑作品代表了图书馆建筑设计的最高水平。美国图书馆建筑奖自1995年设立起每两年评选一次，从2015年开始每年评选一次，至2019年共15届图书馆建筑奖累计103座图书馆建筑获奖，主要以美国地区图书馆为主，也有少部分其他国家图书馆获选，如2007年中国佛山顺德图书馆、2009年中国重庆图书馆，以及加拿大、墨西哥、沙特阿拉伯、拉脱维亚等国家的图书馆。以下再通过图书馆建筑奖获奖情况来了解近年来新建、翻新及扩建公共图书馆在功能布局与空间设计方面的现状。总的来说，图书馆设计理念与方法的创新推动着建筑功能、建筑形态和建筑技术的创新。建筑功能方面表现为图书馆功能分区与组合不断适应时代发展和读者需求，营造人情化的氛围，呈现灵活性、融通性的功能形式，同时推出更多传统功能之外的衍生功能；建筑形态方面体现在建筑自身形体、体量的有机组织和巧妙调度，与环境的和谐统一；建筑技术方面则以建筑结构、材料、工艺、设备与生态、可持续发展技术的有机结合为显著特征。[12]

表3-2　2017—2019年美国图书馆建筑奖情况[13]

图书馆名称	地区	获奖年份	特点
多伦多 Albion 公共图书馆	加拿大安大略省	2019	多用途城市广场为公共区域提供便利设施；建筑周围用百叶窗式的多色屏风界定出一个带有围墙的花园，凸显城市绿洲的理念
巴纳德学院米尔斯坦中心	美国纽约	2019	大量集创造性、探索性及灵活性于一体的学习空间和服务点；建筑主体由一系列上升台阶构成，有助于最大限度地利用阳光、减少热岛效应，LEED 银级认证；建筑顶层的一个悬挂式空间能够欣赏到市中心风景

（续表）

图书馆名称	地区	获奖年份	特点
卡尔加里新中心图书馆	加拿大阿尔伯塔省卡尔加里市	2019	75000 平方英尺的入口广场和室外圆形剧场；建筑的每个面都可以作为图书馆的"正面"；建筑外围环绕着一些多功能空间，包括儿童图书馆和游乐设施
科罗拉多学院TUTT 图书馆	美国科罗拉多州	2019	致力于绿色建筑的"静零"思想；重点关注开放空间、灵活性、环境管理以及社会和智力参与；图书馆的服务、资源与学术课程、教学空间充分融合，为学生开展小组学习提供便利
路易斯维尔免费公共图书馆南部中心区图书馆	美国肯塔基州	2019	位于一片超过百年历史的森林之中，展现建筑与自然的完美结合；倾斜的建筑及顶部天窗以允许阳光通过树冠间的空隙射入馆内；建筑内部分空间的墙面可移动以便于不同空间需求的变换组合；LEED 金级认证
半月湾图书馆	美国加利福尼亚州	2019	重点关注建筑的灵活性；建筑色调与加州海岸相适应；二楼顶部有一个开放空间，其构造让人联想到船舶索具
奥斯汀中央图书馆	美国得克萨斯州	2018	技术创新的文化智能中心；拥有极具日照、灵活的混合空间；获得美国绿色建筑白金认证，建造蓄水池存储屋顶雨水和空调冷凝水用于清洁厕所灌溉景观和屋顶植被，LEED 铂金级认证
伊斯特姆公共图书馆	美国马萨诸塞州	2018	现代设施与历史遗产融合；设计与周围自然景观相得益彰；引入室外空间，充分利用室外光线；使用雪松木瓦、壁板以及青石地板等材料，将当代结构与历史建筑结合在一起，LEED 金级认证
黑斯廷斯公共图书馆	美国内布拉斯加州	2018	专为年轻人和儿童设计的楼层，配备有厨房和露台；提供技术和编程空间、灵活的制造商空间、多用途空间；无台阶入口，创造新的动态外观

（续表）

图书馆名称	地区	获奖年份	特点
劳雷尔分馆	美国马里兰州	2018	建筑取材以纪念历史；最大限度地发挥内部空间，景观和周围社区之间存在联系；创意空间、灵活空间、发现空间，注重提升用户体验；空间设计富有想象力；雨水管理、大面积种植植物
皮科分馆	美国加利福尼亚洲	2018	设计体现"社区客厅"的存在；室外绿地保留最大化；进一步拓展了公园广场的活动功能及增加步行体验的光伏顶篷；采用交互式服务；日光采集、被动遮掩；雨水管理和灌溉，LEED 铂金级认证
塔尔萨中央图书馆	美国俄克拉何马州	2018	激活外部空间，市民广场变身绿色空间；简化读者入口，增加停车位；整体防渗表面减少；外部设计纪念老馆；使用落地玻璃吸引路人关注馆内活动；协作空间
波士顿公共图书馆	美国马萨诸塞州	2017	内部空间的设计以 21 世纪读者的视角出发，提供多种空间，确保满足从青少儿到成人所有游客的需求；设置了一系列正式和非正式会议的空间；外部设计成新型公共广场
哥伦布大都会图书馆	美国俄亥俄州	2017	室外以草坪、植被环绕；正面被金属嵌板覆盖，不同区域享有不同程度的透明度；室内简单的配置为因需求随时变化提供了灵活性；内部的散热片和玻璃外部的百叶窗控制着热量并提供高质量的阅读光线，LEED 银级认证
波士顿图书馆东馆	美国马萨诸塞州	2017	玻璃幕墙设计可以俯瞰约 780 平方米的公园；阅览室通风无柱，通透的视线空间设计将馆内容量最大化；开放式布局让家庭成员不必分散到各自的阅览室里去；书架脚轮提供了额外的灵活性；花园设有雨水灌溉系统，LEED 金级认证

（续表）

图书馆名称	地区	获奖年份	特点
拉脱维亚国家图书馆	里加	2017	运用先进技术方便数字化管理和安全存储；收藏区域与功能区域组合而成；有一整个墙面展示了由拉脱维亚人捐赠的图书；门廊及其中央的台阶连接了所有公共区域表现了图书馆形态和功能上的逻辑性
纽约公共图书馆 Stapleton 分馆	美国纽约	2017	设有儿童区域、青少年和成人阅览室以及研究设施；暴露的木质结构体现韵律与质感，玻璃质地的建筑正面和多重天窗提供了自然光；形态各异的天花板与墙表面吸收了声波，减弱了开放式的设计带来的声音
罗莎·凯勒图书馆和社区中心	美国路易斯安那州	2017	图书馆与社区中心给当地街区提供了 21 世纪最新设施以及与科技交互和延伸教育的机会；厨房和咖啡馆作为重要的文化元素与图书馆融合；LEED 银级认证
俄勒冈大学 Allan Price 科学学院与研究馆	美国俄勒冈州	2017	窗户从半地下延伸到天花板，将自然光投到公共区域；入口走廊的最大化设计增强了投到地下的光线；木质幕墙与庭院自然相融，营造了宁静的雨林气氛，使光与自然完美结合
瓦里纳地区图书馆	美国弗吉尼亚州	2017	设计植根于自然环境，采用简单的色调和形式，唤起当地人们对烟草仓库的记忆；内部设计让读者与馆员有充分交流的机会；整体设计最大限度地提高了自然视野，进一步扩大了图书馆背面走廊的视野范围，LEED 银级认证

近年来，图书馆建筑在设计、建造和使用等各个阶段都越来越注重环境保护和可持续发展，获得 LEED 绿色建筑认证（Leadership in Energy and Environmental Design，简称 LEED）也已成为国外图书馆衡量其建筑绿色环保的一大指标。LEED 由美国绿色建筑委员会建立并于 2003 年开始推行，是一个全面评价绿色建筑的工具，在美国部分州和一些国家已被列为法定强制标准。LEED 根据其《绿色建筑评估体系》（Leadership in Energy & Environmental Design

Building Rating System，以下简称 LEEDTM）对建筑项目从可持续场地规划、水资源保护利用、建筑节能与大气环境、资源与材料使用、室内环境质量等多个方面进行评分，根据综合结果给建筑授予铂金、金、银和认证级别。LEEDTM 是目前在世界各国的各类建筑环保评估、绿色建筑评估以及建筑可持续性评估标准中被认为是最完善、最有影响力的评估标准，澳大利亚、中国、日本、西班牙、法国、印度对 LEEDTM 进行了深入研究，并结合在本国的建筑绿色相关标准中。LEED 项目遍及 103 个国家，超过 10，735 个认证项目，超过 43，063 个注册项目。[14]2006 年到 2016 年期间，中国的 LEED 认证项目年复合增长率达到 77%，已成为美国以外最大的 LEED 认证市场，另据《2017 中国绿色建筑报告：从绿色到健康》，截至 2017 年 8 月，中国累计 LEED 认证项目面积超过 4800 万平方米，覆盖 54 个城市。[15]2015 年 4 月，中国深圳安宝中心区图书馆获得 LEED 金级认证，是我国首个通过 LEED 认证的图书馆项目。[16]以下就通过近几年获得 LEED 认证的部分图书馆为例来了解国外图书馆建筑在节能、环保以及可持续发展方面的实践，美国图书馆建筑奖 2017—2019 年间获奖图书馆中已获 LEED 认证的图书馆以下不再赘述。

表 3 - 3　近年来获得 LEED 认证的部分图书馆建筑情况[17]

图书馆名称	地区	认证级别	相关介绍
蒙特利尔 Bibliothèque du Boisé 图书馆[18]	加拿大魁北克省	铂金	设计使用了一种重新分配玻璃棱镜中收集的热量的被动加热系统；最大限度地提高太阳能利用率，图书馆占地面积的 75% 可以获得自然光，并大大减少能源消耗；利用地板上的低流量通风设备加强管道管理要求；建筑使用本地采购的低发射和可回收材料，以保护现有树木；利用雨水回收系统浇灌周边土著灌木、蔓生植物和湿地
米切尔公园图书馆社区中心	美国加利福尼亚州	铂金	设计以大胆的形式、鲜艳的色彩、丰富的纹理和光线来展望未来；保留并整合了现有遗产——橡树，以致敬历史；通过夜空辐射冷却、屋顶植被、跟踪天窗、自然通风、太阳能热水和传感器激活照明等方法高效节能，大约 20% 的能源可自己生产；透水铺面和生物过滤盆可现场处理雨水；再生水的低流量固定装置和双管道减少了 90% 的饮用水使用量

（续表）

图书馆名称	地区	认证级别	相关介绍
罗斯威尔图书馆东馆	美国新墨西哥州	金	可持续场地设计确保了图书馆与树木繁茂的外部环境的连通性，营造了树屋效应；选用石材和木材等天然材料，结合大面积玻璃和高窗墙，为读者提供了独特的视野和采光；大堂设计减少开门时的热量损失/增加；采用 HVAC 通风系统；墙壁、地板和天花板饰面均使用低 VOC 材料
奥本大道研究图书馆	美国佐治亚州	金	致力于通过历史手稿、照片、口述历史、古籍、期刊和艺术作品的收藏来传承和保护非洲裔美国人的文化遗产；设计有自行车存放设施以及新能源车辆的停车位，以鼓励公众健康出行和减少温室气体排放；提高了与社区的连通性、用水效率，优化能源性能
劳伦斯公共图书馆	美国堪萨斯州	金	注重社区对话、社区参与、社区服务；图书馆的目标之一是要营造温暖舒适的氛围，使用移动服务模式，设计了许多开放和光线充足的空间，包括儿童区、青少年区、科学技术区和会议制造商空间等，每个区域都配有一定的技术设备；设计了屋顶天窗利用采光；能源使用减少50%
西北亚特兰大图书馆	美国佐治亚州	银	整体设计与大型树木环绕的场址呼应；图书馆的方向选取是为了尽量减少来自西侧的太阳能热量，东西立面的图书馆玻璃窗设有遮阳罩；屋顶使用高反射率材料以控制吸热，从而减少空调数量；安装了节水型园艺系统，雨水管理系统；使用可循环的新型材料
大都会图书馆（属亚特兰大富尔顿县图书馆系统）	美国佐治亚州	银	玻璃幕墙结构采用开放式设计，搭配良好的灯光控制和室内高透明度玻璃，营造明亮通风的空间感和光线感；通过专业的声学控制管理声音反射；室内和室外自然的视觉连接；室内空间确保使用的灵活性；室外新增了绿地区域，有效进行雨水管理

二、国外图书馆建筑设计与功能布局特点分析

（一）多元融合、和谐共生的形态设计

国外图书馆外观及空间设计在兼具时尚感、未来感、科技感的同时，更加尊重和包容当地社会文化和风俗习惯，并将历史元素、文化遗产尽可能融入其中。以获美国图书馆建筑奖的劳雷尔分馆来看，图书馆地处独特的历史遗址，深受当地非洲裔美国人文化的影响，图书馆在建造时特别选用纹理石材料以纪念历史，又以动态线条和大胆形式拥抱现在，将过去与现在巧妙的结合在外观形态设计之中。再以获得 LEED 认证的米切尔公园图书馆社区中心为例，其形态设计以现存橡树为元素，致敬陪伴了这片土地上一代又一代人的自然遗产，使图书馆成为当地灯塔般的存在。近几年建造的最引人注目和富有色彩的图书馆之一的德国明斯特市图书馆，位于一群战后重建后巴洛克式、哥特式和18、19 世纪式建筑之中[19]，图书馆形态设计尊重原有环境和建筑，沿用中世纪街道布局，图书馆建筑岔开两翼将原有的比塞里加斯步行街围在立面，创造了一种让人们走到建筑中来欣赏建筑的视觉效果，同时步行街正对教堂，方便人们前往教堂。

（二）注重人文关怀，营造家的舒适感

在功能布局与空间设计中秉持人性化原则，主要体现在：便捷的借阅流程，以人为本的服务模式；舒适的空间感受，重视非阅览空间的设计与利用；实用的功能布局，倡导图书管理员参与制定布局方案，避免空间浪费；光线照明、装饰色彩、桌椅设施、空间比例、静音减噪、意境美感等物理环境的人性化设计，包括入口空间的导向性设计、阅览空间的便捷性设计、书库空间的简约性设计等；虚拟环境的人性化设计，创造信息交流方便高效的环境，体现数字技术的动感与信息链接；合理运用空间因借、装饰手法、色彩搭配营造人文化氛围。[20]举例来说，儿童作为图书馆重点关注的特殊群体之一，多数图书馆都设有儿童馆藏区以吸引儿童，通常还另设不同的儿童活动区，为儿童营造轻松温馨的阅读和活动环境，美国纽约州绅德睿智社区中部乡村公共图书馆的儿童区包括儿童活动区、儿童电脑区及儿童阅读区，活动区可以玩拼图游戏、搭积木、开小火车等，阅读区使用适合儿童的低矮书架，并提供填色画纸、蜡

笔、画板等；美国加州 Cerritos 市公共图书馆大厅展示恐龙化石，并设有小型水族馆以吸引小小读者；美国伊利诺州厄巴纳公共图书馆少儿部设有阅读区、电脑区、棋牌游戏区、活动区、玩具区和亲子区，玩具区引进了"我的世界"沙盒游戏，亲子区则摆放摇椅供亲子朗读绘本。[21]为青少年群体设计的区域则包括开放实验室、游戏空间、音像制作中心等，搭配相对成熟又具动感与活力元素的装饰，激发青少年的创作力，美国伊利诺州厄巴纳公共图书馆在青少年开放实验室（Open Lab）内设置了多人游戏设备 Nintendo Wii 以及各式电子乐器、手工制作工具；美国伊利诺伊大学香槟分校本科生图书馆为读者设立了音像制作中心和游戏空间（Game Zone），并配有 Xbox One 等游戏机，深受青少年喜爱。此外，亲子卫生间、婴儿换纸尿裤座椅、残疾人自动扶梯与自动门、盲人阅览设备等设施也都纳入图书馆功能布局常规考虑范畴。[22]

（三）灵活开放、社交互动的公共空间

国外学者认为公共图书馆空间设计可分为启发、学习、会议与展示四大空间，主张四空间模糊界限，虚实共存，保留交集。[23]国外高校图书馆界也有学者提出合作、私密、交互、社区空间的分区方式。[24]总体来说，国外图书馆以读者喜好为出发点，以营造环境舒适度、氛围感，增强图书馆社交功能为目标，实现图书馆功能空间柔性化设计的趋势越来越明显。[25]经总结分析，目前国外图书馆常见的空间类型包括：以智能数字技术应用空间、研究中心、实验室、创意空间为代表的创新空间；以共享空间、会议空间、社交空间、互动空间、沉浸空间为代表的交互空间；以小剧场、展览空间、设计工作坊、文创商店、预留空间为代表的灵活空间；以及具有私密性的安静学习空间等。被列为美国"新常春藤"名校之一的玛卡莱斯特学院（Macalester College）图书馆提供的灵感实验室属于创客空间、合作社区的一种，学生可以在里面玩、建造、创造、修补、发明，同时还包括团体学习室、互动技术、白板墙等，使用可移动家具来切换多样化的风格环境。[26]

（四）创新技术和产品得到充分运用

图书馆功能布局与空间设计的技术创新主要体现在绿色技术、结构技术、材料技术、设备技术四个方面的创新。绿色技术的创新应用是为了降低对环境影响和能源损耗，实现远景上的可持续发展，包括：利用太阳能蓄热板加热储

存自来水；引入自然光线减少人工照明的采光系统；科学运用烟囱效应和风压组织自然通风；使用环保材料；建材回收与再利用等。结构技术的创新应用是为了实现使用功能、结构功能和建筑美观的高度统一，包括：利用数字化设计手段进行非线性建筑设计；利用曲线墙面营造空间氛围；承重结构与家具合一；墙与楼板消融；采用大面积落地玻璃和天窗引入自然光线等。材料技术的创新应用使结构美学融合建筑物理性能，传统材料的运用是对图书馆建筑地域性、文化性的延续和表达，而新型材料的选用又极大地推动了图书馆空间设计新的艺术效果的产生。设备技术的创新应用主要体现在服务特殊群体、提升图书馆服务效率、提升室内空间的物理环境和功能性等方面，包括：楼宇自动化系统（BAS）、通信自动化系统（CAS）、无线射频识别技术（RFID）、综合布线系统（PDS），以及盲人用大声阅读即时翻译盲文系统、3D 打印机等一系列智能多媒体设备。[27]如捷克赫拉德茨－克拉洛韦研究图书馆室内采用全新的信息导航和信息检索系统，使用了 BKT 系统采暖；美国伊利诺伊州芳汀戴尔公共图书馆打造了自动借还书传送带系统；美国芝加哥大学曼苏埃托图书馆在其地下空间建有一套高达 15.24 米、保有 350 万册书籍的全自动仓储系统；美国亚拉巴马州埃弗格林图书馆采用空调分室控温技术等。[28]

（五）强调绿色生态和可持续发展

在环境日趋恶化的当下，图书馆应当成为承担环保节能社会责任的一个重要载体和为社会公众传达节能环保理念的重要场所。[29]2016 年国际图联环境、可持续和图书馆（ENSULIB）特别兴趣小组和德古意特出版社设立了 IFLA 绿色图书馆奖，旨在鼓励图书馆实践环境可持续发展和加强绿色环保意识，推动地区绿色图书馆发展，展示图书馆绿色运行和服务，在功能布局和空间设计方面获奖的项目有澳大利亚 Cockburn 图书馆的一项可持续性优秀绿色建筑，内容包括提供共享自行车、设有电动汽车充电站、设有五个地下蓄水池及节水后花园、建筑采用智能双层玻璃和绝缘材料、室内全部安装 LED 节能灯等。[30]美国图书馆建筑奖在评选时对图书馆建筑的环保节能和可持续发展颇为重视，LEED 绿色建筑认证在推动图书馆建筑绿色生态和可持续发展方面的积极作用在全球范围内受到广泛认可。透过 LEED 评估标准来看图书馆建筑绿色设计主要体现在几个方面，包括：可持续的场址设计；节水及水循环利用；节能减排、能源的高效利用及大气保护；材料和资源的重复利用；室内环境质量。具体实践有：利用太阳能和地源热泵转化可再生能源；屋顶绿化系统降噪隔热；空气处理装置保证空气流通；雨水利用管理系统；建筑废物回收利用；[31]扩大图书馆外围植被面积；室内设计融入自然景观等。

三、国外图书馆建筑设计与功能布局案例展示

（一）美国西雅图中央图书馆

西雅图中央图书馆于 2004 年建成，以其富有动感的建筑形态、新颖大胆的室内设计、虚实结合的灵活空间，摘得 2004 年《时代》杂志（*Time*）最佳建筑奖、2005 年美国建筑师学会的杰出建筑设计奖（AIA Honor Awards）、2005 年美国图书馆建筑奖、2007 年建筑视觉奖等多项殊荣，被西雅图人自豪地称为全民图书馆（Libraries for All）。[32]

西雅图中央图书馆使用水平错位的外观设计，避免阳光直射并且可以创造阴影空间，方便人们在多雨的西雅图避雨，同时确保了周围景观的连续性，避免周围楼房中的居民视线被遮挡；采用超大的凹斜采光玻璃顶篷和透光性良好的双层镀膜玻璃为室内提供充足的自然光线。在室内空间设计方面，西雅图中央图书馆也重新进行了定义，将灵活性发挥到了极致，实现了都市建筑空间与媒体虚拟空间的完美结合。[32]图书馆分为五个功能区，分别为行政与员工、书库、信息、公共活动区和停车场，在五区之间又设四个功能可变的公共流动空间，分别为儿童区、休闲区、混合交互区和围绕四层螺旋坡道组织的螺旋书库，整个书库采用杜威十进制图书分类系统，按书号的顺序依次排列，沿坡道徐徐上升形成一条连续的书带，方便读者查找图书。[33]图书馆大胆运用色彩提升室内视觉感受，形成丰富而又多变的空间，如会议空间采用富有张力的红色配以曲线的形式，营造神秘氛围；楼梯和地面局部采用红色处理，具有很强的引导性和划分空间的作用；而通往采编区和螺旋书库的自动扶梯则为明亮的黄色，强调了主要的交通流线，使借阅者第一眼就可以找到通往下一个目的地的路径。在可持续性方面，图书馆 75% 的建筑材料来自东侧码头，且绝大部分为损坏重造的材料，只有不足 20% 的材料为异地运输而来，图书馆的空间设计与窗外绿化巧妙相融，并采用雨水采集和循环灌溉系统。[34]

（二）芬兰赫尔辛基中央图书馆"颂歌"

芬兰赫尔辛基中央图书馆"颂歌"（Oodi）于2018年12月5日对外开放，是芬兰图书馆进入新时代的象征。颂歌抱着塑造以市民为核心的新型包容性城市图书馆的设计理念，将图书馆建造成一个多功能的综合体，社区学习、文化、社交的中心，是图书馆、聚会地、居民的客厅，也是文化与媒体集线器，为全体市民提供免费空间，在这里平等地获取知识、享受言论自由、获得自我实现的可能性。[35]

"颂歌"首层的主要功能为举办活动、喝咖啡、举行会议和快速图书服务，包括：影院、多功能厅、咖啡餐厅、幼儿教育区、弹出式摊位和咨询台。二层的主要功能为制作、学习和互动，包括：通用工作室、编辑室、摄影和录像工作室、乐器演奏室、控制室、鼓室、媒体室、小组室、专业录音棚、卡拉OK室、琴房、专业厨房，配备有3D打印机、激光切割机、贴纸打印机、热压机、缝纫机、锁边机、绣花机和徽章机。顶层为休息区，视野宽阔，可以自由走动、交谈，大面积采光、大面积台阶式区域可躺可坐，有咖啡厅、观景阳台、儿童区、7个阅读绿洲和10万册图书。[36]图书馆藏书总量在任何时候都保持在相对适度的10万册左右，大大弱化了传统图书馆的借阅功能，取而代之的是在线服务和图书分类机器人团队，读者只要轻点鼠标就可以访问近340万册/件藏品，令"颂歌"成为一个更大的分布式图书馆系统中的主要服务点，而HelMet在线图书馆编目与订阅系统则支持读者搜索到整个赫尔辛基大区内的所有图书馆的藏书，并且选择到离家最近的分馆取书，也可以在任何分馆还书。静态储藏空间的减少为公共空间的室内延伸提供了物理条件，使"颂歌"能够探索更具包容性的崭新方式把图书馆打造成为真正的市民大客厅，不断吸引用户前来图书馆。[35]

（三）美国北卡罗来纳州立大学亨特图书馆

美国北卡罗来纳州立大学（NCSU）亨特图书馆（The James B. Hunt Jr. Library）建成开放于2013年，它以"创造一个鼓励合作、思考、创新的空间"和"创造一个面向未来的场所"为设计宗旨，从整体规划设计到功能细节都充满了大胆革新的元素，尤其是新技术利用十分突出。

亨特图书馆的主入口配置了一个bookBot智能化图书借阅系统，该系统设有四个机器人，可一直深入到地面以下 20 英尺的图书馆地下室，在那里存储有 18000 个装载了 200 万册图书的箱子，在得到指令的 5 分钟内，就能把所需的图书传送上来。相对于传统的操作方式相当节省成本。在 bookBot 旁，还设有触摸屏，用以显示实时图书浏览和借阅情况。亨特图书馆的新问题共享空间配备了弧形显示墙和电子交互设备，滚动展示相关馆藏资源；以玻璃幕墙隔开的苹果技术展示屋，相当于是一个小工具吧，提供各种新技术工具和设备，如安装有各种 App 应用的电子阅读器或平板电脑等；iPearl 模拟剧院则被一幅巨大的圆弧形显示墙包围，显示屏上播放着由学生们自己拍摄的校园和图书馆的 Instagram 照片；创客空间配有两台 3D 打印机和一台激光切割机；游戏设计实验室则内置大型游戏屏，可供多人同时操作 1—8 个不同游戏，另外设有一间可调节透明度的隔音玻璃房，可供用户在内不受干扰地开展研究活动；用于开展"数字人文"研究的教学和可视化实验室包括配备了 270° 投影墙、专业音频系统和实时摄像视频捕捉的 3D "黑盒子"剧院，和与"黑盒子"对应的，配备移动写作墙、3D 投影、电视会议和影视动画制作设备的"白盒子"艺术创新工作室。此外，在一些音频会议室、弹性教室、媒体制作工作室、视频记录室、音乐创作室、视听转换室和数字媒体编辑室等各种实践空间中都相应地提供了各类具有最新水平的用于创造和编辑数字媒体工具，包括绿色屏幕系统、MIDI 键盘、多元触摸显示屏、视频捕捉摄像机、网络视频会议设备等。

第三节　我国图书馆建筑设计与功能布局实践

伴随着改革开放以来我国经济、科技、文化和教育的大发展，图书馆建筑发展也出现生机勃勃的局面。实践表明，我国图书馆建筑经过 20 世纪 80、90 年代上升期的积累和沉淀，正在 21 世纪以来的提质期中阔步前进。图书馆建筑的指导思想、建设目标、设计理念、社会责任等核心要素也发生了从传统到现代、从普遍到创新、从建筑地标到文化地标、从普惠均等到开放包容、从园林庭院到绿色生态、从功能单一到多元复合的渐进转变。尽管服务的对象、范围、重点有所不同，各类图书馆建筑都走出了一条共同的创新发展、面向未来的开放复合型道路，通过不断提升建筑外形的艺术魅力、深化空间的文化内涵、增强功能的服务效力，努力成为市民向往、读者喜爱的文化空间和精神家园。

一、公共图书馆建筑设计与功能布局实践

（一）建设的目标和定位

1. 建设目标前瞻化

与自身水平相称、符合读者发展需求、适应国际趋势的建设目标，是图书馆建设的核心要素。下面以多个图书馆建设目标为例来说明。

国家图书馆一期建设的基本目标，是为建成能全面履行国家图书馆职能的社会主义现代化国家图书馆打下基础。1985 年该馆建设期间，时任国务院副总理万里在扩大概算的报告上批示："中国应有一个世界第一流的图书馆"，1986 年万里明确要求"五个必须"①，1987 年 10 月，国家图书馆一期落成开放时，无论馆舍面积、馆藏情况、自动化程度，都与国际多个知名国家图书馆比肩，迈入了世界一流水准，基本实现了从近代图书馆向现代图书馆的转变。

北京市对首都图书馆一期建设的目标要求是：面向 21 世纪信息时代，要有超前意识，要建设成为有特色的，为首都政治、文化与经济发展实现公众文化与信息服务的现代化图书馆，使之成为北京市重要的知识型信息枢纽和精神文明建设基地。

天津泰达图书馆新馆的建设目标是"为天津开发区走向世界提供强大的信息支持，成为开发区及其周边地区的知识中心和信息集散地"；南京图书馆新馆的建设目标是"国内先进、国际有影响的现代化图书馆"；上海嘉定图书馆新馆的建设目标是"体现浓厚的地方文化底蕴并具有时代特征"；深圳市图书馆新馆的建设目标是"达到国内一流图书馆的水平，位居世界先进图书馆的行列"；四川省图书馆新馆的建设目标是"西部领先、国内一流、与国际接轨的大型公共文化服务载体"；陕西省图书馆新馆的建设目标是"国际一流、国内领先"。正因为每个图书馆有着不同的建设目标，图书馆建筑才能根据各自优势，体现出发展的多样性。

---

① 钱必须给够，材料必须保证，质量必须第一流，'七一'必须竣工，'十一'必须开馆。

2. 选址原则便利化

作为公益性文化设施，图书馆建筑的选址十分重要，将直接影响到图书馆的使用效率和办馆效益。我国公共图书馆的建筑选址，往往符合市中心、行政中心、文化中心、科教中心、绿地公园中的一种或几种条件，具备人流量高、交通便利、服务辐射性好的特点。

国家图书馆一期的选址是遵照周恩来总理"一劳永逸"的指示根据北京城市建设总体规划确定的，处于西郊文化科学区与市区交界处、科学城的南部，与中科院等多个高等学府相近，便于读者利用；西南两侧靠近紫竹院公园，馆园相依，环境幽雅宜人，是读书、研究的好地方；东面贴近西颐公路和地铁线，交通方便。[37]

长春市图书馆新馆坐落于市区中心地带，交通便利，服务区域人口稠密，有10多所大学和科研所相邻，整个环境幽雅、安静，无污染源，是长春市教育、科研、文化集中的区域。

上海图书馆新馆位于中共上海市委和市委宣传部附近，东侧为多家领事馆，北侧是上海科学技术情报研究所（1995年与上海图书馆合并），周围有上海交通大学、上海音乐学院，整体上闹中取静、文化氛围浓厚、环境优美。

苏州图书馆新馆选址位于古城区中心，交通便利，闹中取静，原是市人大和市政府所在地，人大和政府搬到新区以后，这块商家黄金地块无偿拨给了图书馆，造福于苏州人民。

温州市图书馆新馆位于温州新城区中心，整体面向温州新政府大楼前的城市广场，与新建的市博物馆、科技馆、大剧院等遥相呼应。新馆设计为梭形，如同一艘巨大的飞船与一湾碧水相互辉映。

泰达图书馆新馆位于天津经济技术开发区行政、金融、文化的中心区域，西接开发区投资服务中心，毗邻南开大学泰达学院，是开发区投资环境的重要组成部分。

南京图书馆新馆位于市中心区域，与中国近代史遗址博物馆（总统府）隔街相望，南临城市景观主干道和中央商务区，北接文化一条街，东邻市民绿化广场和重要民国建筑中央饭店，西面是江宁织造府，西南角紧贴地铁线，有16条公交线路，与江苏省美术馆新馆遥相呼应，闹中取静，交通方便，使图书馆大门能最大限度地向社会开放，既体现了城市对文化的推崇，也有效提高了利用率。

嘉定图书馆新馆位于上海嘉定区嘉定新城核心公共文化区，属于"紫气东来"景观轴末端，毗邻住宅区，与区文化馆合馆运营，是新型"一区多馆"公共建筑综合体的体现。

广州图书馆新馆位于市中心文化高地，北面是超高双子塔，西侧是广州市第二少年宫，南面是广东省博物馆新馆，西南侧是广州歌剧院。

陕西省图书馆新馆位于西安高新区软件新城内，南临地铁 11 号线，毗邻城市绿地公园和沣惠渠文化生态走廊，周边聚集了大量软件研发与高科技企业，填补了高新区没有公共图书馆的空白。

3. 工程推进重点化

我国公共图书馆公益事业的本质，决定了图书馆建设工程以政府为主体，作为重点工程的推进方式。原文化部专门为国家图书馆一期工程成立了新馆工程筹建处，按照"五个优先"的原则，确保新工程高标准地按期竣工；长春市委、市政府专门为长春市图书馆新馆成立了长春市人民政府图书馆工程建设指挥部；武汉图书馆新馆由武汉市成立了副市长挂帅的新馆建设工程指挥部，该馆建设投资 1.5 亿元，在当时是武汉投资最大的公共文化设施，也是当时省会城市公共图书馆中规模最大的；南京图书馆新馆由江苏省国有资产经营（控股）有限公司负责投资建设与管理，并专门为该工程注册成立了江苏南京图书馆建设经营管理有限公司，充分利用市场机制，对新馆的建设、管理实行产业化运作；东莞图书馆新馆由东莞市建设局负责编制新馆项目建议书及建筑设计方案的招投标、评标工作，由东莞市城市建设工程管理局负责新馆工程建设管理，其下新馆筹建项目组负责工程施工设计、施工、监理及与甲方（东莞图书馆）等意见的沟通与协调；安徽省图书馆新馆由原安徽省国债服务中心（现安徽省安通发展有限公司）无偿捐赠 7000 万元用于工程土建，工程建设管理方式实行"交钥匙"的办法[38]；陕西省图书馆成立了新馆建设办公室，在馆长直接领导下具体负责新馆工程项目的组织与实施。

4. 功能定位多元化

图书馆建筑的文化属性决定了其功能定位的公益性、服务性、品质性和发展性，不同的图书馆建筑，功能定位既有共性，又有明显异性。比如，东莞图书馆新馆的功能定位是"以数字图书馆为基础、体现知识交互理念、融合传统图书馆功能的现代城市中心图书馆"，深圳图书馆新馆的功能定位是"大众图书馆、数字图书馆、研究图书馆三位一体"[39]，上海图书馆东馆的功能定位是"面向大众的多元化、主题化、体验型现代公共图情服务"，三者各有相同亦有不同，但均体现了在时代环境下、区域范围内，图书馆建筑及其内涵的和而不同。

以陕西省图书馆两次馆舍建设为例。

陕西省图书馆老馆建筑于 1996 年破土动工，2000 年底竣工，占地 2 万平方米，建筑面积 4.7 万平方米，由中国工程院院士、中国建筑西北设计研究院张锦秋总设计师主持设计，定位是国内先进、省内一流的现代化图书馆。老馆外形突出现代与民族结合、历史与时代兼备，结构设计采取同层高、同柱网、同荷载的模数式。建筑内部设有阅览室 20 多个，阅览座席 2000 个，以及展厅、报告厅、多功能厅、多媒体教室。[40]

陕西省图书馆新馆建筑于 2012 年立项，2015 年开工建设，2017 年 4 月全面封顶，预计 2019 年竣工。新馆占地 5.7 万平方米，建筑面积 8 万平方米，包括阅览大楼 4 万平方米，储备书库 1.2 万平方米，一个 1000 座的专业音乐厅和两个 200 座的小报告厅，读者服务中心 8080 平方米，地下历史文献书库 7200 平方米，停车库、设备等辅助用房 12320 平方米。新馆建成后，位于南二环的老馆还将照常开放，并且两馆之间实现互通。老馆主要承担大众群体的阅读需求，新馆则在满足公众阅读的基础上更好地为公众提供会议、讲座、展览、读者活动等服务需求，整体功能定位为研究型图书馆、文献储备中心和陕西古籍存藏保护中心。[41]

（二）建筑设计和功能布局的特点

1. 设计理念特色化

纵观国内图书馆建筑的设计理念，建筑师从不同角度阐释图书馆知识服务与读者需求、文化科技的发展关系，用形象的内涵提炼、具象的建筑形体来呈现设计想法，在迥然相异中不离民族性、地域性、时代性、象征性和新颖性，始终围绕图书馆精神，与人性化、科技化、生态性、包容性保持一致。

（1）彰显民族性

国家图书馆坐落于紫竹院公园旁，1987 年开放的一期建筑群落以古典对称格局，塑造庄重、内敛、简约、宁静之感。当时的设计需要突出与自然的高度协调，体现民族传统建筑特点，构建具有民族风格和中国气派的新建筑文化，方案阶段国内五大建筑强校和五大设计院百余位设计师拿出 29 个方案，最后以书库居中方案为基础，博采众长。汉阙式与脊式大屋顶结合、单檐与重檐结合、高低错落院园结合、淡乳灰色瓷质面砖、粒状大理石线脚、花岗石基座和台阶、汉白玉栏杆、古铜色铝合金门窗和茶色玻璃，在紫竹院绿荫的衬托下尽显朴实大方和书院特色。[42] 2008 年开放的二期建筑则体现了历史、现在与未来的寓意，底部厚重墙体表示历史文化的积淀；中部倾斜玻璃幕墙表示现代社会的发展；上部巨大金属平面桁架表达数字化、网络化的未来，三者交叠形成时空的发展演进，当时被称为北京新十大建筑。

（2）表征地域性

首都图书馆一期在设计中充分注意体现其文化氛围及北京的地方特色和中国传统文化的神韵。主体建筑采用竖向三段式的构图，分别对应中国古建筑的台基、屋身及屋顶。屋顶采用悬山式造型，如同一本打开的书。建筑平面取 90 度扇型，象征中国传统文化，面向道路交汇形成圆形的室外广场，象征圆满与聚合，寓意图书馆包容与吸纳一切知识，生生不息；建筑正立面形似展开的古书长卷，表现浓郁书卷之气。建筑中轴线上形成基本对称的格局，暗合传统文化中庸协和的理念。建筑主入口中央的巨大牌楼造型，是整个建筑的核心和统率，以玻璃幕墙形成中国古代最高学府国子监大殿辟雍的剪影，既体现了中国古代文化建筑，又形成"知识的大门"这样一种特有的标志符号。[43]

嘉定图书馆新馆位于一个崭新规划的城区公共文化核心区域，融合了时代性和地域特征。建筑以嘉定区古典园林的山水"隐、逸、涵"传统人文精神为核心理念，围绕十几个匀质的院子群落，通过水景、树道、绿坡，形成开放的山水意象和丰富的空间感受。群落大部分为二层高，屋顶由传统坡屋顶演变为向内双坡屋顶，高檐面向室外，出檐的密梁形似传统椽子，与二层轻盈现代的玻璃幕墙和一层错叠古典的墙面，形成生动的建筑表情。

河源市图书馆新馆建筑面积约 2.1 万平方米，地上 4 层，高度 33.5 米。建筑以客家五凤楼为原型，结合场地地形，并与周边环境高度融合，设计师采用现代手法重新诠释客家建筑文化，五个功能体顺应倾斜的地势布局，既与传统建筑布局相呼应，又可俯瞰美丽的湖景。客家建筑选址非常讲究，讲求与自然山水的契合,往往坐北朝南,背山面水。河源市图书馆新馆遵照这一原则,选址于河源客家文化公园之中,环境极其优越,背山面湖,视野开阔,环境优美宁静。

(3) 展现时代性

为了集思广益,上海图书馆新馆的建筑方案设计采取征集竞赛方式,共收到 11 个方案。1986 年,由于未选出一等奖,在二等奖上海市民用建筑设计院构思创意(一是创作具有现代化功能的图书馆,布局开放而紧凑,流线清晰便捷,为使用者提供最大的方便,创造良好的室内外空间环境;二是创作体现时代精神与上海文化特色的标志性图书馆,以丰富文化内涵的形象与总体环境立足于上海城市)的基础上,保留城市广场空间、特藏部分独立布局、目录厅为中心放射式布置阅览等主要特点,吸取其他方案的一些优点,形成了初步设计。该馆强调文化建筑自己的性格特征和细部表达。建筑立面为增加层次,以大面积的米白色为基调,配以小面积的浅灰、中灰与少量的深灰甚至黑色,形成素雅的色彩系列,在蓝色的天空和绿色的树、草坪的衬托下,建筑显得宁静高雅。造型是内部功能的反映,窄窗、宽窗、玻璃幕墙成了书库、开架阅览室、公共大厅的诠释;多维的阶梯隐喻了沉积着人类知识的台阶,期待着人们不断"攀登"。海派特色(如特有的塔楼、石基座、铸铁窗饰等)使建筑牢牢扎根于上海大地。立面的高峰异型墙面砖不同于平面砖,每块异型砖与墙面约呈 40 度、140 度夹角,阳光照射下产生微妙而丰富的亮、灰、暗的色彩变化,形成自然贴切的立体艺术效果。西侧北外墙上,以古文字"日、月、山、川"演化而成的大幅墙面壁饰,象征宇宙的无穷、知识的无尽。同色平面砖与异型砖拼贴的线条或图案随着太阳水平角变化而发生改变,立面层次隐隐约约、时深时浅,十分雅致地突出了建筑的文化气质与内涵,营造了宁静素雅的氛围。[44]

南京图书馆新馆由南京市建筑设计院设计,以科学先进性、城市场所性、文化艺术性为理念,突出造型的独特、简洁、美观和流畅。建筑师受南京明城残垣的启发,将"现代钢结构"与"城墙遗韵"融为一体,既体现古城深厚的文化积淀,又有强烈的现代感,主立面气势宏大,中间顶部形如眼球的镂空造形,诠释为人用眼睛去阅读,当知识积累深厚,就会"智慧洞开",这种象征性表达强化了城市的人文氛围。

浦东图书馆新馆于 2010 年正式投入使用,建筑面积为 6.1 万平方米。为了融入文化公园的环境，浦东图书馆新馆整个基地起坡，形成 3 米高的草坡台地作为基座，绵延的草坡与文化公园的绿色融为一体，形成图书馆与文化公园在视觉空间上的连贯性。建筑立面简洁，统一于竖向条形石材百叶，类似条形码的构架与内层平滑通透的玻璃幕墙形成强烈的质感对比。百叶按 0.8 米和 1.6 米的模数组合排列，既有效遮阳，又恰似书架上摆放的书籍。

（4）传达象征性

黑龙江省图书馆新馆 2005 年全面试开放，建筑面积 3.3 万平方米，受"书山有路勤为径，学海无涯苦作舟"启发，建筑的船形外观寓意新时代的"文化方舟"。

武汉图书馆新馆建筑外观如同一部半打开的书卷，主楼对裙楼呈环抱之状，3 组弧形建筑呈退台式环绕直径 30 米的多功能圆形中庭，外墙面以饰面砖、蘑菇石、火烧花岗岩装饰成淡雅格调，整体造型古朴、典雅、简洁、庄重，营造出浓厚的文化氛围。

泰达图书馆由美国加州城建设计集团设计，采用开放、综合、多功能的建筑理念。图书馆主体是一幢五层椭圆形透明玻璃体建筑，下大上小，整体外形采用动态效果，充满现代气息，被寓意为"知识的水晶宫"。

湖北省图书馆新馆于 2012 年开放，建筑立意为"楚天鹤舞、智海翔云"，主体形似展开的巨著，图书馆象征意义明确，东西两翼对称舒展如白鹤展翅轻舞，立面云纹与沙湖波澜相映成趣，整体风格宏伟、美观、大方。

广州图书馆新馆于 2013 年开放，建筑设计以"之"字为基础造型、"美丽书籍"为理念，利用层叠的外立面肌理象征书籍的重重叠叠和文化的历史沉积，用地方骑楼元素突显文化的地域性。建筑分割线的位置、角度、深度等可以满足大开间平面的各个方向所必需的自然采光和通风。

辽宁省图书馆新馆是沈阳四大文化场馆项目之一，附近还建有档案馆、科技馆、博物馆。该馆于 2011 年开始动工，2015 年试开放，2017 年全面开馆，建设用地面积 8.3 万平方米，建筑面积 10.3 万平方米，是老馆面积的 3 倍以上。建筑高度 22 米，绿化率 31.2%，平面呈 E 型。

辽宁省图书馆新馆设计思想是从 4 个文化场馆的总体规划设计理念出发，将 4 栋不同功能单体建筑通过一个空中俯视自然田野的肌理巧妙地组合在一个空间平面上，4 栋体量大小不一的建筑从花园中生长出来，仿佛一个个排列组合充满变化的花园景观小品展示在公众面前。建筑的造型和空间组织采用"图书架"的展示形式，把建筑本身作为一个展示平台，所有的设计主题都依托此寓意来组织未来的图书馆功能布局，立面采用大量玻璃幕墙，墙面虚实搭配，最终形成立体、多层次的外观效果，形似一个巨大的图书展示平台。

太原市图书馆于 2014 年在旧馆基础上进行全面改扩建，改扩建后的新馆于 2017 年 10 月对外开放。新馆位于太原市中心城区风景如画的汾河西岸，占地 55 亩，是全国少有的拥有宽阔园林景观的公共图书馆，地上六层，局部地下两层，建筑面积 5.6 万平方米。

太原市图书馆新馆采用扩展、变形的设计手法和共享、绿色的设计理念，使包裹在新馆内的旧馆舍与新建筑融为一体，建筑外形风格独特、简洁优雅，犹如书架上互相靠拢的书本，又似沟壑起伏的黄土高坡地貌，寓意四库全书的厚重和历史文化的沉积，突出图书排列、层叠的建筑肌理。东西两侧外幕墙斜向排列，形成漫射光，不仅解决了阳光直射对读者阅读的影响，减少了能耗，而且为内部空间增加了光影效果和文化美感，倾斜柱子的独特设计使馆内空间律动活跃。新中庭上部向内收拢的形态使建筑内部空间形式回归原始形态，读者犹如置身静谧的树林间、草庐下读书。

四川省图书馆新馆外观设计以四川地区富于特色的汉代石阙为形体塑造的原型，取样于石阙、木作斗拱等传统建筑语汇，展现出川蜀文明的源远流长，通过严谨对称、端庄雅致的体量，体现恢宏大气的"天府之国"形象。建筑主体部分以书阙的抽象形态象征"文化之门"，通过巨大的玻璃幕墙的透明界面与城市空间的互相渗透沟通，体现图书馆的公共性，建筑外观以石材、玻璃和金属三种材料的搭配体现历史厚重感、现代科技感和文化优雅感的有机结合。

山西省图书馆新馆位于太原市长风商务文化区内，新城市中轴线的汾河南段，于 2013 年正式开放。作为未来长风商务文化区五大文化建筑之一，图书馆南侧是山西大剧院，北侧为音乐厅。该馆占地面积为 0.98 万平方米，建筑面积约 5.5 万平方米。其中，3.5 万平方米为地上建筑，两万平方米为地下建筑。超过三分之一的建筑面积为地下空间。该馆设计理念为"人文、生态、效率"和"快意书山"：建筑形体恰似书山蜿蜒，体现溪径引之的双重寓意，强调将建筑有机地融入自然环境之中。

（5）突出新颖性

深圳图书馆新馆占地 3 万平方米，建筑面积 5 万平方米，造型独特，构思精巧，极富现代感。该馆从 1998 年开始立项，方案设计面向国际招标，对南北相对的图书馆和音乐厅进行整体设计。

该馆设计师力求在整体上找到统一。首先两个建筑的正立面均采用大规模玻璃幕墙来统一表现，其次在中央设置连接两设施的大型架空公共广场，此外地下车库也作为一体开发，从而体现建筑的整体性。建筑的色彩沿用我国阴阳五行的黄、青、红、白、黑五种颜色，色彩大胆鲜明，极富生命力。两个建筑背向的东西立面，风格截然不同，西立面为整然刚硬的黑色垂直大墙面，对应了益田路的高速车流，面向东侧绿地的立面，则为委婉变化的水幕和气度不凡的三维玻璃曲面，对应了由广场而来的人流的视线和动态。流水垂幕和玻璃幕墙间，标高 6 米处设有公共文化广场，给市民提供了室外活动场所。它是连接音乐厅和图书馆的开阔共享空间，广场两端设置的金树和银树分别为音乐厅和图书馆的人口大厅。金树和银树通称为黄金树，是高达 40 米的钢结构体，它不仅是两个设施的入口大厅，同时在城市范围上还是进入福田中心区文化城的"城门"象征。连接两建筑的公共文化广场和地下车库，白天主要为图书馆来访者利用，夜晚则主要为音乐厅观众利用，这样通过对时间的分享，使广场和车库的整体化成为可能。[45]

天津图书馆新馆于 2012 年开放，矗立于海河西岸，与天津美术馆、博物馆、科技馆、大剧院共同组成天津市文化中心区，该馆建筑面积约为 5.6 万平方米，最大的特征是采用"以梁为壁"的墙壁构造体系，以共享空间为中心，四周由阶梯状平台和呈现网格状分布的墙、梁围合。设计师追求建筑与环境整体性的有机结合、注重建筑使用方式和人的生活、行为方式的协调，强调人、建筑与环境的和谐统一。

天津图书馆新馆建筑的"以梁为壁"极大地削减了地板的支撑作用，它的优点是："通过控制墙面交叉的形式、规格，使得其中空间分合自由，既可以布置出较封闭的小房间，也可以形成开放的大空间。"图书馆内部没有立柱，节省了室内空间，各个部分完全依靠高达的梁来支撑，梁不仅可以作为墙分割空间，也可以作为书架使用，大大拉近了书籍与读者之间的距离。水平方向上，无柱的场所所展现出空间的灵活性，创造出不同风格不同大小的空间组合，满足不同活动需求。

2. 功能布局多元化

改革开放以来，以国家图书馆一期在建筑功能需求和布局理念的探索尝试为引领，我国公共图书馆逐步走出了"重藏轻用"的封闭体系，越来越多地使用开架阅览、结构"三统一"等开放灵活布局。经济、文化、科技的日新月异，正在转变我国公共图书馆的发展理念、重塑新的空间格局、提供更为灵活开放的服务形态，"图书馆不只是一个藏书的地方，更是一个社会的文化中心，有会议室、展览厅、剧场等"。根据国际图书馆界对未来实体图书馆应该是"激励空间、学习空间、交际空间、创造空间"的共识，我国公共图书馆进行了大量的尝试，终身学习的"城市教室"——培训室、会议室、研讨室、演播室、欣赏室、朗读亭、阅读推广区、舞蹈房，藏借阅一体的"开架阅览室"——阅读广场、报刊阅览室、儿童中心等，阅展讲结合的"主题馆"——艺术馆、健康馆、古籍馆、地方馆等，双创融合的"创新空间"——文创室、科创室、新技术体验区等，交流共享的"活动空间"——报告厅、展厅、多功能厅等，文化休闲的"城市会客厅"——建筑景观、装置艺术、文创书店、咖吧茶室、中西餐厅等，持续的探索创新不仅使得我国图书馆内部功能丰富多元，增强了对读者的吸引力，也更加在过程中筑牢了图书馆的文化基础作用。

国家图书馆一期建筑设计是 20 世纪 70 年代的产物，在当时是国内规模最大、功能最齐全的，包括可藏书 2000 万册的基本书库、37 个分科阅览室、3000 个阅览座位、数十个容纳 6—16 人的小间研究室、500 米展线的展厅以及可同时翻译四种语言的 1200 座国际会议报告厅。[46] 建筑以基本书库为中心，采用高书库低阅览的布局，低层阅览室环绕着高塔型书库，读者、馆员、书刊三大流线便捷通顺，读者区集中在主楼一层及以上，有目录厅、出纳台、多种类型的阅览室、研究室和工作间，大部分阅览室实行开架借阅，环绕中央书库的走廊将各读者活动区联系起来，主馆区、行政区互不干扰，展览厅、报告厅单独设置独立开放。为满足室内空间使用上的灵活性和可变性，能同时适应阅览、藏书和业务办公的要求，建筑采用统一柱网尺寸，有 6 米×6 米、6 米×9米、6 米×12 米等几种（报库采用 6 米×7.2 米），以扩大空间的互换性。[47]

上海图书馆新馆由主楼和辅楼两部分组成。主楼为业务用楼，包括 11 层58.8 米塔型高楼和 24 层 106.9 米塔型高楼以及 5 层裙房，设计藏书量 1300 万册，有各类阅览室和专室 32 个、阅览座位 3000 余个、个人研究室 20 间，以及可供国际文化展示、学术交流、文化娱乐、艺术鉴赏、影视观摩的展厅两个（1100 平方米和 650 平方米）、764 座报告厅、300 座多功能厅、100 座学术活动室 4 个以及 1 个音乐欣赏厅等。为了适应时代的发展变化，考虑平面与空间的灵活性，结构设计采用同柱网（7.5 米×7.5 米）、同层高（裙房 4.5 米）和同荷载（5 千帕/平方米），阅览部分除防火墙外，均采用轻质隔断，适应开架阅览、藏阅合一的未来灵活变化。该馆划分为四个分区，中央为主入口区；阅览区作为静区，一分为二分列主入口东、西两区，古籍和近代馆藏自成体系在东区，其阅览、研究用房在东、南两个方向的绿化环境中，条件优越，中外文阅览在西区，现代文献的导向明确；西门厅连接视听、展览、会议等部分，作为动区，与阅览静区互不干扰。由于当时阅览、书库和采编三大功能部分的关系均十分密切，建筑采用竖向功能布局：底层采编部分便于新书进入编目；公共阅览部分在一至四层（开架或闭架阅览室），读者由大台阶直上一层门厅，再到达各层各个阅览室，残疾人士由底层专用门厅直接乘电梯到达各层；书库部分在 5 层至 23 层；三大部分之间的书籍流通由各种竖向运书设备解决。

　　首都图书馆一期为适应现代图书馆的职能变化，突破传统的藏、阅、管三大布局，空间分布原则是：以人为本，服务于读者，服务于业务工作流程，动静分区，书、读者、馆员三线分流。书库处于建筑核心位置，阅览室沿圆弧布置，将建筑分成动静分离四个区域：左为 A 区（静区）、中间为 B 区（动静结合区）、右为 C 区（动区）以及 D 区（辅助区）。A 区为文献加工储存区，在主层面设有总出纳台，各业务部门与文献分层对应，缩短了"书、员工、读者"三条流线的长度，提高了效率。B 区为读者区域，主要分布垂直交通，各层设有环廊步道，方便读者通行。C 区为功能扩展区，设多功能厅、报告厅、办公区、培训中心、辅导中心、贵宾室、中心机房、餐厅等，作为服务升级区域，增强使用的独立性。四大区域互不干扰又互相配合，动静有别，形成立体交叉的功能网络。阅览室为标准的大开间三统一布局，大量采用开架方式，努力打破书库与阅览室之间的界限。必要的隔断处采用轻钢龙骨与隔音硅钙板。家具设置以不影响读者视线为标准，采用非固定式分区排列。出纳台设于出入口处，便于集中管理，使得使用面积更大、内部阅览功能更方便调整。[48]

　　泰达图书馆新馆在建筑中部设置通高中庭，左右结构单元由天桥连接。为满足藏、查、阅、借一体化的开架管理要求，结构上采用模数式设计，强调一室多能、以阅为主、藏阅结合、全开放大开间、多功能少隔断。首层为报刊阅览、儿童阅览。二至四层为专业文献阅览，南侧为公共区域，北侧一部分为办公区域。五层为会展区域。地下一层为停车库和餐厅。

南京图书馆新馆建筑采用 7.5 米统一柱网、统一荷载、统一层高的结构设计，强调灵活性和开放性，采用借、阅、藏一体化的开架阅览形式，竖向格局为"下阅上藏"。地下一层为车库和少量书库、设备用房，首层以多功能厅、学术报告厅、展厅、六朝遗迹展示区为核心，西侧设置培训、视听、采编、餐厅、非机动车库，一层为儿童阅览、书店、无障碍阅览、报纸阅读，二层为外借区，三层为普通阅览区，四层为专题阅览区，二至四层开架阅览、库阅合一，五层为数字化区、古籍研究区和善本库，六、七层为藏书区，八层为办公区。整体布局体现以人为本、以用为主的理念，读者阅览区 2.3 万平方米，公共活动区 1.2 万平方米，书库 2.5 万平方米，均显著超越老馆，读者服务面积占比大幅提高。

温州市图书馆新馆功能布局强调满足读者与馆员的多样化需求和空间的高效利用。一至七楼按照不同的使用功能划为书刊借阅区、信息开发咨询区、数字化服务区、古籍区等，同一楼层无固定隔断墙，形如开放性的超级市场，为馆员接近读者、组织和展示馆藏以及读者便捷利用馆藏提供了可能。[49]

浦东图书馆新馆地上六层分为两层一段，自下而上、由动而静分为 3 个主要功能区域。一、二层以学术交流为主，六百多人的多功能报告厅和展厅位于一层，少儿阅览和教学培训区位于二层；三、四层为普通文献阅览区；五层为专题阅览，六层西、北两侧为多媒体欣赏室和电子资源阅览室，南侧为办公区。由于大量开架阅览，馆内仅在地下一层的夹层设置了一处密集书库。

东莞图书馆新馆建设提出了满足读者"休闲、交互、求知"需求的功能理念，其布局特点为：（1）集藏、借、阅、查于一体。（2）东西分区。东部为图书馆服务功能区，西部为读者服务辅助功能区；（3）文献和服务按楼层相对集中。（4）金字塔式人流量分布。即将人流量较多的功能区放在较低楼层，人流量较少的放在较高楼层；一至五层分别为大众活动区、电子服务区、书刊借阅区、研究参考区和业务办公区。（5）特色主题图书馆。将文献按主题集中摆放，设立了漫画图书馆、衣食住行图书馆、粤剧图书馆、IT 图书馆、玩具图书馆、台湾书屋、东莞书屋等主题馆，在集中主题文献资料开展特色服务的同时，也将到馆读者进行一定程度的分流。[50]此外，各楼层均配备自动存包柜和饮水机，还有咖啡厅、餐厅等服务设施。

深圳图书馆新馆功能布局以读者为中心，分为八个层面，除第七和第八层为藏书及设备库房外，主体为六个大平面，采用大开间、全开架、藏借阅咨合一的服务模式。一层为报纸期刊区，二至三层为图书借阅区，四层为电子资源区，五层为参考服务区，六层为特藏资源区。一至三层配置普通文献，服务大众读者，五至六层配置参考文献，服务研究性读者，四层电子资源服务兼顾上下楼层，从而做到同类文献相对集中，不同类型读者分区明确。书库、办公和配套空间聚集在阅览服务区周围，为馆员和业务提供便利。[51]

湖北省图书馆新馆占地 6.7 万平方米，建筑面积 10.3 万平方米，绿地率 45%，地上八层，地下两层，高度 41 米，分中央、东、西三个中庭，其中，中央庭庭高 35.1 米，以中轴对称格局和谐映衬。结构设计采取"双模一大"形式，即按模块分区、区内模数统一、整体大开间布局。除门厅和报告厅，柱网统一为 8.1 米×8.1 米间距；各楼层根据功能确定不同的层高，二层为中央大厅服务区，并兼顾报告厅、展厅功能，层高为 7.5 米，三至六层为普通借阅区，层高 4.8 米，七至八层为培训辅导和办公区，设计层高为 4.2 米；荷载根据区域实际需求设置，密集书库为 1200 千克/平方米，普通书库和阅览区为 700 千克/平方米，办公区域为 200 千克/平方米。这样的结构设计，既具功能灵活性，又提高了空间利用率、降低了建造和运营成本。[52]

广州图书馆新馆于 2004 年立项，2006 年奠基，2012 年试开放，2013 年全面开放。占地面积 2.1 万平方米，建筑面积 10 万平方米，地下二层，地上北楼十层、南楼八层，阅览座位 4000 个，无线网络全覆盖。功能布局划分为普通文献服务、主题服务、对象服务、交流服务四大区域，其中主题服务区域包括广州人文馆、家谱查询中心、广州大典研究中心暨广州非物质文化遗产展区、多元文化馆暨语言学习馆、创意设计馆以及多媒体鉴赏区等，该区域有相对独立的小型交流区，可以举办小型展览、沙龙、论坛等主题活动；对象服务区域包括视障人士服务区、亲子绘本阅读馆、悦读馆（分级阅读馆）、信息技能学习区、电子阅览室、阅读体验区等；交流服务区域是地下一层的报告厅、展厅、交流培训室和中国（广州）国际纪录片节研究展示中心等。[53]

3. 室内和人性化设计

（1）体现文化内涵

信息化高速发展，社会越来越关注以人为本、人性化发展。利用科技赋能文化和空间，已经是图书馆建筑创新发展的重要手段之一。突破传统图书馆藏、借、阅、管、咨功能分离的空间和技术的方法越来越多，应用也越来越成熟，提供给设计师在美观、开放、灵活、舒适、复合空间创作过程中更多的创意和选择，从而将对建筑内外空间的需求、体验和感悟更好地呈现给市民读者。

南京图书馆新馆在桩基施工中发现了六朝时期梁代建康城内皇城遗迹，设计师专门设计了六朝遗址展示区"湮没的皇宫"，300 平方米遗址上方铺设钢化玻璃地坪，将砖路、古井、古墙等文物保持原样，将宫城一角直观、形象地展示给读者。这一尊重历史文化、保护文物的做法，使得该馆成为世界上罕有的"馆中藏遗"的内涵图书馆。该馆一楼大厅设置的大型雕塑，采用彩色玻璃与白色大理石进行艺术组合，镌刻着《论语》的"学而第一"篇，凸显中华传统文化的丰富内涵和教育意义。

浦东图书馆新馆将三至六层的阅览区分为两个不同的主题空间，普通文献阅览区域设在三、四层，空间上下贯通，形成独一无二的"书山"，大阶梯和坡道联系着上下，寓意"书山有路勤为径"；五、六层的贯通区域，自由的曲线墙体外挂铜质幕墙，包裹着整个六层，悬吊在五层专题阅览区的上方，夜晚，在灯光的映照下，从室外看犹如在"书山"上空浮动的云，给读者带来别样的空间体验。

太原市图书馆新馆内部装饰和空间布局以中国建筑设计研究院崔愷院士提出的"书宅大院，中式风格"为总基调，秉承中国书院和三晋院落风格品质，将城市空间、汾河景观引入阅读空间。新中庭展现了中国文人的极简美学，在篱笆、草庐下寂静读书的素心追求，老中庭用中式家具布置为中式庭院，读者从任何一个楼层望下去，都能感受到中国传统文化的韵味。阅览区、阅览桌椅、标识导示印上如中国印一般的太图 logo，彰显中国元素、山西文化、太原文脉。注重空间的冷暖、疏密、动静区分，用端庄雅致的阅览书架、桌椅和精致温馨的灯具营造出大空间和谐、小空间温馨的空间氛围。

（2）注重以人为本

建筑是可以阅读的，不仅在外观，也在内部。图书馆的室内设计越来越重视艺术性、文化性、舒适性的体现。不同的图书馆，因为地方文化和出发点的差异性，在室内设计中既丰富又多样，或展示历史文化的变迁图景，或蕴含文化的教育意义，或铺陈地方的文化特色和底蕴，或突出文化的赏玩性，或体现创新、科技与未来。无论壁饰图形或艺术装置，读者徜徉其间，阅读有闲、乐趣自生。

国家图书馆一期室内设计着重于改善读者的阅览和馆员的工作条件，创造舒适安静的阅览环境。高达9.6米的东门文津厅，由洁白的汉白玉八角柱、浅色矿棉吸音板吊顶和光洁的贵妃红磨光花岗岩地面，安静而典雅。善本阅览室内的巨型紫砂陶板壁雕《灿烂的中国古代文明》，由龙凤图案和中国传统历史人物、器物及事件的图案组合而成，展现我国历史的悠久丰富。正对出纳厅的上部墙面，大型陶瓷壁画《现代与未来》通体用彩色瓷砖嵌底、人造花岗石浮雕，表现人类对未来的向往和追求。

上海图书馆新馆室内设计的立意是：当代的、上海的文化建筑，图书馆建筑。该立意力求格调高雅和简洁明朗，在统一的基调中反映功能和文化的多样性，创作主题是中国与世界文明史，既体现图书馆是人类知识的积淀、宝藏，也生动地反映上海的江南文化渊源以及历来对中外文化兼容并蓄的特点，同时必须创新，反映时代性。大厅墙面浅米黄大理石板中嵌以白大理石条，石条上设计了文字点题性装饰，在东墙镌刻东方文字及我国少数民族文字12种，西墙镌刻西方文字11种和英语，所有文字均为"知识就是力量"。中庭南侧有两幅巨大的艺术浮雕装饰，其主题为"上下五千年，世界文明史"，古朴多元中诠释着五千年来人类文明的进程。[54]

首都图书馆一期的设计处处体现以读者为中心的人本思想。5层高的中庭，悬挂的吊灯，似一本本打开的书，又似一群飞翔的鸟，赋予空间以生机活力。二期于2012年对外开放，建筑面积与一期合计达到9.4万平方米。俯瞰之下，二期与一期的围合布局形成一枚汉字"图"的印章，两栋建筑以连廊相接，交相辉映，寓义着历史的传承与服务的延伸。二期采取借阅合一、开放式、自助式的服务方式，全馆实现无线网络全覆盖，为读者提供100多万册（件）开架文献的免费借阅，可借阅文献数量在国内居首位。新打造的"数字文化社区"样板间，内设高清交互电视体验区、数字资源区、老年学习区、少儿体验区和集中讨论区等5个区，体现了传统阅读与数字阅读的无缝衔接、阅读学习与文化休闲的有机结合。

太原市图书馆新馆在阅读和服务空间处处体现对读者的人文关怀，空间全开放，时间个性化延展，服务模式创新。全开放、无边界的公共空间，可让读者随处舒心地阅读、学习；山西大院式围合的中国方志（2 个）、地方人文、晋版文献、特色文献、港台文献、建筑文献、诗词文献 8 个专题馆，为研究型读者和学者提供更加专业且宁静的服务空间；国学课堂、亲子故事区和手工区、创客交流展示空间、数字体验区、数字影音鉴赏空间、多空间实时共享公开课堂、马克思书房、太原书院等多个特色创新服务空间，展厅及各休闲阅览区设专题文化展览、展示，以读者视角全方位拓展功能和服务；开设 24 小时自助图书馆、文化休闲阅读区、延时服务咖啡书吧和茶书吧，夜间在书房式的读者餐厅兼自修室开辟通宵自习加简餐的服务，为学子们点亮夜晚的城市书房；在阅览桌和沙发旁为读者放置一盏温馨的阅读灯，吊兰、文竹等绿色植物点缀在不远处的书架和空间里，整体空间实现了"处处可见经典书房，处处可闻素兰馨香"。

　　4. 数字和智能设计

　　随着我国"互联网＋"战略全面实施，物联网、大数据、云计算、人工智能等现代信息技术迅猛发展，数字经济、共享经济等形成的新动能蓬勃发展，重塑经济增长格局，深刻改变生产生活方式，成为中国创新发展的新标志。"十三五"规划纲要把智慧城市建设纳入国家规划，大部分地级以上城市都制定了有关方案，智慧图书馆建设步入快车道。

　　东莞图书馆新馆地上 5 层的大面积玻璃幕墙采用了水平电动遮阳系统调节日照。5568 块百叶遮阳板，可根据光感和热感自动调整角度把太阳辐射热量挡在建筑以外，到了冬天，通过紧随阳光射角，最大限度引入太阳热能，可以增高室温。

　　湖北省图书馆新馆幕墙采用推杆式电动窗控制系统，可以轻松统一控制大量窗户的启闭，提高了馆员的工作效率和便利性。夜间的泛光系统通过智能化远程控制，可以分布控制泛光效果，根据系统反馈及时进行调节维护。[55]

　　随着移动互联、大数据分析、人工智能对空间和设备的赋能愈加广泛，越来越多的图书馆建筑开始实现新馆建筑弱电系统全覆盖，用无线化、移动化、智能化、信息化、数字化手段革新服务设施、重塑服务基础。太原市图书馆新馆建成太原地区总分馆二级平台，建设图书馆自动化集成系统，实现中心机房智能化，以及信用办证、无感借阅、不下车还书、大数据分析与展示、智能交互、一卡通自助复印、电子资源单点登录和跨库检索等全方位、多样化文献资源信息化服务，利用微信进行自习室座位管理，会议、交流、讨论空间通过数字红外无线、多媒体无纸化、多媒体显示、同声传译、全数字会议系统实现远程多点直播、实况转播、录制以及信息资源的交流、共享、互动功能。

智能化预约座位、一键化研讨室、在线借阅、自动分拣、实时调研、机器人馆员、室内导航、自动讲解、感应灯光、虚拟体验、大数据推荐等种种前沿新兴技术、颠覆性技术正在快速提升图书馆的建筑硬核、改变图书馆的空间形象、刷新图书馆的知识技能，不再受限于投资和性能瓶颈的应用场景越来越丰富。面向未来，数字和智能化设计对图书馆建筑的要求可能不再是能不能做到，而是有没有想到新的应用需求和场景，在某些"技术丰富"的环节，考验的是图书馆创新策划的水平。

5. 绿色和生态设计

图书馆新馆建筑需要考虑与城市天际线、周边环境、自然和光环境、交通环境的和谐，通过绿色和生态设计，承担应有社会责任，树立社会形象，同时降低建筑运营成本。一些先进的节能措施已在我国图书馆中得到合理应用。模数式与模块式组合提高空间利用率；利用天窗和侧窗尽可能地引入自然光线；利用室内绿化调节净化空气；玻璃幕墙改善热工性能提升节能和舒适性；建筑实墙使用保温层加强隔热；设置雨水回用装置改善水资源循环；环境照明使用感应节能灯等，一系列绿色生态设计正越来越多地应用在图书馆建筑中。

国家图书馆一期坐落于北京紫竹院公园北侧，强调馆中有园（庭院）、园中有馆（相对紫竹院公园而言）。馆区东南角保留了两棵400多年的银杏古树，作为读者休息和环境调节不可缺少的部分，在2万平方米绿地基础上，室外绿化做到了四季常青、三季有花。

海南省图书馆位于海口市文化公园西部，以热带特色为立馆之本，环境幽雅，园林回廊式优美环境及其所在的文化公园是人们休闲的好去处，有时还能观看到图书馆免费放映的露天电影。

浙江图书馆新馆位于杭州市黄龙洞风景区旁，环境优美，交通便利，占地3万平方米，建筑面积3万平方米，1998年试开放。设计上采用低层的庭院布置手法，注意建筑主体轮廓与背景山体及黄龙洞景点的协调关系，具有园林建筑造型丰富、构思清新、庄重典雅、传统内涵丰富的特点。新馆建筑平面布局呈品字型，建筑高度18米，绿化率大于50%，楼层多为2、3层，局部达4

层，自北向南顺山势逐级增高。该馆结构三统一的模数化设计，布局采取"编、藏、借、阅"有分有合，"三流"（读者流、书流、工作人员流）顺畅、动静分区适度。[56]

苏州图书馆新馆建设的理念是"建筑风格园林化，内部功能现代化"[57]。该馆有着得天独厚的自然和人文环境，建筑中包含了市级文物保护建筑——典型的苏州园林"天香小筑"，所有建筑以此为核心，造型简洁、庄重，楼宇错落有致，营造了一种苏州园林式的图书馆建筑风格，馆中有园，园中有馆，不仅体现了地方文化特性，同时也营造了独具特色的读书休闲、修身养性的良好氛围。

嘉定图书馆新馆景观设计强调层次分明、简约洗练，在对中国传统园林要素进行提炼、简化后，形成了"前庭后院""公共大院落"等多重景观空间，使之园林层叠、出入有致、空间交错、素雅朴实，别具中国风。典雅清新又不失亲和的体验，体现了人与自然的和谐对话。

浦东图书馆新馆建筑对节能环保提出了很高的要求：在建筑的全寿命周期中，最大限度地节约资源——节地、节能、节材、节水，保护环境和减少污染。具体措施上，建筑采用整体集中的布局形式最大限度节约了占地，使得大部分基地可以还原为绿色植被；简洁严谨的六面体造型可以减小体型系数，实现围护结构良好节能效果；墙、板、柱尽可能使用清水混凝土，表现建筑朴素天然的品位，节约了大量装饰材料；东、西立面外循环双层呼吸式幕墙及竖向石材百叶遮阳系统发挥了较好的节能防眩光效果。

深圳宝安区图书馆在屋面、地下室外墙均采用挤塑板斑纹措施，通过屋顶绿化、幕墙 Low-E 中空玻璃、外遮阳铝合金穿孔铝板，可以最大限度减少室内的太阳辐射。该馆按照绿色建筑标准建设，打造绿色建筑示范工程，获得国家绿色建筑设计评价标识二星级。

湖北省图书馆采用地源热泵、冰蓄冷系统与低温送风系统相结合的中央空调系统；外墙围护结构体系采用干挂保温墙面，幕墙采用铝合金 Low-E 中空玻璃以及外遮阳百叶系统有效遮挡太阳辐射，增加室内漫射光；中庭可开启天窗，通过拔风增加自然通风，利用空中花园等垂直绿化系统，构建立体的绿化生态系统；采用太阳能热水系统，为生活用水供应加热；采用太阳能光伏发电技术，实现室外区域夜间照明；采用的雨水收集利用系统可以为绿地灌溉、景观补水、道路浇洒和车辆清洗等提供水源；公众区域的智能照明控制系统可以有效借阅电能。

二、高校图书馆建筑设计与功能布局实践

（一）建设的目标和定位

作为文献信息资源、科技研发资源、创新智库资源等储存、组织、加工、传递、交流的平台和枢纽的高校图书馆，对高等学校的教学和科研服务工作至关重要，是衡量一所高等院校基础研发实力、创新资源实力的标尺。2015 年教育部修订的《普通高等学校图书馆规程》指出，高等学校图书馆的主要职能是教育职能和信息服务职能，应充分发挥在学校人才培养、科学研究、社会服务和文化传承创新中的作用，其四大任务包括：建设全校的文献信息资源体系，为教学、科研和学科建设提供文献信息保障；建立健全全校的文献信息服务体系，方便全校师生获取各类信息；不断拓展和深化服务，积极参与学校人才培养、信息化建设和校园文化建设；积极参与各种资源共建共享，发挥信息资源优势和专业服务优势，为社会服务。

高校图书馆往往位于校区的核心位置（中心区域、中轴对称线上、教学生活衔接区等），其建设和发展需要与学校的建设和发展相适应，其建筑本身毫无例外地成为校区地标性建筑，其建设水平是学校总体水平的关键标志之一。随着"211 工程""985 计划""双一流"等高校支持项目的启动，高校图书馆来源于财政教育投入的经费不断增长。同时，一些高校图书馆成功获得了国内外企业家、基金会的捐助，一些高校图书馆通过图书馆和阅览室的冠名权等取得资助。多渠道的经费投入为高校图书馆建造新馆、丰富馆藏、更新设备设施，进行高起点的发展创造了条件。根据《中国图书馆年鉴》的历年统计数据，我国高校图书馆馆舍规模持续显著增加，新建、改建、扩建建筑比比皆是。

（二）建筑设计和功能布局的特点

1. 设计理念特色化

（1）彰显民族性

南开大学津南校区图书馆建筑面积 4.6 万平方米，地上共 9 层。作为校区

主楼，在形制上延续老主楼"长""塔""窗""高""围合式布局"等元素，风格传统、庄重、大气又充满现代气息。建筑以首层书库和大台阶为基座，二至五层阅览空间为主体，建筑长向展开 180 米，获得舒展的形体。

渤海大学图书馆现有馆舍总面积 4.8 万平方米，由松山校区和滨海校区两个分馆组成。松山校区图书馆位于校区中心，于 2004 年投入使用，是校区最高建筑物，建筑面积 3.6 万平方米，采用欧式风格和红色为主基调，在平面布置上形成半围合式院落，反映"外围内放"的文化意象，具有中国书画院的建筑特点。从外部看，图书馆建筑雄伟壮观，进入图书馆后，又是全方位开放的大空间。该馆外墙是浅浅的砖红色，从色彩上明显地与校园内其他建筑物区别开来，而且砖红色除了耐旧耐脏的优点外，还会让人产生一种秋天大地上红高粱的感觉，预示着丰收的喜悦；图书馆内的墙面、天花板及各种家具色彩也分别是不同深浅的黄、咖啡、白和黑。这些色彩的搭配使用使图书馆既有传统的古朴厚重，又具备了现代化气息的活泼和明快。[58]滨海校区图书馆新建于 2015 年，建筑面积 1.2 万平方米，馆舍设计以知识殿堂"恢弘大气"为格局，馆内实行大开间、大开架、大流通的新型服务模式。

（2）表征地域性

建筑具有鲜明的地域性。图书馆建筑的造型在某种程度上会受到所处环境，包括地势地貌、周边建筑风格、人文环境、交通环境等方面的影响。设计师会综合考虑周边环境和建筑的基本要求，继而采取适当的方式和手法，以达到新与旧、内与外、和而不同、交相辉映的建筑效果。

例如，由华南理工大学建筑设计研究院设计、2013 年建成开放的重庆理工大学花溪校区图书馆，它位于重庆巴南区，藏书量 100 万册，建筑面积 3.1 万平方米，地上 9 层，地下 1 层。建筑形体随地形自然地错位、转折，弱化建筑的尺度感，增加立面的层次性。利用屋顶坡长的变化使坡屋顶呈现高低错落、层层叠叠的景象，与丘陵取得了很好的呼应，主入口方向的山墙借鉴重庆民居的意象，以建筑的虚实表达出重庆传统民居聚落的韵味。

苏州大学文正学院图书馆的设计从苏州园林设计中汲取了精华，它坐落于山水之间，是传达山水之情的典例。设计师采用传统园林建筑常用的手法，将建筑近一半的体积处理成半地下，将三层处理为两层的视觉效果，推崇"隐"的建造特点，使得建筑在山水环境之中显得非常和谐。同时采用建筑主体底部向内收缩的方式，使其与水面中的倒影相呼应，减弱厚重感的同时灵动起来。主体建筑作为主轴，成为"山"与"水"之间的纽带，四个散落在四周的小体量的单体建筑与主体建筑形成强烈的对比，苏州园林追求含而不露、富有变化，苏州大学文正学院图书馆建筑气质质朴谦逊、山水秀外慧中，体量与造型低调含蓄，藏于山中、隐于水边。

2016 年建成开放的武汉理工大学南湖校区图书馆位于校区中轴线的中心位置，建筑面积 4.8 万平方米，占地面积 1.9 万平方米，地上 11 层，地下 1 层，高度 55.2 米。设计师将楚汉风韵融入设计中，"楚人尚赤"，红色是楚国建筑与艺术品的主要色彩之一。因此，设计尝试在建筑整体白色基调的基础上对入口斗拱构架、东西立面金属篆书遮阳板、室内灯笼等局部重点部位施以近似木色的"红"，以此唤起对楚文化的共鸣。东西立面覆以木色金属板，将校园历史通过抽象篆书镂刻之上，让历史底蕴得以延续和传承。

（3）展现时代性

建筑总是与时代紧密相关的，新思想、新理念为设计提供了全新的视野。天津大学新校区图书馆处于校区中心位置，主体平面呈规整长方形，内侧为中心庭院。建筑主体重心与校园东西轴线相重合，周边有公共教学区环绕，是各个景观轴线交汇处，建筑面积 5.4 万平方米。该馆空间设计以庭院模式为中心，将"空间形象、文化内涵、大学故事"融入其中，充满了书院气息。阅览座位达到 4300 个，并有 400 多个用于共享交流的休闲座椅和少量单人位阅览座席点缀其间。外立面以玻璃、穿孔铝板为主，通透明快，凸显其时代性、文化性和开放性。

（4）传达象征性

一些高校会为当地非常有名的科学家、伟人或者是为国家做出过杰出贡献的学者设立图书馆，根据他的生平和重要事件设计图书馆建筑，例如上海交通大学建成开放的钱学森图书馆。该馆建筑主体取意戈壁滩的风蚀岩，形成向上伸张、向外悬挑的方形"石头"。形体突显明确的力量感，表面刻画暗红色肌理，呼应风蚀岩的意象和上海交通大学建筑的红砖元素，"方石"寓意钱学森心系祖国大地的赤子情怀。"方石"沿校园道路延长线从中部裂开，面向城市道路的展示面裂开宽度最大，"V"字形的裂缝中展现出内部的东二甲导弹实物展品，寓意两弹一星是犹如"石破天惊"般的历史事件。

兰州大学榆中校区图书馆于 2005 年开放，建筑面积 3.6 万平方米，取名"昆仑堂"，外形如多本书籍的堆叠组合，寓意兰大学子勤奋好学的精神，该馆采用藏、借、阅于一体的管理模式。

中山大学东校区图书馆位于校区中心广场的中央，2004 年竣工，地上 6 层，地下 1 层，建筑面积 3.5 万平方米，建筑高度约 30 米，阅览座位 2500 个，是集借、阅、藏、学术交流、办公等于一体的信息资源中心、信息服务中心及文化学术中心。该馆外观设计突出雕塑般的象征意义，形态有如一个抽象的大门，校区中轴线正对门框并穿越而过，门框内左右对称的两段巨型弧形墙面，形成了导向图书馆的入口广场，像一双张开的双臂欢迎着莘莘学子进入学术之门。设计师注重对中山大学悠久传统文化的传承，如主入口通高柱式的运用，外墙材料采用浅棕红色花岗石，以及对窗花格栅的引用，都沿用了中山大学老校区的建筑语汇，从而创造出中山大学独有的风格，总体为一种宁静、庄重而兼具现代活力、引人入胜而不夸张炫耀的建筑风格。

（5）突出新颖性

苏州大学炳麟图书馆于 2006 年落成，位于苏州大学独墅湖校区，形似一朵绽放的"水晶莲花"，寓意"出淤泥而不染，濯清涟而不妖"的学风品德，坚守质朴、简约、流畅的风格。该馆占地 2.4 万平方米，建筑面积 3.8 万平方米，高度 39.6 米，阅览座位 3500 个，结构按藏、借、阅一体服务模式进行设计，地下一层、地上八层，二层以上为中庭镂空，南面为 300 座学术报告厅，东侧为书店。

2. 功能布局多元化

高校学术和创新活动的蓬勃发展，使得高校图书馆不仅是学习资源中心、更已成为文化活动中心、学术交流中心、网络信息中心。在标配自修空间以外，各种功能空间成为学生专业素养、文化素养提升的重要场所。

哈尔滨工业大学图书馆于 1995 年正式启用，2009 年完成改造。馆址位于教学区和生活区之间，师生来往的中心地带，是学生三点一线必经之地，充分体现了以人为本的办馆思想，极其方便师生等读者利用。改造前的建筑外形具有新古典主义风格，建筑面积 2.3 万平方米，地上 5 层。东立面因车辆经过，专门设计成锯齿状，对噪声形成漫反射，降低干扰。结构采用三统一设置，柱网间距均为 7.5 米，每层楼均有 1 个总书库，荷载 1000 千克/平方米，其余地面 700 千克/平方米，一层办公区 4 米高，读者通过大楼梯直接进入二层，二至五层读者区 4.8 米高，采用大开间布局少量隔断，形成整体幽静学习氛围，同时进行藏、借、阅一体化管理，此外还设计了两个中庭引入自然光线，但没有设置报告厅。[59]改造后，去掉了大楼梯，与校内氛围协调立面形式和色彩，在中庭增加楼梯，提升了中庭利用率，增加了交通便利性。[60]

广西大学图书馆坐落于东西校园的结合部，近 20 年来，两次建成新馆。第一次新馆为北楼，2002 年落成，2003 年投入使用，建筑面积 3.2 万平方米，阅览座位 3500 多个。结构设计采取三统一模式，净高 4.2 米，柱网 7.5 米 ×7.5 米、荷载 700 千克/平方米。平面布局采用大空间、全开架形式，集藏、借、阅、检、管于一体化，阅览室采用灯光分控，根据自然光线变化，可以有效节能。该馆南楼 2013 年启动建设，2018 年投入使用，建筑面积 3.1 万平方米，阅览座位约 3100 个，平面布局采用相同理念，但密集书架与普通书架每层交错。南楼增设了多媒体会议影视空间、小组学习研讨间、研修间、休闲开放阅读区、东盟书库、学人文库、新技术体验区、文化展览区等，集借阅、展示、视听、体验、报告、研讨、休闲等多种功能于一体。[61]

中山大学东校区图书馆平面布局注重现代图书馆应具有的全方位、高效率与高质量的特点，做到各功能分区明确、联系便捷，人流与书流完全分开。读者流线由北面二层主入口大厅进入，阅读空间均设于主入口门厅以上的二层至六层，并采用了开放连贯的大空间形式，围绕中央共享中庭布置；内部业务流线主要由南面首层次入口门厅进入，首层为相对安静独立的计算机网络中心、内部办公用房及展厅，车流及货流由南面入口进入地下室，地下室设置机动、非机动车库和图书馆的设备用房。以共享中庭为核心的图书馆，交通系统分设四个交通核心，每组设有两台客货两用电梯及楼梯。非借阅人流由北面两个交通核心组织，每层设有电子门禁控制。借阅及馆内各层联系由南面交通核心组织，与二层总服务台联系，总服务台四周留有开阔的等候空间。

中国海洋大学崂山校区图书馆于 2006 年竣工，建筑面积 4.5 万平方米，地下 1 层，地上 5 层。该馆分为两个区域，A 区主要为书库和阅览室，B 区主要为各类办公及附属用房，利用建筑的高低起伏环绕中央共享空间，形成"书城"围合形态，是相对集中、整体式的科研图书馆。馆内设阅览室、多媒体教室、书库、会议室、多功能厅、办公室等，集编、藏、借、阅、视听为一体。

上海交通大学闵行校区图书馆位于校区中心位置，于 2008 年正式开馆。该馆建筑面积 3.5 万平方米，拥有 9 个全开架学科阅览室和 1 个密集书库，在建筑布局和设计上充分体现了最新的图书馆学科服务理念：一门式管理，大开放、大服务格局，"藏、查、借、阅、参"五位一体。该馆设置大学科开架阅览空间，并设置若干小组学习讨论室和小型会议室，成为支持读者不同学习风格、研究习惯和使用需求的信息共享空间和学术交流中心。

3. 人性化和生态设计

渤海大学松山校区图书馆力图为读者营造一个自然和谐、温馨舒适的学习空间。一是充分利用有利的地形条件和良好的通风环境，加强室内自然通风；二是建造一个人造湖环绕图书馆，使它不仅作为收集雨水的室外景观，还可以预防火灾，起到消防的作用；三是重视图书馆周边环境的绿化，改善生态环境，提高图书馆的舒适性；四是根据北方冬冷夏热的气候特点，采取保温隔热和遮阳的措施；五是在多功能中央大厅设计了一方玻璃天窗，充分利用太阳能，形成温度缓冲区和调节空间，这样在冬季可以减少室内的热损耗，夏季还可以通过玻璃大厅的热压作用自然通风。为了使不同方位的区域都能享受到均匀的灯光，天花板上合理地布置了照明的灯管。每个借、阅览室人工照明设计都充分考虑到读者视觉保健的需要，不仅光源稳定、照明充足、光线分布均匀，而且光谱趋近于日光，工作人员还可以根据需要调节和控制照明区域，节约能源。[62]

中山大学东校区图书馆内部设计颇具人性化。为确保主阅读空间充足的自然采光、通风，设计中在大阅读空间中设有一个通高的绿化共享庭院，主阅读空间均向共享庭院开设窗扇，形成良好的自然通风、换气，并获得更多的自然光线。阅读空间的东西两墙面设置锯齿形窗，开窗均朝向北面，从而最大限度地利用自然采光，防止了东、西侧阳光对阅读空间和书库的直射，并利于防晒节能、降低能源消耗。在南北两面的主入口设计上，利用地块本身南北高差 4 米的特点，将北向主入口门厅设计得高于南向主入口一层，有效阻挡了冬季主导风，而夏季时则利于疏导东南风形成穿堂风，以自然地达到冬暖夏凉的效果。首层周边架空设置了向四周环境伸展的大片水面和草坪，使图书馆的内部环境与外部环境相互融合渗透，创造出一个怡人的阅读环境。[63]

武汉理工大学南湖校区图书馆针对武汉的气候特点，以立体庭院"书山绿谷"的方式争取最大限度的自然通风采光，同时将绿化往上延伸，形成舒适、静雅、健康的绿色环境。玻璃中庭悬挂绿色垂幔，不仅能够有效遮挡直射的阳光，也营造出绿意盎然的立体文化中庭。同时，强化水的理念和意向，在首层绿化带设置喷雾，一方面进行绿化灌溉，一方面改善建筑周边微气候，将经冷却的风引导至室内，降低空调能，实现节能环保。[64]

建筑是图书馆发展的清晰记忆和珍贵馆藏，镌刻着时代的特质，沉淀着文明的光辉。随着文化的发展，图书馆旧的建筑见证着历史，新的建筑寄望着未来，每一次变迁，都是一定范围内各核心要素综合达到某种水平后，共同作用下生长出的艺术创作，受益于并且反映着那个时代的文化成就。

第四节　图书馆建筑设计与功能布局的发展思考

图书馆建筑设计与功能布局的未来发展，一方面，需要思考如何平衡"人、资源、自然"与建筑空间的关系；另一方面，为迎接新技术革命和信息化社会的到来，还需要思考如何充分利用新兴科技引领图书馆建筑设计向智能化方向发展。

一、人与建筑的和谐

作为使用图书馆的主要群体，用户是图书馆建筑中的主角。了解他们在图书馆开展活动时所产生的感受和体验，尽可能满足这些使用者的相应需求，是设计和营造出良好图书馆建筑与空间的首要基础。人们在使用图书馆建筑时的基本需求主要包括：易达、便捷、舒适、安全的空间；同时具有私密性和开放性的空间；服务内容和形式丰富多样的空间；包容性强的空间；可为交流提供支持的空间，等等。由于人具有复杂、多样、多变的复合型需求，因此图书馆建筑的设计和功能布局也须符合多元化的、不断演进的复合型标准。着眼现实，图书馆宜从以下三个基本角度开展建筑设计和功能布局，以满足多元用户的多样化需求。

（一）强调人文关怀

现代图书馆建筑的服务理念已经从"书本位"向"人本位"转移，因此更重视功能布局和设计与人体工程学及环境心理学等领域的关联，追求人性化的功能布局与设计策略，充分体现建筑的人文关怀。首先，对于服务对象最多元的公共图书馆而言，其建筑功能的布局需要同时满足各类不同群体，尤其需要体现对老年人、少年儿童、残障人士等特殊社会群体的包容，例如为其建立专门的服务区或服务空间、提供专用服务资源和服务设施等。其次，在空间设计上，空间的采光照明、色调、家具陈设等的设计与安置，应根据不同的空间功能和相关服务对象的特征进行相应调整，使人们在舒适和安全的条件下享受服务。

（二）促进交流互动

在普遍倡导创新的时代背景下，为了实现创新的学习和知识交流过程，图书馆的建筑唯有更加注重人与人之间的交流以及信息的开放共享功能，才能激发创新活动。这种开放灵活的、以交流为目的的设计布局并非单纯的大功能空间设置，而是在其中纳入许多界限模糊且类型多样的交互功能，使读者与读者之间、读者与信息之间都能便捷地产生交流互动。首先，交流互动的设计破除了横竖向的隔阂并作为一个整体空间来设置，同时对边缘空间加以创造利用，如作为交通空间的廊道、阶梯和室外及半室外空间等，都可以作为非正式的互动交流场所。其次，这类具有开放互动功能的空间应注意一些特殊的设计需求，如噪声控制需求、人流控制需求、安全疏散需求等，并且还需处理好与其他静谧空间的相对关系。

（三）提升感知体验

人们对图书馆建筑的感知和体验越好，越能吸引他们访问和使用图书馆。首先，要重视图书馆建筑外立面设计，这是人们感知图书馆开放性的首要印象。通过采用透明度较高的外立面材料或与图书馆文字、符号等元素有关的外立面设计，能够有效吸引公众注意力。其次，要重视图书馆建筑的可达性与连接性。包括建筑周边交通的便利性、从室外进入建筑内部的方便可达性、建筑内部各功能空间之间的方便可达性等。再次，要重视开放性与私密性共存的设计。人们多样化的行为同时需要开放性的空间以及满足个人领域感与私密性心理需求的空间，例如在开放性大空间内，可利用墙面、玻璃、座椅、家具陈设等，隔离出独立的小型私人空间。最后，要重视休闲空间的营造与功能设计。

例如基于图书馆"超市化"管理的自助式空间，以及通过设计室内陈设、桌椅及家具的形态、组合、色彩、摆放形式和布局等，突出舒适性、情趣性或趣味性。

二、资源与建筑的适配

图书馆建筑的功能、布局、设计应最大限度地为馆藏资源的保存、保护、流通、展示等提供有力保障。无论采用何种馆藏空间设计方式，关键落脚点都在于是否与图书馆的功能定位和资源管理需求相匹配，以及是否能够以满足人们便捷获得馆藏资源为前提。概括地说，图书馆应通过合理的建筑设计和功能布局实现以下两个主要目标。

（一）便于资源的开放使用

自图书馆出现以来，其"借、阅、藏"三大主要功能之间的关系经历了重大演变。随着"以人为本"理念的深入人心，现代图书馆建设越来越注重开放性。让知识流动起来才能充分实现其价值。在图书馆空间发展历程中，从闭架模式到开架模式的转变凸现了图书馆开放性的功能需求。例如一段时期以来，为了提升馆藏的使用便利性及开放性，实现高效的资源流通，许多图书馆都采用了"借、阅、藏一体化"的藏书设计方案。这种设计方式主要适用于藏书压力较小、建筑空间较宽裕的中小型图书馆，但其配置方式易造成通风不良和采光效果差，因此需要注意采光和通风设计的改善。此外，涉及对保存要求较高的特藏类资源的开放问题，其重点在于资源展示与揭示。有条件的图书馆应重视特藏资源开放展示空间的功能设计，拉近人们与这类资源的距离。

（二）便于资源的管理保护

近年来，受数字化等新技术的影响，数字资源大量涌现，新阅读方式不断普及，减少了人们对实体资源的需求，致使图书馆实体馆藏的利用率出现明显下降。同时，实体出版物的种类仍在不断增加，图书馆实体馆藏量也随之逐年上涨，因此加大了图书馆对实体资源的管理成本和管理难度。可见，图书馆馆藏空间紧张的矛盾将在一段时间内长期存在。为了减轻馆藏空间紧张的状况，一部分馆藏压力较大、建筑空间紧张的图书馆便采用相对独立的馆藏空间设计方案，将实体资源以密集型书库的形式，集中排放在相对独立于其他功能区域的空间内。这样既能够有效节约实体馆藏占用的建筑空间，又有助于保护和管理实体馆藏，且易于扩建调整，资源入藏剔除等常规工作也不易对其他功能空间的使用产生不利影响。

当前，在图书馆功能朝多元复合型方向发展的趋势下，馆藏资源的不断增长，还在一定程度上压缩、侵占了图书馆的其他功能空间和场地。相对独立、集中化的馆藏空间设计能够将更多图书馆空间还给人们，以挖掘更多新的图书馆功能。但是，这种独立的配置方式必须同时满足资源开放性、流通性和易获得性等要求。因此，有些设计将相对独立的馆藏空间与其他功能空间的层高、层数、位置等进行匹配，将其与各功能空间便捷地联系起来，或者通过采用智能化设备，使人们可以自由、方便地获取资源。

三、自然与建筑的协调

当前，绿色生态、低碳经济、节能环保、可持续发展等早已成为图书馆建筑设计过程中的热点议题。图书馆建筑应与生态环境和谐共生，从而实现高效用、低能耗、无污染的可持续发展目标。此外，作为一个地区最具代表性的文化机构之一，图书馆建筑还兼具地域性和文化性，理应体现所在区域的自然风貌和文化特征，并与周围其他建筑和开放空间实现互动。因此，图书馆建筑设计应同时注重与自然生态环境和地域文化环境的相互融合、相互协调。具体来说，主要应倡导以下两个方面。

（一）提倡绿色生态设计

绿色生态设计要同时考虑绿色建筑设计和绿色环境设计两个方面。其中，绿色建筑设计以低碳发展和节能环保的绿色施工理念为基础，以减少温室气体、污染物的排放以及降低建筑内部采暖、制冷、照明、配电等系统设施的能耗为目标，要求图书馆建筑尽量采用隔音、隔热的节能型门窗和墙体设计，使用稳定性好、能耗小、耐用、节能的电气设备，并且遵循节约、再利用、可循环、可再生的原则，在建筑中使用可再生资源和不含甲醛的材料，采用无辐射、无污染的建筑材料。同时，在设计图书馆建筑时，应尽可能设计大平面层，以减少使用电梯等能耗较高的设备。绿色环境设计的目标在于营造绿色的室内外环境，为人们提供健康的图书馆生态空间。例如，在图书馆建筑内外加大各类型绿化的合理种植与布置，美化环境，净化空气；通过合理设计，最大限度地接纳自然光线，并对自然气流加以组织和疏导，实现良好的自然通风；采用吸音效果好的装饰材料，控制、降低室内噪声干扰等。

（二）反映当地自然风貌和文化特征

一方面，在选址和外观设计上，理想的图书馆建筑应尽量与周边自然环境和自然风貌相协调、相统一，使人们更加亲近自然。如结合当地的气候条件与土壤条件，遵从生态性和功能性等设计原则，种植不同种类的花草、树木，布置风格协调的建筑装饰和设施等，营造和谐的自然景观与人文景观。另一方面，中国是多元文化融合的多民族国家，各地拥有独特的自然风光和特有文化，而图书馆的重要职能之一即是传承优秀传统文化，因此其建筑也应体现浓郁的文化氛围，尤其是能够反映不同地区具有代表性的、典型的自然元素和文化元素，使人们能够直观地感受到这些地域文化，也使图书馆的建筑风格更趋丰富、更多样化。

四、新技术与建筑的融合

新技术的迅猛发展与广泛普及，对图书馆建设和发展的影响深远。早在2003年，就出现了"智慧图书馆"的理念与相关实践。"智慧图书馆"是一个可以被全面感知的、没有围墙的存在，它体现了广泛的互联互通、高度的智能化、全面的智慧化以及可持续的绿色生态发展；数字化、网络化和智能化等新兴技术是"智慧图书馆"的建设基础。[65][66]当前，图书馆已经应用或可能应用的新兴技术包括但不限于：互联网技术、数字化技术、生态节能技术、大数据、数字学术、图书馆服务平台、在线认证、人工智能、物联网[67]等。这些新技术的引入拓展了知识信息的获取方式，改变了人们使用图书馆的行为模式，也打破了单一、传统的图书馆建筑功能。新技术正在推动图书馆建筑设计和功能布局向智能化方向发展与转型，使图书馆建筑变得更灵活、更有弹性，建筑功能变得更多元、更人性化。

（一）建筑智能化

图书馆建筑智能化的目标是以建筑为平台，将建筑技术与智能化技术进行有机结合，如智能楼宇管理技术、办公自动化技术、网络通信技术、综合布线技术等，从而优化图书馆的结构、系统、服务和管理，以向人们提供更人性化的建筑环境。例如，通过在图书馆建筑的相应位置安装传感器或探测设备，基于互联网对各类环境大数据和读者大数据进行实时监控和采集，并由计算机系统依据这些数据自动控制和智能调节建筑照明、温度湿度、空气循环、给水排水、门禁识别、安防疏散、防灾预警等各项设施设备的功能。同时，还可以在图书馆建筑中应用雨水回收利用技术以及太阳能发电、风能发电等环保新能源技术，以保障图书馆建筑的高效运行。

（二）空间智能化

信息技术在图书馆空间中的广泛应用拓展了图书馆的职能，因此图书馆空间必须主动适应由多元信息交叉和多媒体传播所带来的各种变化。智能化的图书馆空间具有整合、集群、协同的主要特点，通过信息化技术实现跨系统的应用集成、跨部门的信息共享、跨网络的融合互通，以形成可操作、可控制、可监管、可共享的互联空间。例如现在的信息共享空间、创客空间、多媒体体验空间、联合学习办公空间等，都是典型的信息集约化、服务智能化的多功能开放共享空间。

参考文献：

［1］Pew Research Center. Library 2016 ［EB/OL］. https：//www. pewinternet. org/2016/09/09/libraries – 2016/

［2］张亚娜. 新技术背景下图书馆空间发展研究 ［D］. 河北大学，2017.

［3］王晴，徐建华. 国外绿色图书馆理论研究与实践进展 ［J］. 图书情报工作，2017（19）：122 – 134.

［4］Karen Latimer. 2050：A Library Space Odyssey. Planning the Future Library ［J］. *Legal Information Management*，2018，18：203 – 209.

［5］Stewart Adam. Coming Back from Disaster：Progress to Date and Next Steps at Elliot Lake Public Library ［J］. *Public Library Quarterly*，2017，36（3）：228 – 243.

［6］Wani Zahid Ashraf，Ganaie Ansaar Hussain. Impact of Kashmir Floods on the Libraries ［J］. *Collection Building*，2017，36（2）：69 – 76.

［7］成俊颖等. 2007 – 2016 年国内图书馆空间研究述评 ［J］. 图书馆工作与研究，2018（4）：17 – 24.

［8］闫天冼. 国外图书馆建筑演变 ［J］. 青海图书馆，1992，1：47 – 50.

［9］孙凤华. 近代——现当代图书馆建筑的发展及功能变革［J］. 图书馆工作与研究，2002，1：49－51.

［10］罗惠敏. 图书馆空间设计理念研究［M］. 北京：社会科学文献出版社，2017：135－159.

［11］Six-Year Cost Summary, Funding Sources［EB/OL］.［2019－04－24］. https：//www. libraryjournal. com/? detailStory = year-in-architecture-2018-six-year-cost-summary

［12］陈平，孙澄. 新世纪图书馆建筑设计的创新发展——美国 ALA/AIA 图书馆建筑奖获奖作品解析［J］. 建筑学报，2009 年，2：86～91.

［13］AIA/ALA Library Building Awards［EB/OL］.［2019－04－25］. https：//www. aia. org/awards/7241-aiaala-library-building-award

［14］LEED［EB/OL］.［2019－04－28］. https：//baike. baidu. com/item/LEED/8776554? fr = aladdin#reference－［1］－482625－wrap

［15］3 分钟了解 LEED/WELL/BREEAM 标准［EB/OL］.［2019－04－28］. http：//www. sohu. com/a/243088467_775609

［16］石乃月. 浅谈 LEED 标准下绿色图书馆的建设［J］. 图书馆工作与研究，2015，235：109－112.

［17］LEED Projects［EB/OL］.［2019－04－28］. https：//www. usgbc. org/projects? keys = library

［18］蒙特利尔 LEED 白金认证的 Bibliothèque du Boisé 图书馆获得加拿大皇家建筑研究所的绿色建筑奖［EB/OL］.［2019－04－28］. https：//www. archdaily. cn/cn/869281/meng-te-li-er-leedbai-jin-ren-zheng-de-bibliotheque-du-boisetu-shu-guan-huo-de-jia-na-da-huang-jia-jian-zhu-yan-jiu-suo-de-lu-se-jian-zhu-jiang

［19］明斯特市图书馆［EB/OL］.［2019－05－06］. https：//baike. baidu. com/item/% E6%98%8E% E6%96% AF% E7%89% B9% E5% B8% 82% E5% 9B% BE% E4% B9% A6% E9% A6%86/2509116? fr = aladdin

［20］孙澄. 当代图书馆建筑创作［M］. 北京：中国建筑工业出版社，2012：29－31.

［21］邵博云. 美国公共图书馆少儿专区的空间特色及设计要求［J］. 图书馆学研究，2011，10：92－94.

［22］苏文成，卢章平. 美国图书馆建筑空间设计与功能性实证研究［J］. 图书馆杂志，2018，10：43－52.

［23］Jochumsen H, Hvenegaard Rasmussen C, Skot-Hansen D. The Four Spaces-a New Model for the Public Library［J］. *New Library World*, 2012, 113 (11/12)：586－597.

［24］Choy F C, Su N G. A Framework for Planning Academic Library Spaces ［J］. *Library Management*, 2016, 37 (1/2)：13 - 28.

［25］苏文成，卢章平. 美国图书馆建筑空间设计与功能性实证研究 ［J］. 图书馆杂志, 2018, 10：43 - 52.

［26］Bette-Lee Fox. MODERN TIMES Library Spaces That Honor the Past While Moving Full Steam Ahead ［J］. *Library Buildings*, 2018, 11：14 - 26.

［27］孙澄. 当代图书馆建筑创作 ［M］. 北京：中国建筑工业出版社, 2012：89 - 118.

［28］苏文成，卢章平. 美国图书馆建筑空间设计与功能性实证研究 ［J］. 图书馆杂志, 2018, 10：43 - 52.

［29］崔旭. 美国绿色图书馆建设的理论、实践及启示 ［J］. 中国图书馆学报, 2015：38 - 49.

［30］亢琦，苏丽如. IFLA 绿色图书馆奖分析及启示 ［J］. 图书情报工作, 2019, 64 (4)：86 - 92.

［31］孙澄. 当代图书馆建筑创作 ［M］. 北京：中国建筑工业出版社, 2012：93 - 94.

［32］赛宾：西雅图中央图书馆 Seattle Central Library ［EB/OL］. ［2019 - 05 - 15］. http：//k. sina. com. cn/article_2921128504_ae1ce23800100awux. html

［33］孙澄. 当代图书馆建筑创作 ［M］. 北京：中国建筑工业出版社, 2012 年：147.

［34］西雅图中央图书馆 Seattle Central Library ［EB/OL］. ［2019 - 05 - 15］. http：//www. treemode. com/case/105

［35］颂歌中央图书馆在赫尔辛基开幕，标志着世界上文化程度最高的国家迈入图书馆新纪元 ［EB/OL］. ［2019 - 05 - 15］. https：//news. cision. com/global/helsinki-marketing/r/-, c2690008

［36］黄莺. 近10年来国外公共图书馆建设特点评析. ［J］. 公共图书馆, 2019, 62 (1)：82 - 88.

［37］滇苇. 话说"创一流"——北图新馆验收初验工作会议内外 ［J］. 图书馆学通讯, 1988, (3)：17 - 20.

［38］佚名. 安徽省图书馆新馆建成 ［J］. 图书馆理论与实践, 2004, (1)：44.

［39］钟翔. 浅谈在公共图书馆建设中导入 VI——兼论深圳图书馆形象塑造 ［J］. 科技情报开发与经济, 2005, (12)：23 - 25.

［40］秦天行. 陕西省图书馆开馆仪式致辞 ［J］. 当代图书馆, 2001, (4)：2 - 3.

［41］佚名. 陕西省图书馆新馆开工仪式在西安高新区举行 ［J］. 当代图书馆, 2015,

(3)：2.

　　[42] 黄克武，翟宗璠. 北京图书馆新馆设计 [J]. 建筑学报，1988，(1)：26-32.

　　[43] 徐健. 面向未来的文化载体——首都图书馆新馆设计 [J]. 建筑创作，2002，(1)：24-31.

　　[44] 张皆正，唐玉恩. 墙面异型砖的光影效果 [J]. 南方建筑，1998，(2)：69-70.

　　[45] 杜秦生. 新建筑 新格局 新气象——深圳图书馆新馆的建筑、理念、功能与服务特色 [J]. 深图通讯，2006，(2)：12-15，28.

　　[46] 佚名. 北京图书馆确定扩建 [J]. 图书馆学通讯，1980，(3)：8.

　　[47] 庄建，李光茹. 迈向现代化的北京图书馆 [J]. 中国图书评论，1988，(2)：137-141.

　　[48] 常林. 体现科技与人文理念的首图新馆建设 [J]. 图书馆工作与研究，2002，(S1)：5-8.

　　[49] 郑笑笑. 建筑·功能·服务——温州市图书馆新馆解读 [J]. 图书馆杂志，2005，(7)：39-41.

　　[50] 奚惠娟. 东莞图书馆新馆建设述要 [J]. 图书馆建设，2007，(1)：11-13.

　　[51] 杜秦生. 新建筑 新格局 新气象——深圳图书馆新馆的建筑、理念、功能与服务特色 [J]. 深图通讯，2006，(2)：12-15，28.

　　[52] 万群华. 论湖北省图书馆新馆建筑与人文关怀 [J]. 图书馆，2014，(1)：110-112.

　　[53] 钟伟. 城市公共图书馆建筑空间功能布局分析——以广州图书馆新馆为例 [J]. 农业图书情报学刊，2017，29 (9)：116-118.

　　[54] 唐玉恩，张皆正. 追求文化的意境——上海图书馆新馆室内 [J]. 室内设计与装修，1998，(2)：12-17.

　　[55] 严勇刚，杨柳，汪仕君. 浅谈湖北省图书馆新馆节能系统工程 [J]. 图书情报论坛，2015，(1)：16-17.

　　[56] 佚名. 浙江图书馆新馆工程简介 [J]. 北京图书馆馆刊，1996，(2)：136-137.

　　[57] 许晓霞. 实体图书馆的强大生命力——苏州图书馆新馆开馆三年来的实践与体会 [J]. 新世纪图书馆，2004，(5)：67-69.

　　[58] 段伟. 图书馆建筑设计的文化意象 [J]. 图书馆学刊，2013，35 (8)：5-7.

　　[59] 李继凡，葛冠雄. 现代化思想 现代化建筑——哈尔滨工业大学新图书馆建筑落成并启用 [J]. 图书馆建设，1996，(1)：69-72.

　　[60] 高萌，艾英爽. 哈尔滨工业大学图书馆改造 [J]. 城市建筑，2011，(7)：82-84.

[61] 钟健刚. 广西大学图书馆新馆建设——结构、布局和服务功能 [J]. 农业图书情报学刊, 2008, (1): 126 - 128, 156.

[62] 段伟. 图书馆建筑设计的文化意象 [J]. 图书馆学刊, 2013, 35 (8): 5 - 7.

[63] 郑启皓, 黄劲. 广州大学城中山大学图书馆 [J]. 建筑学报, 2006, (2): 57 - 60.

[64] 郭军. 高校图书馆新馆建设工作调研与思考 [J]. 河南图书馆学刊, 2017, 37 (6): 59 - 61, 74.

[65] 王世伟. 未来图书馆的新模式——智慧图书馆 [J]. 图书馆建设, 2011 (12): 1 - 5.

[66] 王世伟. 论智慧图书馆的三大特点 [J]. 中国图书馆学报, 2012, 38 (6): 22 - 28.

[67] The NMC Horizon Report: 2017 Library Edition [EB/OL]. [2020 - 04 - 06]. https: //www. research-collection. ethz. ch/handle/20. 500. 11850/94705.

（执笔人：陈　超　马　春　曲　蕴　吴　磊　王晓樱）

第四章 图书馆空间再造与创新

第一节 图书馆空间再造的背景

近年来，随着社会环境与高新技术的急速发展，读者用户的需求日益呈现多样化特征。与此同时，图书馆为满足自身不断完善的需要，针对已有空间以及未来将要规划或新建空间的再造行动越来越受到社会各界的广泛关注。在新型技术更迭加快以及读者需求变化的双重影响下，传统的实体图书馆正遭遇各种各样的"现代化"冲击，并面临着新形势下的严峻考验。当今社会发展表现出网络化、数字化、多元化等特点，年轻一代的信息交流门户正逐步由图书馆转向其他更具吸引力和符合自身需要的空间及场所。为此，当今时代的图书馆直面挑战，积极谋求包括空间在内的多种服务转型，通过汲取空间功能及设计、用户服务等相关学科的理论知识与实践经验，深入探索图书馆的空间再造行动，期望在未来图书馆事业的完善与发展过程中注入新的生命力。重构图书馆空间，能够进一步挖掘图书馆现有空间或待建空间的潜力，成为助推当代图书馆顺利转型的新的增长点。

图书馆空间大致包涵两层含义，一是指空间各实体元素的塑造，体现为空间形态和空间建构；二是指图书馆各种功能元素的组织，表现在图书馆空间的空间秩序和空间划分。结合上述背景与内涵，可以将图书馆空间再造概括为如下定义，即在数字化转型与用户服务方式变革的多重趋势下，图书馆建筑实体在空间功能与布局方面的设计、调整与改造，既包括对现有馆舍空间的改造、重构与扩建，也含有新建馆内空间的设计理念及模式创新等内容。目前，许多专家和学者对图书馆的服务职能拓展和未来发展定位进行了深度思考：吴建中[1]在对未来图书馆的展望中谈到，2025 年的图书馆将成为知识中心、学习中心和交流中心，其主要功能不只是提供图书和信息，还应在信息技术素养的培养上，充分发挥自身的专业技能和资源优势，在创新环境中开拓新的空间功能。随着时间推移，图书馆还应在促进知识流通、创新交流环境、激发读者群体活力等方面发挥独特功能。王波[2]将未来的高校图书馆形象地比喻成"变形金刚"，他认为高校图书馆是由海量数字资源、精装修样板间、创意无限的可移动家具、数码体验中心、艺术展览馆、迷你研究厢集群和大中小型讨论室组合的集合体，具备多种鲜明特色的服务空间。

应该说，坚持"以用户为核心"原则自始至终都是进行图书馆空间再造的出发点。并且，随着图书馆空间功能的变化与延伸，空间价值已成为图书馆服务体系中必不可少的重要一环。经过长期实践发展，国内图书馆界对于是否开展空间再造由最初的"小心谨慎"逐渐转向"敞开怀抱"，并陆续取得一些成功经验。但需要警惕的是，实际历程中也暴露出不少"舍本逐末"现象，比如有的图书馆在没有真实调研读者需求的情况下，凭借自身主观认识即对馆内空间进行大幅度调整，进而导致再造的新的服务空间无法满足用户的需要，造成物力、财力的浪费。基于上述现实背景，本章试图对国内外图书馆空间再造理论和实践进行全面梳理和分析，进而总结提出图书馆空间再造基本发展趋势，以期为我国图书馆界未来空间再造实践提供参考依据。

第二节　图书馆空间再造的意义

一、理论意义

近些年，社会环境与时代发展迅速，传统空间利用与服务无法全面满足读者用户的多样化需求，陆续进行的图书馆空间再造行动已经获得社会各界的积极评价。当前，学界针对图书馆空间再造领域的研究兴趣不断高涨，并且取得数量可观的成果。但需指出的是，已有主题大多是围绕图书馆开展空间再造的可行性与必要性之研究，理论性较强，缺乏实证性研究。同时，在对国内外图书馆空间再造的案例研究方面，主要是以单个或数个图书馆作为调查样本，研究对象挑选面较窄，故而无法全面、真实地表现出国内外图书馆界在空间再造的实践历程与差异。基于这一现状，本文确定了较为广泛的调研范围，在此基础上，对国外图书馆空间再造典型案例、我国国内图书馆空间再造典型案例进行了细致分析，希望可以进一步完善图书馆空间再造理论体系，并为图书馆空间再造领域开展相关学术探讨提供更加全面的借鉴依据。

二、实践意义

通过对国内外图书馆空间再造实践进行细致调研，并对国外、国内独具特色的图书馆空间再造案例进行剖析，综合比较国内外的实践体现出的差异，总结并提炼出图书馆空间再造的未来发展趋势，从而能够有针对性地指导我国图书馆空间再造实践的有序开展，对于现有图书馆和新建图书馆在空间再造理念的培育、空间资源的利用、空间服务功能的拓展、空间品牌的创建等层面，可以起到较强的现实指导意义。

第三节　图书馆空间再造的依据

本节将细致阐述涉及图书馆空间再造的相关基础理论、法律法规以及行业组织，可为后文的实际调研过程提供切实、有力的指导依据，从而奠定开展国内外调研过程的理论基础。

一、基础理论

图书馆空间再造与多种学科的理论知识密切相关，这些基础理论主要包括：用户需求理论、环境心理学、建筑美学等，以及从探讨图书馆建筑与空间之间的关系，延伸至图书馆空间再造的内容。本节将围绕如下几个与图书馆空间再造相关的重要理论进行概括性介绍。

从用户需求理论看，图书馆用户需求的内涵是指，用户作为图书馆的服务客体，在使用图书馆服务过程中所产生的主观上的期望和渴求。特别对于年轻用户来说，他们往往对图书馆空间的需求更加体现独有的个性化和互动性，因而会根据自身需求的差异挑选不同的空间，用来满足包括学习、社交、娱乐、互动等多重元素在内的服务空间需求。

从环境心理学看，营造出良好的图书馆空间氛围，能对读者的心理产生一定的正面作用，这些不可忽视的潜在影响还包括激发灵感、提升学习效率、优化思维方式等，最终对读者产生潜移默化的精神层次的影响。

从建筑美学看，广义的建筑美学注重于建筑物与时代背景，以及周围环境的相互关系等方面，而狭义的建筑美学聚焦于建筑体本身，包括建筑的外形、室内空间、艺术风格描绘等。图书馆建筑的外型与室内空间设计所体现的艺术性，能为读者带来视觉审美的愉悦，是一种在用户心中刻画建筑物美好形象的重要因素。

意大利建筑评论家布鲁洛·赛维[3]认为，空间是建筑的主角。图书馆建筑外形特征是社会文化和精神审美的物质反应，而图书馆空间是用户需求和服务功能的客观表达，随着读者多重需求以及科技的进化，图书馆空间布局的功能构思会得到恰当的调整。1989 年，美国社会学家 Ray Oldenberg[4]提出的"第三空间"理论认为，除了家庭和生活空间、工作空间之外，还需第三空间来满足人们的社交、休闲和创新等需求。这一新的视角使学者开始探讨图书馆空间的内涵、特征以及价值。在这之后，空间变革与建构意义的研究逐步成为学术界追捧的热点话题。

传统图书馆主要以存储纸质文献的空间形态存在，随着时代变迁，图书馆开始从基础性的文献信息服务，转向较深层次的知识服务以及适应读者需要的开放化空间服务，其物理空间价值的开发和利用日益得到业界的重视，通过在有形建筑中注入无形文化等元素，为用户提供一个实现互动、交流与分享的公共文化空间。另外，受馆藏资源数字化、读者利用资源的方式改变等因素影响，图书馆正积极、主动地适应用户的需求变化，深入开展图书馆实体空间的新设计与新改造。

二、法律法规

《公共图书馆法》[5]是党的十九大之后出台的第一部文化方面的法律，也是公共文化领域继《公共文化服务保障法》之后的又一部重要法律。随着社会环境的显著变化，为对相关内容进行补充和完善，2018 年 10 月 26 日，第十三届全国人民代表大会常务委员会发布修订后的《公共图书馆法》，其中所涉及的有关"图书馆空间利用与服务"的内容主要体现在两个方面：其一，"第四章服务"的第三十三条，对图书馆空间利用作出了明确界定，"公共图书馆应当按照平等、开放、共享的要求向社会公众提供服务。阅览室、自习室等公共空间设施场地开放；公益性讲座、阅读推广、培训、展览。"因此，在做好阅览室、自习室等空间逐步开放的基础上，切实有效地将图书馆各类讲座、阅读推广、培训及展览等服务纳入相对应的展示空间，是图书馆事业发展中需要加以重点考量的方向之一。其二，第三十四条重点关注少儿阅读服务，"政府设立的公共图书馆应当设置少年儿童阅览区域，根据少年儿童的特点配备相应的专业人员，开展面向少年儿童的阅读指导和社会教育活动，并为学校开展有关课外活动提供支持。"第三十六条侧重于图书馆在全民阅读层面的服务理念，"公共图书馆应当通过开展阅读指导、读书交流、演讲诵读、图书互换共享等活动，推广全民阅读。"以上两条虽然没有明确提及图书馆要进行空间再造，但是受法律规定的上述图书馆服务项目，必须依托恰当的空间以提供支撑，因而不可离开空间谈服务。

除此之外，2015 年 8 月 28 日，中华人民共和国住房和城乡建设部发布《图书馆建筑设计规范》[6]，并已于 2016 年 5 月 1 日正式生效。该《图书馆建筑设计规范》不仅对传统意义的建筑设计标准做出明确规定，相关内容包括"基地和总平面""建筑设计""文献资料防护""防火设计""室内环境"等，此外在第八条"建筑设备"中还涉及了建筑智能化的相关阐释。《图书馆建筑设计规范》指出，图书馆应根据自身的规模、性质及建设条件进行建筑智能化系统设计，以便更好地满足读者的多样化空间需求。

三、行业组织

来自行业组织发布的报告及相关成果所提供的理念，往往能够帮助人们及时、有效地获取较为统一且权威的认知经验。一直以来，图书馆界较为权威的行业组织对于空间再造的认知和理解已经取得长足发展。

早在 2003 年，国际图联（IFLA）年会期间讨论了将图书馆打造为城市第三空间的相关内容。随后，在 2009 年召开的年会上，IFLA 正式达成了图书馆成为"第三空间"的国际共识。会议提出，图书馆既是知识的共享空间，也是集合博物馆、美术馆等在内的文化共享中心，更是提供读者创新的舞台，图书馆的空间价值有待深入开发。

2010 年 6 月，美国大学与研究图书馆协会（ACRL）发布《2010 年学术图书馆十大趋势》[7]，报告总结出的趋势之一，即"当物理空间被重新规划而虚拟空间扩大的时候，图书馆的定义可能会改写"。随着图书馆空间的功能性转变以及布局集中化趋势日益突出，实体馆藏应当更加有效地向密集书库和远程书库转移。

2014 年 9 月，美国图书馆和信息资源委员会发布《图书馆和信息服务的不断变化》[8]，报告指出，快速发展的数字化技术和服务引起图书馆的巨大变化。报告还对十年后图书馆发展前景进行预测，认为很多图书馆或将向学术型空间转型，高校图书馆中传统意义的物理馆藏存储空间，逐步转变为多样化功能的服务空间，为读者提供如创新型教室、合作共享空间、媒体创造中心等类型多样的空间。

在 2016 年国际大学图书馆协会召开的第 37 届年会上，专家学者对图书馆实体空间及学习空间作用等内容进行了广泛探讨并达成共识。

新媒体联盟发布的《新媒体联盟地平线报告：2017 图书馆版》[9]，重点对"反思图书馆空间""重视用户体验"等发展趋势加以关注。为应对这种趋势，报告提出建议认为，图书馆应当有效做好独立学习场所和协作学习场所双重角色的平衡，充分发挥空间服务潜能。

2019 年 4 月，美国图书馆协会（ALA）发布的《2019 美国图书馆协会状态报告》[10]指出，图书馆已突破了传统的以物理馆藏为中心的发展状态，积极融入智慧社区的趋势有助于证明图书馆适应新兴角色和环境的能力。

综上所述，国内外图书馆界对于未来图书馆的功能定位和发展认知已经达成不少一致性见解，大都认为图书馆应该尽快树立新型空间再造理念，抓住时代发展潮流，在挖掘、剖析读者真实的、多样化的需求基础之上，遵循空间设计原则，积极打造集学习、娱乐、研究、交流、创新和共享为一体的服务空间，从传统的"书本位"空间向现代的"人本位"空间优化和转型，以更加开放、包容的姿态拥抱新一代读者群体。

第四节　图书馆空间再造的原则

当前，图书馆进行空间再造涉及诸多元素，结合时代发展背景的特点，图书馆空间再造要基于科技和文化的有机融合、人文和自然的有机融合、时尚和朴素的有机融合、图书和空间的有机融合等要点，有序开展空间再造进程，并遵循以下几种原则，即培育紧随时代的空间再造理念、打造围绕读者需求的服务空间、创建独具特色的图书馆空间品牌等。

一、理念现代性原则

一个富有极强生命力的图书馆背后，往往折射出自身先进的服务理念。因此，图书馆首先应当培育紧随时代潮流的空间再造理念，与时代为伍，顺势而为。

第一，要培育"以人为本"的理念。一直以来，传统图书馆界大多秉承"书本位"原则对物理空间进行设计和布局，即持续不断地收藏海量规模的文献资源。另一方面，在许多读者印象之中，图书馆的空间被视为严肃安静、文献借阅、学习研究的"刻板"场所。随着图书馆空间服务功能的完善和丰富，已经逐渐发展成为具有较强灵活性和开放包容性的创新与共享空间。换言之，图书馆不仅是一个社会文化场所，同时已经成为城市中人们交流、娱乐的公共空间。因此，现代图书馆在空间设计上应当更多地体现人文关怀，从"书本位"的设计理念转变为"以人为本"的理念。这不仅体现出"关爱人"的特质，而且重要的是实现"发展人"的终极目标。

第二，要培育"场所精神"的理念。对于广大读者而言，图书馆空间既是摸得着的、看得见的实体，在精神层面也是极为关键的组成要素。图书馆空间所创造的独特场所与文化氛围相结合，可以将其称之为"场所精神"，即供读者亲临图书馆实现交流和创新、激发阅读兴趣、激发灵感的理念，其发挥的关键作用在于可以帮助读者拓展精神需求，提升自身的思维和认知境界。"场所精神"更是一种对读者发挥潜移默化影响的存在，图书馆重新设计的服务空间能够对读者的阅读心灵及思维境界发挥持续性的熏陶作用。

二、读者驱动性原则

读者用户是图书馆最重要的服务受众，更是赖以生存之基。图书馆精心打造的服务空间要直击读者的现实痛点，只有这样，才能更好地满足他们的多样化需求，增强其对图书馆的好感度与依赖性。

首先，图书馆应当注重读者的参与度，从空间的设计和布置，到设备、家具的摆设，再到纸质刊物的呈现等环节，都需要遵循读者驱动性的空间设计原则。在此之后，还需要全面、真实地了解读者的切身需求，精准把握不同图书馆在空间设计定位上的差异，进一步整合不同类型的文献资源，建立用以满足读者需求的社交及共享空间，以便更加深刻地加深对图书馆空间本质的认知，充分挖掘现代图书馆空间再造的潜在价值。最后，阅读空间的配置要注重用户体验，基于需求多样性的特点，可为读者布置多种类型的阅读空间，比如研讨间、交流室、独立自习间等。与此同时，通过配备贴心、方便灵活的硬件设施也能促进读者的体验满意度，具体措施包括，配备最新潮的电子阅览设备、灵活的物品储存箱、人性化的雨伞收集架等。

三、品牌运营性原则

在遵循培育先进的空间再造理念和围绕读者需求打造服务空间两个原则之后，图书馆还应该在不断积累实践经验的基础上，组织专门团队和人员创建具有较高公众认知度的代表性空间文化品牌。

在最开始，图书馆应当明确自身的空间及服务特色，主动参与到社会文化的建设体系之内，摒弃传统的"刻板"思维框架，摸索图书馆在阅读空间、服务空间中取得的经验，创建体现图书馆自身特色的、备受读者群体追捧的空间服务品牌。在这之中较为受人们认可的特色品牌有，位于新加坡的中央图书馆所建立的"我的树屋"，以及乌兰地区图书馆专为儿童设计的"阅读乐园"等，已经成为特定读者群体生活中不可缺少的空间服务品牌。通过创建人民群众喜闻乐见的文化品牌活动，能够充分激发读者的阅读与学习兴趣，助推图书馆阅读推广及相关活动得到广泛开展。同时，对于已经创建的、反响热烈的空间服务品牌，图书馆要采取积极有益的措施维护品牌的长期运营，形成空间品牌活动的常态化和周期化，比如定期策划并进行文化展览、名家讲座、创客交流会等活动，扩大空间服务品牌的推广面，提升曝光力度，增强读者对相关空间服务的参与黏度，进而推动实体图书馆向集合学习、研讨、交流、娱乐等要素的多维度方向拓展。

第五节　国外图书馆空间再造实践

为吸引用户走进图书馆并利用其资源，图书馆开始对馆内藏书的存储方式和实体空间的利用方式进行重新思考，由此催生了图书馆的空间再造运动。

经调查，国外学者关于高校图书馆空间再造的研究与实践主要侧重于以下几个方面：（1）图书馆空间发展。如 Chan（2014）认为未来的图书馆空间具有"学习空间、研究空间、合作学习的社会空间、文化空间、创新空间、灵活空间、开放平台"的特点；在物理和虚拟空间之间的选择不是排他性的，通过创造性的平衡可以相互补充。[11]（2）空间规划研究。如 Choy 和 Goh（2016）认为今天的图书馆是一个多用途的场地，以促进和支持大学的学习、教学和研究活动；他们开发的新加坡南洋理工大学图书馆空间框架由四部分组成：协同空间、安静学习空间、互动空间和社区空间。[12]（3）空间模型研究。如 Cunningham 和 Tabur（2012）提出了建筑师与图书馆员在图书馆空间设计时考虑用户需要使用的模型。在这个模型中，金字塔的最低层次即访问、联系和用户的活动，表明的是图书馆用户的最基本需求；金字塔的第二层次是舒适、图像和社会；金字塔的顶端是安慰和感觉，是最高层次的属性，代表理想的学习空间。[13]（4）图书馆空间评价。如 Deakin 大学的 TEALS（Tools for Evaluation of Academic library Spaces）项目引入标准质量管理中的相关概念，设立了空间形象、入口特征、功能性、便捷性等 10 条具体的评价标准，并设立了一系列便于理解和操作的评价指标。

空间再造已成为图书馆转型发展的主要内容之一。鉴于国外图书馆空间再造的实践案例较为丰富，对其空间设计和再造的实例进行调查分析，并总结经验，有利于为我国图书馆空间再造实践提供参考。为此，本节选取了国外图书馆具有典型特色的案例进行介绍分析，通过管中窥豹的方式，了解国外图书馆在阅读空间设计和改造方面的创意和特色。

一、国外公共图书馆空间再造典型案例

（一）芬兰托勒图书馆

根据芬兰法律，市政图书馆必须为公民学习、工作以及业余时间和公民活动提供空间。为了最大限度地满足广大用户的需求，芬兰托勒图书馆图书馆于2014 年至 2016 年进行了重大翻新建设，于 2016 年 8 月 20 日重新开放。如今，该图书馆已转变为一个集社交、阅读、创作、休闲为一体的多元化空间。空间改造变化最大的是一楼和四楼。一楼入口大厅经过重新设计，成为一个非正式

的休息区。新开设了 4 个小组会议室，1 个新的展览空间，包括适合儿童使用的小型展品的空间，还设有一个玻璃柜，用于展示不同种类的收藏品。以前的儿童区域变成了萨图皮哈故事院，专门为儿童而设。二楼的展览空间用于免费展览各种艺术品，每期展览时间为两到三个星期。三楼提供了几个团体活动空间，可用于工作或学习，以及会议或聚会。四楼的音乐区域由青年文学和漫画区域合并而成，提供了弹奏数码钢琴和电鼓。四楼的游戏室可容纳 3 人，并配有 PlayStation 4、Xbox One 游戏机以及 PlayStation VR 耳机。此外，改造后的图书馆还在其地下室创建了 Kerhotila 空间，该空间可容纳 14 人，适合举行会议或聚会，以及小团体的工作或学习。

经过改造后的托勒图书馆有团体会议室、小组研讨室、儿童活动空间、展览空间、音乐欣赏区域等多元化空间，受到了广大公民的欢迎。图书馆用户可以根据需求利用各类空间及其服务，还可参加图书馆组织的各类活动。此项翻新工程对托勒图书馆的空间进行了大改造，满足了当代图书馆活动的需求。

（二）德国科隆市立图书馆

德国科隆市立图书馆是德国公共图书馆空间再造实践的代表性案例。该馆经过改造后，成为一个充满活力的现代空间，并成为当地社区的"第三场所"，也因其独特的创意在国际上一举成名。科隆市立图书馆重塑了图书馆的建筑结构，在馆内设置了饮食区以及舒适的休闲区域，以营造新型的阅读环境。在图书馆负一层设置文化橱窗，提供用于互动交流的触屏设备，读者可以在触屏设备上选择自己感兴趣的内容，为图书馆的服务评分或进行线上交流等。重整之后的音乐室添置了钢琴、电子吉他和电子琴等设备，电子吉他可供外借，电子琴上配有程序，让读者可以自行谱曲；读者可以自己动手，将黑胶唱片进行电子化。科隆市立图书馆还设立了独立的创客空间，供读者学习新技术，鼓励年轻人通过创造性的游戏和互动来学习，参加各类创客活动，如 3D 打印、青少年电子工作坊等。创客空间让科隆市立图书馆成为城市的创意中心，让创意成为图书馆服务的新动力。同时，针对极客文化成为潮流这一现象，该馆还推出"极客@科隆"（Geeks @ cologne）计划，开展了一系列科技和网络文化活动。还有其他的动手项目：平板电脑作画编曲、博客工作室、手工作坊、Arduino 电子手工作坊、i Movie 电影制作、网页制作等。如今，经过空间再造后的科隆市立图书馆已经转变成一个共享的空间，图书馆用户可以获得新的体验、创意、更深入的学识，了解社会凝聚力或简单地享受非商业和友好环境带来的舒适感。

（三）美国黑斯廷斯公共图书馆

位于内布拉斯加州的黑斯廷斯图书馆始建于 1962 年，对其进行返修和扩建使得这座老旧的建筑重新获得光亮，曾经昏暗的图书馆如今已经成为这座城市中心地区的教育灯塔。最初，这座占地约 29000 平方英尺的建筑拥有 60 年代的多种气息：稀疏的自然光、低效率的系统和随处可见的石棉制品。可通往图书馆的唯一入口是一条相邻的小巷，读者需要爬上台阶才可进入图书馆，馆内共有三层，最底层被当作存储室，禁止公众进入。

为了更好地改造图书馆，设计团队制定了相应的计划来解决安全性、可访问性、技术和能源效率等问题。图书馆南北两侧的扩建面积增加了 2554 平方英尺，主入口被重新安置在图书馆的西南角，读者进入不再需要上台阶，建筑的整体外观得到大大改善。图书馆的正面也营造出了一个新的、充满活力的形象。经过重新设计的图书馆空间有了更高的可参观性，并且有一整层专门为年轻读者提供馆藏，这一层的空间充满活力、通风良好，拥有当今时代的技术气息。过去无法进入的最底层现在也被改造成约 3000 平方英尺的灵活空间，可作为众创空间、多功能空间、存储空间和档案馆使用。一系列简单又清晰的方式将图书馆空间联系在一起，为图书馆赋予了新的身份。可持续发展对提高老龄图书馆的性能来说至关重要，设计团队利用建模软件来确定最佳的节能方案，通过对多种方案进行探索和比较，最终选用了 1 个单一的变速燃气机组代替了 10 个噪声大、效率低的设备，室内装修材料也选用低挥发或无挥发性的有机化合物或是木材。

（四）智利 Constitución 公共图书馆

Constitución 公共图书馆位于智利沿海小镇 Constitución。2010 年智利发生8.8 级大地震，其中 Constitución 小镇受损最为严重，灾后重建工作十分紧迫。Constitución 公共图书馆是政府与民间合作的灾后重建计划的一部分。因为Constitución 是智利最大的木材生产地，拥有最高品质的木材原料和木材加工手艺，所以新建的图书馆除了防火墙采用了暴露在外的混凝土材质外，整体采用木质结构，打造原始自然质感，建筑体由松木压层预制而成。为了增加室内空间的韵律感，也为了让建筑的建造过程更易被人们所理解，木梁和支柱尽可能清晰可见。以白色清漆粉刷的木材表面不但强化了空间的亮度，也营造出了整个空间和馆内家具之间的和谐关系，图书馆其他的颜色都是参照广场中树木和叶子的颜色而定的。

重建后的 Constitución 公共图书馆由三个主体量组成，包括儿童区、成人区、青少年区。改造过程中，建筑师首先将图书馆地面整体提高 1.6 米，以求在馆中能够眺望到馆前广场中的千年古树，满足当地居民的意愿；其次，图书馆整体由三个连接在一起的网状木质中殿结构的建筑区域组成[14]，三个区域分别对应儿童区、青少年区和成人读者区域。建筑大面积地使用玻璃以增加采光面积，落地式窗户与室外产生视觉联系，宛如三个玻璃箱。最后，为了增加图书馆的公用性，在三个建筑的立面设置突出的窗檐，下雨时可起雨檐的作用。窗檐下修有长椅，为行人提供片刻休息之地。Constitución 公共图书馆作为灾后重建的公共建筑，充分展现了图书馆公益性质，满足当地居民的精神生活，以另一种方式重建着小镇。

（五）新加坡乌兰地区图书馆

新加坡公共图书馆在空间设计和改造上，依照各个馆的特性进行调整，提供适宜恰当的服务。如新加坡最大的公共图书馆——乌兰地区图书馆，坐落于购物中心内，在空间设计上运用自然和环境的主题营造出优雅的内部环境。踏进馆内映入眼帘的是一道由二楼直泻而下的水瀑，咖啡座就在门边，落地窗前为音乐欣赏而摆放着舒适的沙发，空间宽敞明亮。结合透明玻璃隔段设计，既具有穿透性且体现设计美感，充分运用空间布局来营造图书馆的阅读氛围。[15]该馆第四层的儿童阅读区特别设计成为"阅读乐园"，为家庭亲子阅读提供了一个有利的环境。银发族资讯中心（Silver Infocomm Junction，SIJ）是针对 50岁以上的人群规划和设计的学习和阅读空间，提供计算机基础知识和技能培训、社交网络与数字资源培训等的学习空间。

二、国外高校图书馆空间再造典型案例

（一）英国兰卡斯特大学图书馆

兰卡斯特大学图书馆于 1997 年向西扩建，2016 年完成图书馆的空间再

造，主要对图书馆内部空间进行了全面翻修。如中庭通过设置玻璃屋顶增强了馆内自然光线；建设的观赏画廊可以举办各类作品展览等。该馆楼梯的外部镀有黄色玻璃，与百叶窗式的天花板形成鲜明对比。再造后的图书馆空间面积达14500平方米，其书架容纳了该校超过80万册的藏书，打造了适合21世纪的先进学习空间。除了改造图书馆内部空间，该项目还改建了图书馆的外观，并在图书馆入口处增加了大块玻璃，使图书馆建筑清晰可见。经过空间再造的兰卡斯特大学图书馆为用户提供了一个灵活的、启发性的、有技术支持的空间环境，其中包含一系列个人和小组工作空间，以支持不同的学习风格。该大学的学生和教职员工对这个现代化的图书馆感到非常满意，它符合最高的设计标准和用户的现代需求，是高校图书馆空间再造实践中较为典型的案例，值得参考借鉴。

（二）荷兰阿姆斯特丹自由大学图书馆

阿姆斯特丹自由大学图书馆（以下简称自由大学图书馆）空间再造案例由于特色鲜明，被收入到 OCLC 博客里。为满足用户的多元化需求，自由大学图书馆采取措施改善及拓展图书馆物理空间，具体服务空间如下：（1）合作工作空间：共64个，包括小组研讨空间。每个空间都配有储物柜、插座、多媒体设备等。（2）个人学习空间：1000多个，设计安静区和密语区学习空间，目的是满足用户对安静学习的私密性及其交流互动的协同性需求。（3）电脑工作站：配有电脑，设有无线网络、复印及打印设施。（4）阅览室：有丰富的文献；空间内部设计将图书文化与艺术景观融为一体，突显了图书馆的人文环境和氛围。（5）休闲学习空间：包括正式休闲区及非正式休闲区，满足读者学习与休闲娱乐的需求。（6）媒体共享空间：按照功能及服务对象可划分为教学室、项目室、研讨室、创客空间、音频制作室、视频制作室等。媒体共享空间是特殊体验数字、创造和学习的地方，是"自由大学图书馆不同于荷兰其他高校图书馆的最大亮点，引领着荷兰高校图书馆技术与媒体共享空间的发展。（7）图书馆实验室：是2017年开始筹建并将持续建造的数字学术空间，配有台式电脑、笔记本、大规模显示与监视设备、VR 教育系统、视频剪辑设备及视频会议传讯等新技术设施。其空间职能是为图书馆与互联网、研究所等利益相关机构合作，开发并管理数字学术设备及工具，为全校师生提供一切学术研究支持。

（三）美国华盛顿大学图书馆

华盛顿大学位于美国密苏里州圣路易斯市，始建于 1853 年，是美国 9 所"新常春藤"名校之一。该校图书馆分为 12 个学科图书馆，其中的 Olin 图书馆占地 197000 平方英尺，包括阅览室、学习室、休息室、研讨室、咖啡屋、A/V 演播室等空间结构。整个图书馆共有 5 层，其中 B 层学习环境最为安静，主要存储特藏文献，A 层包括阅览室和电脑房，一层为入口层，包括服务台和咖啡屋，二层拥有最多的开放式座位和讨论室，三层视野最好，有大量历史社会类书籍，包括描写中国的英文书籍。对于不同楼层和功能空间有详细的规定，部分空间鼓励交流和举办活动，其他空间则要避免谈话并减少产生噪声的活动。[16]

作为学校主图书馆，Olin 图书馆位于学校的中心位置，白色的外观在学校整体的复古建筑群中显得非常突出。2004 年该馆进行过一次大规模翻修，包括新建、装修和增加基础设施，馆内面积、电脑和座位数量都有所扩大。依据对用户空间满意度的调查结果，Olin 图书馆在 2014 年又进行了一次翻新，增加了 40% 的面积，新增了 17 个研讨间和 80 个座位以及一些座椅等新家具，希望可以给师生提供更多的位置和电源插座、更多的收藏空间和更多的馆藏。2019 年，华盛顿大学图书馆公布了最新的战略规划，在图书馆环境方面的战略方向为"提供动态空间和服务，以满足不同的学术需求"，其目标是优化学习、教学、研究和写作空间，给有特定需求的使用者提供专属空间，并对这些空间进行更加合理的布局，同时开发和实施支持教师研究和教学生命周期的基础设施和专业知识。

（四）加拿大卡尔加里大学图书馆

卡尔加里大学是一所位于加拿大艾伯塔省卡尔加里西北部的研究型大学，它的前身是阿尔伯塔大学卡尔加里分校，该校图书馆包括商业馆、军事馆、健康科学馆等多个分馆。其中的泰勒家庭数字图书馆（TFDL）于 2011 年开放，是卡尔加里大学的主要图书馆，这座兼具创新性和可持续性的图书馆建筑可与北美其他优秀建筑相媲美，是北美技术最先进的图书馆之一。设计团队为其设计了不锈钢网格立面，对整个建筑起到了保护作用，而且看上去十分美观，其中提供遮阳作用的网格金属立面百分之百利用再生材料，成为整个设计中的环保亮点，达到了 LEED 的金级评分标准。网格金属立面减少了核心部位的玻璃建筑的阳光直射，降低了眩光率，也具有美观的效果，这种遮阳网格具有自张力系统，并将网格的末端收在管子里，使得整个立面干净而时尚。[17]26.5 万平方英尺的建筑中除了图书馆和档案室，还有学术辅助空间，成为卡尔加里大学校园中的核心教育中心。

和其他新建的或改造过的高校图书馆一样，该馆很重视馆内空间的功能多样化。除了创客空间、多媒体活动室、可预约的团体会议室等常见功能外，图书馆还设置了虚拟现实体验中心和展览馆。师生通过预定可以体验图书馆配备的两套虚拟现实系统，在图书馆里就可以享受潜水、与鲨鱼共同在海中游泳的美妙，科技感十足。尼克画廊位于图书馆的第一、二层，于 2012 年 10 月正式开放，其前身是一家大学博物馆，该区域主要用来展示现代和当代艺术作品、古代硬币和现代纸币以及以亚洲地毯为代表的纺织品。[18]

（五）新加坡南洋理工大学图书馆

南洋理工大学图书馆（Nanyang Technology University Library，简称 NUT）共有 8 处馆舍，为本校不同学习需求的师生提供了多元空间与环境。2010 年，NUT 对本校李伟男图书馆和商学图书馆实施了空间再造项目，新建相同规格的车厢式的小型讨论空间、录音室等，打造学习共享空间。[19]2016 年起再次对李伟男图书馆进行升级改造，新改造后的空间包含 5 个区域：协作中心、活动中心、电子书长廊、数字工作以及展览空间。协作中心采用更加符合人体工学的设计方案，在二层新建大小不同的半开放厢式圆形隔间；不同形状可灵活组合的 U 型、条形书桌形成开放式授课区。休闲交流区一改传统的以提供书籍为中心的封闭型知识信息传递方式，转换成为开放型的多功能信息服务空间，将学习共享空间进一步升级为协作社交空间。改造后的协作社交空间被赋予不同"科学探索"的主题，以此激发用户对未知事物的探索精神。[20]图书馆顶层被建设成安静学习空间，大型公共学习桌和带有挡板的个人学习桌靠窗而置，既充分借助了自然光，又保证了个人学习的私密性。半圆形露天剧场风格的阶梯用于举办大型讲座和个人笔记本工作空间。科研展台与电子互动屏幕相呼应，强调双向沟通而非单向输出，为推动师生科研准备提供交流讨论的空间。超大的电子滚动屏实时展示 800 万本馆藏，新增电子工作区，提供多屏幕、电子设备及专业学习软件。[21]再造后的各空间设置明显的空间分割标识和隔音设施，有效避免了不同类型空间的相互干扰。

（六）日本东京大学图书馆

东京大学图书馆在日本文部科学省的指导下，将空间再造纳入战略规划，稳步推进空间再造的实践。东京大学规划从 2012—2018 年设计建造新馆，同时对老馆内部进行全面现代化改造，完成后新老馆舍共同组成新图书馆。新图书馆的目标是建设与实施学术共享空间（Academic Commons）。空间再造后，东京大学图书馆分为地上学习区和地下学习区两部分[22]。在图书馆的主广场下方建造三层地下新图书馆，地下负一层建有"图书馆学习广场"，内设有小型会议空间、学习辅导空间和大型活动场地等协作交流场所，满足学生和教师的个性化交流与学习辅导，特色海报与优秀作品展；地下负二层和负三层具有高抗震，可容纳 300 万册藏书，拥有自动传输系统，可自动将书籍传送至老图书馆，可在老图书馆一层柜台接收地下藏书资料。此设计用以减轻地上老图书馆的空间藏书压力，使其空间重构。地上图书馆内部空间再造后，一层在翻新的同时保留了原有的场所功能，继续作为举行讲座典礼等活动的开放式场所，设置新书一角，最大限度地提高新书利用率。二层支持印刷出版活动，设有新闻报刊阅览室。[23]除此之外，二层和三层均作为日常学习空间，利用高天花板的优势，缩小藏书横向占有空间，建有中央书架，将空间还给用户，打造宽敞明亮之感。顶层藏有大量亚洲研究原始学习资源和珍贵藏书，功能定位于高水平亚洲研究图书馆。虽然多次装修，东京大学图书馆仍保持顶部天花板与支柱的岁月风格建设，富有平静的气氛。

三、国外图书馆空间再造的特点

图书馆空间再造是新时代图书馆转型服务模式、提升服务效率的重要途径之一。图书馆是知识分享的重要平台，人们除了重视对图书馆信息资源的利用，更多的开始关注图书馆的空间利用。公共图书馆在空间改造、布置、利用方面越来越重视内部空间结构的合理开发、空间功能的多样性以及空间利用的人性化，无论是设备布局、区域划分还是色彩搭配、物品配置都尽可能贴合美学原则。在功能拓展上表现得更为明显，咖啡屋、会议室、创客空间几乎成为公共图书馆新建或改造的标配。除了内部要温馨舒适，外部也越来越追求几何造型和人文视觉效果的完美表达，善于将图书馆的整体设计与周围的环境、城市的文化色彩相融合。与此同时，在设计或改造图书馆建筑时，更重视对环境的保护，优先利用环保材料，尽量利用自然采光、选择更加节水的设计方案，追求美观实用与节能环保相统一，保证图书馆的舒适美观与自然环保。

通过国外公共图书馆空间转型和再造的实践可以看出，不少图书馆进行许多探索和尝试，将图书馆服务理念从"以书为工作对象"转变成以"以人为工作对象"，以用户需求为导向，扩大自主学习空间，增设个性需求空间，突出技术体验空间，建立创客/极客空间，美化视觉感官空间，开辟少年儿童空间，灵活布局空间设施设备，丰富新空间的服务内容与手段等，为用户提供了更好的阅读体验、分享交流、实践创作的空间，开展讲座、培训、展览，提供演出、电影和音乐欣赏，支持创新和创意等，努力成为市民休闲阅读、人际交流和激发创新的场所。

国外高校图书馆空间建设和改造越来越重视场地的多元化利用和整个空间建筑的环保性能。作为学校的信息集聚地，高校图书馆在重视信息共享的基础上开始重视空间的共享，包括学习共享空间、数字媒体共享空间等多种形式。在布局方面也更加关注美学原则和师生的切实需求，追求动静结合："动"为适合讨论交流，举办活动的场所；"静"为学习阅读的场所。除此两类外，还多配有咖啡屋、休息室、音乐室等空间。在全球对绿色环保的重视下，越来越多图书馆的建筑规划开始进入节能环保理念阶段，从用水、采光、绿色屋顶等多个方面入手，将环保理念付诸实践，绿色环保建筑也愈来愈普及。

第六节　我国图书馆空间再造实践

大数据时代，数字化资源的丰富性与易得性，突破了图书馆物理实体的阻碍，改变了用户资源利用的方式，使读者随时随地获取资源成为可能。图书馆实体建筑不再只是一个藏书借阅的空间，用户对它的要求不断提高，图书馆空间再造刻不容缓。

一、公共图书馆空间再造实践

2005 年信息共享空间概念的引入，对图书馆传统的空间布局来说既是机遇又是挑战。作为满足民众文化需求的重要场所,读者对其空间的建设和再造提出了更高的要求,因此公共图书馆空间再造势在必行。笔者按地区对我国大陆 31 个省级图书馆空间建设情况进行调研,以此了解我国省级图书馆空间功能分区以及设施设备的建设服务情况。

(一)省级图书馆空间再造现状

华北地区共有 5 所省级图书馆,分别为首都图书馆、天津图书馆、河北省图书馆、内蒙古自治区图书馆以及山西省图书馆。5 所省级图书馆在空间再造方面发展态势较好,空间类型丰富,能够体现地区特色。对比 5 所省馆,天津图书馆与河北省图书馆的空间类型及服务更胜一筹(详见表 4－1)。通过调查可知,5 所省馆均设置了较为常见的电子阅览空间、展厅、报告厅等,部分省级图书馆还根据不同的人群,为其设置了不同的空间,如首都图书馆[24]专门为儿童青少年设置了专门的多媒体空间和舞台,天津图书馆[25]为老人、少儿、视障人士设置了专门的服务空间,河北省图书馆和山西省图书馆[26]专门为少年儿童与视障人士开辟空间。此外,华北地区的 5 所省级图书馆在空间建设上还突出了地区特色,如内蒙古自治区图书馆[27]设置了草原印象展厅,用来承接各种展览业务,首都图书馆、天津图书馆以及河北省图书馆设置了地方政府信息空间查阅中心,以方便读者查询所需的政务信息。除此之外,首都图书馆还为读者设置了书店、咖啡吧等;天津图书馆设置了"书香缘"专门为读者提供饮料、休闲食品外售,提供书籍阅览和休憩座位;河北省图书馆除设置了休闲咖啡吧外,还为读者提供了读者餐厅。可以看出,省级图书馆在空间再造时更加关注读者需求,以满足读者需求为空间再造的导向。

表 4－1 华北地区部分省级图书馆空间再造现状

图书馆	空间名称	设备及服务
天津图书馆	展厅	对外承接各种公益性文化展览
	老人、少儿、视障读者服务区	为少儿、老人以及视障读者提供多种形式开架外借及阅览服务;存有盲文图书、音频资料,配备助盲设备 6 台。
	报告厅	向读者开展大型讲座、培训及演出活动的主要场所。
	书香缘	提供饮料、休闲食品外售,提供书籍阅览和休憩座位。

图书馆	空间名称	设备及服务
天津图书馆	音乐欣赏区	提供各种类型 CD 资料，配 CD 播放器和极致 HIFI 耳机。
	音乐讲座室	定期举办乐理知识讲座、音乐作品鉴赏讲解、小型室内乐演出等活动，配备有专业音响设备、施坦威三角钢琴和大型投影屏幕。
	数字资源服务区	为读者提供数字文献资源的浏览、查阅及下载等服务。
	政府信息公开查阅服务中心	为公众提供政府公开信息的查阅、打印、复印等服务，同时提供部分公报的赠阅服务。
	会议厅	配备会议桌、影音播放系统、白板、视频会议系统、无线会议系统。用于培训及讲座，会议及音视频演示等活动。
	多媒体演示室	配备影音播放系统，包括投影机、投影幕布、壁挂音箱、无线话筒等，用于音视频资源演示、培训及小型会议活动。
	影视资料欣赏区	提供馆藏 DVD 光盘的教学、娱乐欣赏视听服务，共配备 32 套欣赏坐席及 32 寸高清显示器和蓝光 DVD 播放器。
河北省图书馆[28]	无障碍服务中心	提供盲文书刊和有声读物借阅、视障辅助阅读设备使用、盲文打印、送书上门、轮椅等专门用品使用等服务。
	儿童活动区	提供低幼（3—6 岁）读物借阅、益智游戏、手工制作、亲子活动及小型读者活动等服务。
	少儿多媒体阅览	少儿多媒体视听、网络资源浏览、电子文献借阅服务。
	开放式展厅	举办各种主题展览活动。
	冀图书友会馆	开展新书推荐、新技术与数字资源体验、专业用品展、书评与读书交流等活动。
	读者餐厅	读者及图书馆员工用餐。

（续表）

图书馆	空间名称	设备及服务
河北省图书馆[28]	多媒体电子阅览	提供电子文献借阅、数据库查询、网上阅览、多媒体及视听文献阅览等服务。
	多功能厅	公益讲座、学术报告、公益培训等服务场所。
	演播室	音视频文献播放服务。
	研讨室	为读者提供小型研讨活动空间。
	休闲书吧	提供咖吧服务和休闲式书刊阅览服务。
	教育培训区	读者利用图书馆培训、图书馆业务培训、其他公益性培训。
	信息公开查阅中心	提供河北省政府及各行政机关公开信息查阅、复制服务。
	学术报告厅	公益讲座、学术报告、公益培训等服务场地。

华东地区有 7 所省级图书馆，包括上海图书馆、南京图书馆、浙江图书馆、山东省图书馆、福建省图书馆以及江西省图书馆。其中上海图书馆与南京图书馆在空间再造方面发展较好（详见表 4－2）。通过调查可知，7 所公共图书馆在空间再造方面都切实考虑读者需求，根据不同的人群开辟不同的服务空间。7 所公共馆均为少年儿童开辟活动空间，其中南京图书馆还将 0 岁到 15 岁的少年儿童分成三个年龄段，开展针对性服务。此外，山东省图书馆[29]还专门为外来务工人群提供专门的服务空间。省级图书馆在进行空间再造时，还充分考虑了本地特色。南京图书馆[30]为此设置了六朝遗迹展示区和江苏作家作品馆，其中六朝遗迹展示区是六朝时期梁朝建康城遗迹，故南京图书馆将部分遗迹用玻璃地面保护起来，制作成以"湮没的皇宫"为主题的特殊展示厅；江苏作家作品馆则是将本地的名人名作收集起来，以供展览和查阅。福建省图书馆[31]也专门开辟了闽图大学堂，用来举办公益讲座，开展阅读推广活动。为弘扬中华优秀传统文化，南京图书馆设置的国学馆和十德堂，成为继承创新国学的新阵地。南京图书馆还另辟蹊径，联合南京市新华书店、南京凤凰国际书城，共同开展"陶风采"——你选书、我买单活动的大本营——惠风书堂。

表4-2 华东地区部分省级图书馆空间再造现状

图书馆	空间名称	设备及服务
上海图书馆[32]	网络学习室	上网浏览、收发电子邮件、打印下载、因特网资源检索等。
	咖啡吧服务区	有线网络、无线网络。
	盲文阅览室	盲文图书、视听资料。
	新阅读体验	数字阅读终端、IT软件学习类图书、馆藏数字资源、上海图书馆试用数字资源。
	创新空间	创意类文献、多种载体的专利、标准、科技报告文献和检索刊物。
	放映室	馆藏视听资料。
	VOD点播室	部分馆藏视听资料、"文化共建共享工程"、"上海数字文化网"、"上图讲座"等视听资源。
	音乐欣赏室	馆藏视听资料。
南京图书馆	晚间阅览室	周二—周五17：30—21：00为读者提供阅览服务。
	会展区域	六朝遗迹展示区、多功能厅、展览厅、学术报告厅。
	视障人图书室	提供盲文书刊、有声读物的阅览、外借（上门）和复制服务，含视障人专用电脑上网、盲文打字、助视仪、听书郎等服务。
	南图文创艺术中心	是融合了文创产品销售、儿童文创品体验、茶水吧、画廊展销、休闲雅座等功能的开放式混合空间。
	南图少儿馆（7—15岁）	提供少儿图书、报纸阅览、网上冲浪、多媒体欣赏等服务，并适时举办各种少儿活动。
	南图少儿馆（4—6岁）	各类绘本、拼音、学前教育、幼儿教育类书刊借阅，并适时举办各类亲子少儿活动。
	南图少儿馆（0—3岁）	设有"童创童话""亲子阅读""DIY制作""森林故事会"和室外活动区等功能区，并配备母婴哺乳室和儿童卫生间。
	江苏作家作品馆	提供馆藏祖籍江苏或出生江苏或在江苏工作过的著名作家的文学作品，以及由此改编拍摄的影视戏剧作品的查阅服务。不定期举办名家讲座、作者新书见面会、作品赏析会等活动。承担江苏作家、作品电子档案的建立及查询服务。

（续表）

图书馆	空间名称	设备及服务
南京图书馆	惠风书堂	集借阅、购书、休闲于一体，这里不仅有"图书馆＋书店"、还有"图书馆＋文创"、"图书馆＋咖啡休闲吧"。
	多媒体欣赏室	集视听、观影、数字体验、研习于一体的现代化图书馆的重要组成部分。
	和畅文苑	和畅文苑是本馆为读者个性化阅读体验的场所。本室设有自修、创意、朗读、研讨、体验和过期报纸查阅等功能区。
	国学馆	集服务、展览、活动、交流及研究等多项职能于一体。
	电子阅览广场	免费提供 Internet 访问，数据库、电子书刊、全国文化信息资源共享工程资源的查阅服务，以及多媒体应用（VOD 视频点播、音乐欣赏）等服务。

华中地区共有 3 个省级图书馆，河南省图书馆、湖北省图书馆和湖南图书馆。通过调查可知，在图书馆空间再造方面，湖北省图书馆与湖南图书馆发展较好（详见表 4－3）。从服务人群上看，湖南图书馆[33]为老人、盲人、儿童以及女性设置了专门的阅读空间；湖北省图书馆还为专家、学者设置了专家阅览室，提供专门用于科学研究的场所，此外还为少年儿童设置了玩具屋，为少儿读者和家长提供亲子活动场所。从类型上看，湖南图书馆还设置了弘扬中华文化的国学堂。

表 4－3　华中地区部分省级图书馆空间再造现状

图书馆	空间名称	设备及服务
湖北省图书馆[34]	盲文图书馆	收藏盲文图书、盲文期刊，以及供盲文读者使用的有声读物。
	信息咨询区	陈列工具书和标准文献，设专家阅览室。开展信息咨询工作。
	专家阅览室	为专家、学者利用馆藏文献资源，开展学术研究活动服务。

（续表）

图书馆	空间名称	设备及服务
湖北省图书馆[34]	影视观摩厅	为读者提供免费电影欣赏服务。
	亲子玩具屋	为少儿读者及其家长提供娱乐体验、互动交流、学习培训。
	展览厅	举办各类展览活动。
	报告厅	举办公益讲座、学术报告、会议等活动。
湖南图书馆	老年借阅室	为老年人提供借阅服务。
	盲人图书室	为盲人提供视听服务。
	女子借阅室	为女子提供专门的借阅服务。
	国学堂	
	电子阅览室	为读者提供数字文献资源的浏览、查阅及下载等服务。
	数字体验区	
	少儿图书室	为少年儿童提供服务。

华南地区拥有广东省立中山图书馆、广西壮族自治区图书馆以及海南省图书馆3所省级图书馆。3所省级图书馆的空间再造现状发展较好（详见表4-4）。其中广东省立中山图书馆地处广州，鉴于广州市图书馆与广州市儿童图书馆发展较好，故省馆未再根据人群划分服务区域，更多的是提供多媒体设备服务。广西壮族自治区图书馆和海南省图书馆从人群上划分了少年儿童区、低幼儿童区以及残障人士区。从类型上看，广西壮族自治区图书馆开辟了文创空间与汽车图书馆，海南省图书馆根据本地色特建设了热带植物图书馆。

表4-4　华南地区部分省级图书馆空间再造现状

图书馆	空间名称	设备及服务
广东省立中山图书馆[35]	视听阅读区	为读者提供音像资料阅览，藏有 VCD、CD、DVD 光盘4万种。专区内配有电脑一体机、显示器和 DVD 播放机。
	多功能报告厅、会议室、展览厅介绍	拥有配置齐全的会议设施和展览设备，并可提供配套的专业服务。是开展商务会议、新闻发布、项目签约、高端培训、行业沙龙、学习讲座、产品发布会、客户联谊会、企业内训会、书画展览和其他个性化群体活动的场所。

（续表）

图书馆	空间名称	设备及服务
广东省立中山图书馆[35]	新媒体阅读区	为读者提供通过触屏方式阅读电子报纸、电子期刊资源库而建设的电子阅读平台。
	数字空间	查阅和下载电子资源。
广西壮族自治区图书馆[36]	文创空间	
	少儿电子阅览室	为少年儿童提供电子阅览服务。
	多功能厅	
	数字资源体验区	数字资源体验空间。
	低幼儿童阅览室	为低幼儿童提供图书借阅服务。
	汽车图书馆	
	少儿书刊阅览室	为少年儿童提供图书借阅服务。
海南省图书馆[37]	音乐视听阅览室	视听阅览空间。
	热带植物图书馆	
	视障阅览室	为视障人士提供阅览服务。
	少年儿童馆	为少年儿童提供图书借阅服务。

东北地区共有黑龙江省图书馆、吉林省图书馆以及辽宁省图书馆 3 所省级图书馆。通过调查可知，3 所省级图书馆的空间类型较为相似，多为少年儿童和特殊人群开辟活动空间，其中吉林省图书馆与辽宁省图书馆发展较好（详见表 4-5）。吉林省图书馆在对少年儿童的服务上是以 6 岁为线，建设服务区域。辽宁省图书馆则在形式上丰富少年儿童的服务，不仅为不同年龄的儿童设置阅览室，还为其设置了魔幻数字体验区、玩具体验馆、多媒体阅读区及家长休息区，不仅丰富了儿童的互动空间与活动形式，还充分考虑到家长的需求，为其设置休息区。

表 4-5　东北地区部分省级图书馆空间再造现状

图书馆	空间名称	设备及服务
吉林省图书馆[38]	少儿阅览室	为 6 岁以上小读者提供图书借阅服务
	低幼阅览室	为 6 岁以下小读者提供图书借阅服务。
	少儿活动室	定期举办各类少儿活动。

（续表）

图书馆	空间名称	设备及服务
吉林省图书馆[38]	数字体验区	陈列设备免费体验服务、电子书借阅机电子文献借阅服务等。
	电子阅览室	提供互联网信息浏览、政府信息查阅、馆藏数字资源查阅等。
辽宁省图书馆[39]	少儿天地	少儿服务区设少儿阅读区、幼儿阅读区、魔幻数字体验区、玩具体验馆、多媒体阅读区及家长休息区6大主题区域和少儿国学坊、少儿阅读两个主题活动室。提供玩具体验馆里的各类玩具、魔幻数字体验区里6米长、2.5米宽的雷达式触摸涂鸦墙、7米长的3D动画互动地面游戏、4台box–360度体感游戏以及有声音能讲解的投影书。
	24h 自助图书馆	阅读空间分为三个区域：阅读休闲区、自助借还区和藏书区。
	展览展示厅	铝板木纹墙面、立体画面墙、LED电子展示屏、投影、可移动轨道设计。
	特殊群体服务中心	电子阅览区、盲文图形刻印区、无障碍电影播放室、多功能培训区等区域，配备盲文刻录机、盲文有声读物、助视仪器等设备。
	多媒体服务区	多媒体阅读、影音欣赏、主题沙龙等活动让。
	新书坊	可为读者提供最新出版图书的阅览服务。

　　西南地区共有5所省级图书馆，分别为重庆图书馆、四川省图书馆、贵州省图书馆、云南省图书馆以及西藏自治区图书馆。从其空间类型上看，该地区发展较好的属重庆图书馆、四川省图书馆以及与云南省图书馆（详见表4–6）。贵州省图书馆与西藏自治区图书馆的空间类型相似，主要是少儿空间、视障空间以及电子阅览室等。相对比而言，其他3所省级图书馆的空间类型更为丰富，重庆图书馆除设立儿童和少年阅览室外，还单独为中小学生开辟自修室，四川省图书馆还单独为幼儿设置空间，此外，重庆图书馆、四川省图书馆以及云南省图书馆均设置了24小时自助图书馆，云南省还设置了体现当地特色的普洱茶、玉文化图书馆。

表 4 - 6　西南地区部分省级图书馆空间再造现状

图书馆	空间名称	设备及服务
重庆图书馆[40]	儿童阅览室	儿童读物借阅。
	少年阅览室	少年读物借阅。
	视障阅览室	视障文献借阅。
	中小学生自修室	少儿读者自修。
	学术报告厅	会议场地。
	展览厅	展览场地。
	童话森林绘本馆	少年儿童读书活动及绘本阅读。
	多功能厅	会议、培训场地
	24h 城市书房	24h 自主借阅、数字阅读、自习阅览。
四川省图书馆[41]	24h 自助服务区	提供读者外借图书、还书等服务。
	幼儿阅览区	提供幼儿阅览、外借、阅读指导、读者活动等服务。
	青少年阅览区	青少年图书阅览、外借、阅读指导、读者活动等服务。
	视障阅览区	视障人士图书阅览、外借、阅读指导、读者活动等服务。
	星光阅览厅	提供工具书阅览、读者活动、展览、培训、讲座等服务。
	公共数字文化服务区	提供数字文献资源检索、影视音乐欣赏、新媒体互动体验等服务。
云南省图书馆[42]	24h 自助图书馆	读者自助办理图书借还、续借业务。
	少儿阅览室	少儿书刊借阅、组织少儿读者活动。
	数字阅读体验区	体验数字阅读设备、浏览数字资源。
	盲人阅览室	盲文图书、有声资料借阅，盲人信息无障碍培训，组织盲人读者活动。
	普洱茶、玉文化图书馆	普洱茶、玉石方面的书刊查阅、外借，组织读者活动。

西北地区共有 5 所省级图书馆，陕西省图书馆、甘肃省图书馆、新疆维吾尔自治区图书馆、青海省图书馆以及宁夏回族自治区图书馆，其中甘肃省图书馆、宁夏回族自治区图书馆与青海省图书馆在空间再造方面发展较好（详见

表4－7）。从其空间类型上看，西北地区省级图书馆除设置了较为常见的空间类型外，甘肃省还为流动儿童以及农民工提供服务，宁夏回族自治区图书馆为考生设置专门考试学习区，为专家提供专家阅览区。青海省图书馆在空间再造方面则是引入了更多的多媒体设置，建立了数字阅读体验区、数字影音体验区、3D体验区以及少儿科学实验体验区。

表4－7　西北地区部分省级图书馆空间再造现状

图书馆	空间名称	设备及服务
甘肃省图书馆[43]	残疾人阅览服务中心	含盲文及盲人有声读物阅览室，为视障读者提供书刊借阅、上网等各项服务。
	农民工之家	为农民工提供图书阅览、上网服务，以及劳动保障、用工信息、法律维权等方面的咨询服务。
	少儿图书馆/甘肃省流动儿童阅读中心	提供适宜14岁以下少年儿童阅读的书刊，开展各类少儿读者活动。
	电子阅览室	提供电子文献阅览、专题数据库检索、互联网信息浏览、计算机应用培训等服务，提供CD、VCD、DVD介质的音频、视频资料服务。
宁夏回族自治区图书馆[44]	培训教育区	用于培训教育活动。
	读者餐厅	为读者提供餐饮服务。
	残障阅览区	为残障人士提供阅览服务。
	少儿阅览区	为少年儿童提供阅览服务。
	智力活动室	
	学术报告厅	
	慢时光书吧	
	视听空间	
	考试学习区	为考生提供安静学习区。
	专家阅览区	
	数字化体验区	
青海省图书馆[45]	数字阅读体验区	多媒体数字体验设备，提供数字文献资源与服务。
	数字影音体验区	为读者、音乐研究者、学习者提供丰富的欣赏曲目。
	3D体验区	配置全系列裸眼3D电影设备及VR设备，为读者提供多类型、全方位、多元化的3D世界观感体验。

（续表）

图书馆	空间名称	设备及服务
青海省图书馆[45]	虚拟演播室	满足省级公共图书馆讲座和访谈性课件节目录制。
	阅读休闲区	为读者提供休闲、阳光阅读等服务。
	艺术文献阅览区	陈列艺术、摄影、美术、书法等各类艺术文献，提供阅览、复印、咨询等服务。
	视障阅览区	陈列盲文图书、有声读物近 1000 册，提供阅览、外借、阅读指导、读者活动等服务。
	少儿科学实验体验区	是少儿数字化科技学习与互动服务体验区。
	少儿借阅区	为中小学生、家长及教育工作者，提供文学、艺术、教育、社科、自科、漫画等综合性图书和各种报刊资料。
	亲子悦读体验区	收藏精美绘本、连环画及报刊的亲子共读空间。
	儿童活动体验区	为儿童提供职业体验、玩具及各种创意游戏、才艺展示。
	教育培中心	配备了电脑、卫星远程设备、投影仪等。可开展各类计算机、网络、卫星远程教育培训。

（二）省级图书馆空间再造的特点

整体来看，我国公共图书馆空间再造方面发展态势较好，基础设施建设不断完善，硬件软件设备先进，空间类型丰富且分布合理。通过调查可知，我国公共图书馆空间分布充分满足了用户阅读科研与休闲娱乐的需求，不仅为各类人群设置了专门的服务空间，还不断丰富图书馆空间服务的内容与形式。从服务人群的角度来看，公共图书馆划分上也更为细致，除较为常见的老人、儿童、女士、残障人士外，部分图书馆还专门为外来务工人群开辟了专属空间，保障了各类人群在资源获得上的公平性。在儿童空间的划分上按年龄段来区分，空间再造更具针对性。从服务内容与形式来看，为弘扬中华传统文化，部分公共图书馆专门设立了国学馆或国学堂，以此来传承和弘扬传统文化，承担历史使命。此外部分图书馆能够贴切自身实际，建设具有本地特色的服务空间，以此来宣传弘扬本地特色文化。我国大部分公共图书馆还设立了 24 小时图书馆，保障用户可随时利用图书馆，图书馆还定期开展讲座、展览以及培训等服务，不断提高自身的服务水平。但是毋庸讳言，由于我国地区性社会经济发展的不平衡，各省级图书馆在空间再造实践领域的发展仍存在参差不齐的情况，有待进一步改进，以适应社会发展需求。

二、高校图书馆空间再造实践

我国高校图书馆空间改造相较国外而言，起步较晚。随着 2005 年信息共享空间概念的引入，2006 年复旦大学上海视觉艺术学院对图书馆进行了空间再造，建成了信息共享空间。2007 年北京大学图书馆建成了多媒体共享空间。2014 年，为支持李克强总理提出的"双创"战略，图书馆逐步开始创客空间的建设。随后各大高校纷纷效行，大学图书馆空间再造的形式日益丰富，逐步发展成为常态化。笔者按地区对我国 42 所"一流"大学及部分"一流学科"大学的图书馆空间建设情况进行调研，以此了解各大高校图书馆空间功能分区以及设施设备的建设服务情况。

（一）高校图书馆空间再造现状

华北地区共有 10 所"双一流"大学，主要集中在北京和天津。通过调查可知，10 所"双一流"大学图书馆中，北京大学图书馆、清华大学图书馆、中国人民大学图书馆以及天津大学图书馆的空间再造发展较好，其中天津大学图书馆的空间建设更具多样性与丰富性（详见表 4-8）。从空间再造的类型来看，华北地区的大学图书馆基本设立了电子阅览室和研修室，其中研修室的表现形式主要有单人研修室与多人研讨室两种，其使用方式大都需要提前预约。单人研修室内多配置学习桌、电源、无线网络等；多人研讨室配备则更为丰富，如会议桌、电视、投影仪、数据线、玻璃板等。此外，中国人民大学、北京理工大学、南开大学以及天津大学图书馆还建设了视听区，主要提供专题研讨、学术沙龙、影视欣赏及有线电视播放等服务。北京大学与清华大学设置了音乐欣赏空间，清华大学、北京理工大学以及南开大学还设有休闲区等。总体而言，华北地区大学图书馆空间类型较为丰富，除上述较为常见类型以外，清华大学还设有新书架，每周二更换新书；北京理工大学设有国际文化交流区；天津大学图书馆的照相室、录像室、教师备课室、通宵自习室与晨读室等切实做到从读者需求出发、服务于读者的原则。

表4-8 华北地区部分大学图书馆空间再造现状

图书馆	空间名称	设备及服务
北京大学图书馆[46]	音乐欣赏区	视听机,供读者欣赏音乐。
	数字应用体验区	提供电子书、平板电脑等数码设备的数字应用体验服务,可体验各种新设备、新技术和图书馆相关的新服务和新内容。
	网络资源区	为读者提供检索和利用全馆电子资源的服务。
清华大学图书馆[47]	研讨间、研讨室	单人研读间(13个)内设置单人自习桌,提供电源和无线网络服务。团体研讨间(4个)均配置会议桌、电视(供投影)、高清数据线、玻璃白板、白板笔、电源和无线网络服务,供3—10位读者进行小组学习讨论。
	音乐图书馆	提供静音电脑、音频解码器、高品质耳机、液晶电视等设备,提供高清无损音乐赏析、多媒体电子阅览、团体音乐视听、音乐图书阅览等服务。设置单人欣赏区、团体视听区、电子阅览区、音乐图书区和图书阅览区。
	邺架轩阅读体验区	"邺架轩"其中包括图书展出与阅览空间和百余平米的沙龙讲座空间,为读者提供阅读环境和与作者交流的互动空间。
	清华印记互动体验空间	包含:图书馆历程、清华记忆、电子图书借阅、数字学术、历史长廊以及数字人文。
中国人民大学图书馆[48]	信息共享空间	数字资源阅览区;读者上网浏览信息、查询网络数据库和使用音视频资源的场所。
		精品视听室:专题研讨、学术沙龙、影视欣赏及电视播放。
		多功能厅:观看中外影视、电视,进行多媒体专题教学,以及举办各种学术会议、研讨/沙龙和报告会的场所。
		多媒体制作室:配有苹果图形工作站、缩微胶片阅读机、音视频编辑软件、55寸高清电视电脑一体机、蓝光DVD等,是缩微胶片阅读、音视频资料编辑制作与测试的场所。
	研讨室	为读者提供学习研讨的空间。

（续表）

图书馆	空间名称	设备及服务
天津大学图书馆[49]	电子阅览室	读者可查阅电子资源。
	读者研究厢	研讨使用。
	录播室	满足师生录课、录像的需要，为师生们提供专业的设备。
	照相室	方便师生拍摄证件照，备有多色背景幕布、补光灯等设备。
	通宵自习室与晨读室	通宵自习与晨读。
	教师备课室	设备课工位、公用电脑等设施，全面覆盖无线网络。
	知学读书室	
	影视欣赏室	影视欣赏、培训研讨、班级社团活动等，配有 7.2/5.1 声道家庭影院、DVD 播放器、台式电脑、70 寸高清液晶电视。
	视像学习室	影视欣赏、培训研讨、班级社团活动等，可容纳 16 人，配有台式电脑、70 寸高清液晶电视、DVD 播放器。
	音乐欣赏室	音乐欣赏，配有音频播放器、功率放大器、高保真扬声器。
	多人影视阅览室	影视欣赏、培训研讨、班级社团活动等。
	个人多媒体区	
	新技术体验区	

　　华东地区所拥有的"双一流"大学共 11 所，是 7 大地区中数量最多的。11 所大学图书馆中，从空间再造的形式的丰富程度与空间建设的创新性来看，发展较好的当属复旦大学、同济大学、上海交通大学、华东师范大学、中国海洋大学以及厦门大学图书馆（详见表 4-9）。同济大学图书馆将阅览区分为单人阅览、两人阅览区以及多人阅览区，其座位材质环保可调节，还均配有阅览灯、电源插座等。上海交通大学图书馆的小组学习室中配有液晶电视、投影仪等设备，其使用需要预约，且暂不支持自修、娱乐等行为。此外上海交通大学图书馆还设置了创客空间，是一个集创客空间、创意互动研修基地、24 小时

阅览室等多功能一体化空间。值得注意的是，华东师范大学图书馆还专门为特殊人群设置了无障碍通道。南京大学图书馆与清华大学一样设置了瀑布借阅机。浙江大学与中国海洋大学设置了信息共享空间，其中浙江大学的信息共享空间配置计算机、网络、有线电视、投影仪等设施及常用的专业软件，而中国海洋大学图书馆的信息共享空间又进一步划分了不同的区域。厦门大学图书馆还设置了棋艺室，为读者提供围棋、中国象棋、国际象棋、跳棋和飞行棋等服务。

表 4-9　华东地区部分大学图书馆空间再造现状

图书馆	空间名称	设备及服务
复旦大学图书馆[50]	开放讨论区	多人讨论桌，配电脑，需预约。
	休闲阅读区	社科杂志、报纸。
	电脑角	公用电脑，需预约。
	新技术体验区	3D 打印，AR、VR 体验等。
	视听区	提供视频观看，分多人及单人，需预约。
	研讨区	6 个单人研讨室，需预约。
	录音录像空间	需预约。
	主题书展区	新到馆图书展示或主题书展。
同济大学图书馆[51]	阅览区	配阅览灯、电源插座、USB 充电接口等设施。
	制图区	为建筑学而设，制图桌可调节倾斜角度。
	休闲区	通过玻璃进行了分隔，配备了咖啡机、饮水机等设施。
	报告厅	开展沙龙、讲座、课程、第二课堂等多种形式的学术活动。
	影音室	引入新媒体技术和设备，打造体验空间。
上海交通大学图书馆[52]	小组学习室	学术研讨、教学培训、讨论交流、创新赛事、社团活动等。
	创客空间	集创客空间、创意互动研修基地、24h 阅览室等多功能。
	南洋书斋	学术研讨、教学培训、讨论交流、社团活动。
	展览区	120 块展览板
	电子阅览室	
	新技术体验	3D 影院体验区、互动 pad 大屏、虚拟导航。
	影音欣赏	音品视界、周末影院。

（续表）

图书馆	空间名称	设备及服务
华东师范大学图书馆[53]	研究室研讨室	有个人研究室和多种不同规格的小组讨论室。
	开放式创意区	小组讨论区、休闲阅读区、新技术体验区和电子阅览区。
	影视欣赏	影视欣赏室（天堂电影院）。
	库客音乐阅读	数字留声机。
	咖啡吧	自助咖啡机。
中国海洋大学图书馆[54]	信息共享空间	体验空间：配备了多种主流品牌的平板电脑及图形工作站。
		学习空间：20张电脑桌，66个座位，电源插座和显示器。
		研讨空间：配备电源、音视频录制设备、白板墙和投影。
		影音空间：配有投影、电视、音响，采用隔音与遮光设计。
		电子阅览空间：保留了原有电子阅览室的功能。
厦门大学图书馆[55]	信息素养教室	投影仪，每个座位均配有电脑。
	梦享屋	配备座椅和电脑，学术沙龙、青年论坛、文化交流等活动。
	艺术空间展览	艺术展览
	光影坊	支持3D电影播放技术，可提供电影播放服务。
	棋艺室	围棋、中国象棋、国际象棋、跳棋和飞行棋等。
	摄影棚	佳能70D单反相机、造型灯、背景墙、自拍控制等器材。
	研讨间	移动桌椅、白板、白板笔、触控电脑及HDMI连接线。
	厦大文化讲堂	主要包括"文化讲堂""观点辩论""学会活动"3个模块。

华中地区共有6所"双一流"大学，其中A区4所、B区2所。华中地区的大学图书馆空间再造方面发展较好的当属武汉大学，武汉大学的空间类型丰

富,不仅包括学习共享空间、信息共享空间,还包括创客空间(详见表4-10)。通过调查可知,中南大学、湖南大学以及郑州大学均设有电子阅览室,以供读者查阅和下载所需数字资源。此外,湖南大学图书馆[56]还专门为考研学生设立了考研自习室。为了让师生获得更好的学术讨论和交流环境,湖南大学还打造了学习研讨空间,配有会议座椅、多媒体设备以及网络环境,供学术团队、科研小组进行课题讨论、学术研究使用。

表4-10　武汉大学图书馆空间再造现状

图书馆	空间名称	设备及服务
武汉大学图书馆[57]	多媒体阅览区	设有40个座位。提供已收藏的各类声像资料的收听、收看和录制服务。
	学习共享空间	自主学习区、电子阅览区、个人研修室、团体研修室,并提供自助文印服务。
	新书展区	每次入藏新书均存放于此。
	信息共享空间	
	创客空间	包括绘图设计室、视频加工室、虚拟现实体验室、两个3D打印创意室。提供触屏电子资源阅读区、双屏IT云教育体验区、数字资源阅读区(42台云终端)、iMac苹果电脑体验区。
	研修间	供读者开展专题性学术研讨。
	培训教室	信息咨询与检索、文献揭示与报导、信息素质课程教学、数据库利用培训。
	多功能学习区	自主学习区、电子阅览区、图书馆博物区等。
	视听室	播放视听教材、影片(免费)。

华南地区大学图书馆空间再造发展状况较好,调研发现,中山大学图书馆[58]的馆藏丰富、风景优美。馆内设有中山大学人文库,专门收集中山大学创校以来的大师、教授以及校友的著作。其西厢采用书架式墙壁大厅样式,书脊陈列整齐有序,格局宽阔高耸。东厢则为铁制结构书架阅览室样式,颇具岭南红楼神韵。文库中还为读者配备了复古式书桌与沙发组,从而方便读者阅读。华南理工大学图书馆在修缮之后于2017年9月4日恢复正常开放,修缮后的图书馆,不仅实现了无线网络全覆盖,更在绝大部分阅览座位增加了电源插孔、USB接口等,书库内每个阅览座位还增加了可自主控制的台灯。此外,

华南师范大学与暨南大学图书馆对其空间也进行了改造。华南师范大学图书馆，一期工程修建了知识共享空间，提供封闭式单人研修间、多人研讨间、开放式研讨桌、开放式学习与休闲座位，至善堂分为博雅斋、尚书房、听雨轩；二期工程打造了全新空间包括一楼的大厅、总服务台、文化艺术空间、新书空间、数字资源空间。改造后的空间主要用于特色文献、文化与艺术展览、师生间的交流探讨、新书借阅以及数字资源利用等。暨南大学图书馆环境优美，设备先进，功能齐全，馆内设置了"自习空间"与"智慧空间"，突出信息化、智能化特点。此外还设置教师专区、博士论文撰写区、独立研修室、学术讨论室等专门区域，配置了自助还书机、自助借还书机、自助复印机、自助杀菌机、电子存包柜、朗读亭等设备设施。

表 4-11　华南地区部分大学图书馆空间再造现状

图书馆	空间名称	设备及服务
华南理工大学图书馆[59]	信息共享空间	研修室：提供安静独立的学习研究空间，共有16间，配备电脑供2—4位读者进行小组学习使用。
		讨论室：共有2间，室内提供触屏一体机、无线键盘、无线鼠标、手写笔等设备，可供4—12位读者进行小组学习讨论。
		交流培训室：可用于各类主题培训及拓展。
		专题体验区：提供更多学习支持与学术交流场所。
		阳台座位：光线、视野俱佳。
华南师范大学图书馆[60]	知识共享空间	开放式学习与休闲座位共106个。
		封闭式研讨间：6人研讨间4间、10人研讨间1间、20人研讨间1间，主要用于小组研讨与学术交流。
		封闭式单人研修间：共4间，主要用于独立研究与自主学习。
		开放式研讨桌共6张。
	至善堂	博雅斋：集琴、棋、字、书、画、茶、兰、竹为一体，通过有组织的主题研讨等活动，弘扬中华优秀文化，培养学生人文素养，交流学术思想。
		尚书房：通过专家学术讲座、经典阅读指导、读书会、真人图书馆等形式指导学生阅读、开展经典阅读、交流学术思想。
		听雨轩：用于师生自由交流与研讨。

（续表）

图书馆	空间名称	设备及服务
华南师范大学图书馆[60]	文化艺术空间	展览馆藏特色文献、优秀传统文化、现当代艺术作品、学校历史资料及校园文化成果的阵地。
	新书空间	面积约为600平方米，新书空间涵盖所有大类图书。
	数字资源空间	放置了95台电脑供师生们查询数字资源和网络学习。
暨南大学图书馆[61]	个人研修间	配有电脑、专线电话、研修桌椅等设施，供教师员工个人或科研创新团队使用。
	机动研修间	配有电脑、专线电话、研修桌椅等设施，供临时使用。
	汇智屋	配智能家居，通过触碰信息盒面板，可将移动设备包括笔记本或平板等的资讯内容迅速投放和分享到屏幕上，方便多人讨论。
	学术讨论室	共4间，每间可供2—4人学习讨论，亦可合并供20人使用，配备有会议桌椅。
	教师与博士论文撰写专区	共有48个"卡位式阅览桌"，配有电脑、台灯、柜子等设施，方便师生利用。
	创智坊	配备智能家居，通过触碰信息盒面板，可将移动设备包括笔记本、手机或平板等的资讯内容迅速投放和分享到屏幕上。还配有一台3D打印机、2台高性能工作站，可供读者体验新技术和新设备。
	悦赏厅	该厅配备80寸触摸式电脑一体机1台、投影1套、音响及DVD机1套，共7排28个座位。可提供团体及教学辅助的电影播放、学术沙龙、论坛、分享会等服务。
	培训空间	可开展读者培训、各类型讲座、知识共享会、在线课程等大中型学术科研活动。室内配备电脑、投影、讲台、观众席位。

　　东北地区拥有的"双一流"大学共四所，其中A区3所、B区1所。4所大学图书馆中，哈尔滨工业大学与吉林大学图书馆空间再造发展较好（详见表4-12）。通过调查可知，4所大学图书馆均设置了信息共享空间，但其发展程度不一。哈尔滨工业大学与大连理工大学图书馆的信息共享空间更多地强调

电子资源与研讨空间的建设，而吉林大学图书馆信息共享空间内容则更为丰富，不仅包含电子资源与研讨空间，还包括信息素养课堂、影音区以及创新体验区等。除信息共享空间外，东北大学图书馆[62]还设立了创客空间。哈尔滨工业大学图书馆还专门设立了外语学习中心，以提高外语学习水平。吉林大学图书馆设立的培训空间可以看出，该校重视师生的文献检索及信息素养水平，专门为师生提供了培训场地。此外，吉林大学图书馆还设立了"吉大人阅读空间"，主要收藏领导、图书馆、院系及个人荐书、赠书以及毕业班留影等，体现了图书馆的人文关怀。

表 4 – 12 东北地区部分大学图书馆空间再造现状

图书馆	空间名称	设备及服务
哈尔滨工业大学图书馆[63]	电子阅览室	提供有线网络环境。可上网查阅资源，下载资料。
	新书阅览室	最近两年中文图书。
	信息共享空间	提供上网环境；研究空间提供 3 个研究探讨区域，可进行小型研讨交流；可查阅下载资源；学术交流和研讨会。
	研讨室	学习交流、学术研讨、专题会议、教学培训等活动。
	音乐欣赏中心	提供音乐及视频欣赏、艺术交流、提高艺术素养的空间。
	外语学习中心	英语翻转课堂学习平台，线上线下自助学习，实时课堂。
吉林大学图书馆[64]	信息共享空间	文献检索区、团队协作讨论区、个人学习区、信息素养课堂、原声影院、自助文印区、创新体验区、音乐欣赏区、文化沙龙。
	开放学习空间	提供检索终端、讨论区、学习区配电源插座和有线网络。
	交互学习空间	团队协作讨论区、个人学习区、互动交流区。
	吉大人阅读空间	领导、图书馆、各院系及个人荐书、集体赠书、毕业班留影。
	研修室	为考研学生、学术团队、科研小组、提供学习、研讨空间。
	文化沙龙	团队协作讨论区，师生特色活动场地。
	培训空间	文检课教学，原声电影，信息素养课，师生培训场地。

　　西南地区共有4所"双一流"大学，A区3所、B区1所，其中图书馆空间建设较好的属重庆大学、四川大学以及电子科技大学（详见表4-13）。重庆大学图书馆建设了创新发现中心，其服务内容十分丰富，包括环境服务、软硬件服务、文献资源服务、研究空间服务、科研培训服务、科研协助服务以及学科服务等7个方面，是一个综合性的服务空间。四川大学图书馆的空间再造则更具特色，红色主题学习书屋与心理疏导沐心小屋的建设提升了四川大学图书馆空间再造的创新性。电子科技大学图书馆还专门为考研学生提供的考研区，切实满足了用户的实际需求。

表4-13　西南地区部分大学图书馆空间再造现状

图书馆	空间名称	设备及服务
重庆大学图书馆[65]	创新发现中心	提供的服务包括环境服务（WIFI服务、多媒体视听服务），软硬件服务（软件资源、硬件资源使用），文献资源服务（数字教参、学术文献资源），研究空间服务（研修间、讨论区、会议室），科研培训服务（科研入门培训、科研素质培训），科研协助服务（科研工具、研究咨询）、学科服务（科技查新、定题服务、学科分析）。
四川大学图书馆[66]	研讨间	
	学习书屋	开展红色文化主题文献集体阅读和研讨，是红色文化教育的重要基地。
	沐心小屋	小屋在引导学生阅读健康积极、有力量的精品人文书籍的同时，与学校心理咨询中心、校心理协会等建立合作关系，获得专业指导和支持，定期开展系列主题阅读活动。
	阅声角	四台KUKEY智能钢琴，采用库客音乐自主研发的KUKEY智能教学系统，能够实现乐理教学、练琴纠正、视唱听音、名曲欣赏等。
电子科技大学图书馆[67]	多媒体阅览室	图书馆的会议报告厅，多媒体阅览室仅供校内单位开展无商业、无宗教性质的学术交流、知识讲座、互动教学、文化传播等。
	考研区	校内本科四年级学生在研究生入学考试准备期间可预约申请图书馆考研区域座位。

（续表）

图书馆	空间名称	设备及服务
电子科技大学图书馆[67]	新技术体验区	内设苹果一体机、3D 打印机、3D 电视机、iPad 等数学模型加工平台等。
	影像馆	建立配备高品质音响及 3D 投影。
	主题阅览区	打造"三品堂、蔚蓝书苑、01 空间、经管之角、思溢阁"等主题阅览区。
	单人研修室	为读者提供定制服务。
	团队研修室	与学校竞赛组织活动相结合。

西北地区共有 5 所"双一流"大学，其中 A 区 3 所、B 区 2 所。其中图书馆空间再造发展较好的有 3 所：西安交通大学、西北农林科技大学以及兰州大学（详见表 4 – 14）。西安交通大学图书馆空间类型丰富，其 iLibrary Space 空间是一个集新技术体验、数字阅读、社交休闲于一体的新型空间，拥有专门的团队来管理服务。此外，西安交通大学还建立了用于学习交流的 PBL Space 空间、两个展览空间、休闲咖啡区、微沙龙以及经济学人区。西北农林科技大学图书馆设立了阅创空间，是一个集研讨室、培训室、多媒体编制室、科研工作室以及学术报告厅为一体的综合性空间。兰州大学图书馆则设立了信息共享空间与休闲阅览空间。

表 4 – 14　西北地区部分大学图书馆空间再造现状

图书馆	空间名称	设备及服务
西安交通大学图书馆[68]	iLibrary Space	集新技术体验、数字阅读、社交休闲于一体的综合活动场所。空间提供 Wi-Fi、交互式电子白板、投影、电视、无线麦克风、音响等设备。设有 6 个研读小间。
	PBL Space	为读者提供的自主学习空间、合作交流场所、知识探究平台。供 PBL Space 大厅（10—70 人）、3 个研修间（3—10 人）、3 个小间（1—3 人）三类空间供师生 交流学习。
	经济学人空间	为经金学院师生量身定制的校园书斋。
	钱学森科学精神与教育思想展	陈展面积 1200 多平方米。

（续表）

图书馆	空间名称	设备及服务
西安交通大学图书馆[68]	星空报告厅	内设：大屏（16∶9）、音响、会议话筒（2）、无线话筒（2），可容纳108人，座椅自带小桌板。
	阳光沙龙	举办摄影、旅游、民间文化、国际交流等方面的微沙龙活动。可开展微沙龙活动。
	圕香啡语	咖啡阅览空间，提供咖啡、饮料、茶点，并设置有"百本经典图书"专架，师生可预约空间主办沙龙服务。
	主题展览室	面积290平方米。
西北农林科技大学图书馆[69]	阅创空间	小型培训室：投影设备、会议桌椅、移动玻璃白板。
		小组研讨室：学习台、电视液晶屏。
		多媒体编制室：音视频编辑设备、学习台。
		科研工作室：四联屏电脑、会议桌椅、移动玻璃白板。
		学术报告厅：投影设备、音响设备、报告桌椅。
兰州大学图书馆[70]	信息共享空间	团队交流空间：配置有投影仪、一体机等设施。
		自习空间、阅览空间。
		影音欣赏空间：多功能多媒体视听播放设备。
	休闲阅览空间	配置有沙发、茶几、无线网覆盖。

（二）高校图书馆空间再造的特点

整体来看，我国大学图书馆空间再造发展态势较好，42所"双一流"大学图书馆中大部分都顺应时代潮流，重视本馆的空间建设，图书馆空间再造的类型较为丰富，其服务群体为全体师生。通过调查可知，我国高校图书馆空间布局较为合理，空间分布动静结合，互不干扰。为充分满足全体师生阅读与科研需求，高校图书馆不断扩大阅读空间，设置研修研讨空间。在此基础上，高校图书馆还为师生提供了更为舒服的休闲交流空间，如休闲阅览空间、咖啡吧、影音室、展览厅等。部分高校还开辟了信息共享空间、学习共享空间、新技术体验空间以及创客空间等，以此满足用户的空间需求。但是可以看出，不同大学图书馆之间差距较大，部分大学图书馆空间建设单调，且缺乏独特性。

因此大学图书馆空间再造仍需切实了解用户的实际需求，提高空间的利用率与空间建设的合理性。

三、港澳台地区图书馆空间再造实践

伴随着国内外图书馆空间再造的兴起与发展，港澳台地区图书馆认真了解来自用户和图书馆员的需求变化，结合自身的特点，在图书馆空间再造领域做出了积极实践。

（一）港澳台地区图书馆空间再造现状

1. 香港地区图书馆

香港地区的图书馆进行空间再造，一般是在空间结构上尽量保持通透感，通过改变馆内的空间布局重新安排藏书，或另辟书库、增加密集储藏，开辟一到几个完全不放书的大平层阅读空间，以改善读者的阅读环境，以下将对几所高校图书馆的空间再造案例进行说明。

①香港城市大学图书馆

在大学和政府的支持下，香港城市大学以用户需求为导向开始建设学习共享空间，在考察其他优秀案例并征询了相关专家意见后，于 2008 年完成图书馆整体再造。学习共享空间与图书馆大厅同处一层，设置有信息小间、小组讨论室、小组放映室、写作辅导空间和休闲区等，并提供高端计算机技术支持；为读者提供一个集休闲阅读、自学探索和群体研习多功能为一体的空间，另外设置了咖啡/茶座和读者教育中心。[71]该馆尊重读者对独立空间的需要，设有单人学习间，提供安静、私密的学习场所。[72]

②香港中文大学图书馆

2010 年 4 月，香港中文大学图书馆扩建项目正式动工，通过拆除原有的界限墙，将现有的大学图书馆、田家炳楼以及新教学楼合为一体，增强空间的互动性。再造后的空间包括学习空间、小组研讨室、协作和 IT 学习空间，为学生的各项学习、休闲和社交活动服务。该扩建项目于 2012 年 9 月完工，次年取得 "2013 年亚太区室内设计大奖 ——十大最佳公共空间设计项目" 和 "香港建筑师学会 2013 年年奖：主题建筑奖——室内设计"，在 2019 年香港建筑师学会两岸四地建筑设计大奖中荣膺卓越奖。

设计中引入环保概念，不仅打造图书馆中庭，将自然光引入馆内，还采用隔热低辐射镀膜玻璃单元幕墙系统；经香港建筑环境评估：节省空调耗电量32%及整体耗电量19.8%。在图书馆一楼建设了读者空间和研究共享空间，并将空间功能延伸到地库，取名"进学园"。进学园24小时开放，提供灵活的座椅和设施以支援不同的教学活动，例如图书馆讲座、专题讲座、工作坊、研讨会和展览等。园中蜿蜒的长桌，通过其曲线模糊了公共和私人界限，划分出的学习区域又满足了不同人群的需求，让学生发现和选择全新的学习方式；创客空间是进学园正在推进的新项目，值得我们期待。

③香港教育大学图书馆

香港教育大学的空间整合措施最为典型。该校图书馆自2014年到2016止，将5个层面进行了重新布局，归拢图书，腾出一整层的空间，作为学生的讨论、活动区域。[73]在图书馆一楼、二楼及三楼设电子研习中心，共设有6间讨论室，四楼还配备了多媒体工作站、1间视听室、两间语言实验室。

2. 澳门地区图书馆

公共图书馆和大学图书馆是澳门图书馆事业的重要组成部分。在图书馆空间再造实践中，都做出了积极探索。

（1）公共图书馆

在保留旧建筑艺术价值特征的前提下，通过建筑活化计划进行再利用，是澳门公共图书馆空间再造的一大特色。此计划保留并维护城市发展中具有特别价值及意义的建筑物，使下一代能够认识澳门珍贵的历史建筑。

①何东图书馆

何东图书馆是澳门中央图书馆的分馆之一，原是何东爵士私人住宅，捐赠后再造为图书馆，并于1958年正式对外开放；2002—2006年进行加建，使其空间更具层次感，是一座花园式图书馆。

②红街市图书馆

2017年，受强台风"天鸽"吹袭影响，红街市图书馆大部分设施及设备损毁严重。澳门文化局持续跟进馆内复原工作，红街市图书馆为响应"智慧城市"建设，在进行修复时进行了空间及设施优化，采用了智能服务设施，于2018年中完成并重新对外开放。

③沙梨头图书馆

沙梨头图书馆是澳门文化局活化的建筑物之一，原建筑由 7 幢旧建筑群组成，"骑楼式"的建筑风格富有澳门昔日内港沿海建筑物的特色。引入环保理念，将 7 栋建筑中间的房子被打造成图书馆的中庭，中央顶部采用玻璃天窗，引入自然光线。内部再造采用现代工业风，设计巧妙；中庭一楼过道设有吧台位，方便读者带上书本或者电脑等装备在此进行阅读和查资料。[74]

④石排湾图书馆

石排湾图书馆于 2019 年 9 月 24 日重新开馆，本次再造为读者提供了优质且便利的阅读体验与空间，成为区内集共享学习、休闲和社交功能为一体的社会文化设施。馆内除了有报刊阅览区、阅览区、自修区、儿童阅览区及影音资料区外，亦设置了育婴室、自助设备服务站等。[75]

2018 年 11 月 17 日，文化局在南湾旧法院大楼举行"新澳门中央图书馆建筑工程—编制工程计划"评审结果新闻发布会，正式启动一个新的建筑物活化计划，将会成为澳门的一座文化地标。

（2）高校图书馆

①澳门大学伍宜孙图书馆

澳门大学伍宜孙图书馆于 2014 年 7 月从旧校区迁入，是一座集南欧与岭南风格于一体的现代建筑。进入大门便是一个类似船型的阅览平台，能看到各个楼层外貌。馆内建有信息共享空间，共有 60 个研究单间，无数移动桌椅可自由组合讨论交流，并设置了安德鲁咖啡休闲空间；此外，该馆重视馆内空间的利用率，吴建中馆长将平时不开放或少开放的空间打造成展示空间，可供读者借用。

②澳门城市大学图书馆

澳门城市大学图书馆于 2015 年进行了多项再造工程，包括大幅增加馆藏，更换照明系统、书架、修订指示数据和加设学习讨论区等，提升了图书馆的功能。馆内还设有资讯共享空间、讨论室和会议室，以便读者交流互动。

3. 台湾地区图书馆

台湾"9·21"南投地震后，支持灾区图书馆重建的"金点子计划"是台湾地区小型图书馆空间再造运动的起点；该再造运动的延续是台湾教育主管部门于 2009 年开始推行的"阅读植根与空间再造"；2009—2012 年期间还出台

"图书馆创新服务发展计划";"诚品化"理念("诚品化"是一种城市生活型态,即让图书馆优质化或生活化)一直贯穿于图书馆空间再造计划,即要求所有申报"金点子计划"和"阅读植根计划"的公共图书馆再造设计都要"诚品化";其中尤以台南市的"图书馆诚品化"效果显著,直接引导市政府以这一理念再造中小学图书馆[76]。同时,为了适应数字时代的发展,台湾地区的高校图书馆和公共图书馆陆续展开空间再造项目。高校图书馆的服务对象较为单一,多以现代大学生读者的需求为导向,初步是建设数字学习共享空间;台湾第一个数字学习共享空间是 2006 年完成的台湾师范大学图书馆 SMILE 多元学习区;随后,2007 年中正大学图书馆再造成了 ELITE 数字舒活区,景文科技大学图书馆启用数字资源学习中心;2008 年,辅仁大学图书馆为读者设立学习共享空间,元智大学图书馆设立数字学习区[77]。随着休闲阅读理念的兴起,高校图书馆和公共图书馆根据读者的阅读需求,注重休闲多元化服务空间的打造。

①台北市立图书馆文山分馆

台北市立图书馆文山分馆始建于 1997 年,曾于 2012 年翻新厕所,2014 年更新了部分自习室,再造力度较小。随着时间的流逝,内部环境及设施老旧问题日益严峻,旧有的功能无法满足新时代读者的阅读需求。该分馆在 2016 年底制定了翻新七楼、八楼的空间再造计划,2017 年 12 月正式动工,于次年 7 月竣工并重新对外开放,以下将介绍几个重点再造内容。

一是营造具特色的入口空间及完善服务功能的区块:无障碍门厅、布告栏、新书展示区、服务柜台、自助借书站、除菌机及咨询检索区。二是在连接七楼和八楼的楼梯设计了同元素及材质的展示造型书架,其造型本身就是一个展件,兼具观赏价值。三是茶·书·人文馆藏特色区:以靠墙设计造型方柜取代原来的展示柜,方柜位置可调动,可以展示茶书、茶叶、茶道文物等。四是儿童阅览室的升级再造:弧形书架错落有致地排列,与座椅切割出不同的阅读区域;通过降低书架高度,打造空间通透感;高架木地板与多功能弧形书架构成环状亲子阅读区,也可用于开展真人图书馆、读书会等活动。五是巧用散置空间:将七楼内部楼梯的下方空间改为小收纳储藏室,外墙则为书架;在八楼弧线试听资料柜旁建有玻璃小间,玻璃门支持推拉,拉开时是开放阅读区,拉上则是团体讨论室。[78]

②高雄市立图书馆

台湾地区 2014 年启用的高雄市立图书馆以"树中有馆、馆中有树"的绿建筑文化地标获得国际奖项。馆内六到八楼悬吊中庭，盖了一座可直达屋顶空中花园的巨型天井，不仅可以引入大量自然光源，并起到通风对流作用；极具景观穿透性风格，并融合了树木与吊桥概念，是全球首座悬吊绿建筑图书馆。高雄市立图书馆不仅秉承图书馆的传统功能，还增加了休闲功能，在馆内开放空间开展动静态相结合的休闲活动，包括但不限于散步、聊天、亲子之乐与互动、拍照、观赏风景和用餐等。[79]

③台湾师范大学图书馆

2006 年，台湾师范大学图书馆 SMILE 多元学习区是台湾第一个数字学习共享空间（E-learning Commons），整合了资讯检索（Searching）、多媒体（Multimedia）、资讯（Information）、休闲阅读（Leisure）与数字学习（E-learning）等五大服务特色。同年，台湾大学图书馆与教学发展中心引进国外校园学习资源中心的概念，于 2006 年 10 月 20 日将原位于总图书馆地下一楼的自习室 D 区再造成"学习开放空间"。这种空间又称为"Noisy corner"，区别于要求保持安静的"Quiet corner"。台湾师范大学图书馆分馆历时 3 年，在 2013 年完成了空间再造。再造前，通过焦点团队访谈法搜集图书馆员对空间再造的意见。本次再造改善了大门口阶梯，设置了无障碍坡道；重新设计了大厅和综合服务台；规划了一、二楼的阅览区、讨论区和展览区，三至七楼的阅览区和研究小间；更换全馆灯具，改善全馆空调系统并改建了厕所。再造前后，该馆均对读者需求和使用感受进行相关调研，结果表明大多数学生读者对于学习空间的隐秘性和功能性要求较高，而对非图书馆功能的社交活动区域则要求安全、舒适和自在。[80]

④台东大学图书馆

2008 年 4 月，台东大学图书馆启用数字资源学习区，内有"个人学习区"和"影音欣赏区"，可供资料库检索、观赏视听资料及浏览网络资源等，另放置 DVD Player 及 VHS 放影机各一部，供观赏视听资料。2014 年，台东大学新建地景式图书馆，其外形酷似金字塔，意为"台东大学中深藏有大量知识的金字塔"；将大楼和环境结合，斜面种草皮，打造成绿色环保的地标建筑。内部空间布局极具现代化，针对读者需求，打造了休闲阅读区。[81]

⑤彰化南兴小学图书馆

台湾地区旧式老学校的大部分结构系统有很多梁柱，给人一种压抑的感觉，彰化南兴小学通过"图书馆诚品化"完美克服该问题，并获得第十届中国国际空间设计大赛的中国建筑装饰设计奖。本次空间再造巧用双色的造型来弱化结构上的沉重，在灯光的结合下，整体氛围变得安谧；并在图书馆入口处和入口侧向窗户都运用三角形屋顶的造型元素，营造一种家的氛围，为小朋友打造一个放松、开阔的读书空间；书架采用类似果菜摊贩用的木箱造型，让小朋友选书阅读时，充满趣味；在最里面的空间设置了两级踏阶，学生既可以利用蒲团坐下阅读，也可以在两片大玻璃推拉门上面进行书写涂鸦；馆内的座椅及书架支持移动，配备了投影设备，形成多元的阶梯教室和活动区块。[82]

（二）港澳台地区图书馆空间再造特点

通过以上案例发现，港澳台地区图书馆，无论是高校图书馆还是公共图书馆的空间再造，都具备以下特点：以人为本，从读者需求出发，进行空间布局设计；带有明显的时代烙印，受数字阅读的影响较大，通过引进各种高科技设施设备，提升用户的使用体验和使用效率；着力打造"第三空间"，致力于为读者进行阅读营造舒适、温馨和放松的氛围；树立了环保节能观念；设计感较强。而这三个地区图书馆空间再造的区别也很明显，尤其是公共图书馆。由于区域的历史、面积不同，澳门图书馆多是活化闲置建筑，在保留旧有建筑的特色下，进行空间重新布局：如沙梨头图书馆租用了七栋闲置建筑，并将其打通，馆内兼具现代化审美和复古造型的空间设计，给到馆读者提供了新奇另类的阅读体验；台湾地区的公共图书馆不受限于面积，空间设计多以建设新馆为契机，并充分运用现代化的设计理念，例如巧用环保节能的建设方法，打造宏伟的绿色建筑，充分发挥图书馆的第三空间作用，提供一次到位复合型服务，满足用户的各式需求；香港地区的高校图书馆空间再造活动较为频繁，通过重新布局为用户提供分享交流、实践创作的空间，集中体现为创客空间的打造；同时注重用户对独立空间的需要，提供安静私密的学习空间。

第七节 图书馆空间再造的发展趋势

基于对国内外多种类型的图书馆空间再造实践的调研实际情况，为帮助我国图书馆界从宏观层面上对国内外空间再造历程中取得的成功经验、不足，以及暴露出的工作难点和痛点形成较为系统且全面的认知和了解，有针对性借鉴并不断优化符合自身发展定位的服务空间，本节尝试对图书馆空间再造发展趋势进行总结和提炼，分别包括空间再造理念人性化、空间再造环境生态化、空间再造技术智能化等。

一、空间再造理念：人性化

传统图书馆空间主要是以书库为中心进行设计，在此基础上，经过长期发展已经确立了集文献收藏、书刊借阅为主体的物理空间和功能布局。为了突破一直以来的"书本位"空间思维框架，图书馆所进行的空间再造行动，应当转向富有时代精神的"人本位"设计理念，通过构思空间设计、馆内环境、便携设施设备等元素，开发出更加体现人性化理念的多功能特色空间。华南师范大学图书馆在谨记人性化理念的基础上，在石牌校区建立了极富人文气息的至善堂，以博雅斋、尚书房、听雨轩三个独立空间形成了一体化服务空间矩阵，其主要功能是弘扬中华文化、培养人文素养、交流学术思想、开展经典阅读等。应该说，图书馆实体空间通常会经历由内至外、由点及面、由抽象到具体的过程，再造后的新空间在各个方面的细节之处时刻体现出"以人为本"的理念。比如在构建空间格局时，对用户的空间视觉以及交互体验加以重视，从而在精神层次上增强用户的归属感和对图书馆的依赖感。在前文对欧洲多所高校图书馆的空间再造实践调查中发现，其总体理念紧紧围绕下述几点：以用户为中心、重视空间利用和体现舒适享受等。更进一步的人性化理念还可以在具体区域的布置中发现，在特定空间内配置的硬件设备应当符合人体工学原理，如安装多功能桌椅、便携式外置器械等，并且搭配准确清晰的引导标识、优雅的室内采光以及和谐一致的色彩色调等，这些都是提升用户体验度的"人性化"空间构建元素之一。

二、空间再造环境：生态化

随着人们生活水平的提高，实现科技与自然有机融合的图书馆空间越来越受到读者群体的喜爱。在综合利用现有空间的前提下，图书馆通过设计、规划科学合理的空间布局，采用绿色、环保的建筑材料，力图构建图书馆生态化绿色空间。例如，图书馆可以通过设计建造绿色庭院、自然书房等方式，构建与阅读环境相融合的空间，营造出亲密大自然的生态化空间。在国外，同样可以发现许多值得借鉴的例子，在美国有很多图书馆的选址定于自然原生态区域，聘请专业人员设计出玻璃幕墙、透窗等细节，拉近了读者与当地自然风景、社区周边、绿色生态的物理距离和心灵距离。比如亲临奥斯汀中央图书馆的读者，可以在六层高的建筑内俯瞰附近的自然水面风光。值得一提的是，还有的图书馆专门设计出开阔面积的玻璃幕墙，在馆内为读者引入自然光源，激发强烈的视觉感官享受。比如沙特国王科技大学图书馆采取全透光式建筑，高效利用了自然光源，拓展了读者与自然环境的和谐关系。同时，不少图书馆尤为重视环保型建筑材料、装饰品及家具的价值，从而起到保障馆内的空气流通性与防燥性的目的。当然，摆放并安置一定的绿色植物也可以起到锦上添花的效果，能够为用户创造出舒心、自然、绿色的阅读环境。可以说，探索出一条促进读者与自然元素有机结合的生态化环境，是现代图书馆进行空间再造时需要加以重视的趋势之一。

三、空间再造技术：智能化

信息技术革命日益提速，加之移动互联网在用户群体中迅速普及，传统意义的"空间"概念认知正发生翻天覆地的变化。在多种智能技术的强力支撑下，未来图书馆正朝向"智能"空间或"智慧"空间转型。比如，秉承"书本位"思想所建立的传统实体图书馆，通常会在馆内设立核心空间用以储存海量的纸质文献资源。然而，在有限的区域内进行空间再造难免受到多种制约因素的影响。因此，对于筹划扩建、改建的现有图书馆以及即将新建的图书馆而言，应当将注意力聚焦于对空间的智能化开发与优化方面，深入凝结智能设备与数据自动化体系的优势，在图书馆实体空间内综合应用射频识别（RFID）、虚拟现实/增强现实（VR/AR）、物联网（IoT）等技术，实现空间再造技术的精确化和智能化发展。自 2017 年开始，阿姆斯特丹自由大学图书馆逐步建立了图书馆实验室，其空间内配有大型显示与监视设备、VR 教育系统、网络会议传输等智能化设备，为该校师生提供强大科研支撑。可以预见，图书馆界正积极、主动地接触以人工智能为代表的多种重要智能化技术，并将其应用于自身建设。图书馆空间智能化进程逐步加快，这将是图书馆空间再造历程中不可忽视的一大趋势。

在人类悠久的历史长河中，图书馆是一个生长着的有机体。随着时代的发展、社会的进步，任何事物必然会随之经历自我优化的艰苦历程。同样，图书馆空间再造也是一个持续改进、自我完善的过程，不能直观地将其理解为物理空间的简单拆分与组合，而是在围绕读者需求的前提下，将多元化服务理念融入到馆内空间设计与构思，把空间利用嵌入进已有的服务体系，高效激发出图书馆再造空间的创新生命力。在未来，图书馆需要从始至终秉承着"理念现代性""读者驱动性""品牌运营性"等基础原则，基于自身实际与发展定位出发，因地制宜、灵活多变地对已有或待建的空间资源进行合理的拆分、重组以及整合等，进而实现再造空间的开发和利用，将本馆独特的文化内涵与科技、自然、共享等诸多元素相结合，顺应国内外图书馆空间再造实践所呈现的"理念人性化""环境生态化""技术智能化"等发展趋势，与时代为伍、与读者相拥，真正成为新一代读者在学习、生活和工作环节中必不可少"伴侣空间"。可以预见的是，新时期背景下的图书馆空间再造将大有可为。

参考文献：

[1] 2025 年，图书馆"长"什么样 [EB/OL]．[2020 - 04 - 05]．http：//www. cssn. cn/xr/xr_rw/xr_xrld/201601/t20160123_2840198_5. shtml.

[2] 王波. 大学图书馆即将发生第三次革命 [J]. 大学生，2012 (5)：32 - 33.

[3] 张春红. 新技术、图书馆空间与服务 [M]. 北京：海洋出版社，2014：47 - 51.

[4] Hummon D M., The Great Good Place：Cafes, Coffee Shops, Community Centers, Beauty Parlors, General Stores, Bars, Hangouts, and How They Get You Through the Day. By Ray Oldenburg. Paragon House, 1989 [J]. *Social Forces* (3)：3.

[5]《中华人民共和国公共图书馆法》[EB/OL]．[2020 - 04 - 05]．http：//www. npc. gov. cn/npc/c12435/201811/3885276ceafc4ed788695e8c45c55dcc. shtml.

[6]《图书馆建筑设计规范》[EB/OL]．[2020 - 04 - 05]．http：//www. mohurd.

gov. cn/wjfb/201510/t20151021_225314. html.

[7] 2010 Top Ten Trends in Academic Libraries: A Review of the Current Literature [EB/OL]. [2020 - 04 - 06]. https://thescholarship. ecu. edu/handle/10342/2838.

[8] Holmgren R, Spencer G. The Changing Landscape of Library and Information Services: What Presidents, Provosts, and Finance Officers Need to Know [J]. Council on Library & Information Resources, 2014.

[9] The NMC Horizon Report: 2017 Library Edition [EB/OL]. [2020 - 04 - 06]. https://www. research-collection. ethz. ch/handle/20. 500. 11850/94705.

[10] The State of America's Libraries report 2019 [EB/OL]. [2020 - 04 - 06]. http://www. ala. org/news/state-americas-libraries-report-2019.

[11] Diana L. Space development: A case study of HKUST Library [J]. New Library World, 2014, 115.

[12] Fatt Cheong Choy, Su Nee Goh. A framework for planning academic library spaces [J]. Library Management, 2016, 37.

[13] Cunningham, H. Learning space attributes: reflections on academic library design and its use [J]. Journal of learning spaces, 2012, 1 (2).

[14] 木结构图书馆，智利 [EB/OL]. [2020 - 04 - 11]. https://www. gooood. cn/public-library-of-constitucion-by-sebastian-irarrazaval-arquitecto. htm

[15] Woodlands Regional Library [EB/OL]. [2015 - 07 - 10]. http://www. nlb. gov. sg/Visitus/BranchDetails/rabid/140/bid/310/I) efault. aspx? branch = Woodlands + Regional + Library.

[16] John M. Olin Library (main) l Washington University in St. Louis [EB/OL]. [2020 - 04 - 04]. https://library. wustl. edu/units/olinlibrary/.

[17] 加拿大卡尔加里大学新图书馆开放 [J]. 钢结构, 2012, 27 (07): 96.

[18] Library l University of Calgary. [EB/OL]. [2020 - 04 - 01] https://library. ucalgary. ca/locations/.

[19] Nanyang Technological University Libraries. Library 2008 LibQUAL + User Survey [EB/OL]. [2020 - 04 - 01]. http://www. ntu. edu. sg/Library/Pages/about/survey-2008. aspx

[20] Nanyang Technological University Libraries. The New Space @ Lee Wee Nam Library/Digital Workbench [EB/OL]. [2020 - 04 - 03]. https://blogs. ntu. edu. sg/lib-lwnlspace/digital-workbench/.

[21] National University of Singapore libraries. Towards a hub for digital scholarship inNUS and beyond [EB/OL]. [2020 - 04 - 01]. http://blog. nus. edu. sg/linus/2018/05/02/ds-lab-

launch/

[22] 新図書館計画とは［EB/OL］.［2020 - 04 - 06］https：//www. lib. u-tokyo. ac. jp/html/newlib-archives/ja/about/#goal

[23] 東京大学学内広報［EB/OL］.［2020 - 04 - 06］. https：//www. u-tokyo. ac. jp/gen03/kouhou/1434/pdf/1434. pdf

[24] 首都图书馆［EB/OL］.［2020 - 04 - 12］. https：//www. clcn. net. cn/

[25] 天津图书馆［EB/OL］.［2020 - 04 - 12］. http：//www. tjl. tj. cn/Default. aspx

[26] 山西省图书馆［EB/OL］.［2020 - 04 - 12］. https：//lib. sx. cn/

[27] 内蒙古自治区图书馆［EB/OL］.［2020 - 04 - 12］. http：//www. nmglib. com/

[28] 河北省图书馆［EB/OL］.［2020 - 04 - 12］. http：//www. helib. net/

[29] 山东省图书馆［EB/OL］.［2020 - 04 - 12］. http：//www. sdlib. com/

[30] 南京图书馆［EB/OL］.［2020 - 04 - 12］. http：//www. jslib. org. cn/

[31] 福建省图书馆［EB/OL］.［2020 - 04 - 12］. http：//www. fjlib. net/

[32] 上海图书馆［EB/OL］.［2020 - 04 - 12］. https：//lib. tsinghua. edu. cn/chinese/otherlib/shh. html

[33] 湖南图书馆［EB/OL］.［2020 - 04 - 12］. http：//www. library. hn. cn/

[34] 湖北省图书馆［EB/OL］.［2020 - 04 - 12］. http：//new. library. hb. cn：

[35] 广东省立中山图书馆［EB/OL］.［2020 - 04 - 12］. https：//www. zslib. com. cn/

[36] 广西壮族自治区图书馆［EB/OL］.［2020 - 04 - 12］. http：//www. gxlib. org. cn/

[37] 海南省图书馆［EB/OL］.［2020 - 04 - 12］. http：//www. hilib. com/

[38] 吉林省图书馆［EB/OL］.［2020 - 04 - 12］. http：//www. jllib. com/

[39] 辽宁省图书馆［EB/OL］.［2020 - 04 - 12］. http：//www. lnlib. com/

[40] 重庆图书馆［EB/OL］.［2020 - 04 - 12］. http：//www. cqlib. cn/

[41] 四川省图书馆［EB/OL］.［2020 - 04 - 12］. http：//www. sclib.

[42] 云南省图书馆［EB/OL］.［2020 - 04 - 12］. http：//www. ynlib. cn/Category_108/Index. aspx

[43] 甘肃省图书馆［EB/OL］.［2020 - 04 - 12］. http：//www. gslib. com. cn/

[44] 宁夏回族自治区图书馆［EB/OL］.［2020 - 04 - 12］. http：//www. nxlib. cn/

[45] 青海省图书馆［EB/OL］.［2020 - 04 - 12］. http：//www. qhlib. org/

[46] 北京大学图书馆［EB/OL］.［2020 - 04 - 12］. https：//www. lib. pku. edu. cn/portal/

[47] 清华大学图书馆［EB/OL］.［2020 - 04 - 12］. http：//lib. tsinghua. edu. cn/dra/

[48] 中国人民大学图书馆［EB/OL］.［2020 - 04 - 12］. http：//www. lib. ruc. edu. cn/

［49］天津大学图书馆［EB/OL］.［2020-04-12］. http：//www. lib. tju. edu. cn/

［50］复旦大学图书馆［EB/OL］.［2020-04-12］. http：//www. library. fudan. edu. cn/

［51］同济大学图书馆［EB/OL］.［2020-04-12］. https：//www. lib. tongji. edu. cn/

［52］上海交通大学图书馆［EB/OL］.［2020-04-12］. http：//www. lib. sjtu. edu. cn/f/main/index. shtml

［53］华东师范大学图书馆［EB/OL］.［2020-04-12］. http：//www. lib. ecnu. edu. cn/

［54］中国海洋大学图书馆［EB/OL］.［2020-04-12］. http：//library. ouc. edu. cn/

［55］厦门大学图书馆［EB/OL］.［2020-04-12］. https：//library. xmu. edu. cn/

［56］湖南大学图书馆［EB/OL］.［2020-04-12］. http：//lib. hnu. edu. cn/

［57］武汉大学图书馆［EB/OL］.［2020-04-12］. http：//new. library. hb. cn：

［58］中山大学图书馆［EB/OL］.［2020-04-12］. http：//library. sysu. edu. cn/

［59］华南理工大学图书馆［EB/OL］.［2020-04-12］. http：//www. lib. scut. edu. cn/

［60］华南师范大学图书馆［EB/OL］.［2020-04-12］. http：//lib. scnu. edu. cn/

［61］暨南大学图书馆［EB/OL］.［2020-04-12］. https：//lib. jnu. edu. cn/

［62］东北大学图书馆［EB/OL］.［2020-04-12］. http：//www. lib. neu. edu. cn/index. html

［63］哈尔滨工业大学［EB/OL］.［2020-04-12］. http：//www. lib. hit. edu. cn/

［64］吉林大学图书馆［EB/OL］.［2020-04-12］. http：//lib. jlu. edu. cn/portal/index. aspx

［65］重庆大学图书馆［EB/OL］.［2020-04-12］. http：//lib. cqu. edu. cn/

［66］四川大学图书馆［EB/OL］.［2020-04-12］. http：//202. 115. 54. 22/

［67］电子科技大学图书馆［EB/OL］.［2020-04-12］. http：//www. lib. uestc. edu. cn/

［68］西安交通大学图书馆［EB/OL］.［2020-04-12］. http：//www. lib. xjtu. edu. cn/

［69］西北农林科技大学图书馆［EB/OL］.［2020-04-12］. https：//lib. nwsuaf. edu. cn/

［70］兰州大学图书馆［EB/OL］.［2020-04-12］. http：//lib. lzu. edu. cn/

［71］香港城市大学学习共享空间简介［EB/OL］.［2020-04-27］http：//blog. sina. com. cn/s/blog_4840437c0100b2oy. html.

［72］陈琳. 香港地区高校图书馆的信息共享空间建设［J］. 大学图书馆学报，2010，28（01）：51 – 55.

［73］刘民钢. 大学图书馆的功能拓展与发展趋势——香港四所大学图书馆访问考察报告［J］. 上海高校图书情报工作研究，2017，27（04）：10 – 14.

［74］这是一座有故事的图书馆［EB/OL］.［2020 – 04 – 27］https：//www. sohu. com/a/165638786_383547.

［75］石排湾图书馆正式启用，集学习与休闲综合功能，提供优质阅读体验［EB/OL］.［2020 – 04 – 27］https：//www3. icm. gov. mo/gb/news/detail/17986.

［76］李超平，黎娇，刘杰. 台湾小型图书馆空间改造运动研究［J］. 国家图书馆学刊，2014，23（06）：39 – 46.

［77］杨美华. 大学图书馆学习共享空间的理念与建置［J］. 图书与资讯学刊，2009，69：1 – 17.

［78］高佳稜. 空间聚焦？人与书：浅谈台北市立图书馆文山分馆空间翻新之过程［J］. 台北市立图书馆馆讯，2019，35（02）：25 – 43.

［79］探访台湾5大特色图书馆：从建筑美学到人文空间［EB/OL］.［2020 – 04 – 27］https：//www. sohu. com/a/218369368_281939.

［80］吕智惠. 理学院学生对图书馆空间设施需求性研究［J］. 大学图书馆，2014，18（02）：119 – 140.

［81］高校基建丨绿色、地景、极简、开架阅览……三座台湾高校图书馆设计新颖，值得借鉴！［EB/OL］.［2020 – 04 – 27］https：//www. sohu. com/a/207426273_741845.

［82］台湾彰化小学图书馆：空间美学之大成［EB/OL］.［2020 – 04 – 27］https：//kuaibao. qq. com/s/20191111A003RU00？refer = spider.

（执笔人：高 波 汤正午 石剑兰 杜 琪 胡华玲）

案例研究

第五章　国家图书馆白石桥馆舍

国家图书馆在北京共有两处馆舍。一处是文津街馆舍，位于北海公园西岸，院内主体建筑文津楼建成于20世纪30年代，中华人民共和国成立后，该馆舍经多次改扩建形成近3万平方米的规模。另一处白石桥馆舍，西邻紫竹院公园，始建于20世纪80年代，分两期建设并经一次改扩建达25万平方米的建筑规模。本章主要介绍国家图书馆白石桥馆舍的建设情况。

第一节　建设背景

中华人民共和国成立之初，北京图书馆（国家图书馆前身）馆舍规模为8000平方米，藏书能力只有50万册。而当时国家图书馆的藏书已达145余万册。图书馆面临图书无处可藏、许多业务无场地开展的局面。在各级政府的关心帮助下，国家图书馆在20世纪50—70年代多管齐下以解燃眉之急。一是在文津街馆舍内外陆续新建了一批小体量的建筑；二是在中央领导以及有关单位的支持下，柏林寺等多处房舍无偿拨转给图书馆使用；三是继续在馆外租借北海公园等地的房屋。为从根本上解决馆舍不足的困难，北京图书馆与此同时还提出了扩建馆舍的计划。第一次是20世纪50年代提出征用文津街馆舍周边地皮作为图书馆长远发展建设用地的方案获得了批准。第二次是20世纪60年代制定了《北京图书馆十年（1963—1973）基建规划》，中央批准了北京图书馆建设新馆的计划。可惜的是，上述两个方案都限于当时的社会经济条件未能落实。

进入20世纪70年代，北京图书馆书库空间严重不足的矛盾日趋突出。北京图书馆提出在文津街馆舍院内扩建27400平方米馆舍的计划，并拟定了具体方案上报中央。1973 年 10 月 29 日，周总理审阅了扩建方案，并指示："只盖一栋房子不能一劳永逸，这个地方不动了，保持原样，不如到城外另找地方盖，可以一劳永逸。"[1] 遵照总理的指示，北京图书馆就新建馆舍问题进行了认真研究，提出了一次规划、分期建设的设想：北京图书馆新馆建筑要有百年以上的长远打算（单是藏书一项将增至七、八千万册），在大体有个远景规划的统一布局下，安排分期建设（拟分三、四期建成三十五至四十万平方米的规模）。[2] 该计划的具体执行结果是新馆建设地点最终选在白石桥西北角，占地共 10 公顷；项目分为两期建设；一期工程占地 7 公顷，建设规模为 14 万平方米（馆区外另建 2 万平方米宿舍），1987 年建成，可满足 20 世纪末的使用需要；二期工程占地 3 公顷，建设规模 8 万平方米（馆区内另建 3 万平方米宿舍），2008 年建成，藏书能力可满足 21 世纪前 30 年的需要。

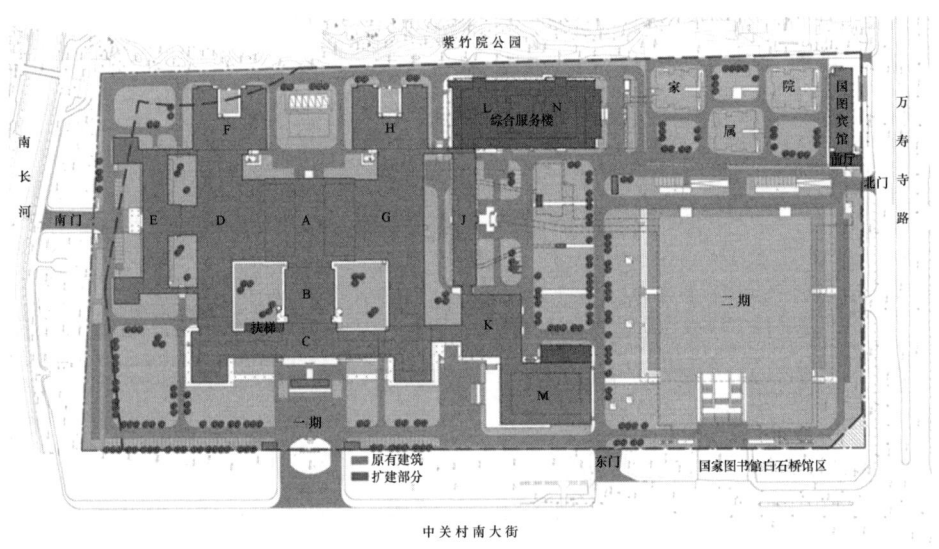

图 5-1　国家图书馆白石桥馆区总体布局

第二节　项目选址

项目选址是工程建设的关键要素。为确定新馆建设地点，北京图书馆与有关部门进行了多次研究并征求了时任北京市委书记万里同志的意见，最终在天安门广场南边两侧、景山东街西边、军事博物馆西侧等多个地块中确定了白石桥西北角的位置。该地块与其他地块相比有以下几个方面的优势。一是离北京的高校区以及中国科学院较近，便于学生和科研工作者使用；二是紧邻紫竹院公园，周边优美安静的环境适合图书馆建设；三是场地规整、面积较大，能够满足图书馆的长远发展需要，且该区域只有皮鞋厂等少数几个单位，拆迁工作量相对较小，有利于项目推进；四是离主城区较近，地块东面贴近城市主干道，今后还要修建地铁，交通十分方便；五是地质条件较好且地面相对较高，适合工程建设。时隔40多年回头看，当时的选址具有前瞻性，它对于当下图书馆新馆选址仍具有参考价值。

第三节　建筑设计和施工

一、一期工程建筑设计和施工

在白石桥馆舍分期建设规划中，首期工程的定位是先建设可以长期相对稳定的主体工程。为此，图书馆按照建设规模拟定了三个方案上报中央。1975年3月31日，周总理批示按第二方案执行，也就是总规模16万平方米（包括2万平方米宿舍）的方案。有关建设的具体问题，周总理指示与万里同志协商。4月，已调任铁道部部长的万里同志对北京图书馆扩建工程建筑高度、建筑用地、投资和设计等一系列问题提出了具体意见。此后，北京图书馆扩建工程方案设计工作全面展开。

该工程是继人民大会堂之后，我国计划建设的最大体量的公共文化建筑。国家对该工程的设计工作十分重视。1975年4月，在时任国务院副总理兼国家建委主任谷牧同志的建议下，由国家建委和国家文物局组织召集国家建委建筑科学研究院、陕西省第一建筑设计院、北京市建筑设计院、上海市民用建筑设计院、广东省建筑设计院五家设计单位；清华大学、同济大学、天津大学、南京工学院、哈尔滨建筑工程学院五所院校以及其他有关单位在北京召开北京图书馆扩建工程方案设计预备会议。会后，各单位共做出了114个方案。同年9月，经国务院办公室同意，又组织召开了北京图书馆扩建工程方案设计工作会议。参加设计的十家单位在会上正式提出了29个方案。会议从建筑的总体环境、平面布局、建筑造型、结构形式、建筑设备等各方面对29个方案的优缺点进行了分析总结。会议决定按六种基本类型，由相关单位联合组成六个工作小组，进行第二轮方案设计。陕西省第一建筑设计院、天津大学、南京工学院进行"不对称方案"的设计；上海市民用建筑设计院、同济大学进行"对称书库居后方案"的设计；北京市建筑设计院、哈尔滨建筑工程学院进行"对称书库居前方案"的设计；国家建委建筑科学研究院、清华大学进行"对称书库居中方案"的设计；国家建委建筑科学研究院进行"高层方案"的设计；由南京工学院杨廷宝、北京市建筑设计院张镈、国家建委建筑科学研究院戴念慈、清华大学吴良镛、广东省建筑设计院黄远强组成五人小组（以下称"五人小组"）进行"民族形式较浓方案"的设计（该方案在业内被称为"五老方案"）。经过三个月的创作设计，六个不同类型的设计小组完成了九个方案。上述方案在 1975 年 12 月召开的北京图书馆扩建工程方案设计第二次设计工作会议上进行了集中讨论。会后，经国家建委指定由"对称书库居中方案"、"对称书库居后方案"、"民族形式较浓方案"三个设计小组继续对方案进行修改和完善。1976 年 4 月，国家建委、国家文物局召开了"北图工程方案设计汇报会"，听取了三个设计小组的方案汇报。1976 年 5 月，国家文物事业管理局向国务院报送了《关于送审北京图书馆扩建工程方案设计的报告》。报告认为"五人小组"方案更为突出。该方案具有平面局部功能分区明确，适应图书馆多方面要求；主要读者活动场所设在一层，交通流畅，使用方便；报纸库合理利用了书库阴影区，设计布置方便；部分屋顶选用釉面板瓦小坡顶，利于排水隔热、维修管理，在体现民族风格上又有所创新的特点。报告建议从适用的角度研究，倾向于采用"五人小组"的方案。报告还建议最终方案在该方案基础上，吸取其他两个方案的优点加以修改完善。1976 年 5 月 28 日，谷牧同志批复同意报告中提出的以第一方案为基础，吸取第二、三方案的优点并加以修改的做法。由于受到"文化大革命"以及"唐山大地震"的影响，国家财政较为困难，北京图书馆扩建工程后续工作受到影响。1978 年 2 月，设计方案修改工作重新启动。国家建委建筑科学研究院和中国建筑西北设计院组成修改设计方案班子对"五人小组"方案进行调整优化。该项工作由前期负责国家建委建筑科学研究院与清华大学"对称书库居中方案"的杨芸牵头并于同年 7 月完成相关工作。8 月，国家文物局向国务院送审了综合后的设计方案。9 月，宋养初同志传达了李先念等中央领导同志对方案的意见。相关单位对方案做了再一次调整。11 月，中央领导同志审阅并同意了该方案。

至此北京图书馆扩建工程设计方案基本确定。

图 5 - 2　北京图书馆扩建工程方案设计汇报会议（1976 年）

此后，北京图书馆扩建工程初步设计及施工图设计工作由国家建委建筑科学研究院和中国建筑西北设计院共同承担。两家单位为该项目配备了强有力的设计团队。1979 年 5 月，初步设计工作正式开始，设计团队在北京图书馆进行现场设计，1979 年 11 月，初步设计工作全部完成。为顺利推进施工图阶段的工作，两家设计单位进行了分工。国家建委建筑科学研究院承担 A、B、C、D 四个建筑单体，建筑面积约 82000 平方米。中国建筑西北设计院承担 E、F、G、H、J、K、L、M、N 九个建筑单体，建筑面积约 60000 平方米。1983 年 6 月，两家单位完成了施工图设计工作，设计图纸近 3000 张，共有 150 多位设计师先后投入该阶段的工作。1983 年 9 月 23 日，北京图书馆扩建工程举行奠基仪式。施工期间，参建单位精心组织，根据建筑特点，采用了由中间向四周推进的施组方案，许多新技术、新工艺在项目中得到应用。在参建各方的共同努力下，1987 年 10 月 15 日，工程全面竣工并面向读者开放。开馆当天共接待了 5000 名到馆读者，读者普遍对新馆环境以及服务举措表示满意。在此前后，许多重要团体慕名来馆参观。10 月 23 日，中共中央第十二届七中全会委员、中央顾问委员会委员及中央纪律监察委员会委员共 700 人到新馆参观。[3] 美、日等许多国家、港、澳、台地区的许多媒体对北京图书馆新馆开馆进行了报道。在国内，新馆开馆更成为媒体争相报道的热点，单是人民日报在 1987 年便围绕北京图书馆新馆建设报道了 22 次之多。从国内外来宾的评价以及媒体报道情况看，新馆开馆赢得了各方面的普遍赞誉。有些来宾评价新馆建成是"中国二十世纪文化事业上的一个重大成就"、新馆是"世界一流水平的图书馆"。[4]该项目也先后获得国家优秀工程设计金质奖、建筑工程鲁班奖、20 世纪 80 年代北京十大建筑等多项荣誉。

图 5-3　北京图书馆扩建工程"五老方案"效果图（吴良镛、傅熹年、华宜玉 1976 年绘水彩画）

二、二期工程建筑设计与施工

1989 年，即一期馆舍建成并投入使用两年后，原文化部组织有关单位对该项目进行了评估。评估报告提到该项目在图书馆功能整体规划方面存在一些不足；一是占馆藏半数的连续出版物流通性较大，现有系统不能满足读者便捷使用的需要。二是后勤用房较少，已影响到图书馆日常运转。[5]为解决上述问题，北京图书馆当年开始筹划二期工程的建设。

在北京图书馆 1989 年拟定的二期工程立项报告中，除了完善一期功能需要兴建连续出版物业务用房和后勤保障用房外，还有一项任务是要为无房户尽快建设职工住宅楼，以维持员工队伍的基本稳定。此后，根据形势发展需要，二期工程的建设内容又做过数次调整。1998 年，国家全面推行"科教兴国"发展战略，二期工程立项工作出现重要转机。江泽民总书记、朱镕基总理亲自关心北京图书馆事业发展，李岚清副总理提出"二期工程要结合数字图书馆去研究"。1999 年，北京图书馆更名为国家图书馆，图书馆事业发展面临前所未有的重大机遇。在这一年，长期困扰国家图书馆的员工住宅紧缺的问题得到了改善，300 户员工住宅开工建设；二期工程得以集中解决与图书馆业务紧密相关的问题：一是截至 1999 年底，国家图书馆藏书量达 2190 万册，已超过一期书库容量，馆内面临"无处藏书"的窘境。二是到馆读者与日俱增，高峰日读者流量达 15000 人次，现有空间借阅能力已不能满足读者需要。三是抓住机遇、开展数字图书馆建设。2001 年，在历经 13 年筹划，图书馆 7 次向原文化部、原文化部 4 次向国务院或国家计委提出立项申请之后，国务院正式批准了国家图书馆二期工程暨国家数字图书馆工程立项。2003 年，项目可行性研究报告通过审批。

此后，国家图书馆依据批复的可研报告以及项目建设规划条件，编制了设计任务书。任务书明确二期工程建设用地 2.2 公顷（一期工程北侧预留二期工程建设用地原为 3 公顷，建设职工住宅时占用了西侧的 0.8 公顷），规划建设高度 45 米，总建筑面积为 79899 平方米，可藏书为 1200 万册，分设的 7 个阅览室可提供 2900 个阅览座位，同时还要建设数字图书馆、业务采编加工、《四库全书》存储和展示、学术交流、读者餐厅、车库等空间。2003 年 4 月，国家图书馆采用全球公开招标的方式遴选二期工程设计方案。共有 39 家中外设计团队（包括联合体）有意愿参加角逐。经过资格预审环节的综合评判，有 9 家设计单位或设计联合体入围。它们分别是中国建筑设计研究院、德国 KSP 恩格尔、齐默尔曼建筑设计有限公司与华东建筑设计研究院有限公司（联合体）、美国 RTKL 国际有限公司与北京市建筑设计研究院（联合体）、德国 GMP 公司与上海建筑设计研究院有限公司（联合体）、英国泰瑞法瑞设计公司、美国 PERKINS & WILL 建筑师事务所与中元国际工程设计研究院（联合体）、丹麦 AKITEKTERNE M. AA. SCHMIDT, HAMMER &LASSEN K/S 建筑师公司、日本株式会社 AXS 佐腾综合计画与清华大学建筑设计研究院（联合体）、德国 ABB 建筑师事务所与中科建筑设计研究院有限责任公司（联合体）。各设计单位经过三个半月的投标准备，于 2003 年 8 月 14 日递交了方案模型和设计文件。8 月 15 日—8 月 16 日，由关肇邺（中国工程院院士）、周干峙（中国科学院、中国工程院双院士）、张锦秋（中国工程院院士）、隈研吾（国际知名建筑大师）、Craig Hartman（时任美国 SOM 建筑事务所设计总裁）、黄艳（时任首都规划委员会副主任）、周畅（时任中国建筑学会秘书长）、张彦博（时任国家图书馆副馆长）、吴建中（时任上海图书馆馆长）九位建筑、规划、图书馆界专家组成的评审委员会，经过现场踏勘、听取投标人陈述并提出质询、充分讨论和研究，采用两轮不记名投票，确定5号方案（华东建筑设计研究院有限公司和KSP恩格尔、齐默尔曼建筑设计有限公司设计联合体方案，获得8票）、4号方案（RTKL国际有限公司和北京市建筑设计研究院设计联合体设计、获得6票）、1号方案（中国建筑设计研究院设计、获5票）为中标候选方案。专家评审委员会认为中标候选方案在满足图书馆功能需要，与周边环境特别是与一期工程的关系处理等方面较为突出；得票最多的5号方案体型简洁，建筑高度较低，在国家图书馆这个群体建筑中体量较为适宜，立面分段处理的比例尺度也较为合适。专家评审委员会强调5号方案采用了开敞的大阅览空间，代表了21世纪图书馆的发展趋势；而设计的标志性的中庭，具有很好的视觉效果，将《四库全书》置于中心的位置，尤显其象征意义。

评审工作结束后，国家图书馆举办了二期工程建筑设计方案展览，向广大读者征求意见，最终依据专家评审委员会的评审结果、参考各方面的意见并报主管部门同意，确定5号方案中标。2004年12月28日，项目举行了奠基仪式。施工期间，二期工程遇到了阅览中庭防火分区面积超过设计规范，四、五层巨型钢桁架结构构件超大超重高空拼装作业工艺复杂等技术难题。参建各方共同努力，做了大量卓有成效的工作，以较高水准完成了二期工程建设任务。2008年9月9日，项目全面竣工并向读者开放。从国家图书馆二期工程建设周期上看，它与2008年北京奥运会正好同步。在奥运光环之下，该项目建设

图5-4　国家图书馆二期中标方案

过程如同它宁静、收敛的建筑外观，没有过多地引起社会的关注。即便如此，它仍以优秀的表现，获得建筑工程鲁班奖、2000 年代北京十大建筑等多项荣誉。自开馆运行到现在，二期馆舍一年 365 天不间断运行，日均接待到馆读者近 8000 人次。新建筑舒适便捷的软硬件环境不仅赢得了到馆读者的喜爱，更多的非到馆读者也得益于本项目数字图书馆的建设。可以说该建筑在新的历史时期以更加开放的姿态满足了更为广大人民群众精神文化的需求，成为提高全民文化素养的终身学堂。

第四节　建筑特色及功能布局

一、一期馆舍建筑特色及功能布局

如果从 1975 年算起，国家图书馆一期工程设计方案从酝酿、发展到最终实现共历经 13 年时间。可以说，它的建设凝聚着我国一代图书馆人和建筑工作者的集体智慧和心血，也赢得了全社会的广泛关注和好评。根据设计任务书的要求，北京图书馆扩建工程建筑面积 14 万平方米，藏书 2000 万册，分设 36 个阅览室，提供 3000 个阅览座位，可同时满足 2500 名员工使用需要；新建筑应按照"适用，经济，在可能条件下注意美观"的原则，要能体现人口众多，历史悠久，文化典籍丰富的多民族的社会主义国家图书馆的特点和风格。面对庞大的建筑体量，方案化整为零，依据业务功能将建筑分解成 13 个单体组成的建筑群。建筑群整体布局采用对称严谨、高低错落、馆园结合的手法，将高耸的书库（地上 19 层、地下 3 层，建筑高 64 米）布置在中间，低矮的阅览空间（裙楼多为 4 层或 6 层，6 层的建筑高度为 27 米）围合在四边，而各建筑单体间形成了若干大小不一的内部院落。建筑立面为中国传统的三段式结构，基座部分由大台阶以及简化的外廊式月台组成；柱子和建筑主体结构部分采用淡乳白泛蓝色小块面砖饰面，其间的窗套利用白色粒状大理石薄抹线脚加以点缀；屋顶部分借用了汉墓以及北魏石窟中石雕的建筑形象，采用了简洁平直的造型并覆盖孔雀蓝色的琉璃瓦。在室外景观和庭院设计上，方案在建筑周边布置了四季常青的花木和草坪，依托基地东南角保留的两棵古银杏设置了下沉式的休闲花园，内庭院则运用浅水池、瘦山石、亭子、松柏等元素营造中国传统园林的氛围。在室内空间塑造上，三横两纵五条轴线组织起复杂的内部交通流线，并链接起五处大小不一公共空间。内部装修则以红（地面）、白（墙面和吊顶）两种颜色作为主要基调，并运用少量传统材料，比如汉白玉、紫砂陶板、青白石加以烘托，构建了明快淡雅、安静舒适的阅读环境。可以说，该建筑的造型、尺度、比例、材料、色彩都经过了仔细推敲，在体现中国传统建筑特色以及与现代建筑的协调与融合方面取得了较好效果。

图 5－5　国家图书馆文津厅

图 5－6　国家图书馆阅览室

图 5-7　国家图书馆书库　　　　　　图 5-8　国家图书馆公共走廊

　　与建筑外观相比，业务格局是否合理、建筑是否好用更为重要。该建筑作为我国图书馆走向现代化的标志，它在满足图书馆使用功能、方便读者和员工使用方面下了不少工夫。首先在业务布局上，为了减少读者和员工的人流交叉和相互干扰，建筑方案竖向分区将采编加工业务用房布置在底层形成内部工作区，阅览室布置在2—6层形成读者活动区。读者可从建筑群东侧二层以及南侧的入口进入图书馆，员工可从建筑群东侧一层以及北侧入口进入，图书主要利用建筑群西侧各单体的出入口就近运输。展览厅、报告厅以及行政办公等与图书馆业务并非息息相关的用房则单独设置并专设出入口。其次，方案对书库、阅览室、业务采编加工用房等空间的组织方式和室内环境做了针对性设计。比如：书库采用密肋模壳结构、6米×6米或6米×9米的柱网以及2.5米的净高，既方便了书架布置也有利于节约建筑空间；馆藏文献被分成保存、基藏、流通三种类型，一方面化解了图书保存和利用间的矛盾，另一方面也能根据文献的类型合理布置各库房的具体位置；阅览室大多采用开架阅览方式且尽量南北向布置，以便营造便捷的、有自然采光和通风、可欣赏室外庭院景观的阅读环境；内部空间大多高大、方正，布置方式也较为灵活，有单层式、单侧跃层式、四周跃层中部挑空等多种方式。此外，该建筑在楼宇智能化以及图书馆业务自动化方面也采用了许多先进的技术。为了防止火灾，整个建筑群采用了火灾自动报警系统，对善本书库、计算机房等重要区域还设置了气体灭火系统；为了提高取书效率、缩短读者等候时间，书库各层与出纳台间设置了借阅单气力输送设备和书刊自动传送系统；为了保证图书的保存条件，书库区采用了全空气空调系统对温湿度进行实时监控；大型计算机、光盘存储检索等系统以及照排、制版、缩微等先进设备也被引进并广泛应用到相关业务领域，这为国家图书馆基础业务走向现代化打下了坚实基础。

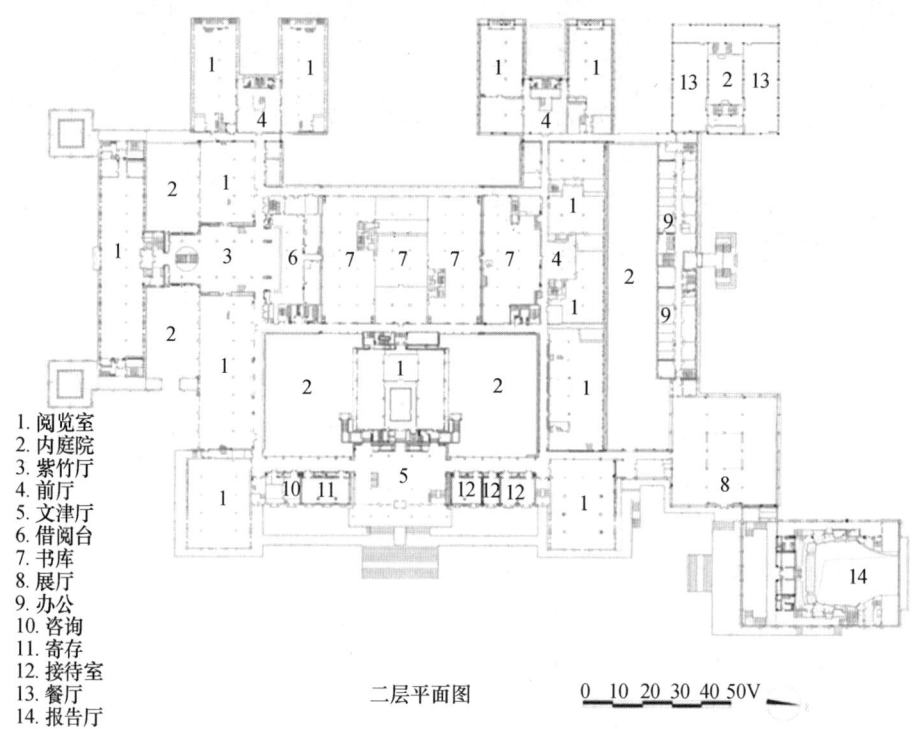

1. 阅览室
2. 内庭院
3. 紫竹厅
4. 前厅
5. 文津厅
6. 借阅台
7. 书库
8. 展厅
9. 办公
10. 咨询
11. 寄存
12. 接待室
13. 餐厅
14. 报告厅

二层平面图

0 10 20 30 40 50V

图5-9 国家图书馆一期馆舍二层平面图

二、二期馆舍建筑特色及功能布局

作为国家图书馆白石桥馆舍的一部分，在新世纪之初建设的二期工程需要考虑周边的城市环境特别是已建成的一期工程。但以怎样的方式来处理彼此间的关系，可以有很多种方案。在设计任务书中，国家图书馆明确要求新建筑应与一期建筑"和而不同"，能充分展现二十一世纪中国文化设施风范。中标方案积极回应了业主的要求，并在此基础上形成了自己的风格。首先，该建筑地下3层，地上5层，建筑高度仅有27米，从建筑体量方面衡量，它与一期工程裙房的高度基本一致，在国家图书馆白石桥馆舍群体中非但不突兀，而且还较为和谐。其次，该建筑的立面也采用了与一期工程相同的三段式结构，但不同的是二期工程的表现手法十分现代，厚重的石材基座、巨大的异形支柱、水平伸展的屋顶给人强烈的视觉冲击。如果说，一期工程与中国的传统建筑是一种"形似"，那二期工程或许在追求"神似"。还有，在建筑的总体规划布局上，二期工程东侧入口大台阶与城市街道的边界采用了与一期工程完全相同的处理方式。而室外景观则布置了整齐的绿地和树阵、三面环绕建筑的浅水池，这完全是西方园林的表达方式，它与一期工程采用中国传统庭院的手法形成了极大的反差。此外，该建筑最为人称道的当属阅览中庭的设计，它打破了设计任务书要求的不同阅览室应独立设置的条条框框，将地下一层到屋顶的逐层退台空间与镇馆之宝《四库全书》仓储式陈列库房共享，形成了自由、便捷、优雅且极具体验趣味的诗意空间。这类大空间在当时看来有些超前，但代表了国际视野下未来图书馆的发展方向，它为创造性发挥图书馆空间的作用提供了无限的可能。

图5–10　国家图书馆二期馆舍阅览中庭

在平面布局方面，该建筑的地下部分为业务功能区。其中地下2、3层为密集书库；地下1层西、南、北三侧为业务采编加工用房，室外开凿出的浅水池正好为它提供了自然采光和通风的通道；东侧的"黑房间"用来布置数字图书馆核心机房。员工和图书可从建筑西侧的入口或者与一期工程相连的地下通道进入。地上部分为读者服务区。1、2层西部、3层的全部与地下1层中部共同组成了一个逐层放大且为内外双层结构的阅览室。内层的阅览中庭紧邻一个白色的宝盒，宝盒上下两层，存放《四库全书》。《四库全书》与阅览中庭仅由一层通高的玻璃隔开，在中庭阅读的每位读者都可欣赏到《四库全书》以及宝盒的内景。在3层看书的读者如果累了，可以走到室外平台休息，眺望包括一期建筑在内的城市景观，还可欣赏到悬浮屋顶底面倒映水池的波纹光影。学术交流、OPAC检索、读者餐厅等相对热闹的交流空间设在1、2层东部，它们除了从东门进入外，还特意设置了独立的出入口以便全天候使用。4、5层是一个巨大的环形跃层式阅览室。为丰富空间层次，该阅览室在东西两侧有眺望楼下阅览中庭的休憩长廊，南北两侧散布着几个竖向天井连接着3层和屋顶。目前，该空间被分割成三个小体量的阅览室，跃层部分也暂未对读者开放。但只要有需要，该阅览室能十分便捷的恢复到原有的空间

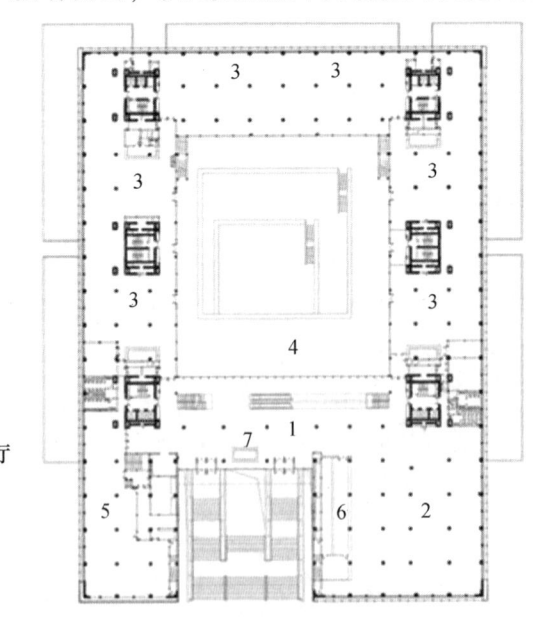

1. 公共大厅
2. 目录检索大厅
3. 阅览区
4. 阅览中庭
5. 读者餐厅
6. 办证处
7. 咨询服务台

图5-11 国家图书馆二期馆舍二层平面图

形态。在技术措施和管理方面，为了方便读者使用，图书馆特意为新馆开放推出了一系列新的服务措施。比如：进入图书馆不再需要办证，查阅图书可采用架位精准导航，寻求帮助可通过醒目的服务岛，常规服务可就近使用自助复印、借还书等专用设备……而与二期工程同步建设的国家数字图书馆工程，为更为广大的读者群体搭建起了更为自由且不受时空限制的数字阅读平台。站在读者的角度观察，二期工程本体是一个自由开放，让人舒适愿意再来的文化综合体；而同期建设的数字图书馆，则让图书馆服务没有了物理上的围墙之隔。

第五节　工程建设经验教训

国家图书馆一期、二期工程是我国在不同历史时期建成的重要文化设施，也是我国当代优秀建筑遗产。它们的建设得益于改革开放。它们的建设也见证了我国现代化图书馆事业的发展与转型。改革开放初期建设的国家图书馆一期工程面临的核心问题是处理保存与利用之间的关系，国家图书馆以开放的姿态回应社会的需求，有90%的阅览空间采用了开架服务模式。新世纪初期建设的国家图书馆二期工程更加强调"以人为本"的理念，大开间、全开放的阅览空间以及数字图书馆的运营让到馆读者以及非到馆读者都能方便快捷得到国家图书馆的优质服务体验。在两项工程的建设以及日常运行管理过程中，有三方面的经验教训可供图书馆同行参考。一是要秉持开放建设理念。一期馆舍建设前的十余年间，我国的图书馆建设事业基本处于停滞状态。当国家提出建设现代化图书馆的构想时，建设者面临着没有现成规范可供遵循，没有现成案例可供参考的困难。在原文化部和其他有关部委的支持下，自1977年起，北京图书馆先后9次派出中国图书馆建筑和设备代表团赴日本、英国、瑞士、法国、美国、加拿大、匈牙利、德国等地考察。通过实地调研学习，许多先进的设计理念、工程技术、设施设备被引进回国并在本工程中得到应用。一期馆舍建成后，参建者凭借在本项目建设中积累的经验，承担了我国第一部《图书馆建筑设计规范》的起草工作，并以此直接推动了我国现代化图书馆建设事业的发展。二期馆舍建设时，为遴选出优秀建筑方案，国家图书馆欢迎全球的优秀建筑师参与设计竞标。由于竞争激烈，曾设计过西雅图中央图书馆的雷姆

·库哈斯、法国国家图书馆的多米尼克·佩罗均未获得参加方案设计的资格。而中标方案的设计理念也较为超前，国家图书馆对此曾有不同看法，但最终接纳了这一方案，并在建设中充分尊重建筑师的意见，充分发挥建筑师的作用，确保了该方案以极高的水准呈现在读者面前。馆舍投入使用后不仅受到了读者的欢迎，而且该建筑的设计理念成为这一时期我国图书馆建设的主流设计思想。二是在建筑选材时应考虑日常运行维护成本，对于维修不便的建材和设备应选用品质高、耐久性能好的产品。二期馆舍建筑体型新颖、阅览中庭空间震撼，为读者营造了良好的阅读氛围，但设计中采用的外倾幕墙面、超大规格玻璃给日常清洗、维修工作带来了不小的麻烦。此外，阅览中庭的高空灯具、阅览区频繁使用的地毯在选材时也过多关注了材料价格，而忽视了材料的耐久性。三是要加强建筑生命全周期管理。建筑品质的保持与提升不仅有赖于建筑设计，更有赖于后期的维护与管理。[6]目前，我国的公共图书馆存在"重建设、轻管理"的现象，这与管理者更加注重安全以及管理的便利有关，比如一期馆舍室内庭院本该是读者休憩的空间，但从开馆至今的 30 多年却始终未向读者开放。因此，在新世纪图书馆建筑日趋绿色环保的发展趋势下，如何更好的在馆舍建设使用中体现人文精神，让读者获得更舒适的阅读感受，是我们需要认真思考的主题。

第六节　国家图书馆白石桥馆舍的发展与展望

2008 年，二期馆舍建成后，白石桥馆区的建筑格局已经基本形成。国家图书馆对该馆区的建设从此转入更为精准的改造升级、空间再造阶段。与此同时，互联网技术的发展正在深刻影响着社会生产与生活，包括图书馆在内的许多行业开始重新审视自身的价值。为适应新情况，打造交流空间、加强社会关联、塑造场所精神成为新时期图书馆新馆建设、老馆改造的探索方向。国家图书馆作为国内图书馆的行业先锋，决定以一期馆舍维修改造工程为突破口对图书馆未来发展进行一次重大实践探索。这次维修改造工程的建设宗旨是"完善功能、提高品质、修旧如初"。完善功能主要体现三个方面：一是新建后勤服务楼，解决几十年来白石桥馆区后勤保障用房不足，长期占用业务用房的问题；二是以 M 楼（1200 余座，曾用作报告厅、音乐厅）为基础，建设以音乐为主兼顾报告、电影功能的艺术中心，强化国家图书馆艺术教育和鉴赏职能；三是打造国家典籍博物馆专区，通过展、阅互动达到弘扬中华传统文化并带动全民阅读的目的。提高品质是以改善一期馆舍的软硬件条件为契机，全面提升国家图书馆的服务水平，让更多的读者愿意来到图书馆得到更加优质的服务体验。修旧如初是指改造应尊重一期馆舍的建筑价值，保留前人对一期馆舍的集体记忆。2009 年，国家图书馆开始分步骤对一期馆舍进行改造，参建单位克服了施工期间图书馆业务不能停、使用功能反复优化、管线综合空间紧张等诸多困难，确保了 2014 年 9 月 9 日按期完工并重新向读者开放。改造完成后，国家图书馆一期馆舍新增面积 3 万平方米，馆舍在保持内部原有空间结构体系、色彩比例关系不变，特色艺术装饰、灯具、栏杆扶手、建筑外观不动的情况下，建筑设施与环境得到了全面系统完善；典籍博物馆、艺术教育鉴赏、讲座培训等服务成为国家图书馆与传统借阅服务协同发展的新引擎。

图 5 - 12　国家图书馆一期馆舍改造后文津厅（赵学娟摄）

图 5 – 13　国家图书馆一期馆舍改造后阅览室（张广源摄影）

图 5 – 14　国家典籍博物馆展厅（张广源摄）

图 5 – 15　国家图书馆艺术中心观众厅（张广源摄）

　　改造完成后的国家图书馆白石桥馆区的服务领域和对象更加多元，服务环境和设施更加优质、完善，馆舍空间资源更加丰富、多样。千方百计提高馆舍空间的利用效能、千方百计改善到馆人群的服务体验将是国家图书馆今后建设知识中心、学习中心、交流中心的重要举措。笔者坚信只要坚守"传承文明、服务社会"的初心使命，并与时代同呼吸、共命运，白石桥馆区丰富优质的空间资源必将为国家图书馆未来事业发展发挥更加重要的作用。

参考文献：

　　[1] 李家荣等．北京图书馆新馆建设资料选编 [M]．北京：书目文献出版社，1992：1.

　　[2] 同 [1]：92.

　　[3] 同 [1]：626.

　　[4] 同 [1]：559.

［5］同［1］：589－604.

［6］胡建平等. 图书馆旧馆改造探索—以国家图书馆一期维修改造工程为例［J］. 国家图书馆学刊，2015（2）：54

（执笔人：胡建平）

第六章　湖北省图书馆

　　湖北省图书馆新馆工程是湖北省"十一五"期间文化设施建设的重点工程，新建之时是中华人民共和国成立以来湖北省省直投资最多、规模最大的公共文化设施，是湖北省社会文化事业发展的一项标志性工程，也是我国单体建筑规模最大的省级公共图书馆。本章以湖北省图书馆新馆建筑为案例，将湖北省图书馆新馆建筑设计理念、设计要求及特点作简要概述。

第一节　建设背景

　　湖北省图书馆是全国第一家官办公共图书馆，1904 年 3 月 14 日在湖广总督张之洞、湖北巡抚端方所推行的办学新政中应运而生。其馆址历经多次变迁，1949 年 5 月 16 日武汉解放时，馆舍在武珞路 45 号旧址的特藏楼，建筑面积 2370 平方米，藏书 28 万余册。

　　中华人民共和国成立后，经过历次改扩工程，湖北省图书馆逐步发展成 6 大楼群，包括特藏楼、中文图书楼、报刊楼、西文图书楼、科技楼和行政楼等，建筑群中西合璧，总面积 25231 平方米。

　　进入新世纪，随着湖北经济、文化在中部地区的领先优势凸显，作为省级公共文化服务体系的龙头，其馆舍空间和服务功能已不能满足辐射区域内人民群众的文化需求，湖北省图书馆提出了进一步扩建的申请。2006 年 6 月 7 日，湖北省发改委批准同意湖北省图书馆在邻近的湖北省教育学院地段扩建。后因武汉市首义文化园区总体规划及有关规定限制，没能按批复实施。2007 年 5 月 9 日，湖北省发改委批准同意新馆建设地址由武昌武珞路教育学院变更为武昌沙湖南岸的余家湖村，占地面积 70500 平方米，原批复项目分两次实施，后调整为一次规划，整体建设，建筑面积 10 万平方米，总投资 6 亿元，建设资金由财政专项解决。这是湖北省图书馆建馆以来第十三次建设工程。新馆建设项目实际投资总额 81561.12 万元，其中：建筑安装工程投资 62085.7 万元，设备投资 11926.35 万元（其中书架及家具 2561.22 万元，数字图书馆 9365.13 万元），待摊投资 7549.07 万元。2008 年 10 月 26 日奠基开工，2012 年底竣工交付使用。2013 年 11 月 14 日完成竣工验收。

第二节　馆舍概况

湖北省图书馆新馆位于风景秀丽的武昌沙湖之滨，现址为武汉市武昌区公正路 25 号，南北长约 190 米，东西宽 370 米，呈矩形状。南临公正路，北依风景秀丽的沙湖，西为城市绿地沙湖公园，东靠湖北省国土资源厅大楼。总用地规模 67140 平方米，净用地 59400 平方米。实测建筑面积 102299.25 平方米，主体建筑为地上 8 层，地下 2 层，地上 80325 平方米，地下 20198 平方米。建筑高度 41 米。容积率 1.34，建筑密度 24.2%，绿地率 45%，停车数量 345 辆。新馆藏书设计能力为 1000 万册，阅览座席 6300 个，日均接待读者 1 万人次以上。

图 6-1　湖北省图书馆全景（正面）

　　湖北省图书馆新馆建筑造型取意"楚天鹤舞，智海翔云"，既有鹤舞翔云的本土文化意象，又吻合湖北省图书馆"楚天智海"的美誉，外观开阖有度，大气磅礴，人文底蕴丰富，已经成为江城一道亮丽的风景和地标性建筑。

图 6-2　湖北省图书馆外景组图

图 6-3　湖北省图书馆全景（效果图）

图6-4　湖北省图书馆夜色

第三节　设计理念及建筑特色

湖北省图书馆新馆设计理念主要体现在：建筑形式的标志性、建筑结构的开放性、空间布局的合理性和阅读环境的舒适性。

一、设计理念

（一）建筑形式的标志性

新馆建筑的设计既突出了宏伟、壮观、新颖、美观大方的建筑风格，又体现了图书馆的个性和特点。建筑整体呈阶梯状，由北向南依次为三、五、七层沿湖退进，形成三个不同标高的观湖平台。三层顶部平台进深较浅，平行于阅览室设置。五层顶部平台面积充足，周边为通透的观景廊道，结合绿化园林景观，构成读者室外活动的主要空间。七层顶部分东、西两个平台，东侧为办公区室外活动空间，西侧为培训区室外活动空间。通过退台形成的室外平台，不仅使建筑室内空间流向城市，同时使周边自然环境延伸到建筑内部，达到"城市看我，我看城市"的意境。

图6-5　湖北省图书馆东庭空间

地下部分为车库、设备用房和密集书库；地上部分为阅览、报告厅、展览厅、藏书和办公等用房，一层设有一个600人大空间报告厅；建筑中部由西至东共设置3个中庭，由一层贯通至屋顶。西南角每层12抽柱，形成上部大悬臂结构；东西立面从下至上由北向南呈阶梯形退台。南立面凹入式主入口门庭上部结构转换在南侧主入口立面处以平滑内凹的手法形成大开敞门庭，门庭处开口长度最大为56.7米，内收进深24米，高度约为28米，水平投影面积达到815平方米，在6层楼面处需设置转换层进行过渡。

外墙面色调以灰白为主，选用耐久性较高的玻璃幕墙，底层部分用石材贴面体现建筑物的庄重和气派，由建筑物的体量和对称的形体来加以凸显。建筑物周边的广场绿化带，给读者提供了一个幽静的读书环境，主入口门厅和下沉式广场门厅给人一种亲切的过渡和享受，并为整幢建筑的形体美增光添色。为沙湖景观视廊又添了新的一景，成为湖北省的标志性建筑。

（二）建筑结构的开放性

读者走进图书馆，犹如走进图书自助超市，自助办证、自助借还、RFID等系统为读者提供快捷的"一站式"服务。湖北省图书馆新馆设计打破了以往用墙体将图书馆内各阅览室、借书处及书库之间分隔的传统做法，采用全开放、大开间的空间结构设计，除密集书库外，所有藏书区、阅览区和休闲区之间均采用书架、桌椅或绿植进行轻隔断，并可以随意变化组合，为读者接近书刊、自由阅读创造了条件，形成了"人在书中，书在身旁"的阅览环境，图书馆的开放功能得以全面实现。

图6-6　湖北省图书馆中庭空间

全馆或局部按照统一柱网、统一层高、统一荷载的"三统一"原则，减少固定隔墙，以尽量增加其灵活性，适应未来变化调整。功能布局上打破了传统图书馆以藏、借、阅三大功能块来划分的形式，而是采用大开间、大进深、通透开放的格局，在同一大空间内实现了"藏、借、阅、咨"一体化管理模式，使不同文种、不同类型文献的开架区、阅览区之间都能根据文献结构、读者要求的变化而随时调整。这种藏、借、阅、咨既互融又开放的布局和管理使图书馆的各项功能得到了更灵活、更充分的发挥。

（三）空间布局的合理性

图书馆阅览空间沿湖层层退台，其间有曲直相融的空间格局，又有高低错动的空间形态，配合以大面积玻璃幕墙，凸显出宏伟而现代的空间特色。为了解决大进深建筑通风采光的需求，在建筑中部位置设计了三个中庭，横向均匀分布，有利于缩短建筑进深，组织室内气流，提供均匀光线。结合书架桌椅和环境布置等因素，中庭的设置使阅览空间自然形成动静分区，并尽可能多地采用自然光，营造出不同的空间效果。整个平面采用 8.1 米×8.1 米的标准柱网，均匀分布了十个核心筒，只是在外维护结构采用弧形的曲线来体现建筑的构思立意。

图 6－7　湖北省图书馆西庭空间

整个设计采用"三统一大"的空间设计方式，保证了其高度开放的实现，上千平方米的大开间，让读者视野开阔，仿佛置身书的海洋。轻质多样的隔断，内部空间由封闭固定走向开放灵活，使用功能具有可变性和互换性，随时可对有效空间做出弹性功能调整。随着开放管理的实施，展现在读者面前的图书馆室内环境将是一个流动的空间。

（四）阅读环境的舒适性

在整个建筑的设计与布局中，坚持以人为本，立足为读者提供一个学习、阅览、休闲、社交的场所，打造舒心、典雅的第三空间。二层中庭以共享大厅、休息厅、咖啡厅等共同营造出休闲空间，让读者读书研究之余可以养目怡情；利用新馆结构上的露天退台，在退台屋面种植花草绿植，辅以阳伞桌椅，为读者构造出别有意趣的室外空中花园；馆内书架、阅览桌椅等家具选择，材质、颜色和搭配力求符合人体生理特点需要，摆设与布局也努力关照读者的阅读习惯，给人视觉和心理上的愉悦；建筑设计上充分考虑室内自然通风与采光，选用色调淡雅的环保节能产品，读者在整栋楼宇中，无论学习还是休闲，身心都能得到极大释放。

图6-8 湖北省图书馆空中花园（五楼）

充分考虑公共图书馆开展公益性服务的发展要求，除提供文献信息资源和公益性文化活动场所外，还为包括残疾人、老人、少年儿童等特殊人群在内的全体公民提供休闲和素质教育等能力提升服务，设置了盲文图书馆、少儿图书馆、老年人阅览区等，同时依托计算机和网络技术开展数字资源服务，实现数字惠民。

二、建筑特色

新馆主体造型以"楚天鹤舞、智海翔云"为立意，极具时代风格和荆楚文化意蕴。设计上凸显以人为本、服务为先的理念，主体服务空间统一层高、统一柱网、统一荷载，通过拼装组合，灵活隔断，自然形成加工、典藏、借阅等八大功能区，开间宽阔，敞亮通透。

（一）荆楚文化意蕴丰富

新馆建筑设计造型以"楚天鹤舞、智海翔云"立意，东西两翼对称舒展，犹如白鹤展翅轻舞，建筑上的云纹装饰与沙湖的波澜相映成趣。以外立面曲线的水平排列、律动组合比拟行云流水的顺畅自然；以坡向湖面的退台体量，东西两翼的对称舒展暗喻楚天鹤舞的飘逸抽象；以南侧入口的开阔大气、天花纹饰的简洁古朴，充分展现"知识殿堂"的庄重和幽雅静谧。新馆南立面曲线流畅，水平线条由两侧向中央入口平滑内凹，吸引人们去探索知识的奥秘；顶部体量的外凸和进入中庭后的豁然开朗，形成欲扬先抑的心理过程，加强了空间的感染力。新馆方案构思既体现历史文脉，又蕴含新材料技术的运用，源于过去，立足现在，面向未来。

新馆的室内中庭将室外立面水平元素导入，形成内外统一的空间效果。以均匀水平曲线组成，在平面中横向均匀分布三个中庭，通过遮阳和栏杆扶手的均匀排列，形成如鹤如凤、似云似水的空间效果，有如鹤翼展开的气势，又有"虎座鸟架鼓"的特色。顶部四层遮阳的加密处理比拟书海的浩瀚，天光透过圆形屋顶的缝隙洒下，既契合了老馆匾额上"东壁灵光"的典故，又使整个中庭空间更加静谧，令人神往。

中庭的设置有利于缩短建筑进深，组织室内气流，提供均匀光线，动静分区又营造出不同的空间效果。中央中庭以动为主，组织引导主要人流；整体南北通透，上下联系的电梯、扶梯、交通回廊和服务区置于中央中庭内，使得建筑东西两翼既相对独立又紧密联系。东西两侧中庭以静为主，东侧中庭的天光顺着筒体倾泻而下，通过顶部布帘的遮挡和周边的遮阳处理，漫反射的柔光照亮了室内阅览空间。西侧为室外庭院处理方式，庭院的绿化布置以及阅览空间的直接采光和通风，使阅览更加舒适。中庭顶部设置电动开启天窗，作为拔风口，加强空气对流，改善阅览环境，围绕中庭一圈设置座席，营造安静舒适的阅读环境。

（二）功能设计多项突破

在国内省级公共图书馆中，作为一个单体建筑，建设面积达到 10.23 万平方米，湖北省图书馆新馆的单体规模率先突破了 10 万平方米。建筑工程主体以钢筋混凝土框架结构为主，局部大跨度、大空间处采用钢结构和钢骨混凝土结构的混合框架结构。框架梁采用宽扁梁截面形式，东、西中庭屋盖为实腹式 H 型钢梁结构；中部中庭钢结构屋盖呈斜平面椭圆状，南高北低布置。对柱网上密下疏的部位，设置大梁和桁架等转换构件对其进行转换，结构转换多，楼板开洞大；阶梯状退层结构，结构跨度大，节点类型多。打破藏借分离的传统，图书陈放与阅览布置在同一空间，实现藏借一体化，方便读者，提高阅读效率；专家、少儿、老年人、残疾人等各类阅览群体在馆内各得其所。阅读、展览、培训、讲座、电子视听视屏等现代化设施功能齐全。阅读环境动静分明，室外湖水荡漾，室内庄重、静谧。

图6-9　湖北省图书馆声像自助阅览区

图 6 – 10　湖北省图书馆现代古籍阅览区

图 6 – 11　湖北省图书馆密集书架库

　　新馆总体上采用统一层高、统一荷载、统一柱网的"模数式"设计，整个平面采用8.1米×8.1米的规整柱网，便于灵活分隔，空间可以自由组合，具有较大的灵活性和可变性。为了避免部分空间和结构的浪费，新馆实行了分区模数化设计，根据功能的需求，在不同的分区实行不同的模数化设计。柱网：除门厅、报告厅外，统一采用8.1米的柱网结构；层高：各楼层根据功能要求确定不同的层高，如2层的层高为7.5米，3层的层高为4.8米，7层的层高为 4.2 米；荷载：根据区域的实际灵活进行荷载设置，如密集书库每平方荷载为 1000 公斤，普通书库和阅览区每平方荷载为 500 公斤。

（三）绿色建筑节能环保

新馆倡导建筑的绿色、生态、环保，采用可再生能源利用技术的地源热泵、冰蓄冷系统与低温送风系统相结合的中央空调系统；外墙围护结构体系采用干挂保温墙面，外窗采用铝合金低辐射镀膜（Low-E）中空玻璃，外遮阳百叶系统有效遮挡太阳辐射，增加室内漫射光，保障均匀采光；中庭及其顶部采用可开启天窗进行拔风，实现有效的自然通风；采用绿化中庭、空中花园等垂直绿化系统，为建筑提供一个多方位的绿化生态系统；采用太阳能热水系统，为生活用水供应加热；采用太阳能光伏发电技术，实现室外道路及绿化庭院太阳能 LED 灯夜间照明；设置雨水收集利用系统，为绿地灌溉、景观补水、道路浇洒和车辆清洗等提供水源；在主要阅览区、展厅、通道等处设置智能照明控制系统，达到节约照明用电目的。这样一个绿色、生态、环保、低碳、节能的建筑，实现了新馆与周围自然环境相协调，为读者提供了典雅优美、舒适宜人、视野良好的室内外阅读与活动场所。新馆工程在设计之初全面贯彻节能设计的理念和原则，先后采用雨水回用技术、太阳能技术、绿化微喷灌技术、地源热泵技术及各种节能产品和材料的运用等，综合节能效果达到新水平。项目

图 6-12 湖北省图书馆水泵房

是按中国绿色三星认证标准设计的湖北省节能示范工程，采用室内热环境、风环境、光环境模拟等技术手段专项研究，结合成果优化室内功能、维护结构和家具布置等，呈现给读者最舒适的室内环境。

（四）文献流、读者流、员工流组织有序

新馆的读者流、文献流、员工流三线设计科学合理，读者、文献、工作人员等各种流线顺畅便捷、互不干扰，形成了科学有序的读者、文献和员工流向。读者流主要从公正路新馆南侧进入图书馆内，南侧二层大台阶为图书馆的主入口，南侧一层为盲文图书馆入口，以及少儿图书馆的次入口。西侧为少儿图书馆主入口。北侧为连接沙湖沿湖绿化带的次入口。读者进入中央中庭后由东西两侧扶梯和电梯分流，也可通过中庭的观光电梯，以及在阅览区内竖向扶梯上下流动。东侧一层的门厅为独立对外开放的报告厅和陈列展览区的入口。培训人员入口门厅单独设置于新馆西南侧，通过垂直电梯进入到辅导培训区域。文献流由一层独立设置的书籍装卸入口进入新馆，经过拆包、验收、登录、分类、编目、加工之后，通过内部垂直货梯进入到基本书库，或进入到各阅览区。员工流在新馆南侧一层专门设立了员工通道，行政办公人员和业务人员通过员工门禁和内部员工电梯，直接进入到各层的业务区和顶部的行政办公区域。

第四节　功能布局与建设亮点

一、功能布局

（一）打造精神文化空间

新馆布局初期，湖北省图书馆按照"一年打基础，三年见成效，五年跨越式发展"的总体思路，实施"服务立馆、人才兴馆、科技强馆、特色亮馆"四大战略，以建设古籍大馆、少儿图书馆大馆、地方文献大馆、特色图书馆大馆、数字图书馆大馆等"五个大馆"为支柱，以"力求一流创新、新建一流馆舍、整合一流资源、培养一流队伍、强化一流管理、争创一流服务"为总

体目标，建设"国际知名、国内一流、中西部领先的学习型、研究型、创意型、示范型的现代化图书馆"。努力传承古今中外图书馆优秀文化传统，遵循阅读规律，结合读者不同文化需求，以"聆听思想的声音，沐浴智慧的阳光"为基本理念，营造了颇具人文气息的精神文化空间。

图6-13　湖北省图书馆中庭内景

　　将10万方物理空间纳入规划视野，通盘考虑全馆精神文化空间建设。各楼层根据服务功能区的特点，营造各自的主题公共文化空间。在一楼西区专门为少年儿童和家长量身定制亲子乐园，其间配置电子阅览室、少儿书刊、数字体验系统、手工坊等设施设备，名人名言以卡通图片形式定期展出和更新，力求达到寓教于乐的目的。一楼东区建有600座的多功能报告厅、300座的多媒体报告厅和150座的文化沙龙演讲厅以及4个展览厅。东庭硕大的电子屏实时播放活动画面和宣传片。人们在这个区域集中聆听"长江讲坛"等高水平讲座，进行学术交流，接受文化艺术熏陶。二楼中庭大弧形LED屏为核心，辅以各类导航、检索系统和宣传设备，预告读者活动，介绍新增书刊，播放时政、财经、文体等新闻及馆情要览。二楼中庭北面130座的咖啡厅，三楼、五楼、七楼的空中花园，都是读者交流、休闲的好去处。三楼的影视观摩厅、音乐厅、多媒体阅览室等为读者提供文化娱乐空间。五楼的古籍博物馆和六楼廉政文化图书馆，以特殊文献为载体，营造严肃的思想教育空间和古朴典雅的赏鉴空间。六楼建有8间单人独立研究室，每间20平方米，室内除配备普通阅览室的写字桌、座椅、台灯、强弱电插口外，还配置了计算机、打印复印扫描一体机、书柜等。八楼建有 4 间团队研究室，每间 50 平方米，在独立研究室配置的基础上，增设了洽谈室（含茶具）、投影仪、电子白板等，墙壁悬挂名人字画，室内摆放盆景花卉。研究室创造了一个自由、独立、无干扰的科研环境，能更好地满足从事深层次学习、研究的个人或团队的空间需求。三是灵活组建精神文化空间。一楼的展厅，按展览的规模、主题，用活动隔板构建不同的艺术空间；一楼至八楼的环廊，需要时便可组建新的展览区。各楼层服务功能区按照读者活动需求，或三张沙发、二个茶几、一方地毯，或若干书架（配专题文献）、桌椅、主题字画，组成一个个临时讨论交流空间。

（二）融合现代图书馆的各项功能

新馆功能分区实现了动静分离的布局。整个馆区分为九大功能区：藏书区总面积 3 万平方米，包括基本书库 1 万平方米、特藏书库 3000 平方米和借阅区藏书区 1.7 万平方米；借阅区 2.6 万平方米，共设各类阅览区坐席 5200 个；咨询服务区 3500 平方米，共设各类阅览坐席 500 个；公共活动与辅助服务区 15500 平方米，包括门厅、陈列展览厅、报告厅、教育培训区等读者服务、休闲区等；业务区 5000 平方米，包括图书采编、业务辅导、文化共享工程中心、图书馆学研究、美工宣传、文献缩微、古籍修复等；行政办公区 4000 平方米，包括会议室、接待室、档案室、员工活动室、办公用房等；技术设备区 2000 平方米，包括中心机房、文献消毒、通信机房、卫星电视接收、音像控制室等；数字图书馆区 5000 平方米，共设电子阅览坐席 400 个及数字资源加工、网络信息资源查询、数字图书馆体验区等；后勤保障区 9000 平方米，包括各种变配电室、空调机房、设备机房、值班室、安全监控中心和地下停车场。

表 6-1　湖北省图书馆新馆各楼层面积及功能分区

楼层	室内面积	功能分区
地下二层	5070 平方米	为基本书库藏书区，含 7 个基本书库，约 4000 平方米，总藏书量约 235 万册
地下一层	15750 平方米	设 7 个流通书库和特藏书库，总藏书量约 188 万册，有设备机房和变配电所、1600 平方米读者餐厅、地下停车库，书刊装订车间等

（续表）

楼层	室内面积	功能分区
一层	15230 平方米	有三个不同的展览厅（标准展位展厅和活动展厅），有 600 座、300 座和 150 座的报告厅，其中 600 座报告厅可提供 4 种语言的同声传译。西侧开辟有 5000 平方米的少儿阅览区，可为不同年龄段的儿童提供书刊和电子阅览服务，还有 200 余平方米盲文阅览室，图书文献采编区，贵宾接待室等
二层	12400 平方米	图书馆的主要楼层，南门主入口两边分别设置总服务台、总咨询办证台，设有信息发布系统和读者引导系统。本楼层设置中文报刊阅览区（约 3300 平方米）、读者自修区（约 1200 平方米）、24 小时自助借还区（约 190 平方米），休闲咖啡吧
三层	12180 平方米	主要为中文开架阅览区（约 6200 平方米），电子阅览室（约 810 平方米），声像资料区（约 1200 平方米），西南侧及北侧为中文开架阅览区，整体区域采用 RFID 自助还书系统，靠近中央环廊的入口处设有自助借还、自助办证机，开架阅览区与中央中庭环廊区之间不设隔断。本层还有声像资料区、视听欣赏室（约 130 平方米）和影视观摩厅（约 140 平方米）
四层	11650 平方米	主要为保存本库（约 790 平方米）和保存本库阅览区（约 3000 平方米），西文阅览区、西文善本库和西文报刊库（约 3700 平方米）。其中，西文阅览区又包括：西文图书、期刊和报纸，外文工具书检索、外文电子阅览等
五层	8290 平方米	主要为地方文献区，古籍善本、缩微品阅览区。其中地方文献区占地约 2000 平方米，设有书画舆图室、文献陈列室、湖北政协文史资料专区等；古籍善本、缩微品阅览区占地约 2000 平方米，设有典籍博物馆、古籍善本阅览室（约 130 平方米）、方志文献、新版古籍、历史文献、四库全书阅览区、家谱文献阅览区、缩微资料阅览区。
六层	7900 平方米	西区主要为文献提供中心、中文工具书检索区、专利、年鉴、标准文献阅览区、网络工作区、专科阅览区。其中中文工具书检索区藏有各类中文工具书；东区的网络工作区约 1500 平方米，设有网络中心机房、共享工程中心和数字资源加工中心，是数字图书馆建设的核心

（续表）

楼层	室内面积	功能分区
七层	5920 平方米	东区为行政办公室、会议室，西区为职工培训教室
八层	5920 平方米	东区为档案室、档案库房，学会办公区；西区为专家研究接待区，职工之家和退休人员活动中心等。
楼面（屋顶）：	／	设置 260 平方米的太阳能集热器，用于提供卫生热水。

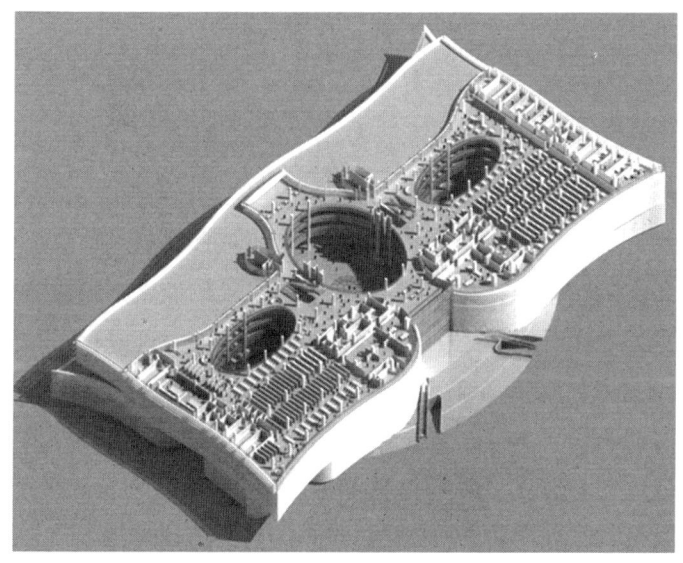

图 6 - 14　湖北省图书馆结构图

二、建设亮点

（一）涵育绿色生态

湖北省图书馆新馆作为公共建筑之一，在设计上按照绿色建筑的要求，也在诸多方面做了绿色生态设计的探索和尝试。分别采用了自然通风采光、雨水回收利用技术、太阳能技术、绿化微喷灌技术、地源热泵技术及各种节能产品和材料的运用等，综合节能效果达到新水平。室内以自然通风、自然采光为主，人工光为辅。尽量采用耗电量低的荧光灯和桌面台灯来弥补图书馆内自然光源的光线不足，或是采用光控灯，通过日光的强弱来控制室内灯光的强弱，这样将日光与灯光相结合，达到舒适节能的目的。在新馆中安置雨水采集系统，经过过滤后供洗手间、灌溉用水。采用地源热泵技术，利用水能控制室内温度，使水能的利用达到最大值。室外生态环境保护措施主要是绿化，尽可能提高绿地率，提高绿色植物的可观赏性。一是考虑与周边景观的协调一致，选择与周边自然环境相协调的色彩，减少和消除建筑物对该区域景观的不利影响。二是考虑毗邻沙湖公园，充分借助公园之景，把图书馆与公园的自然景色融为一体，同时配以草坪、花圃、雕塑、小品点缀，使整个图书馆区域绿色环绕、优雅清爽，既丰富了建筑艺术，又构成了城市中绚丽多姿的文化景点。

（二）彰显人文精神

湖北省图书馆坐落在武汉市沙湖之滨，建筑正面形如正在展开的鸿篇巨著，给人以巨大的视觉冲击，一座神圣知识殿堂展现眼前。建筑南立面曲线流畅，水平线条由两侧向中央入口平滑内凹，吸引人们探索知识的奥秘，顶部体量的外凸和进入中庭后的豁然开朗，形成欲扬先抑的心理过程，加强空间的感染力，展现"知识殿堂"的庄重静谧氛围。建筑外表灰白色巨幅玻璃幕墙展现出现代建筑的豪华与典雅。一道 40 级依次而上的大理石阶梯直达大厅正门，由此走进书的海洋。建筑北面向沙湖逐级退台，在满足规划限制条件的同时，提供了视野良好的室外活动场所，采取种植屋面，结合绿化游园，预留太阳能收集设施，打造建筑绿色、生态、环保的阅读环境。图书馆内部平面设计和环境布置上，从家具、灯饰、字画、雕塑、橱窗、盆景等装饰品的色彩、造型上来丰富空间效果，强化图书馆建筑的文化内涵，让读者置身于一个良好的阅读环境中。室内墙面上悬挂有全国书画家所赠的字画，使这里的文化氛围更加浓重。此外，在大厅里设置了 2 个大型 LED 全彩显示屏，定期展示图书馆最新动态和资源情况，并不时穿插介绍中外历史和文化知识，使读者一进入图书馆就置身于一种浓郁的文化氛围当中。室外广场上设计精美的园艺花卉造型，展现绿树成荫、草坪遍布、花坛涌泉、山石草木的景象，同时点缀一些雕塑，处处营造一种浓厚、高品位、高层次的文化氛围。这种文化氛围，对于读者舒展情怀、陶冶情操起着其他方法不可替代的作用，有利于读者开拓思维、丰富知识、激发创新意识、提高实践能力，以良好的适应能力去应对瞬息万变的知识经济社会。

（三）打造智慧空间

湖北省图书馆在新馆建筑设计中根据未来信息化社会的要求，综合采用了中央空调系统、广播系统、门禁监测系统、集成电话系统、图书管理系统、安全监控系统、一卡通管理系统、网络远程服务系统、红外探测系统、自动灭火喷淋系统等先进的电子信息技术、通信技术、计算机网络技术等，对建筑大楼的设备进行自动监控，对信息资源进行科学管理；采用"结构化综合布线"技术，对弱电系统线路做了预埋安排，对局域网与互联网、有线网与无线网的连接给予了充分的考虑；自助借还管理系统、24 小时自助图书馆等也都做了周密设计和安排，为更好地提高图书馆管理和服务水平创造了条件。新馆采用楼宇智能化管理系统，通过先进的 RFID 技术合理布置门禁和安排读者流向；大型服务台、出纳台、进出入口均设置了电子显示屏；消防、安防设施，以及扩音、有线电视等综合布线都贯彻了智能化的需求；采用无线和有线相结合网络系统，在各个楼层、阅览室都设置了计算机检索终端，使读者随时都能访问网络资源。馆区内建有 4000 个信息点、700 多个读者信息检索与阅览终端，无线网络全覆盖，实现了网络无处不在、资源无处不在、服务无处不在，建成后将成为国内先进水平的省级数字图书馆。

第五节　使用评价

一、读者服务体验

（一）一站式全开架自助借阅

新馆采用"大开间，无间隔"的全开放服务模式。实施 RFID 无线射频管理，设置有自助办证机、文献分拣系统、24 小时自助图书馆和一卡通系统。读者用第二代身份证，就可以十分方便地在自助办证机上实现自助办证。整个借阅区读者均可以通过自助借还机，实现自助借书，读者还书只需将图书投入分拣系统的还书口，就可以实现还书和分拣，所有外借文献均实行一站式全开架自助借阅服务。

（二）阅读、交流、休闲有机融合

新馆在服务功能上，力求打造一个阅读、交流、休闲融于一体的文化超市。在功能设置上打破传统图书馆的模式，充分考虑对纸质文献、数字资源、新媒体等全方位、多层次、多角度的服务，设有报告厅、展览厅、音乐厅、影视厅、咖啡厅、餐厅、电子阅览室、研究室、盲文图书馆、书画舆图室、24小时自助图书馆等。读者在图书馆可以借阅图书、聆听讲座、观看展览、欣赏音乐、观摩影视、网上冲浪、学术研究、赋诗绘画、品尝咖啡等。

图6-15　湖北省图书馆少儿区内景

（三）网络、资源与服务全域覆盖

新馆建设与数字图书馆同步进行，建有万兆局域网，千兆到桌面，双百兆接入互联网。拥有湖北数字图书馆服务门户，数字资源加工能力每年达到500GB，在线存储能力不小于400TB。向读者提供揭示性书目信息（书目、篇名、目次等）500余万条，电子图书50余万种，电子报刊1.2万种。在互联网、馆域网上向读者提供超过600TB的湖北地方特色数字资源和影视资源，网站日均访问人次在1万以上。馆区内建有4000个信息点的接入能力，实现无线网络全覆盖。700多个读者信息检索与阅览终端，实现了网络无处不在、资源无处不在、服务无处不在，在全国省级公共图书馆数字服务中居于前列。

（四）各种载体文献一体化呈现

新馆实行"藏、借、阅、咨、管"一体化全开架服务，实现了图书、报纸、期刊、光碟、缩微制品、数字资源等不同载体的文献资源一体化借阅，读者在任何阅览区都能充分享受到纸质资源、电子资源的全方位服务。如在少儿图书馆既设有图书借阅区，还设有报刊阅览区、光盘借阅区、低幼阅览区和少儿电子阅览区；在报刊借阅区既可以阅览纸质报刊，又可以阅览电子报刊。

二、建筑空间的服务体验

（一）文化空间利用高效

湖北省图书馆新馆巨大的体量、先进的技术与设备、绿色低碳的环境，都是对这个一流公共文化设施的客观描述，也是对其良好物理空间和具备向读者提供一流服务能力的客观评价。极具地方文化色彩的精神空间，人文关怀细致入微，在注重传统服务项目的同时，创造性地开展特色服务，充分实现其文化价值和社会教育功能，为公众营造了满足其精神需求的愉悦文化空间。湖北省图书馆新馆自 2012 年 12 月正式开放至 2019 年底，共接待读者 1994 万余人次，借出图书近 1333 万册次。接待读者量在 2018 年呈大幅上升趋势，突破日均 1 万人次的峰值，最高日峰值达到 2.3 万人次，对图书馆这个公共文化服务场所而言，空间利用高效、显著，也是读者充分认可新馆各项服务功能设施的有力证明。

表 6-2　湖北省图书馆新馆开馆以来服务人次与借阅册次数据表

年度	到馆总人次	借阅册次
2012 年 12 月	38904	28560
2013 年	2158021	1833499
2014 年	2576691	2163366
2015 年	2940819	2204591
2016 年	2660978	767997
2017 年	2565535	2052735
2018 年	3662789	2134334
2019 年	3337119	2144648
合计	19940856	13329730

(二) 品牌创新精彩纷呈

1. 公益讲座树立文化名片

2013 年，在湖北省委、省政府的高度重视和大力支持下，湖北省图书馆创办了"长江讲坛"公益讲座。长江讲坛一楼东厅的 600 人报告厅为承载空间，面积约 565.3 平方米，坚持每周至少举办 1 场讲座，时间固定、场地固定，重信守诺，听讲座成为湖北人民定时定点、高尚文明的生活习惯。截至2018 年底，"长江讲坛"在馆内外举办讲座 484 场，现场听众总数 23 万人次，媒体报道达 2600 次以上。借助湖北省图书馆新的文化空间，"长江讲坛"已成为湖北省的文化名片、公共文化服务第一品牌，在国内外享有较高的知名度和美誉度。

图 6 - 16   湖北省图书馆长江报告厅

附设的讲座资料中心，于 2016 年 4 月 12 日挂牌，为国内第一家讲座资料中心，共收藏了 1042 册（件）各类讲座相关的图书与音像制品，旨在搜集全国讲座文献资料和国内外与讲座相关的讲座资料信息的同时，发布讲座资料和动态，扩大讲座宣传，以激励"长江讲坛"为读者提供更多更好的讲座服务。

2. 廉政文化图书馆助力廉政建设

湖北省纪委、省直纪工委为充分发挥湖北省图书馆这一文化空间的服务教育功能，特指定新馆为党风廉政建设宣教月活动阵地，在此基础上，湖北省图书馆在六楼东区开辟 300 平方米空间建成廉政文化图书馆，共有阅览坐席 70 多个，并设置 4 个主要功能区域，分别为文献阅览区、电子阅览区、影视观摩区、活动交流区。现已连续四年成功承办了湖北省廉政文化宣教月活动，期间共接待参访单位 700 余家、3.4 万余人次前来观摩学习。2015 年 5 月，湖北省纪委将其正式命名为"湖北省廉政教育基地"。

图 6 - 17　湖北省图书馆廉政图书馆内景

3. 公益展览丰富到馆体验

湖北省图书馆利用空间布局资源，设计有展览厅三个，其中 1 号展厅 1000 平方米，2 号展厅 400 平方米，3 号展厅 1500 平方米，另有艺术长廊 200 米展线。这大中小不同面积的展厅，可承担不同功能的展览。

除在东区一楼展览馆进行常规办展活动外，还将各楼层空间充分利用，因地形设展。在各部门都有可举办相关展览的场地。还有的阅览室和走廊也不定期地举办一些主题展览。在专业展厅里，有适应各类展览所需的射灯、展板、展柜、多媒体演示等设施。在展厅入口（东门）有固定的 LED 屏展览告示栏，并辟有专门的宣传布墙。导引清晰，读者进出方便，图书馆作为重要的文化和信息枢纽，成为读者和信息间互动的桥梁。开馆以来，每年举办超过 20 场惠民公益展览，涉及美术、书画、摄影、图文等不同类型。

图 6 – 18　湖北省图书馆展览厅

4. 典籍博物馆让古籍活起来

湖北典籍博物馆位于湖北省图书馆五楼，占地 5000 平方米，分为展览区、阅览区、体验区，是集典籍收藏、展示、研究、保护、公共教育、文化传承、文化休闲于一体的综合性博物馆；是继国家典籍博物馆之后，国内面积最大、功能最多的省级典籍博物馆。为贯彻落实习近平总书记提出的"要让收藏在博物馆里的文物、陈列在广阔大地上的遗产、书写在古籍里的文字都活起来的"要求，让古籍走近大众，服务大众，第一步便是让古籍"走出深闺"，零距离面向大众，这也是打造典籍博物馆的初衷。

图 6 – 19　湖北省图书馆湖北典籍博物馆

5. 徐行可纪念馆铭记义举

为纪念收藏家徐行可先生将毕生所藏的近10万册图书捐赠给省图书馆的爱国义举，湖北省图书馆特在五楼西区建成300平方米的徐行可纪念图书馆。该馆集文献展示、资源分布、学术研究于一体，以徐氏藏书为文献基础，着重开展以徐氏藏书为特色的古籍服务，同时兼有公共图书馆的各项服务功能，成为省图书馆"特色亮馆"的新范例。

图 6 – 20　湖北省图书馆徐行可纪念馆

（三）空间利用率有待提高

湖北省图书馆是一个庞大的单一体建筑，其设计理念在为读者营造舒适便捷的阅读环境，读者也乐见这种空间模式的开敞宽阔感。但对图书馆自身而言，空间利用率还有待提高。一是三个中庭的空间造型使读者入馆后视野开阔，但空间的功能性较低，除了视觉效果，无法有效利用，每层留出的中空地带造成大面积浪费；二是各楼层服务台设计为固定模式，功能转换差，不能有效利用；三是停车位较少，满足不了到馆读者停车需求。湖北省图书馆虽然设有地下车库与地面停车场，但总数相加不到400个，相比日均10000人次的读者流，停车成为大难题。此外，公共交通不便利，特别是缺少地铁这种快捷而运输力强的公共交通，造成读者停车难，出行高峰时段十分拥堵。

湖北省图书馆在努力打造神精文化空间的同时，以全球化视野安排和设计多样化的服务项目，借助现代科技手段和服务品牌，提高知识组织和信息传播效率，引导社会公众消费文化产品和享受知识信息服务。读者可以通过这个"超级文化空间"找到适当的地点、运用恰当的方式，开展阅读、学习、研究，或饮水、进食、休息，或健身、娱乐、社交。这种设计理念和服务模式，代表着现代公共图书馆发展的新方向，即一切围绕"人"和"用"进行建设、改革和服务，推动社会价值的全面实现。

（执笔人：谢春枝　杨　萍）

第七章　江西省图书馆

为加快文化强省建设步伐、提高全省公共文化服务水平、优化南昌城市空间布局、顺应人民群众对高质量文化服务热切期待，江西省委、省政府决定在南昌市红谷滩新区核心位置新建江西省图书馆、江西省博物馆、江西省科技馆组成江西省文化中心。江西省文化中心项目采取"统一规划、统一设计、统一指挥、统一代建、分馆立项、分馆施工"方式建设，是中华人民共和国成立以来江西省投资最多、规模最大、档次最高、功能最强、内容最丰富的公共文化设施，已成为展示江西历史文化的地标建筑。本章以江西省图书馆新馆为案例，阐述其建设背景、设计理念、设计特色、功能布局和建设经验。

第一节　建设背景

自古以来，江西人文蔚起，名人辈出，厚重的文化积淀，为赣鄱大地留下了极为丰富的文献珍籍。1920 年，江西省立图书馆应运而生，是国内历史悠久的省级图书馆之一。1930 年，坐落在南昌市百花洲畔的省立图书馆正式开馆，面积 3333 平方米，是当时南昌三大标志性建筑之一，现已被列为江西省第五批重点文物保护单位。1955 年，更名为江西省图书馆，中华人民共和国江西第一任省长邵式平题写馆名。1993 年，占地 99 亩、面积 2.25 万平方米的江西省图书馆洪都大道馆区建成。1995 年初，此馆全面对外开放。这是江西省规模最大、藏书最多的综合性省级公共图书馆，也是全省地方文献中心、文献信息服务中心、文献编目中心以及古籍保护中心、文化信息资源共享工程江西省分中心和馆际协作、图书馆学研究、信息交流和专业人才培训中心。2018

年，馆藏书籍近 360 余万册（其中古籍 37 余万册，善本近 4 万册，地方文献 4300 余部，地方志 1200 余部）；各种阅览室 14 个、阅览座位 1411 个，全年 365 天开放，年均接待读者 100 余万人次，外借文献 68 万余册次；年均开展读者讲座、展览、报告会、读书演讲比赛、少儿活动等读者活动 300 余场次。

由于历史的原因，江西省图书馆洪都大道馆区的硬件设施远远达不到国家有关标准，在藏书空间、阅览面积及阅读环境等诸多方面存在较大差距，严重制约和影响了图书馆创新服务的开展。2004 年至 2013 年，江西省图书馆在全国公共图书馆评估定级中连续三次被评为二级馆，是全国为数不多的被评为二级馆的省级公共图书馆。随着经济社会的发展和科学技术的进步，此馆在面积、阅览条件、馆藏保护手段、自动化水平等方面都已不能满足需求，远落后于国内同行。因此，江西急需兴建一座具有国内一流水平的省级公共图书馆。通过江西省图书馆人不懈努力，2012 年，江西省委、省政府明确提出，建设江西省图书馆新馆。2013 年，省图书馆新馆建设取得突破性进展，新馆工程建设方案获省政府批准同意，当时的省文化厅成立省图书馆新馆工程建设对接服务小组及办公室。2014 年初，省发改委批复江西省图书馆新建工程项目可行性研究报告，地点位于洪都北大道省图书馆馆区院内，预计投资 3.9 亿元，设计建筑面积 6 万平方米，当年新馆建设工程被列入省发改委"三个一百"重大工程，并提出确保 2014 年上半年动工，2016 年建成并投入使用。

然而，随着南昌市城市发展变化和全省文化事业发展需要，江西省图书馆新馆原址扩建方案暂时搁置。2015 年，为满足人民群众个性化、多元化服务需求，提升全省公共文化服务能力，促进江西文化事业大繁荣大发展，省委、省政府决定放弃在原址扩建省图书馆，重新在南昌市红谷滩新区核心位置选址，新建省博物馆、省图书馆、省科技馆组成江西省文化中心。该中心占地 199.4 亩，建筑总面积 24.75 万平方米，建安费 18.99 亿元，加上专业设备陈展、安置补偿、土地等费用，项目总投资近 30 亿元。项目建成后，该中心将成为江西省投资最多、规模最大、功能最强、内容最丰富的公共文化设施。

第二节　新馆概况

2015 年 5 月，江西省文化中心项目进行代建和设计公开招标；2015 年 7

月，完成招标和征迁工作；2016 年 8 月 1 日，江西省图书馆新馆建设项目正式破土动工，2019 年底建成并试运行。

江西省图书馆处于三馆（江西省博物馆、江西省图书馆、江西省科技馆）中间位置，项目采用代建方式，建安工程投资 7.42 亿元，专业设备投资 2.2 亿元，总投资 9.62 亿元。占地面积 94.63 亩，总建筑面积 96247.47 平方米，其中场馆建筑面积 87879.63 平方米、架空平台面积（一半面积计入省图书馆总建筑面积）7303.5 平方米、室外配套用房面积 968.34 平方米、开闭所用房面积 96 平方米。建筑总高度 53.4 米，东西宽约 57 米，南北长约 263 米。新馆共 7 层，其中地下 1 层，地上 6 层。设置机动车位 315 辆（其中：地上 78 辆，地下 237 辆），非机动车停车位 1934 辆（均设置在地上）。网络信息节点 4000 个，主干网络带宽 10000 兆、千兆到桌面，无线网络全覆盖。设计藏书量 1000 万册，阅览座位 6000 个，日最大接待读者能力达到 2 万人次。建筑工程目标是确保获得江西工程质量最高奖"杜鹃花奖"，争创国家"鲁班奖"。

第三节　设计理念

江西省文化中心位于南昌市红谷滩新区。该区是南昌市行政中心、商务中心、文化中心和生活中心。项目所在地凤凰洲片区东临赣江，远眺滕王阁及旧城区，城市景观资源丰富，已成为以商务、居住为主的城市生活新区。

江西省文化中心设计采用"台阁接连，院厅相向"的理念，省博物馆、省图书馆、省科技馆三大场馆统一设计。三馆合一的主体建筑群可通过省文化中心的开放展厅、艺术画廊、文化餐饮、工艺作坊、生活体验馆等，享受到集文化、生活为一体的服务。可以预见，江西省文化中心定将成为南昌乃至全省历史文化的新"地标"。

一、城市设计理念——"赣水源远引客来，滕阁临渚绮席开"

江西省文化中心由广州市天作建筑规划设计有限公司设计，设计理念之一就是以城市规划和发展为基础，把江西省文化中心作为"一江两岸"文化生态轴线的关键节点，使赣江西岸的景观通廊更为丰富完满，并与旧城区的滕王阁隔江呼应，形成以赣江为中心，构建于城市水脉之上，具有文化张力的文化平台。

图 7 - 1　江西省文化中心鸟瞰图

设计引入城市客厅的概念，把城市的历史、文化、发展和未来综合展现在项目设计的建筑形态和人文景观之中。总平面设计把博物馆、图书馆、科技馆三馆的主体建筑由北向南排列，分别隐喻历史、现在与未来，与场地景观完美契合，以沿江界面作为展示序列，反映出文化发展的路径，描述了探索知识的故事与旅程。

以七米高的公共平台连接三大建筑，共同围合出一个公共的城市空间，从公众使用、生态绿化、城市景观、历史文化四个方面出发，假赣水之便，借滕阁之势，融合地景要素，让城市客厅具有景观与功能的双重意义。强调公共空间的可达性，设置从不同方向进入空间平台的通道，使得人们易于进入，乐于停留，形成市民享受悠闲，领略美景，欣赏艺术，体验文化，品味生活美好的场所。

二、建筑设计理念——"台阁接连 院厅相向"

古人以"层台累榭，临高山些；坐堂伏槛，临曲池些"形容建筑组合高下相间，错落有致、建筑群体与自然山水密切结合。江西省图书馆新馆设计既效法古人对建筑与自然关系的探求，也强调建筑形态组合的丰富性和统一性，从建筑形式上抽象出阁、台、厅、院等基本的建筑主题，融入现代的建筑设计之中。

阁　设计抽取南昌地标性建筑滕王阁的建筑形态，以其天际轮廓作为设计元素，通过形体生成和切割，形成高低错落的群体形象，并与滕王阁隔江相望，互为借景。

台　"观四方而高者"谓之台，设计通过引入"台"的概念，以7米高的公共平台连接三大建筑，升起的平台具有更为广阔的视野，既有集中广场，又有各个层次的庭院，通过坡道和垂直交通相连，丰富了游览的路线，为各种类型的活动提供了足够的空间，给市民可观可游的体验。平台之下利用架空层引入多样性独立配套服务增加项目的吸引力。

院　院是围合的内向空间，"四水归堂"的形态来源于传统民居的院落建筑特色，同时院也是对江西书院文化的呼应。"院"为设计的主要元素，从两个层面引入方案设计之中：从平面布局上以不同层面院落空间，嵌入公共平台和建筑之中，院落空间具有导向性，可以把人群汇聚其中，并导入各个功能使用空间，也为人们提供交流的空间，以及休闲活动的场所；从立面形态上，以起伏的屋面形成院落群体的意向，以相同的元素统一各个建筑。

厅　城市厅堂、共享空间，厅堂的概念从城市客厅延伸到各个建筑的室内大厅，成为联系的整体。博物馆、图书馆、科技馆作为大型社会服务机构，对公众采取更开放、友好的态度，成为城市中释放能量的焦点。文化建筑群体可以积极地影响城市居民生活，从而引导市民共同参与。引入"厅"的概念，开放出文化建筑的公共空间，消融文化建筑给人的高高在上的形象，创造一个复合型的文化中心，既有常规的文化展览空间，也有围绕公共客厅的灵活空间，在非开放时段也能面向市民进行文化服务。

三、单体设计理念——"竖立的图书"

江西省图书馆位于江西省文化中心的中间位置，北临江西省博物馆新馆，南接江西省科技馆新馆，横跨地块中部路段的两侧，寓意为联系历史与未来的桥梁。建筑体量采用滕王阁山墙意象的题材及拱桥的形式，面向江面及"城市客厅"完全展开，形成视野最大化；建筑造型就像一本竖立的图书，面向滔滔赣江翻开了书卷；建筑形象典雅大气、诗意如画，给市民带来前所未有的文化体验，唤起民众前来阅读的动力。

图 7-2　江西省图书馆鸟瞰图

图书馆建筑分为南区和北区。报刊、期刊、古籍等书库集中设置在图书馆南区，有利于空间及储藏能耗的节省。北区主要设置中文图书借阅区、视听空间、红色图书馆等，靠近江面一侧则设置了大量阅览空间，景观视线得到最大优化。密集书库、设备区及地下车库位于负一层。服务中心设置在二层中部大厅，对不同读者进行合理分流。二层至六层相连，环绕中庭集中设置了阅览空间及公共活动区域，在图书馆六层，集中设置办公空间，配以现代化的空中四合院，提升整个图书馆的书院氛围。

第四节　设计特色

江西省图书馆设计突破了传统"藏、借、阅、管"功能彼此独立的局限，采用"藏、借、阅、管、查、参"六位一体的大开间、大平面、大格局，充分彰显了人文关怀、节能环保、智能现代的艺术特色，是一座多功能、复合型、开放式的现代图书馆。

一、人文关怀

一是设计充分考虑了图书馆使用功能的灵活性，借阅区采取统一层高、统一柱网、统一荷载的"三统一"原则，打破了书库与借阅的空间界限，提高了图书馆的开放程度，创造出"书在人中、人在书中"的方便、幽雅的读书氛围，极大提高了文献资源使用效率。

二是采光最好的区域给读者使用。靠江一侧设置了大量阅览空间，景观视线得到最大优化。环绕中庭也集中设置了大量阅览空间及公共活动区域。同时还加大公共服务区面积，使服务区成串联一站式服务形式，既联系又分离。

三是将非弹性空间与弹性空间相结合。交通、卫生和设备用房集中设置，作为非弹性空间，位置固定。阅览和藏书空间合二为一形成弹性空间，根据需要可对书架和阅览桌进行灵活摆放，极大满足图书馆文献载体和功能变化的要求。

四是引入中庭、室外平台、过街人行廊桥等空间介质让图书馆空间延续，图书馆主入口向外延长，与室外平台广场对接，给人一种通透宽阔的空间感。同时大量设置交流和分享空间，以学习空间为主体，促进人与人、人与信息之间的交流。

五是以人体工程学为基础，舒适度为设计原则来进行设计。如书桌长 1.8 米，宽 1.2 米，高 0.75 米，书架间距在 900—1300 毫米之间。

六是全馆设有客梯 20 台、扶梯 16 台、货梯 3 台，充分满足日常运行及紧急情况的人员疏散要求，实现人流、物流的分离，提高建筑使用效率。

七是材料注重安全性、实用性。如地面选用静音材料；儿童区使用软包、避免出现尖角；残障阅览区设置盲道连通馆外市政盲道等等。

八是馆内陈展借鉴创新。突破图书馆固有观念，大胆借鉴博物馆、科技馆等使用的设施、设备，运用声、光、电等现代化展现手段，引进虚拟讲解员、4D 全景观摩、虚拟照相、虚拟军事体验等。同时，又依托深厚的红色文化底蕴和丰富的红色馆藏资源，建设一个面积达 1100 平方米的红色图书馆，可为党史专家及普通读者，提供红色文献研究与阅览、红色初心传习、红色文化休闲、红色场景体验、红色文化创意产品推介与销售等服务。

二、节能环保

新馆建设项目按照绿色三星建筑进行设计。

一是海绵城市技术应用。项目设置下凹式绿地、雨水收集池、透水铺装等有调蓄水功能的设施，蓄水容量约为 1300 立方米；透水铺装占场地硬质铺装的面积比例达 65% 以上。运用海绵城市技术有效调节雨水，错峰排放，减少城市内涝压力，场地内年径流控制率达到 70%，可以控制的雨水量约为 2360 立方米。

二是建筑围护结构及空调系统能耗。项目建筑围护结构采用岩棉板和断热铝合金窗，满足现行国家标准节能要求；空调系统冷热源机组能效值比现行国家标准提高 6%，水泵耗电输冷热比降低 15%，过渡季节可调新风比不低于 70% 运行，整个空调系统能耗可降低约 10%。

三是能效监测管理系统。项目设置能耗监测管理系统，根据能源种类、功能分项监测其用能情况，提供电力、水、天然气等能源消耗数据，同时体现照明、空调、电梯等不同分项用电情况，为项目有效监测、节约能源使用提供判定依据。

四是节能电气及照明。项目变压器选用 1 级能效产品，空载损耗和负载损耗可降低 20% 以上；室内照明照度值均按照节能标准目标值设计，照明系统能耗降低 15% 以上。

五是节水器具。项目全部采用 1 级节水效率器具，如坐便器冲水量 3/4.5 升，水嘴流量每秒 0.1 升，小便器流量 2.0 升，节水率达 40%。

六是可循环材料使用。项目建材充分利用可再循环利用材料，如钢结构、可再利用钢筋、玻璃、预制构件等，可再循环利用材料使用比例达 10%。

七是室内空气品质。项目主要功能空间（如大办公区域、会议室、展厅、阅览室等）设置室内空气质量监控系统，对室内二氧化碳浓度或其他室内污染物浓度进行数据采集、分析，并与通风系统联动；空调系统空气处理机或独立新风系统机组合理设置空气净化装置，有效控制室内空气质量，提高室内工作环境。

八是中庭引入自然光，屋顶采用最先进的 low-e 三银玻璃，在增加采光的同时减少了太阳辐射，降低了室内的空调冷负荷，达到了节能的目的。

九是阅览区使用智能书架，声控灯光，节约能源。

三、智能现代

一是采用无感借阅。运用人脸识别技术和无感借阅系统，实现不带身份证和读者证借还书。

二是智慧阅读空间。通过与阿里巴巴合作，运用其大数据分析技术，打造智慧阅读空间。读者进入该空间，通过人脸识别技术确定身份，通过大数据系统分析读者喜爱并推送相应文献信息。

三是运用了最先进的 RFID 系统，包括 RFID 图书分拣系统、RFID 自助借还系统、RFID 移动盘点系统、RFID 手持盘点系统、RFID24 小时自助图书馆系统、图书标签转换系统、图书查询系统，并配套通借通还解决方案，依托系统支撑平台（由 RFID、ACS 应用服务器、统一身份管理和认证系统平台组成），利用 RFID 系统为图书上架、顺架、盘点、分拣、查、借、还图书提供整体解决方案。

四是采用智能化集成系统（IIS），包括信息设施系统（ITSI）、安全技术防范系统（PSS）、建筑设备管理系统（BMS）、火灾自动报警系统（FAS）、信息化应用系统（ITAS）。利用现代计算机技术、网络技术、控制技术、通信技术和相应设备的有机结合，将数据、通信、语音、消防、保安等集中监控管理，实现建筑物运行、管理、安全防护及信息服务方面的智能化。

五是采用视觉导识与 App 导识相结合的引导方式。

第五节　功能布局

作为江西省规模最大、藏书最多、体系最完备的综合性省级公共图书馆，江西省图书馆新馆运用现代化、智能化技术，融合本馆特色馆藏资源，打造了集文化教育、文化研究、文化服务、文化展示、文化休闲等功能为一体的公共文化平台，以《公共图书馆建设标准》（建标 108－2008）为依据，分为九大功能区，其中：藏书区 32650 平方米，借阅区 12644 平方米，咨询服务区 1551 平方米，公共活动与辅助服务区 15009.5 平方米（含室外平台 7303.5 平方米），业务区 6888 平方米，管理区 2698 平方米，技术设备区 2306 平方米，后勤保障区 6640.97 平方米（含地下部分 2431 平方米、配套用房面积 968.34 平方米、开闭所用房面积 96 平方米），人防及地下车库 15860 平方米。

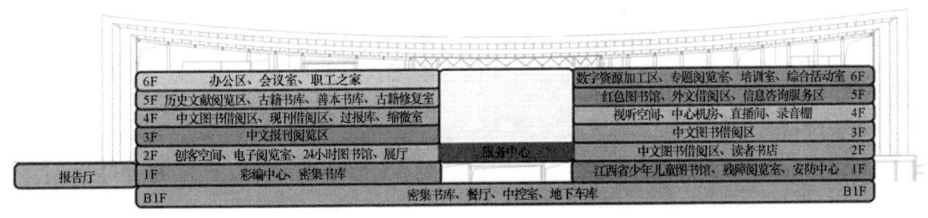

图 7－3　江西省图书馆各楼层功能分布图

一、地下一层

地下一层建筑面积为 18291 平方米，主要包含密集书库、餐厅、人防车库、水电中控设备房等保障性区域。

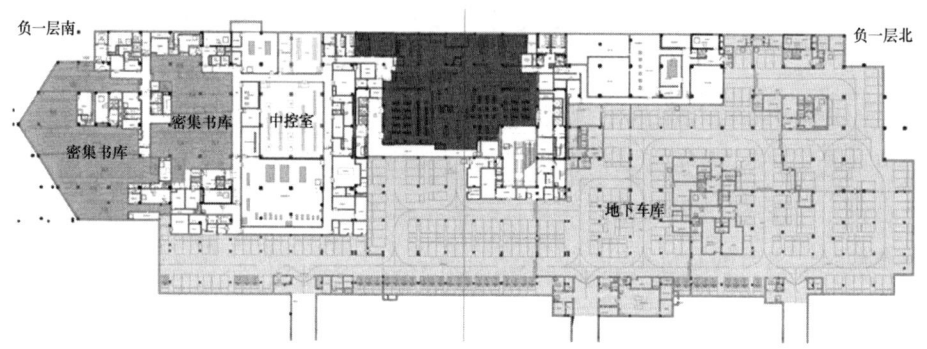

图 7-4　江西省图书馆地下一层布置图

地下车库 9000 平方米，拥有 237 个车位。车库人流、物流设计合理。安装智能卡应用系统、视频监控系统、入侵报警系统、停车场管理系统、巡更系统等安保系统。地下车库还配备智能照明系统，绿色通道等应急方案。考虑平战两用和战时临时互转的可能性，地下车库在战时可作为人防工程使用。

密集书库的功能主要是藏书。因新馆设计藏量为 1000 万册，开架书库难以容纳如此庞大的藏书，而密集书架容量大，且出于建筑荷载考虑，负一层设置密集书库有利于保证藏量最大化和建筑承重安全性。

餐厅分为读者餐厅和职工餐厅，由餐厅、公用部分、厨房、冷热饮食店组成，设有洗手间和厕所、专供残疾人使用的餐饮设施设备，装备通风系统和排水系统，设立主食加工间、副食加工间、备餐间、餐具洗涤消毒间与餐具存放间。

中控室是整个馆区的水电监控中枢，对水电系统的运行效果、运行质量和运行的安全性都起着重要的作用。中控室合理配套各类辅助间等。

二、第一层

一层位于大平层下方，建筑面积为 23935.47 平方米（含室外平台 7303.5

平方米、室外配套用房面积 968.34 平方米、开闭所用房面积 96 平方米)。南面为采编中心、报告厅和密集书库，北面为少年儿童阅览区、残障阅览室、安防中心。

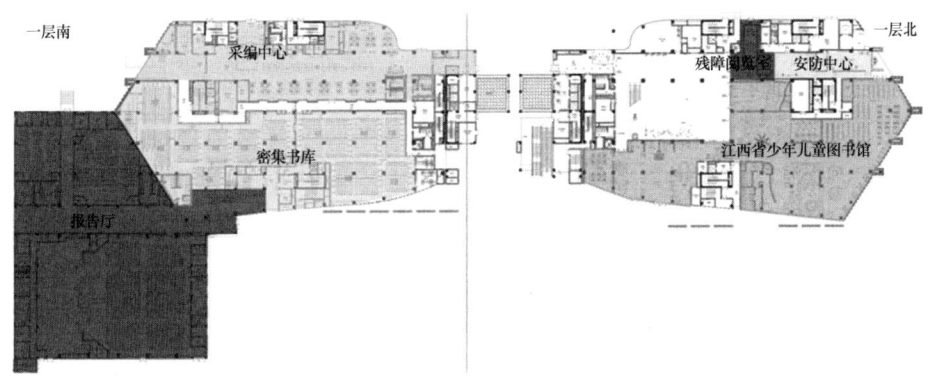

图 7 – 5　江西省图书馆一层布置图

采编图书是图书馆基础和核心业务之一。采编中心根据读者需求和馆藏需要，对图书进行采访订购、验收、分类著录、编目加工，完成图书馆入藏的前期流程。作为核心业务区，采编中心面积 1009 平方米，设于一层，建有专属物流通道，方便图书物流运输。

报告厅设有大、中、小三个，观众席共 1253 个。其中大报告厅位于馆外独立裙楼，800 座大报告厅约 2180 平方米，内设中央系统控制室 1 间 20 平方米，电影放映室一间 20 平方米，存储室 1 间 20 平方米，同声翻译室 1 间 10 平方米。设置舞台、后台休息室，能满足小型文艺演出需要，可承接国际性学术交流、会议。贵宾室 1 间 95 平方米。与报告厅相连处，设有独立男女洗手间。300 座中报告厅，与借阅区隔离，约 504 平方米，内设中央控制室 1 间 15 平方米，存储室 1 间 10 平方米。150 座小报告厅约 277 平方米。其中 800 人报告厅和 300 人报告厅为阶梯式，设座位编号，设多媒体显示系统、多媒体中央控制系统和同声传译系统。

北面为少年儿童阅览区和残障阅览室。为满足少儿不同阅读需求，儿童阅览区分隔成动态区（表演区、自由阅读区、好书分享区）、静态区（读书区、新书推介区）、活动区、视听区、动漫区、亲子阅读区，内部装饰设计考虑到安全性、适用性和符合少儿心理，色彩鲜艳、设备可爱舒适。残障阅览室设盲文图书区、专用设备阅读区和康复区，一层入口设独立出入口，从城市主干道到阅览室内部设置无障碍通道和盲道。此阅览区设置有为少儿、残障人士订制的盥洗室。

图7-6　江西省图书馆一层少年儿童阅览区

安防中心包括安保控制中心和消防控制中心，配备有控制和管理馆区的智能化安防设备，是公共安全系统和视频监控系统中枢所在。

三、第二层

二层为文化中心大平层区，建筑面积为12434平方米，主要包括展厅、电子阅览室、创客空间、读者服务区、24小时图书馆、服务中心、文创展销区、

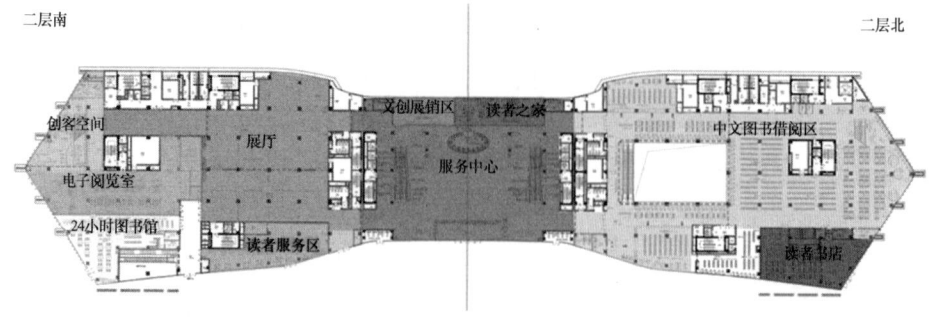

图7-7　江西省图书馆二层布置图

读者之家、中文图书借阅区、读者书店等。从馆区主入口，进入大厅为服务中心，设有全馆平面图标示指引牌、总服务中心、自助服务区、存包区等区域，配备智能安全检测系统设备、自助借还系统、智能卡应用系统、触摸屏展示等设备。摆放舒适的休闲沙发座椅，将综合服务区打造成一个集咨询、查询、休憩、综合服务为一体的多元化"城市广场"。

中文图书借阅区为开架阅览区，占地 2857 平方米。包含社科类、文学类、自然科学类文献，集藏、阅、借于一体。读者阅读区域较为开放，不设具体分区。设置中文图书检索系统，提供直饮水设施等，营造温馨、舒适的阅读环境。

展厅位于南部，与中庭衔接，占地 1734 平方米。展厅独立集中设置，与读者活动区分开，保证在闭馆时能独立使用，设有独立的人员出入口和设备出入口。

电子阅览室面积 1092 平方米，以计算机技术、网络通信技术为基础，集电子型文献（如磁盘、光盘、网络服务等）阅览、咨询、培训、服务为一体，为读者提供上网休闲、电子书阅读、检索查询、教育培训等服务。

内设创客空间，配置有多媒体计算机、internet 信息服务器、超五类双绞线、打印扫描投影、3D 打印机、VR 虚拟现实技术设备、大数据分析等设备，为有共同兴趣（如电脑、机械、技术、科学、数字艺术或电子技术等）的读者提供交流、合作的空间平台。

图 7 – 8　江西省图书馆二层服务大厅

读者服务区设置图书自动分拣系统，可准确、快速对归还流通资料进行分拣，使用多种分拣规则，配备触摸屏、显示屏，简单按键操作，具备箱满报警、实时运行监控、远程故障诊断等多项智能监控功能。

24 小时图书馆配置自助借还机、图书消毒机、二维码数字书刊借阅系统、数字资源查询机等设备，提供报刊、电子书、大型数据库、自建数据库等海量数字资源。

四、第三层

三层主要为文献阅览区，建筑面积为 10652 平方米，南面为中文报刊阅览区，北面为中文图书借阅区。

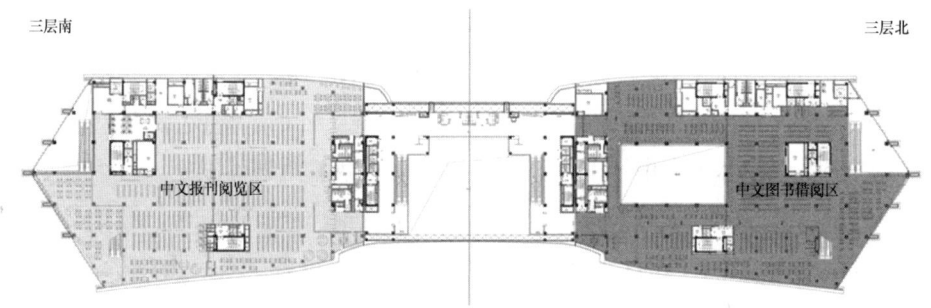

图 7-9　江西省图书馆三层布置图

图 7-10　江西省图书馆三层中文图书阅览区

中文图书阅览区占地 3214 平方米，为开架式阅览区，配置中文图书检索系统、智能书架、智能阅读设备、智能门禁系统等，并独立设有个性化沙龙阅览区域和工作人员工作区域。

中文报刊阅览区为全开架阅览区，占地 3705 平方米，临江采光充足，视野开阔，阅读体验舒适，内设有报刊专用架，每日更新全国各类中文报纸。报纸库为闭架区域，安装出入口控制系统，实现访客管理。整库设智能消防安全系统、防漏电的安全保护装置。

五、第四层

四层主要包括中文图书借阅区、现刊借阅区、过报库、缩微室、中心机房、视听空间、放映厅、直播间、录音棚，建筑面积为 10243 平方米。

四层南　　　　　　　　　　　　　　　　　　　　　　　　　　　　　　四层北

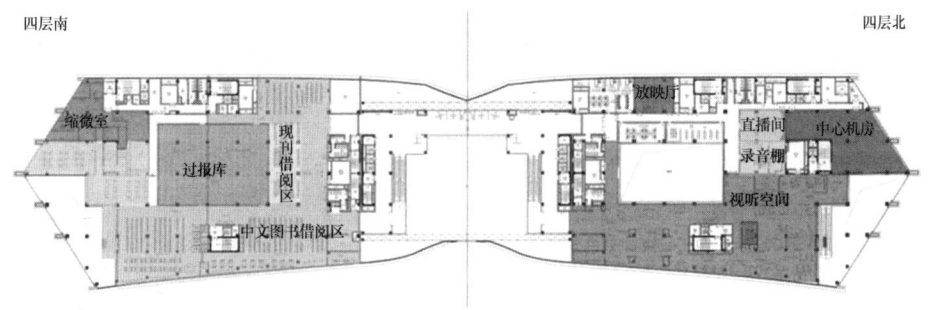

图 7 - 11　江西省图书馆四层布置图

中文图书借阅区位于南部，面积 3620 平方米。中文图书借阅区设有现刊和过刊阅览室，现刊阅览室收藏 4000 多种各类中文期刊，提供室内阅览，不提供外借服务。现刊每半年整理、装订一次，向过刊阅览室移交，可提供室内阅览和外借服务。

过报库为过刊合订本库，为闭架式书库，与报纸库类同，安装出入口控制系统，实现访客管理。整库设智能消防安全系统、防漏电的安全保护装置。

中心机房承载着全馆系统的运维，实现各信息接入。机房安全视频监控、报警、门禁等独立运行，实现安全管理。利用云平台管理技术，结合共享工程五大支撑平台，依靠数据中心机房作为信息化支撑的共享工程中心，拥有完善的数据基础核心平台，是全省范围内公共图书馆业务服务中心、共享工程业务服务中心。将完整的图书馆信息化软件系统平台辐射全省，实现互联互通。

视听空间位于北部，设施设备先进，与其他阅览室有隔音处理，避免影响到其他阅览室。

图7-12　江西省图书馆四层视听空间

放映厅、直播间、录音棚连接在同一区域，但相互独立，互不干扰。放映厅设置个人自助体验区、集体欣赏区、音乐学习区，放置数字音乐留声机、传统CD\DVD播放机，配备高清视频放映设备，打造成音乐小剧场。配备智能设备和相应的教学软件。直播间设有公共广播系统，配有现场直播、新闻播报、背景音乐等功能，可与消防报警联动。录音棚配有专业录音设备及相关系统。

六、第五层

五层建筑面积为10781平方米，包括历史文献阅览区、善本书库、古籍书库、民国书库、古籍修复区、古籍编目室、红色图书馆、地方文献阅览区、外文借阅区、信息咨询服务区。

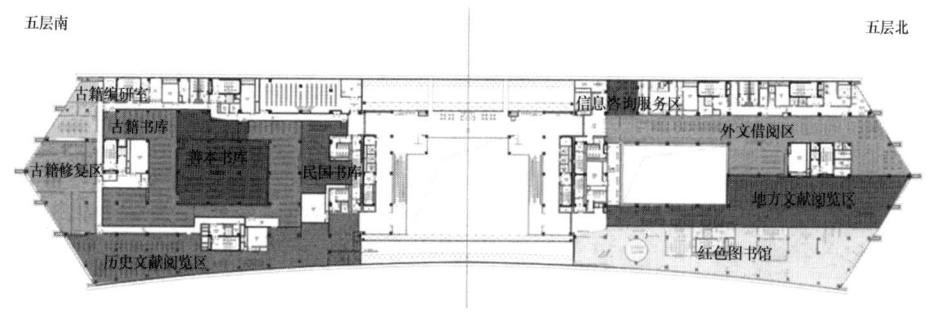

五层南　　　　　　　　　　　　　　　　　　　　　　　五层北

古籍编研室　　　　　　　　　　　　　　信息咨询服务区
　古籍书库　　　　　　　　　　　　　　　　外文借阅区
古籍修复区　善本书库　　民国书库　　　　　地方文献阅览区
　　　　历史文献阅览区　　　　　　红色图书馆

图 7 - 13　江西省图书馆五层布置图

历史文献阅览区装饰突出江西文化底蕴，书架和阅览桌椅采用全仿古实木。提供检索文献和查阅缩微资料，出于保护善本和珍贵文献的考虑，所有文献仅供馆内阅览。善本书库、古籍书库和民国书库配备智能消防安全系统、防漏电的安全保护装置，设置电视监控装置、自动防盗报警系统、温湿度监测仪器（全年监测和记录温湿度的变化情况）、独立恒温恒湿中央空调系统（空调通风系统具有空气过滤和净化措施）、文献消毒用房和杀虫设备。

地方文献阅览区涵盖各种独具特色的地方志、史料、统计资料、年鉴、文集、名录、资料汇编等类型的地方文献收藏，包含纸质文献与电子文献，提供开架阅览、电子资源服务、咨询导读、文献复制等，实现藏用兼顾。地方文献书库为闭架书库，不对外开放。

图 7 - 14　江西省图书馆五层地方文献阅览室

外文借阅区为开架阅览区，不提供外借服务，收藏各种外文图书、报纸、期刊、光盘等文献资料。外文书库为闭架书库，收藏外文原版文献，安装出入口控制系统，安装门禁，实现访客管理。

信息咨询服务区以馆藏纸质文献、电子文献为基础，开展各类基于信息收集、加工、传递、有效利用和反馈的业务活动，向读者提供文献索引等信息服务，开展图书馆学、情报学研究，跟踪国内外信息技术、信息管理、知识产权领域的最新发展动态，拓展服务领域，提高服务深度，为专业研究人员、行政机关以及政府各部门等提供专题、决策咨询服务，并形成相关参考资料、二次文献。

红色图书馆在空间布局上，注重以展陈红色文献为切入点和主要形式，辅以声、光、电等现代化展现手段，以区域分隔形式，营造良好的学习红色文献的阅读环境。整体分为动态区和静态区两部分。其中：开篇导引暨红色足迹追寻厅、红色初心传习厅、红色文化场景体验区为动态区；红色文献阅览区、红色文献研究室、红色精神宣传长廊区为静态区。该馆通过各种场馆空间及相关设备等，引领读者阅读和研究红色经典文献，体验现代化新型阅读方式，开展传承红色基因的宣传活动等。

七、第六层

六层建筑面积为 9911 平方米，主要包括办公区、会议室、职工之家、数字资源加工区、专题阅览室、培训室、综合活动室。

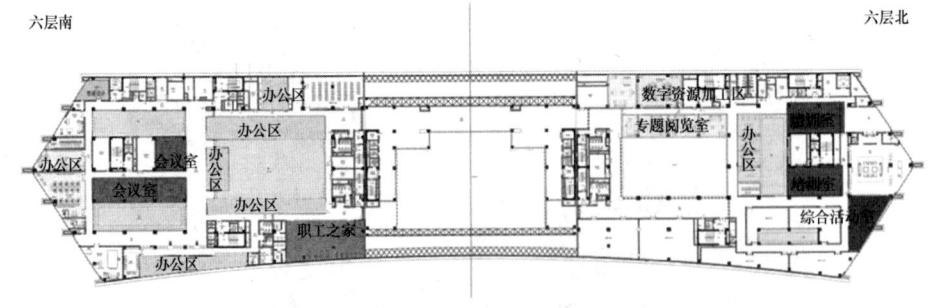

图 7-15　江西省图书馆六层布置图

办公区为全馆行政中心。其中，办公室、财务部、人事部等行政部门，均配有独立档案室。为适应将来图书馆业务的发展和竞争优势的强化，配备集成业务管理系统、电子档案系统、办公自动化系统、专业化业务处理系统，实现千兆双绞线到桌面。图书馆学会办公室、《图书馆研究》编辑部、阅读推广部为图书馆业务区，连接在一线上。图书馆学会办公室负责全省图书馆联络、业务辅导、学术交流组织等业务。《图书馆研究》编辑部负责《图书馆研究》编辑、审校、联络出版等业务。阅读推广部负责全省展览讲座联盟联络管理、读者活动组织策划等事宜。

会议室分为大、中、小三种会议室，采用会议管理系统，配备会议室显示、扩音、会议、投票、灯光等功能模块，用于召开各种类型会议。与智能卡系统对接实现签到。接待室用于交流及接待，设有独立茶水间和洗手间。

图7-16　江西省图书馆六层会客厅效果图

数字资源加工区利用计算机、网络与现代技术加工、储存、管理数字化的信息资源，并通过网络提供服务。

综合活动室和职工之家是为增强职工体魄，提升凝聚力，营造温馨愉悦工作氛围，为职工提供休闲活动的区域，配有乒乓球、羽毛球等文体用品以及各类健身设备，用于组织文艺活动、职工风采展览等，增加职工工作之余的各类文化活动。

第六节　建设经验

一是建设高位推动。由3位省领导和12位省市相关部门负责同志组成项目建设协调推进小组，召开7次协调会，解决了项目建设过程中遇到的重大问题31个。协调小组下设项目建设指挥部，省文旅厅厅长任总指挥长，图书馆党委书记任指挥部办公室主任、负责现场工作。

二是设备单独购买。新馆可行性研究报告批复时，省发改委先行按8200元/平方米的标准批复项目建安工程资金，建安工程由指挥部负责；专业设备、开办费用另行批复，由馆方负责。建安工程与专业设备投资分离，避免了设计单位编制投资概算时遗漏图书馆专业设备等问题，馆方也掌握了专业设备购买使用的主动权。

三是需求精准测算。新馆组建部门16个，工作人员585人，包括编制内254人（需增编90个）、外包130人、物业201人。筹集陈展和设备经费2.2亿元，财政厅、文旅厅既严格监管，又开辟绿色通道支持，指导馆方实施深化设计和装修、服务设施和阅览桌椅采购等44个招标项目，没有一起违法违规。

四是各方通力合作。分别成立新馆建设、图书搬迁、开馆活动工作组，馆领导分工负责，馆员参与其中；开展"新时代新赣图新作为"解放思想大讨论活动，组织全体馆员8批次分赴兄弟馆学习考察、跟班培训，为新馆凝心聚力；理事会专门讨论新馆建设议题，提出改进意见7条，帮助解决名人墙设计、厨房设备购买等问题23个；文旅厅不但采纳图书馆关于优化新馆建设的272条具体建议，还切实解决开馆前消防验收、甲醛处理等七个方面的难题。

（执笔人：陶　涛　喻至勇）

第八章　广州图书馆

广州图书馆新馆是广州市重点建设项目、文化惠民工程之一。新馆区位条件优越，总投资 13.14 亿元，占地面积 2.1 万平方米，总建筑面积 9.8 万平方米，地下二层，地上北楼十层，南楼八层，是世界上规模最大的城市图书馆之一。实现藏、借、阅、咨一体化，全面应用无线射频识别技术（RFID）、文献自动分拣系统、自助服务设备，实现高效精确的典藏管理与便捷服务。

第一节　建设背景

文化是一个国家、一个民族的灵魂[1]。文化是一个城市的标志和符号，是城市的精神坐标，城市是一个民族文化和情感记忆的载体，城市的可持续发展必须建立在深厚的文化底蕴基础之上。80 年代以来，广州作为我国改革开放前沿地和国家的重要中心城市，经济地位不断提升，综合实力大大增强，至 2002 年，广州经济已经连续十几年位居国内主要城市前列。然而与此同时，作为一个地区和城市综合实力、文明程度和公民素质的重要标志的公共图书馆的发展却相对滞后。彼时的广州市公共图书馆数量少、规模小，馆藏图书数量少，经费不足。广州图书馆于 1982 年 1 月 2 日正式开馆，馆舍面积仅有 15483 平方米，无论规模还是功能均与广州市的经济地位和综合实力极不相称，同国内其他先进城市相比也有着较大差距，难以满足市民的知识、信息与文化需求。因此，建设一座新的图书馆对于提升广州的城市形象，增强中心城市综合竞争力，满足公众文化需求、保障公众文化权益意义重大。

2003 年十位广州市人大代表联名提案，建议广州市建设广州图书馆新馆[2]。2004 年，经过充分调研论证，广州图书馆新馆建设项目正式立项。2004 年 5 月，广州市组织广州图书馆新馆建筑设计方案国际邀请竞赛，来自世界各国的 88 家设计单位和联合体报名，来自美国、法国、德国、加拿大、西班牙、日本以及国内的 13 家设计单位获邀参加竞赛并提交 13 个设计方案。2005 年 8 月，由日本株式会社日建设计与广州市设计院联合体以"美丽书籍"为设计理念的 9 号方案被评为优胜方案。2006 年 2 月新馆奠基，7 月正式动工，2012 年 10 月基本完成建筑工程，12 月 24 日主体建筑移交广州图书馆，12 月 28 日部分开放，2013 年 6 月 23 日全面开放。

第二节　馆舍概况

一、区位介绍

广州图书馆新馆位于新的城市中心、古老珠江与新城市中轴线的交汇处，置身于有"城市客厅"美誉的花城广场，是整个城市的文化窗口。新馆在整体布局和空间关系上引进"远交""近和"的理念，在体现个性特征

图 8-1　广州图书馆珠江新城文化共同体实景图

的基础上，与广州塔、广州西塔、广州东塔、广东省博物馆、广州大剧院、广州市第二少年宫等周边建筑保持一致与和谐，共同形成城市公共空间、文化共同体。

二、建设规模

广州图书馆新馆建筑高度为 50.0 米，东西长 140 米，南北宽 80 米。分南楼和北楼，南楼 8 层，北楼 10 层，地下 2 层。总占地面积 21067 平方米，总建筑面积 98000 平方米，其中地上建筑面积 59786 平方米，地下建筑面积 38214 平方米。道路广场面积 4637 平方米，绿地面积 8787 平方米。

三、建设指标

表 8-1　广州图书馆新馆主要技术经济指标

序号	项目指标	面积	单位
1	总占地面积	21067	平方米
2	总建筑面积 　地上建筑面积 　地下建筑面积	98000 59786 38214	平方米 平方米 平方米
3	建筑基底面积	7643	平方米
4	容积率	2.84	
5	建筑密度	36.3	%
6	道路广场面积	4637	平方米
7	绿地面积	8787	平方米
8	绿地率	41.71	%
9	建筑高度	50	米
10	建筑层数	10	层
11	停车位	350	个

第三节　建筑设计

一、设计理念

广州图书馆新馆以"美丽书籍"为设计理念，呼应周围文化建筑的布局及造型特点，通过中央广场将其融合成有机整体。同时考虑以观光塔为中心的新城市中轴线关系，满足中心区规划的要求。主体建筑采取东西走向、南北塔楼、独特的"之"字形优雅体造型，突出层叠的建筑肌理，寓意书籍的重叠和历史文化的积淀，形成极具雕塑性的粗犷外表形象，并以倾斜的体量体现现代建筑的动感精神。通高的中庭设计，通透的天窗、幕墙，通行的南北连廊，简洁的色彩运用，开放的楼层空间，体现出现代、时尚的建筑风格，对公众具有强烈的吸引力。

呼应华南地区传统文脉。引用广州地区典型的骑楼的建筑符号，对各主要入口进行挑高设计，在室内与室外之间形成空间的自然过渡。在地下层与地面层、地面层与上部各层之间，通过下沉式庭院、共享中庭等手法，形成流动一体的连续空间，充分体现华南地区传统建筑的开敞流通的空间特质。在入口广场设计有序的水景及绿化，体现南国建筑灿烂明媚的特点，结合该景观序列，布置连续的雕塑群组，强调图书馆建筑性格特点。

采用最新的建筑技术及设备系统。针对不同的建筑功能，对不同区域采用相应的建筑结构系统，采用与太阳高度角轨迹联运的自控遮阳板系统和电动排气窗等第三代设备系统，确保最大限度的节能和降低环境负荷，满足可持续发展绿色建筑设计的要求。

二、建筑构思

从书籍的内容，到颜色各样的装帧、翻开的书页，拿到手上是可以感受到和书籍内容相称的重量感，散发着经时的纸和油墨的芬芳，一册册，一排排不同题材，不同内容的书籍，整齐而安静地排列在书架上，让我们深深地感受到文化和知识的气息。新馆外观如大量的书籍层叠堆积，展现了过去到现在由底至上地层般"知识"的累积。整个造型并非排列整齐，而是呈现不规则堆积而上的形状，展现出建筑整体轮廓与动感。表达了知识承继及随时代社会变迁而变换、不断进化的意念，体现"美丽书籍"的建筑构思。

图8-2　广州图书馆新馆"美丽书籍"建筑构思过程

三、形象推敲

新馆建筑原型是一个充满了理智的象征性形象体量。建筑师对这个形体进行分割，寓意受到重力、摩擦等自然力的作用后，形成"美丽书籍"所特有的造型，倾斜的结构设计极富动感精神。分割线的位置、角度、深度均以满足图书馆建筑必须达到的平面进深、大开间平面在各个方向上所必需的自然采光及自然通风要求为前提，并在充分考虑广州气候特征的基础上进行计算和设计。外观采用石材的随机堆砌，让人联想堆积起来的书本，或者让图书馆利用者感受到文化的历史沉积，石材的坚固表情，又好像书的封面一样，以朴素的外观吸引人们走近和探索。开放的砍琢痕迹，是被翻开的书页，是知识发现的惊喜。

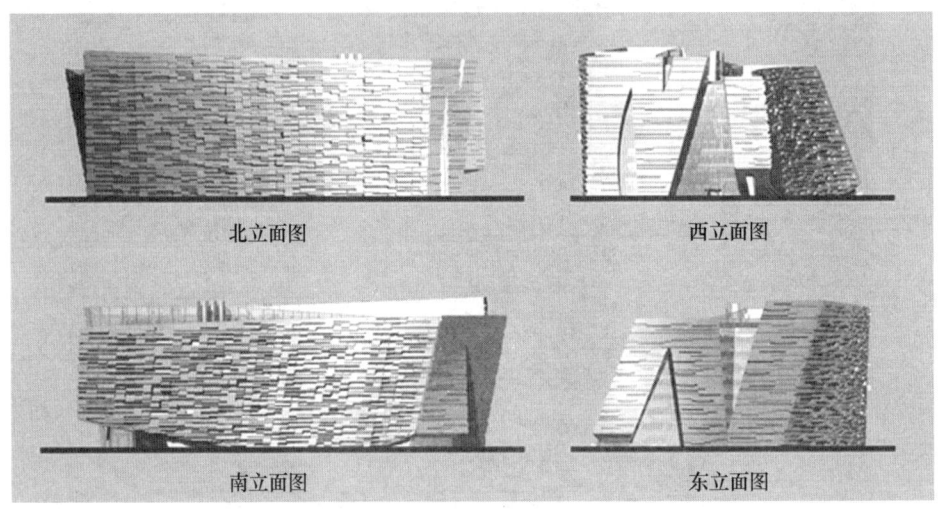

图 8 - 3　广州图书馆新馆建筑立面图

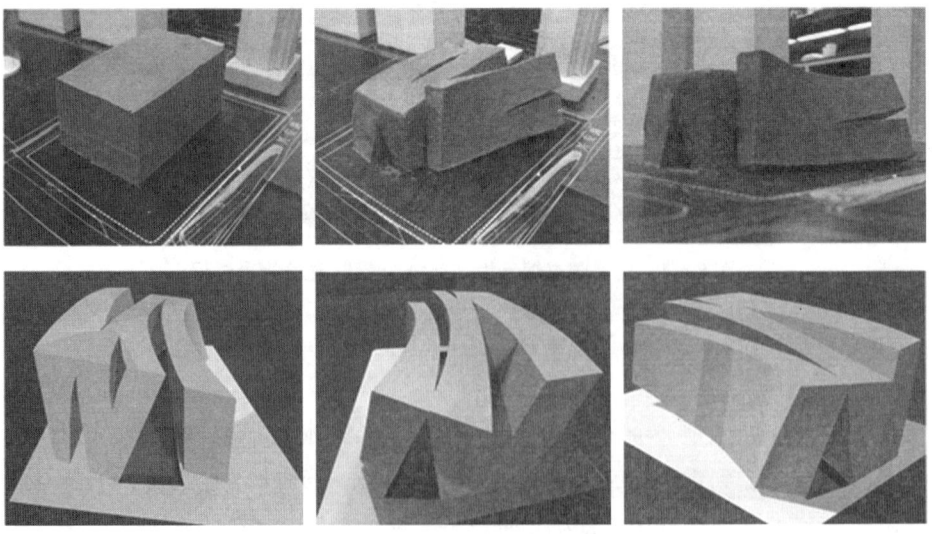

图 8 - 4　广州图书馆新馆建筑三维模拟效果图

第四节　科技应用

一、建筑技术

一是倾斜框架结构。新馆总体结构倾斜，倾斜度为国内纯框架结构体系建筑首位。建筑外形均呈平面圆弧，高中庭并分成南楼和北楼，南楼整体向北倾斜6.8—14.8度；北楼南侧向南倾斜8.3—12.7度、北侧向北倾斜2—14度。结构单体采用框架结构，根据结构受力情况采用钢筋混凝土结构，单跨钢结构以及双跨型钢筋混凝土组合结构。

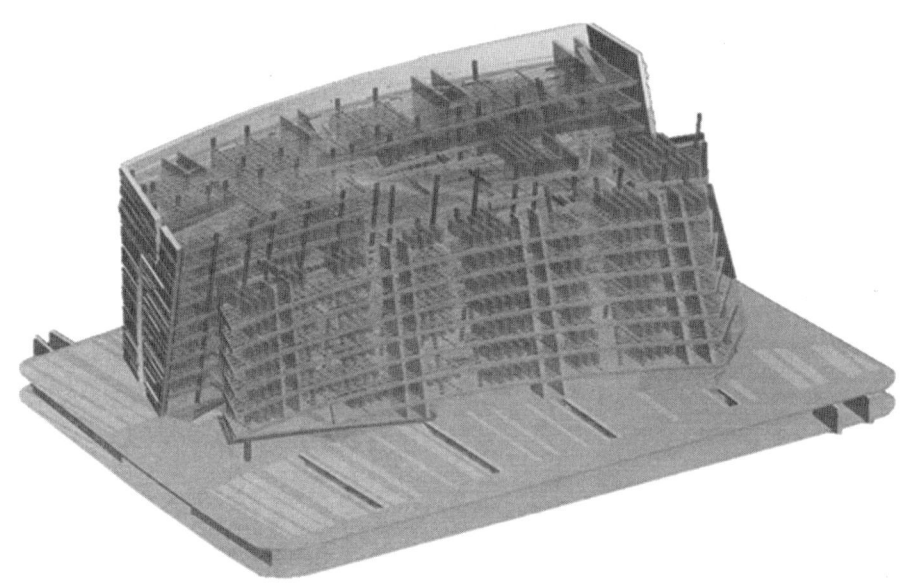

图8-5　广州图书馆新馆三维框架结构图

二是万向铰。由于新馆倾斜度较大，南、北两座楼不能独立自稳，必须相互依存支撑。为解决整体结构的稳定和安全问题，以第8层为南北楼的连接层，设置12根连杆（箱形钢梁）及局部楼板，并运用万向铰将南北楼连接成整体，形成一个连体结构，成功解决了项目结构施工的最大难题。

图 8-6　广州图书馆新馆万向铰安装图

　　三是岭南式立柱。为保证首层入口外大空间的使用功能，形成馆内与馆外的自然过渡，在南楼西端设计一根巨型落地倾斜独立柱，向北倾斜 6.8 度，宽度约 12 米，承担着南楼西侧的全部重量。因其设计灵感来源于岭南特色建筑"骑楼"，故又名"岭南式立柱"。

图 8-7　广州图书馆新馆岭南式立柱实景图

二、幕墙技术

按照建筑的造型，新馆幕墙分为石材幕墙、点支式玻璃幕墙、隐框玻璃幕墙、采光天窗及侧窗四部分。其中施工难度最大的是石材幕墙、点支式玻璃幕墙。

一是石材幕墙。为了反映书本堆砌形成的"书山"的自然效果，石材幕墙的凹凸应该让人感觉是随机的，但由于幕墙并不是设在简单的垂直平面上而是在非线性的双曲面上，所以随机的凹凸在工程上很难实现，这就需要在随机与标准化之间找到一个平衡点。经过比较和研究，最终决定以"单元"为单位进行施工，即在正南、正北方向上取横向 19.2 米、高 9.6 米的幕墙为一个"单元"，在"单元"内再以横向 1.6 米，纵向 0.49 米为一个模数设计随机的凹凸石材立面。根据体形要求，石材幕墙都是斜面，为保证室内外效果，在设计中玻璃面与墙体倾斜度一致，石材面保持垂直。根据建筑四向日照的光影效果，其四向凹凸深度有所不同。

图 8-8　广州图书馆新馆石材幕墙

二是点支式玻璃幕墙。东西侧的点支式玻璃幕墙位于南北楼之间，高 40 米，呈梯形，通过斜挂钢缆的方式吊挂在设于南北楼之间的顶部钢箱梁以及各层之间的水平钢梁上。由于主体结构是由南楼和北楼组成的倾斜连体，楼体的变形复杂，为避免因变形引起的不利影响，南北楼之间幕墙和天窗不参与主体结构承重受力。在南楼、北楼交接部位，东西向点支式玻璃幕墙会存在较大的变形和错位运动，玻璃幕墙与北楼连接采用固定球形铰支座，与南楼连接采用单向滑动铰支座；南北向位移主要依靠单向滑动铰支座实现，东西向的错位主要依靠固定球形铰支座的转动实现。

图 8-9　广州图书馆新馆点支式玻璃

三、绿色环保技术

新馆践行绿色建筑理念，应用新型环保技术，利用可再生洁净能源，为用户提供健康，舒适的绿色环境，同时减少馆舍运营的难度，节省能源经费支出。

一是采光天窗。新馆以玻璃幕墙为天窗，将自然光和室外风景引入室内，形成视野上的通透感。外窗、天窗及玻璃幕墙采用低辐射中空玻璃和断热铝合金，满足夏季遮阳隔热、冬季储热保暖的要求。中庭上部安装有电动排气热窗，利用中庭温度梯度产生的热压效应，有效排除中庭的大量余热，保持令人舒适的温感。

二是天台植被。广州地处亚热带，夏季阳光强烈。新馆舍屋顶绿化，可以有效降低顶层热负荷。天台花园的几何构图与地面广场为同序列，将建筑与大地景观融为一体。从空中俯瞰，与花城广场景观相呼应，保持与周边环境的一致性与和谐感。

三是下沉式庭院。新馆广场局部装有地下采光顶棚和下沉式开口，形成下沉式庭院，有效地将阳光和新鲜空气导入地下空间，令地下一层也能享受自然光、自然通风以及绿色植被，为地下空间创造一个良好的庭院景观，体现整体建筑开放的性格。

图8－10　广州图书馆下沉式庭院

四是集中供冷。整栋建筑采用集中供冷，馆内冷气设施与珠江新城集中供冷系统相连接，有助于降低区域内热岛效应，起到节能环保和降低运营成本的作用。

四、RFID 智能图书馆系统

一是 RFID 技术。RFID 是 Radio Frequency Identification 的缩写，即无线射频识别，是一种非接触式的自动识别技术，通过射频信息自动高速识别目标对象及其相关数据。

图书馆引进 RFID 技术，在馆藏文献中加入 RFID 标签，当标签进入阅读设备产生的磁场时自动发送所携带的信息，经阅读器读取后将信息自动送回系统，完成相应业务。依靠这种自动化的控制技术，图书馆实现文献的自助借还、自助分拣、文献安全防盗、24 小时智能图书馆服务等，实现了服务手段的全新变革。

二是自动分拣系统。自动分拣系统是结合图书馆的建筑结构设计，内嵌于建筑造型中的系统型自动化工业设备，实现了馆藏文献自助归还后的收集、分拣和垂直运送至各指定楼层，极大地提高了图书处理效率。

新馆自动分拣间位于负一层及夹层，长约 20 米，宽约 10 米。图书分拣由直线型调整分拣机实现，实际分拣效率大于 5500 本/小时。文献从进书口进入分拣车间的连续自动输送带，通过调整分拣机完成分拣，由叉式多路向升运机系统垂直运送至指定楼层，最高可实现 50 千克的整箱文献从分拣车间（负一层）至 9 层共 10 个楼层之间的任意方向自动连续输送。

图 8-11　广州图书馆图书自动分拣系统

第五节　功能布局

一、空间布局

广州图书馆新馆从外部造型的倾斜动感设计、内部空间的开放设计、内外空间平等关系设计等方面，极大改变了公众、馆员对图书馆的固有印象。作为一种全新风格的设计，除了能较好满足图书馆传统功能需求外，还利用建筑内部可灵活组织的交流空间提供多元多样的服务，充分实现图书馆作为社会公共空间、"第三空间"的交流功能，实现多种功能融合，也做到建筑与功能的完美结合。

（一）入口大堂

通过西侧正面广场，将人流汇导至西门主入口，建筑在相对应的东侧设有辅助入口，在这两个入口间形成的东西状弧形空间，为图书馆的入口大堂。在入口大堂设置总服务台、咨询处以及各类信息发布设备，使之成为公众获取图书馆信息的中心。通过并行的扶梯和楼梯将地下空间加以连接，在空间上将地上与地下连成一体。

（二）中庭

通过建筑体量的分割，形成全层通高的共享中庭。利用玻璃幕墙围合的高大空间，将室外的自然光线和风景充分引进室内，营造中庭在视觉上的通透效果，使读者随时确认自己的位置并方便快速地到达各服务区域。通过在中庭中布置观光电梯、自动扶梯等垂直交通系统，给安静的空间带来流动因素，以体现现代建筑的跃动感。通过高大中庭的气压差，形成天然的空气循环系统，积极创造自然通风条件，达到建筑节能目的。

（三）地下空间

地下一层为图书馆的专门交流区域，用来举办各种报告、讲座和展览活动，设置有报告厅、展览厅、交流培训室等空间。通过开放式的楼梯和自动扶梯，将地下一层与地面空间联成一体，保证地下和地上人流之间的顺畅流动。地下一层西侧入口为建筑的主要地下入口之一，连接着地铁站、APM（旅客自动输送系统）、花城广场地下商业空间、公交车站等。餐厅设置在地下入口的相邻区域。夹层设置为典藏书库。地下二层为停车场，设置专用的服务车道和卸货平台。

（四）屋顶花园

将"之"字形的屋顶设计为屋顶花园，既呼应了地面广场的景观规划设计，使其成为高低错落的变化空间，保持与周边环境的和谐关系，同时作为馆员工作之余休憩和沟通交流的空间。

二、分区布局

馆内设立基本服务、主题服务、对象服务、交流服务四大功能区域，设置了广州人文馆、广州大典研究中心、家谱查询中心、多元文化馆、创意设计馆、语言学习馆、多媒体鉴赏区、"广州之窗"城市形象推广厅、视障人士服务区、亲子绘本阅读馆、信息技能学习区、阅读体验区、研究写作区、广州纪录片研究展示中心、创客空间等一系列主题和对象服务空间，为广大公众提供各类文献资料的借阅及信息咨询等服务，举办公益展览、讲座，开展社会阅读推广和文化交流活动。

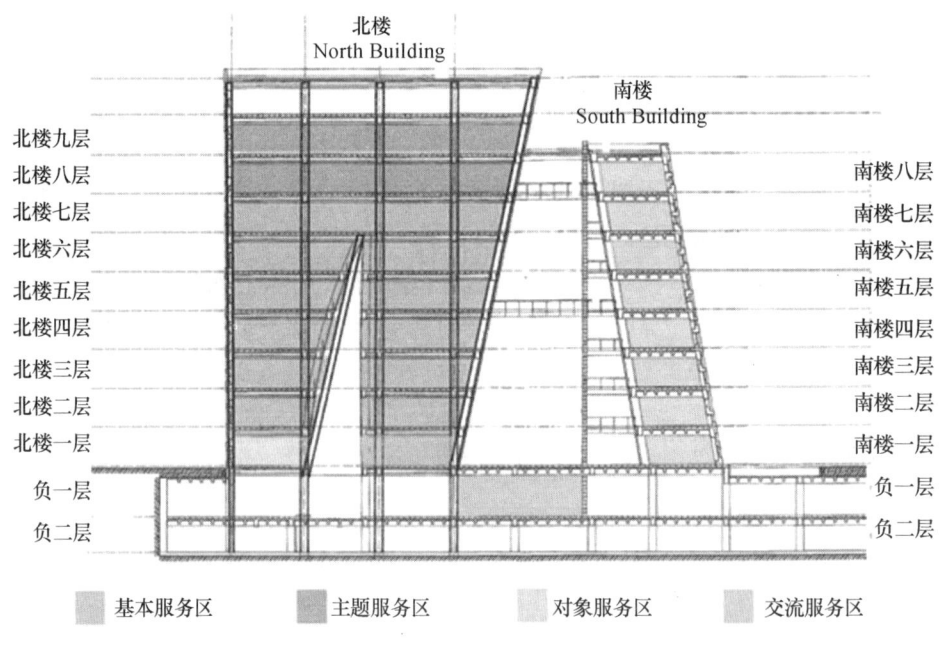

图 8-12 广州图书馆新馆各服务区域平面图

（一）基本服务区

基本服务区是图书馆最大的服务区域，主要满足读者的一般阅读需求，包括综合性图书区、中外文报刊区、文学图书区、普通视听资料区、考试资料区、新时代红色学习空间、自修区等。提供各类文献资料的借阅服务，并结合馆藏在相应楼层开展文学、历史、艺术等主题分享活动。

图 8 – 13　广州图书馆新时代红色学习空间

（二）主题服务区

针对特定的主题开展服务，主要满足读者多元化的服务需求，包括广州人文馆、家谱查询中心、广州大典研究中心、多元文化馆、语言学习馆、创意设计馆、多媒体鉴赏区和广州纪录片研究展示中心等。相对于普通文献服务区域，主题服务区域设置了相对独立的小型交流区，可以举办小型展览、沙龙、论坛等主题活动。

图 8 – 14　广州图书馆广州人文馆

图 8 – 15　广州图书馆广州纪录片研究展示中心

（三）对象服务区

主要针对特殊人群或者重点服务人群，包括视障人士服务区、亲子绘本阅读馆、创客空间·小小创客、信息技能学习区、电子阅览室、阅读体验区、研究写作区等。

图 8 – 16　广州图书馆视障人士服务区

图 8-17 广州图书馆亲子绘本阅读馆

（四）交流服务区

包括报告厅、展览厅、交流培训室等。

图 8-18 广州图书馆报告厅

图 8-19 广州图书馆展览厅

第六节　使用评价

图书馆建筑不仅仅是一幢房子、一座书库，它代表了一个区域的文化，人们通过图书馆建筑来阅读这一区域。就像一本书的读后感因人而异一样，一幢图书馆建筑传递给每个人的信息也是不同的。图书馆不在于规模大小，而在于精神和文化积淀的厚度[3]。

一、利益相关者的眼光

（一）决策者：在新城市中心建一座图书馆

图书馆作为城市的重要文化设施，当时的决策者已经认识到图书馆对城市发展和城市文化建设的重要意义，故充分调动各方资源支持广州图书馆新馆的建设。在整个新馆建设过程中解决了一系列问题。

新馆建设面对的第一问题是：图书馆建在哪里？当时，新馆选址有两个选择：一是珠江新城现址，预留的四大文化设施中的最后一个地块，好处是可以马上确定，问题是地块面积偏小；二是另行选址，好处是可以争取增加建筑面积，但问题是无法预测确定时间。当时的图书馆人作出了务实的选择：抓住眼前的机会。这一选址建议得到了各级领导的支持。而事实上，这个选址早在1999年广州市制订新中轴线总体城市设计《广州新城市中心—珠江新城规划》时，图书馆作为当时广州市急需建设的文化建筑项目，就已经被预留在新中轴线上的文化广场区、未来的中央商务区核心区。当时，同期规划的中轴线文化广场四大文化建筑包括大剧院、博物馆、少年宫和图书馆。而该规划的形成背景，是20世纪90年代以后，广州经济高速发展，广州旧城市中心区已不能适应广州作为华南地区中心城市的需要，必须规划建设一个现代化的新城市中心[4]。

新馆位于广州市寸土寸金的地域，所在的珠江新城区作为中央商务区，目前每年税收超过10亿的大楼有16栋。然而，无论是广东省、广州市的领导，还是近年来访的全国各级各地的领导，无不认为与新馆巨大的服务效益相比，新馆的投资是值得的。在众多外国领事馆官员、友好城市嘉宾等外国客人的眼中，广州图书馆是广州这座现代化城市的最好象征，是中国对外开放的最好象征。2012 年 12 月 28 日新馆对公众开放服务以后，这一选址越来越体现出极其重要的意义：由于地处新城市中心，区位条件极为优越，并且与区内多个标志性建筑共同形成具有强大吸引力的城市公共空间、文化共同体，新馆迅速成为中国最受公众欢迎的公共图书馆之一，也成为广州市迄今为止投资绩效最好的大型公共设施之一。

随着时间的推移，新馆由于这一选址被赋予了越来越丰厚的文化意味——它正处在历史与现代的时空交汇点上——位于新城市中轴线与古老珠江交汇处；仰望城市新地标——广州塔，与同为标志性建筑的西塔、东塔、广东省博物馆、广州大剧院、广州市第二少年宫以及面积达 56 万平方米的广州市最大的市民广场共同形成"城市客厅"。所在区域现已成为当今中国三大中央商务区之一，是广州市改革开放后形成的最具现代大都市气息的新城区，大气磅礴的新城市中轴线完美体现了广州这座古老而又崭新的城市的现代化建设成就、建设世界名城的雄心和活力。目前，城市新中轴线还在持续建设过程中，新的广州博物馆、美术馆、科技馆、文化馆等文化设施正在兴建。可以说，广州图书馆新馆是与城市新中轴线、与广州这座新城市共同"成长"的。在中央商务区兴建文化设施、在城市"心脏"地带建设公共图书馆，联想到"城市发展以文化论输赢"的理念，这足以说明城市决策者的魄力和远见。

新馆建设面对的第二个问题是：建多大的图书馆？针对这一问题，当时的图书馆人与城市决策者达成共识："建设·个更大的图书馆"，而以当时广州的经济地位和综合实力，也有能力建设一座大型的现代化图书馆。因此，新馆建筑规模从立项建议的 8 万平方米增加到建筑设计招标时的 9.5 万平方米，到深化设计后的 9.8 万平方米，争取成为城市图书馆中最大的单体建筑，并由此在所在区域限高 50 米的规划要求下，极力增加地下空间的面积。2012 年新馆建成后实测面积为 100444 平方米，在世界城市图书馆中，确实实现了单体建筑规模最大的目标。

作为城市的地标式建筑，它的标志性不仅体现在个性鲜明的建筑造型上，同时也体现在内部宏大的中庭设计上。它从地面直达建筑的最高层，以斜面的玻璃天窗取代了传统的穹顶，以天空或瑰丽或壮美的自然景色取代了装饰华丽的藻井，它的非比寻常之处在于 40 多米的高度：这与罗马万神庙、科隆大教堂、米兰大教堂等世界上最著名的宗教建筑的穹顶或中厅具有相近的高度[5]。

想象一下进入这些教堂的感觉！震撼、仰视、神圣、庄严肃穆！当人们初次进入这座图书馆时，它扑面而来的同样是令人震撼的感觉，不禁让人仰视，驻足欣赏建筑之美，继而感叹于这座城市的气魄和手笔！因此，曾有游客在广州图书馆新馆开放时留言：只有广州这样的城市，才会建设这样的图书馆。

应该说，建筑规模从来都不是理性的图书馆人所追求的核心目标，在当前中国图书馆基础服务体系仍十分薄弱的背景下，这还常常是一个引发激烈争议的问题。但在人口高度密集的中国城市，尤其在一个国家、地区经济社会快速发展的时空背景下，它却因具有时代、发展、实力等诸多象征意义而被赋予合理性。从世界图书馆发展史来看，这也是一个普遍现象。时至今日，世界上仍有不少地方在考虑建造大型图书馆的长远任务。进入 21 世纪以后，随着中国改革开放政策的持续深化、经济的快速发展和社会财富的积累，中国进入图书馆新馆建设第三个高潮时期，一批大型图书馆在这一时期先后出现。体量、规模几乎成为这一时期图书馆建筑的首要特征。"建设一个更大的图书馆"实际上形成了当今中国公共图书馆建筑的潮流。在中国改革开放的大时代，广州图书馆新馆无疑可以称作是上述潮流在公共文化领域的一个突出代表。

新馆建设面对的第三个问题是：需要多大投资？新馆从项目投资安排到工程实施，正是广州市城市建设的高潮时期，但城市建设投资主要用在基础设施尤其是交通基础设施，以及 2010 年广州市承办的第 16 届亚运会场馆建设上，文化建设投入还比较有限。为解决新馆建设的庞大费用，睿智的决策者们商定，调整重大项目投入，"用修地铁的钱建设新图书馆"。当时的设想是，每年调出 0.5 千米补助地铁建设经费，即每年 2.5 亿元，共安排四年，以解决新图书馆建设经费投入问题[6]。新馆建设项目最终核定的总投资额为 13.14 亿元——"无论凭什么标准都是一大笔钱，但是从这项措施影响所及的人数来看，仍然可算是最有效率的投资。[7]"

（二）设计师：一座"知识百货店"

建筑本身既是物质的，也是精神的[8]。作为一座公共建筑，设计师首要考虑的是如何处理人与人的关系。设计师宫川浩极为关注用户的感知与体验，"作为一个大型的公共建筑，我们要考虑这里承载的人数。为了保证即便人数相当多的时候，空间看起来也不会狭窄和压抑，所以选择了通高的中庭设计"[9]。广州新图书馆总能吸引人们去对比经典的图书馆建筑：古罗马时期的塞尔苏斯图书馆遗迹[10]、波士顿公共图书馆、纽约公共图书馆、美国国会图书馆、中国国家图书馆、上海图书馆等。这些图书馆普遍具有方正、典雅、沉稳、厚重的造型设计和殿堂式风格，外部普遍采用向上延伸的台阶设计，以象征知识与文明的崇高，内部依功能分区多设计隔断式空间等。这些"殿堂式"的图书馆主要用于收藏、借阅，因存有大量宝贵书籍，建筑风格难免给现代人以内敛的印象。此外，图书馆内部考虑到阅读、研究等活动，一般会对氛围提出安静、庄重的要求。比起上述这些经典的"殿堂式"图书馆，设计师们更愿意将广州图书馆看作一座现代化的商城，一个"知识百货店"，因为殿堂只能仰望，而百货店可以让人走进、触摸和感受这座建筑的温度，并在其中自由地徜徉。因此，新馆在建筑布局上呈对外开放式，人们可以自由出入，享受设施内部无意间的发现与偶遇。新馆不仅具有传统的阅览、借阅功能，还可用于举办各类活动、论坛、展会、文化交流等，可满足更丰富的多功能需求。

（三）读者：天堂一定是图书馆的模样

曾有读者引用阿根廷著名作家、国家图书馆馆长博尔赫斯的名言"如果有天堂，那它一定是图书馆的模样"来形容广州图书馆，这是对广州图书馆的极大褒奖。或许"天堂"在很多人眼中只是一个抽象的概念，一个缥缈的想象，但是在读者眼中，广州图书馆这座"天堂"却是具象的，生动的，有温度的，是可以触摸的。

曾有读者说："广州图书馆的'广州的味道'，是阅读的返璞归真，是一种浓浓的'人情味'，很街坊，很邻里，是市民的一种生活方式。即便是坐落于珠江新城这样一片繁华的喧嚣地，图书馆内却能如此的静谧，一切都是慢悠悠的，摒弃外界的纷纷扰扰，心灵在这里找到休憩地。[11]"又有读者来信："广州图书馆是一个温馨的家，安置我漂泊的灵魂；是一位心理医生，治愈我萎靡的精神；是一片蔚蓝长空，让我在梦想中尽情地飞翔……每当我心情低落的时候，我就会去向她诉苦，她总会告诉我一些朴素的道理，让我豁然开朗；每当我心灵寂寞的时候，我就会去找她聊天，因为她懂得我的心事，能让我得到安慰；而当我心情愉快的时候，我也会去她那里，让她和我一起分享快乐。[12]"还有读者这样评价广州图书馆："在广州图书馆的日子似乎很普通，然而却蕴含着一种别样的意趣。广州图书馆的博大与宁静雅致使我的身心为之舒展，心情为之愉悦，经常光顾广州图书馆，我的生活也不知不觉增添了许多欢乐，每星期闲暇时间到广州图书馆借书，还书，阅书的生活，已经成为我的时尚生活方式之一。[13]"

每每读到这些来信留言，总是让我们很感动。一座理想的图书馆对于大多数热爱读书的人来说就是人间"天堂"，试想在这样一座图书馆读书、思考、学习是一种多么幸福的体验，天堂的感觉也不过如此。

（四）合作伙伴：广州图书馆是一个"自带流量"的地方

广州图书馆新馆绝佳的区位条件、个性鲜明而又极富美感的建筑设计、先进的服务理念和良好的服务效益吸引了众多居民和国内外游客，广州图书馆新馆已经成为广州市公共文化服务的一个品牌。

截至 2019 年底，新馆已累计吸引近 5100 万公众来馆，他们或借还书，或参加活动，或参观休闲，广州图书馆已成为全国各地游客来广州必去的网红"打卡地"之一。随着广州人文馆、多元文化馆、创意设计馆、多媒体鉴赏区、阅读体验区等一系列新的服务平台的设立，2013 年广州（国际）纪录片节开始落户广州图书馆；2014 年市委外宣办、市政府信息中心将"广州之窗"城市形象推广厅设置在广州图书馆；2015 年广州大典研究中心挂牌（与广州图书馆合署办公），2018 年 12 月广州纪录片研究展示中心开放，广州图书馆的吸引力一直很强，先后接待业界同行、国内各地区及外事来访 1000 多批次、19000 多人次。同时，基于馆内各类服务平台，广州图书馆与超过 200 个组织建立了合作伙伴关系，通过探索与合作伙伴共同组织讲座、展览、研讨和阅读推广等活动，进一步挖掘图书馆的品牌价值，吸引各个群体、阶层、背景的市民、读者走进并爱上图书馆。新馆自开馆以来已累计举办各类品牌活动 15000 多场，参与公众突破 950 多万人次。

可以说，广州图书馆自带"流量"，吸引着各类国家机关、文化艺术团体、媒体、企业和各种学术组织等共同参与整个公共文化服务，为广州图书馆、为公众带来新的资源与服务，也带来新的理念与功能。事实上，社会公众和政府部门、各种社会群体已形成共识，即广州图书馆已不仅是一个读书、学习的地方，而且已经逐渐成为城市居民、不同群体和组织共有、共建、共享的公共交流平台。这极大地丰富了图书馆的服务内容与服务形态，产生了良好的社会影响，图书馆的知名度、美誉度大大提高。

（五）媒体：由争议到肯定

回顾新馆从建筑设计到工程完工、投入开放的整个过程，其间有各种各样的讨论，也不乏争议的声音。在建设过程中，媒体质疑其倾斜的框架结构，甚至以调侃的语气给予"中国第一斜"的名号。但最大的质疑声来自它不断延宕的工期以及不断增加的项目投资。而造成这些问题的根本原因正在于其与众不同的建筑设计。所幸的是，新馆对公众开放后，这座建筑以其个性鲜明的造型设计和美轮美奂的审美效果带来了更多的惊叹与惊喜，如潮水般涌入的人流也削弱了对其巨大投入及其他问题的批评。2011 年，这座尚未投入服务的建筑甚至就被当地主要媒体发起的公众评选活动评为新"广州好"百景之一[14]。截至 2019 年底，广州图书馆馆藏总量突破 1000 万册，阅览座位 4500 个，公用计算机、iPad、电子阅览器等设备 740 台，有线网络节点 4000 个，无线网络全覆盖。2019 年日均接待公众访问 2.5 万人次、注册读者 811 人次、外借文献 3.7 万册次、数字资源浏览下载 31.1 万篇册次、举办活动 14 场次，被媒体称为"世界上最繁忙的图书馆"。广州图书馆创造了我国公共图书馆的服务纪录，跻身世界公共图书馆前列。

自 2012 年开放以来，境内外各类媒体对广州图书馆的报道累计达 5000 次以上，尤其是《人民日报》、《中国文化报》、中国国际广播电台、中央电视台等中央级媒体多次对广州图书馆进行报道，其中不少评论将广州图书馆视为建设文明城市的重要推动力量。广州图书馆在舆论场赢得了良好的口碑。可以说，因为其广泛而充分的利用，或者说人们现实主义的态度，这座图书馆的建筑设计在总体上获得了良好的名声，广州图书馆新馆也逐步被认同为这座城市新的文化地标和城市窗口。

二、行业的眼光

图书馆建筑关键不在大小，而在于能否用得好。一座好的图书馆，必须是建筑与功能、硬件与经营的完美结合。广州图书馆利用新馆提供的新平台、新机遇，应用新理念、拓展新功能、推进新服务。

由于互联网的迅猛发展，当今世界范围内的公共图书馆正处在一个转型发展期，而"第三空间"理论作为转型发展的基础理论已经形成图书馆界一种新的潮流。城市图书馆作为城市"第三空间"，应该为人们发展新的非功利性的社会关系，推动公众的社会融入、参与创造条件，它应该成为人们观察城市居民文化生活、精神生活甚至日常生活状态的一个窗口。

虽然在确定设计方案阶段，图书馆界专家认为，9 号方案可以接受，但并非最佳，主要问题在于其建筑平面布局多块分割影响功能实现，不规则结构造成空间实用率低和建设、运作成本高等[15]。但是新馆建成开放以后受公众欢迎的程度超出了所有人的预期，新的结构带来了新的功能扩展，越来越多的居民进入图书馆阅读、学习，服务效益在广州市公共服务机构中首屈一指。从投入产出的角度来看，图书馆投入使用后超高的服务效益实际上很好地解决了专家的顾虑。新馆的广泛利用还获得了额外的收益，如为广州市同时期制定地方图书馆立法、推进公共图书馆服务体系建设营造了良好的社会氛围。

正如吴建中所说："图书馆具有永恒的意义，但永恒并不意味着静止。建筑师留下的是一幅象征永恒的画，而图书馆人要做的是让这幅画饱含生命和意义。"广州图书馆新馆建成开放后，逐步界定"阅读、交流、分享"三个服务层次，尤其将文化交流作为重点拓展的新领域、新方向，致力于将图书馆建设成为城市的公共交流平台和公众的交流分享空间，以适应新时期的社会需要并充分利用优越的馆舍条件。新馆开放以后在本土文化与传统文化、世界多元文化、现代都市文化、面向不同社会群体等方面举办了大量的交流活动。广大市民通过图书馆的活动参与城市的公共生活，众多的社会主体与图书馆合作或直接利用这个平台，与社会交流、为公众服务。新馆已经深入参与城市的公共生活。

程焕文说："图书馆有多大，平台就有多大"。广州图书馆新馆以 10 万平方米的体量，足以满足不同主体各种目的、主题、形式与规模的需求，兼具报告厅、展览厅、美术馆、音乐馆、档案馆、博物馆、科技馆等多种功能。从新馆使用情况来看，再多几万平方米的面积一样可以用得很好。新馆作为城市的公共交流平台，充分验证"图书馆是一个生长着的有机体"这一至理名言，不断有新的功能增加到这个平台上来。程焕文教授与 IFLA 原当选主席克里斯蒂娜·麦肯齐参观时高度评价："广州图书馆不仅是这座城市的中心，也是这座城市的'心脏'"。麦肯齐主席评价道："这是一座非常漂亮和有价值的图书馆"。新馆促成了交流功能与传统功能的完美融合，再整合各种功能成为一个有机整体。图书馆功能转型将是一个持续的过程，新馆建筑为这种转型创造了条件，这也是众多的同行尤其是国外同行，高度肯定新馆建筑的重要原因。

三、历史的眼光

回顾整个世界图书馆发展的历史，1848 年第一座现代意义上的大型公共图书馆——波士顿公共图书馆建成；1895 年，作为城市人文风景和精神地标的纽约公共图书馆建成开放；1897 年，被称颂为一个辉煌的国家纪念碑的美国国会图书馆落成；1971 年，具有强烈的乡土特色的马来西亚国家图书馆面向世人；1987 年，体现中国传统书院文化建筑特色的中国国家图书馆新馆建成开放；1996 年，巴黎密特朗图书馆和上海图书馆于同一天向公众开放；1998 年，世界上规模最大的图书馆之一英国国家图书馆建成开放；2001 年，香港中央图书馆落成；2002 年，汇聚全世界智慧的埃及亚历山大图书馆在地中海之滨建成；2005 年，新加坡国家图书馆新馆落成；2006 年，颇具规模的深圳图书馆和南京图书馆新馆也开始面向读者服务[16]。那些被视为经典的图书馆不仅是一座建筑，更是人类文明的代表和时代发展的见证。密特朗总统在建设法国国家图书馆新馆时说："建造一所 21 世纪的图书馆是为了满足某些实际需要。但是除了满足实际需要之外，法国还应该以纪念碑的形式来表明它对智力遗产的高度尊重，表明它对书籍与阅读活动的前途充满信心。"[17]

广州图书馆新馆的建设就是我们对这个改革开放大时代的献礼。如果我们把广州图书馆新馆的建设放到当代城市文化建设的大背景中，如果我们再把这个文化建设的背景放到广州市 2200 多年城市发展的历史长河中来看，或再过三五十年，当我们回顾这段历史时，我们会发现，包括广州图书馆新馆在内的这一轮文化设施建设的浪潮，是广州市历史上迄今为止项目最多、覆盖最广、投资最大、影响最为深远的一个时期。2004 年，广州市启动建设 26 个文化设施建设项目，总投资约 107 亿元；2013 年，广州市再启动 39 个文化基础设施项目，总投资 200 亿—300 亿元，而同期由各区及广东省筹建的文化基础设施项目共 41 项；2015 年广州市启动"图书馆之城"建设，截至 2019 年底全市已拥有公共图书馆（分馆）246 座。

在这轮城市文化建设浪潮中，广州图书馆新馆无疑是一座纪念碑。既因其所处新城市中心的地位、体量的巨大、造型的标志性、更因其服务受众的广泛性与包容性，对城市文化建设和城市公共生活的参与，以及对这座城市务实、开放、包容的人文精神的体现和形塑，同时还因其凝聚了城市决策者、图书馆人、文化人、建设者等无数人的感情与梦想。广州图书馆新馆脱胎于城市的母体，又参与构筑新的城市风貌，与这座大都市共同成长。无论从公共服务还是内涵精神的层面，广州图书馆新馆都可以作为这座城市的最具代表性的文化符号之一。

从世界范围内图书馆新馆建设实践看，并不总是能做到建筑与功能的完美结合。而广州图书馆新馆幸运地实现了公众、馆员、建筑师的"多赢"局面。除了能较好满足图书馆功能需要以外，新馆从外部造型的倾斜动感设计、内部空间的商场式开放设计、内外空间平等关系设计等方面，极大改变了公众、馆员对图书馆的固有印象。2013年、2014年，新馆开放服务经公众投票两度入选广州市"年度入载地方志十件大事"。越来越多的新广州人、国内外游客通过广州图书馆新馆认识广州这座开放、包容、多元的城市，也有越来越多的老居民通过新馆改变了对这座城市的印象，人们发现，广州人爱读书，爱学习，爱参与公共生活、公共事务，这座城市的书香氛围浓厚，市民社会、公民社会的氛围浓厚。

广州图书馆新馆作为一种全新风格的设计，为图书馆更好地适应社会发展作出了非常有益的探索。

参考文献：

[1] 习近平在中国文联十大、中国作协九大开幕式上的讲话 [J]. 文明，2017（1）：28－53.

[2] 伍根培等. 关于加快我市公共图书馆建设的议案. //广州市第十二届人民代表大会第一次会议代表提出的议案（教科文卫类第075号），2003.

[3] 吴建中. 走向创造型图书馆——从广图新馆看图书馆建筑趋势 [G] //方家忠. 广州图书馆——一座纪念碑式的图书馆. 广州：广州出版社，2018（2）：3

[4] 林树森. 广州城记 [M]. 广州：广东人民出版社，2013：424－452.

[5] 苏华，红锋，连爱兰. 图说西方建筑艺术 [M]. 上海：上海三联书店，2008.

[6] 程焕文. 崛起的广州市公共图书馆事业——向陈建华部长致敬 [EB/OL]. [2006－05－16]. http://blog.sina.com.cn/s/blog_4978019f01000358.html.

[7] 尼古拉斯·A. 巴斯贝恩. 永恒的图书馆 [M]. 杨传纬，译. 上海：上海人民出版社，2010.

[8] 顾建新. 图书馆建筑的发展：多元生态和谐 [M]. 南京：东南大学出版社，2012.

［9］刘洋．广图新馆［N/OL］．新快报，2013 - 01 - 07［2014 - 05 - 15］．http：//
www. ycwb. com/ePaper/xkb/html/2013 - 01/07/content_59901. htm? div = - 1.

［10］同［7］.

［11］黎秋婷．只道讲座是寻常［EB/OL］．2014 - 11 - 01［2019 - 08 - 01］．http：//
www. gzlib. gov. cn/gzlibcom2014/27441. jhtml.

［12］李家庆．广州图书馆，我的成长老师和亲密朋友［EB/OL］．2015 - 11 - 01
［2019 - 08 - 01］．http：//www. gzlib. gov. cn/gzlibcom2015/41326. jhtml.

［13］张琳琳．广图情缘［EB/OL］．2018 - 09 - 01［2019 - 08 - 01］．http：//www.
gzlib. gov. cn/gzlibcom2018/164175. jhtml.

［14］新"广州好"百景揭晓［N/OL］．广州日报，2011 - 3 - 28［2015 - 5 - 21］．
http：//gzdaily. dayoo. com/html/2011 - 03/28/node_17. htm.

［15］广州新图书馆使用功能专家论证会专家论证意见，2005 - 6 - 19.

［16］王世伟．关于国际大都市图书馆指标体系研究的若干问题［G］//王世伟．国际
大都市图书馆指标体系研究．上海：上海科学技术文献出版社，2009：300

［17］同［7］.

（执笔人：张　伟　肖秉杰）

第九章 太原市图书馆

图书馆既是承载独特使用功能的建筑体，又是知识聚集和文化传承的形象体。在图书馆"要素说"理论的形成与发展过程中，图书馆建筑一直被视为构成图书馆的基本要素之一。信息化时代，公共图书馆的社会功能非但没有弱化，反而迎来了巨大的发展机遇，人们对公共文化服务的需求越来越多元化、全方位，公共图书馆的作用极具凸显。因此，建设一个与城市发展水平相当的一定规模的图书馆，建设一个功能完备、设施齐全、服务先进的公共文化共享交流空间，必须挖掘图书馆"场所"的价值，使图书馆真正成为地域特色鲜明、富有文化内涵、满足公众需求的阅读推广的重要引擎。

图书馆建筑规划方案、平面功能布局、园林景观设计、室内空间和氛围设计、标识导视设计等方面的设计与实施，都是新馆整体建设、塑造颜值与内涵并重的内外空间的重要环节。

太原市图书馆新馆（以下简称"太图新馆"）是"交钥匙"工程，在新馆改扩建过程中，太图人积极参与新馆改扩建工程的规划、设计、施工、查验整改全过程，创立了"三为主、三同时"的工作模式。实践证明，该工作模式下的太图新馆改扩建所带来的社会效益有目共睹，成为在相近规模公共图书馆中，改扩建难度最大、建设时间最短、一次性开放效果最好的范例。

第一节 建设背景

太原市图书馆于1953年成立，1954年1月1日对外开放，馆址位于太原古八景之一"巽水烟波"的太原市文瀛公园（原太原市儿童公园、人民公园）

内文瀛湖畔的万字楼（即山西督军阎锡山 1927 年为振兴文风而建的"子明图书馆"，其建筑格局俯视为"卐"字形，故称万字楼）和旧二楼，馆舍总面积760 平方米。建馆六十余载，太图馆舍历经 4 次扩展变迁。

图 9 - 1　太原市图书馆馆舍 4 次扩展变迁

　　1996 年 10 月 29 日，选址于中心城区汾河西岸的太原市图书馆建设工程奠基，馆舍占地 30 亩，总建筑面积 2.1 万平方米，设计藏书量 200 万册，2001年 9 月 29 日投入试运行，2002 年 9 月 30 日向社会全面开放。

　　然而由于场馆建设的时代局限性，太原市图书馆逐渐无法满足人民群众日益增长的公共文化需求。首先，2001 年竣工的太原市图书馆建设标准较低，功能不够完善，不仅与现代化图书馆温馨舒适的内部装修环境和高度信息化、数字化服务不相适应，而且节能保温措施也不完备。到 2013 年，设备陈旧老化问题已经严重影响到图书馆为公众提供优质的基本服务和信息化服务。其次，虽然馆舍所处的地理位置十分优越，但其设计风格、体量等都难以与周边的山西博物院、山西省地质博物馆等文化建筑相协调，不足以成为与之并列的标志性文化建筑物。再次，随着城市规模的扩大，人口数量的增加，特别是按照国家原文化部、住建部、发改委2008年联合颁发的《公共图书馆建设标准》，公共图书馆需要不断适应现代数字图书馆建设步伐，完善图书馆服务功能，满足公众对公共文化服务日益增长的多元化需求。于是，建设与一流省会城市匹配的公共图书馆，向广大市民提供普遍、均等、优质的公共图书馆服务，改造旧馆或者建设新馆的任务摆在了太原市文化人的面前。

2012年11月，太原市财政局调研太原市图书馆，确定投资3100万元用于旧馆的维修改造。2013年3月，太原市政府建议改造旧馆的同时，另外选址建设新馆。4月19日，太原市市长办公会议议定，鉴于建设新馆几经选址均不理想，可以利用旧馆紧邻太原市南北大通道滨河西路、与周边文化建筑形成对话的区位优势，按照建设新馆的标准，在原址进行改扩建。同时市政府决定收储原址南侧的国土厅综合楼地块，在地上规划建设新馆配套公用绿地和园林景观，在地下建设停车场。4月23日"世界读书日"，时任市长耿彦波携规划、建设部门到馆调研，指示要做好规划设计方案，将建筑外型设计与发挥图书馆功能结合起来，使图书馆建筑具有文化标志性。11月7日，太原市政府规划办公会议审议通过了中国建筑设计研究院（2014年资产重组后更名为中国建筑设计院有限公司）的新馆规划设计方案（经修改优化的第三版），此方案是经市规划局编研中心指导进行方案比选选中的。规划方案确定了建筑规

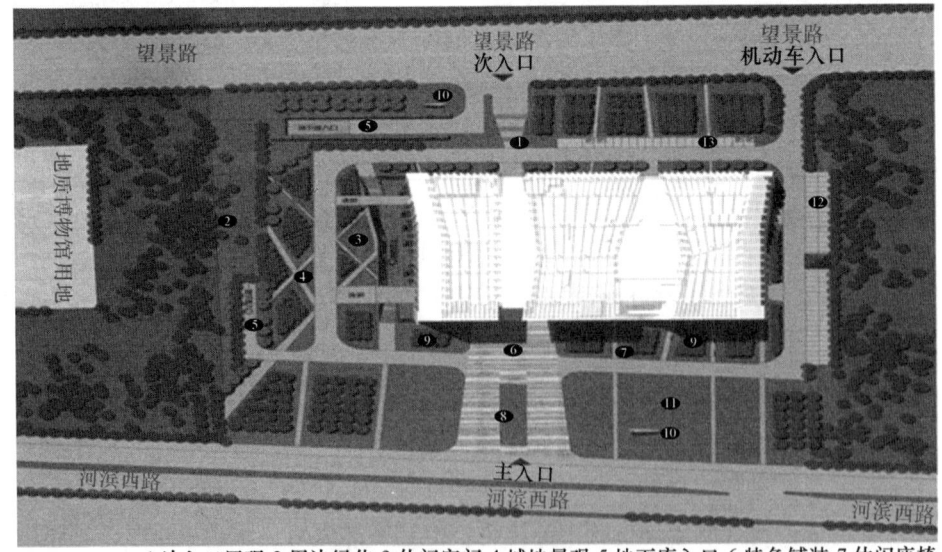

1.次入口展现 2.周边绿化 3.休闲空间 4.城地景观 5.地下库入口 6.特色铺装 7.休闲座椅 8.中转景观带 9.灌木 10.标识景观石 11.草坡 12.非机动车位 13.机动车位

图9-2 太原市图书馆新馆规划总布置图

模、立面、空间、建筑形体设计等。同时，在太原市图书馆努力争取下，会上同意增加建设下沉广场、读者餐厅等服务辅助设施。

第二节　馆舍概况

太原市图书馆改扩建新馆，位于风景如画的汾河西岸，万柏林区望景路以东，漪汾桥西南环路以南，滨河西路以西北段。原址改扩建的新馆充分利用旧馆优越的地理位置、平坦的地势、优美的环境、便利的交通等有利条件，馆内二层以上均可眺望汾河及两岸景色。与周边的山西博物院、山西省地质博物馆、太原市电视台、教育电视台、滨河体育中心等公共文化设施相辉映，形成太原市新的文化中心。

改扩建工程由中国建筑设计研究院崔愷院士领衔设计，太原市住建委所属太原市长风商务区管理中心代建，中国建筑第三工程局有限公司主要负责主体和安装工程，金螳螂建筑装饰股份有限公司主要负责室内和下沉庭院装饰工程，山西省建设监理公司监理。于2014年4月开工建设，2016年10月基本完工，2017年10月整改结束全面对外开放。业界专家认为，太图改扩建新馆是全国相近规模公共文化场馆中改扩建难度最大、工期最短、一次性开放效果最好的范例。改扩建新馆实现了空间全开放、时间全天候、功能智能化、文献多样化的"全国先进、中部一流"既定建设目标。

新馆改扩建工程从城市设计角度来讲，将新、旧馆整合为一个统一的整体。新馆总体为长方形布局，利用场地尚有富余的西、北、东侧，紧贴原有建筑向西侧增加一跨7.5米（比照老建筑），向北侧增加一跨8.4米（比照新建筑），向东侧增加10米，新建体量向老建筑最空旷的南侧扩建，向南扩展53米。用新建筑和东、西、北侧各增加的一跨将旧馆包裹起来，形成一个完整的建筑形态，向市民呈现一个全新的图书馆。

改扩建后的新馆基底部分东西宽74.5米，南北长117.9米。建筑南侧设下沉庭院，以解决地下一层的通风、采光、消防疏散问题，庭院东西跨度与新建筑同宽，南北跨度12.4米。新馆整体为地上六层，局部地下二层。增加地上建筑面积19122.74平方米，地上建筑面积共计36331.74平方米。增加地下建筑面积16735.10平方米，地下建筑面积共计19735.10平方米。总建筑面积56066.84平方米（含旧馆负一加固层 3000 平方米），为全国第三大省会城市公共图书馆。

新馆占地 55 亩，是全国少有的拥有宽阔园林景观的公共图书馆。新馆主建筑东面临滨河西路处开通机动车主通道和主入口，使滨河西路的行人视野能及、方便到达。由于太图与相邻的山西省地质博物馆的园林景观为同一设计机构所设计，两馆之间形成了风格相同、融为一体的公共开阔绿地和景观空间。太图馆外大面积的园林景观与馆内阅读空间完美呼应，在全国公共图书馆中首屈一指。

新馆可行性研究批复总投资 55460 万元，建设资金全部由市财政资金解决。设计藏书量 500 万册（件）。截至 2019 年 12 月 31 日，馆藏纸质文献 171 万册（件），现有阅览座席 3816 个，信息节点 3154 个。

第三节　设计理念

一、建筑设计理念

建筑外形时尚、简洁、新颖，空间优雅、共享、温馨。中国建筑设计研究院崔愷院士领衔的建筑设计，以扩展、变形的设计手法和共享、绿色的设计理念，使包裹在新馆内的旧馆舍与新建筑融为一体。其风格与毗邻的山西博物院、山西省地质博物馆等文化建筑相协调和融合，体量相当，品质相近，形成对话，产生共鸣，成为太原市一个新的内、外均拥有宜人空间的地标性文化建筑。

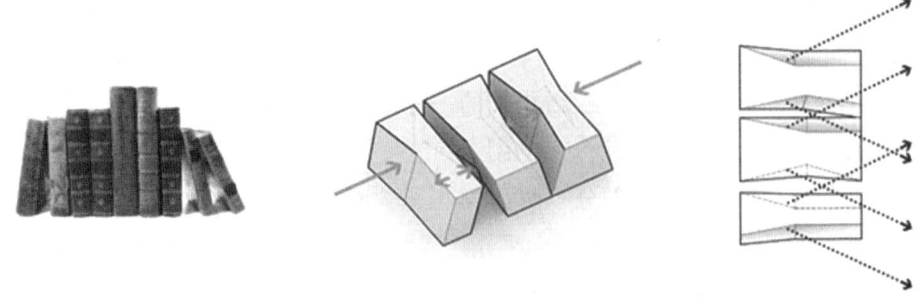

图 9-3　太原市图书馆的建筑体量变形，使室内空间产生面向汾河的景观面

 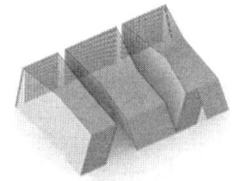 

图 9 - 4　太原市图书馆建筑形体形成的漫射光

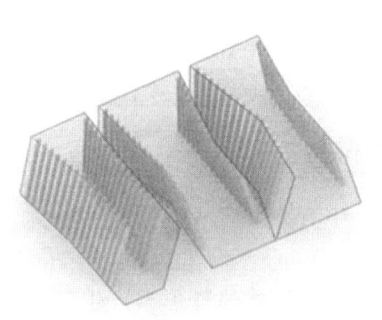 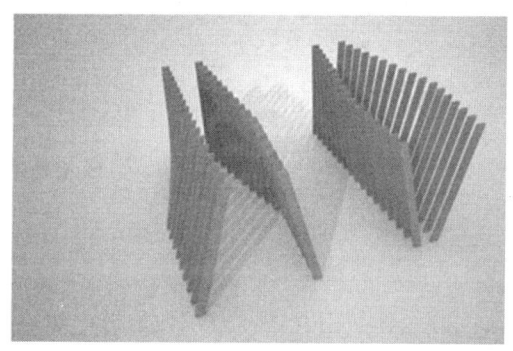

图 9 - 5　太原市图书馆的建筑结构角度变化产生内外空间效果和光影变化

（一）扩展

利用场地最空旷的南侧作为扩建建筑主体部分，新建体量与原有体量之间开辟朝向汾河的视觉通廊，作为主入口共享空间。同时这一设计还将新老主体结构脱开，形成明晰的逻辑关系。切分形成的共享空间，可以将旧馆脱离在外的报告厅功能容纳其中，成为连接体。改造后的新馆因此获得了整体统一的几何形态，同时在底层形成朝向汾河逐级升高的休闲阅览空间。

（二）变形

在建筑形体上，采用了与山西博物院相反的收分形态，轮廓简洁有力。建筑形态向中央聚拢，形成内聚的公共活动空间。形态犹如书架上互相靠拢的书本，又似沟壑起伏的黄土高坡地貌，寓意四库全书的厚重和历史文化的沉积，突出图书排列、层叠的建筑肌理。利用倾斜柱子的独特设计使馆内空间律动活跃、亮点纷呈。形体倾斜角度随着远离汾河的方向逐渐变化最终垂直于地面，随着直纹曲面产生的均匀角度变化，室内空间产生着微妙的形体和光影变化。向内收拢的形态使建筑内部空间形式回归原始形态，读者犹如置身静谧的树林间、草庐下读书。

图 9 – 6　太原市图书馆新中庭

（三）共享

新馆建筑南北走向、东西通透，建筑设计上将新馆建筑变形，产生一正一反两个"V"形的室内共享空间。其中新建体量与原有体量之间开辟倒"V"形，作为主入口将滨河城市空间和景观引入室内。老中庭和新增侧边庭构成正"V"形，构成宜人的阅览和观景空间。

图 9 – 7　太原市图书馆正"V"形的老中庭共享空间

（四）绿色

建筑设计采用一系列绿色节能手段。根据日照规律，在建筑东、西立面，设计了贯穿屋面相连的垂直遮阳构件。屋顶利用栅格间隙，布置了太阳能光伏板。遮阳构件与东、西方向成45度夹角，形成偏向南面的采光和观景形式，在立面上产生了如书页般的变化效果。东、西两侧的外幕墙斜向排列，形成漫射光，避免了阳光直射对读者阅读的影响，减少了能耗，增加了馆内的光影效果和空间美感，也增加了读者的文化感受。南向立面根据日照特点、利用建筑物的窗台上下檐口、楼层板向外挑出等自身构件，形成水平律动的遮阳栅格，以达到遮阳效果，质朴而简洁，无多余装饰。夜间节能泛光照明，点亮宁静汾河畔城市之梦。

图9-8　太原市图书馆夜间实景

二、室内装饰设计理念

以"中式风格，书宅大院"为总基调，融入中国书院文化品质和本土厚重历史文脉，中国美术学院风景建筑设计研究院的室内装饰设计，按照崔恺院士提出的"书宅大院，中式风格"总基调，既要体现太原本土文化，又要满足当代图书馆高效、易管理的特点，推衍出现代、大气、单纯、简洁的设计逻辑。在力求传承中国书院文化品质和三晋院落风格的同时，融入现代开放的时代审美和生活特质。在尊重建筑空间气质的基础上，使图书馆作为思想的容器，兼具现代文化休闲、憩息共享的浪漫氛围。读者进入图书馆，宛如进入了一座文化的殿堂，在这座新型、典雅的文化大书房，汲取知识的养分，积蓄文明的力量，成长为现代文化的行动者。

新、旧两个大中庭的设计，充分体现了新馆的建筑设计理念，体现了中国美学、文人理念。面积约 1202 平方米的新中庭，高旷的建筑空间、象征龙形的楼梯、中空各层分列的书墙与横向展开的大台阶构成了恢弘、博大的现代图书馆形象，展现了中国文人的极简美学，在篱笆、草庐下寂静读书的素心追求；面积约 626 平方米的老中庭充分发挥采光优势，用中式家具布置为中式庭院，逐层退台式、类似天井的建筑设计，使读者从任何一个楼层望下去，都能感受到中国传统文化的韵味，营造传统与时尚结合的文化展厅氛围；新、旧中庭中间的面积约 775 平方米的服务大厅，用传统的山西建筑装饰元素结合现代设计手法，形成具有浓郁地域特色和书卷气息的咨询服务中心。

建筑南侧的下沉庭院作为一个户外的阅读空间，设计尊重建筑结构，科学地布置绿植和室外座椅，合理利用有限空间，使读者在大自然的静谧环境中享受阅读的乐趣；利用下沉庭院采光的读者餐厅，室内装饰设计整体强化与室外装饰设计的明暗对比，在充满灵动、气势恢宏的书墙与简洁干净的建筑空间中，创造了温暖宁静、书香馥郁的独特餐饮空间；东侧边庭，是贯通一层到六层的纵向延伸空间，在简洁、统一的装饰处理下，充分捕捉光影空间的神韵，利用各层错落有致的平台，设置各具特色、风格迥异的休闲阅读、交流空间，体现出"市民大书房"的图书馆气质。

为保留原馆舍的建筑记忆，在馆舍改造部分的借阅服务区域，其顶面设计在满足设备所需空间的条件下，充分研究原馆舍的建筑结构体系，在原来的顶面密肋梁内设置柔和朦胧的灯光，形成序列的光井，既丰富了室内空间，又补充了阅览照度；专题文献区的设计，充分研究山西大院的院落文化和传统书院的独有空间特征，与现代阅读空间相结合，在表现现代审美的基础之上，隐现了传统书院的文化空间特质，用不到顶的书架围合，构建具有多进式院落感的进深空间。

三、园林景观设计理念

延伸并完美呼应馆内阅读空间，将思考从馆内带到馆外自然环境。新馆拥有大片园林、公共绿地，可打造供公众憩息、阅读、交流的宜人空间。太原市园林建筑设计研究院主导的新馆园林景观设计，规划设计面积 36107 平方米，馆舍主体建筑占地 8730 平方米，绿化面积 18217.8 平方米。新馆项目的景观设计在 2019 年分别获得太原市行业优秀勘察设计奖（优秀园林景观设计二等奖）、山西省行业优秀勘察设计奖（优秀园林景观设计二等奖）。

图 9-9　太原市图书馆园林景观设计效果图

景观设计的形式依托于图书馆建筑元素，在充分考虑可达性的前提下，强调景观元素的延展。东西两侧入口均使用放射式线条，增强视觉冲击，也充分考虑景观与建筑形态的结合。南侧景观多使用菱形元素，结合图书馆的菱形玻璃幕墙窗元素和南侧山西省地质博物馆的菱形建筑元素，统一考虑两馆外立面综合景观设计。从室内到室外，从感性认知到空间感受，更容易增强阅读的心灵体验。馆外小型阅读空间，可进行各项交流和教育实践活动，也可作为亲子教育的室外场所。

空间设计中利用墙体营造出围合感较强的阅读空间和交流空间，利用墙体与台阶的结合，合理解决了主体建筑正负零与东西两侧的高差，以及西侧地库顶板上景观的荷载问题。利用菱形元素对场地的切分、景墙及植物造景等方式，营造不同形式的小型阅读休憩空间，并将这些空间建成统一又各具特色的使用场地。馆外每一个小型空间都作为室内阅读空间和图书馆功能的延伸，使得这些半围合的场地都像一个个阅读书桌，将思考从室内带到自然环境中，将面前的书本换作景观造景，形成一种美好的阅读体验。

植物种植和造景主要采用放射式线条，充分结合场地空间特点，形成简洁的行列式种植景观。下层采用绿篱形式形成放射式的植物景观，上层空间搭配大乔，达到与周围景观建筑风格相融合的效果。将图书馆的户外空间与城市空间进行友好的衔接，不论是景观形态还是游人体验，都有一种置身世外、仿若书海，思考在延续、思想在发光的美好感受。

四、空间设计理念

1. 蕴含丰富地域文化要素的中国空间

按照崔愷院士"中式风格，书宅大院"室内空间总基调的要求，馆方在深化馆内空间设计、家具布局和软装设计时，注重彰显对中国传统、山西文化、太原文脉的尊崇：在六层的"青主书斋"旁专门设计布置了中式中堂，五层专题区的每个空间都采用山西晋商大院的风格进行围合，形成两进、三进

图9-10　太原市图书馆六层休闲平台中式中堂

院落格局层层递进的典雅书斋；不同楼层阅览区的新中式和民国、明清风格家具的设计、选型、选色都适当应用中国元素、山西格调，在阅览桌椅、标识导示等印上如中国印一般的太图 logo，彰显了中国气派、山西文脉。东边厅的休闲区，既注重每层的变化又考虑与主阅览区的中式风格相呼应；在大空间和谐、小空间温馨的总体基调下，一个蕴含丰富地域文化多要素的中国空间得以完美呈现。

图 9 – 11　太原市图书馆中式家具设计及 logo 应用

2. "更加注重人的需求"的愉悦空间

图书馆作为第三空间，既是城市的文化客厅，也是属于市民自己的空间。在基于人类的阅读行为设计空间时，馆方以"空间、安全、舒适、灵活"四要素为设计原则，注重为读者提供多样阅读场景、多种文化体验、无感融合的安心舒适阅读交流空间。

　　根据不同活动类型，对空间进行规划，将不同功能区域适度分隔，为读者提供大小不同、功能不一的阅读场景，以确保不同人群可以同时有效地使用图书馆。其中：大型借阅空间，用书墙围合，功能明确，噪声减少，图书馆书香视觉凸显；建筑砌筑和玻璃围合的独立空间，适合举办各种有声活动；利用建筑中庭周边、拐角处、休闲平台，开辟交流讨论、团队合作的区域；特殊功能的小空间，更加吸引个人阅读或小组交流。

　　为满足用户对阅读空间的心理需求，将灰色素简、偏冷的建筑空间通过布置造型、尺寸、色彩不同的灵活通透的异型定制家具、灯具，营造出私密安全和温馨舒适的新空间。如：尽量创造一个围绕使用者的空间，给人以一种"避风港"的安全感；利用围廊、中庭空间，通过围合设置独立的阅读空间；通过咖啡、茶书吧内定制家具的设计，实现独立区域的休闲阅读、交流共享；在两面和三面开放的休闲沙发团组后，设置通透书架或屏风为倚靠，或者在长书墙前增设短书墙，形成三面围合、一面开放的小空间，尽可能使所有阅览座席的近距离视觉内至少有两面书墙（书架）、雅致的花架和温馨的阅览灯，营造出温暖、安心、静谧的空间氛围。

图 9 - 12　太原市图书馆东侧边庭三面围合的阅读空间

　　除亲子和少儿等有声阅读空间保留有门的传统阅览室外，其他均设置为集查询、检索、阅读、自习、网络信息开放的共享空间，读者可以取下自己中意的图书，到馆内任意一个心仪的角落阅读或者冥想，体验无感融合的文化空间。

　　室内光环境，通常需要满足物理、生理（视觉）、心理、人体功效学和美学等方面的要求。作为一个需要持续停留，并长时间专注的公共空间，合理应用自然光和人造光源，对空间的塑造、人的行为和阅读舒适度就更为重要。因此，在建筑主体规划设计时，馆方就多次与设计单位沟通，力争在不破坏建筑方案效果的前提下，尽可能扩大自然光覆盖空间，最终形成了太图建筑整体可五面采光（四围及玻璃采光顶）。发挥了空中退台式设计的空间优势，沿着新、旧中庭环廊因地布置的休闲阅览座席，格外受读者青睐；根据自然光照情况，做分区域的室内光环境设计，进行阅读和通道等不同功能区主光源和点光源的色温、照度的设计及控制，达到既满足使用需求，又营造温馨舒适氛围的效果；每个空间的阅览桌上、休闲沙发旁，均布置有随手可控的阅读灯；分别对功能不一的文献阅读空间、数字阅览体验空间、小型阅览室的点光源灯具进行风格、造型、功能设计。

　　处理好家具设备与使用空间的关系，也是图书馆空间设计的重要方面。图书馆家具设备有较强的专业性和特殊性，在布局中，太图力求将家具设备对空间氛围的优化效果放大；注重家具布置的灵活性，以便适时调整改变、重新组合；通过在其周边适当布置相宜家具和软装，激活建筑本体如中庭、廊道、斜柱等空间介质在室内空间的视觉美感，让读者从内部感受到外景特征和光影变化，充分发挥"场所"给阅读带来的愉悦体验。

图 9 – 13　太原市图书馆五层休闲平台的围合空间

3. 一体化、精细化、人文化设计的舒适空间

在空间设计上，将城市空间、园林空间，引入馆内视觉空间，内外呼应、调性统一、文脉相承，为读者提供宜人舒心的阅读空间。

在宏观上，实现大空间和谐，小空间温馨，注重空间的冷暖、疏密、动静区分，使空间留有余地，布局有可调整性。

在微观上，特别注重一体化设计、精细化设计、人文化设计。

（1）一体化设计

包括内装设计、柜架桌椅设计、室内室外标识导示系统设计、灯光氛围设计、文化氛围装饰布置、VI应用系统等一系列的一体化、协调性设计。

在空间调性统一的前提下，实现内装、家具、软装等设计的亲人性和丰富性，即色调、元素、形态，和谐统一，使新馆内外空间端庄雅致。所有空间的主色限定于深浅不同的灰色和木色。不同供应商都在馆方的统一协调下确定各种设计方案：柜架桌椅、设备、标识的选型选色，根据空间的不同功能和场景进行灯的造型、色彩、色温、照度等的设计、布置，馆方与家具设计公司共同在数百种材料中遴选材质、色彩、机理，同时兼顾维护和清洁的便利性。馆内外导示系统的设计力求色彩、形态都与建筑和谐统一，甚至包括存包柜的铁皮色，都认真遴选，以便不打扰空间的整体感。

图 9-14　太原市图书馆室内外标识导示与内装、家具、建筑形态调性统一

（2）精细化设计

首先，是平面布局设计精细化，实现强弱电点位精准对接。在内装施工前，与文献典藏、借阅、服务、技术支持等部门数十次推敲、讨论，进行数十版本的平面布局，把所有桌椅、沙发、书架、落地灯、专业设施设备的平面布局摆放精细化，提前给代建及施工单位出具施工图，实现强弱电点位精准对应，避免地面多处出现无用的强弱电地插，需要的地方又没有设置，实现了地面和空间的净化、安全。

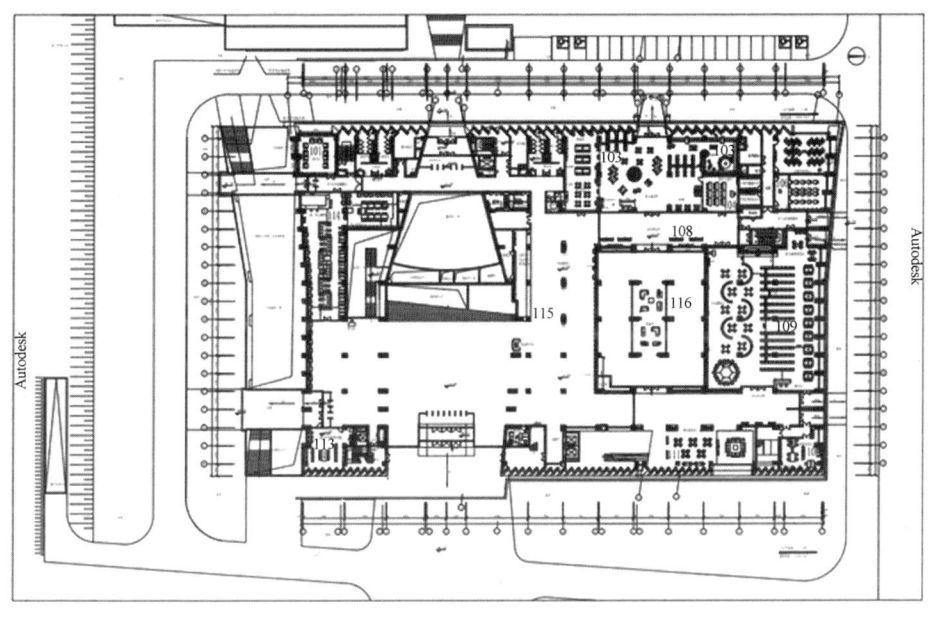

图 9-15 太原市图书馆平面家具布局的精细化设计

其次，为确保读者餐厅、厨房、咖啡书吧、问茶书坊、亲子手工区、古籍修复室、读者净化水设备、消防中控室等空间设施与设备的正常安全运行，对用电负荷反复测算后预留冗余，并为施工单位精准标注上下水点位。

同时，为数字体验区、数字阅读区、数字鉴赏区、学术报告厅等会议交流空间，以及古籍和特藏文献恒温恒湿书库等特需功能区，精细化测算强电、弱电预留条件，确保了这些功能区顺畅运行和未来的前瞻性冗余。

（3）人文化设计

即通过人性化设计，在阅读和辅助服务空间处处体现对读者的人文关怀。

如：全开放、无边界的公共空间，可让读者随处舒心地阅读、学习；五层山西大院式专题阅读空间，为研究型读者和学者提供了更加专业且宁静的服务空间；围合空间、阅览桌上预备电源插座与网络接口；书房式的读者餐厅兼自修室，除每日 4 个多小时的餐饮服务外，是读者阅读、上网、自修 10 小时的共享空间；在辅助服务方面考虑读者的便利性，读者餐厅、咖啡书吧和茶书吧等辅助服务区域的位置，与相关阅览区配套选址，且在建设期间就设计了夜间延时服务通道，方便读者到达并提供饮水、就餐服务；在阅览桌和沙发旁为读者放置一盏温馨的阅读灯，吊兰、文竹等绿色植物点缀在不远处的书架和空间里；多功能报告厅的座位排间距设计达 1.1 米，通道宽松便于会议期间出入通行，不打扰座席上的读者；在木质书墙、钢木书架上均设置 LED 感应灯，节能、美观、便利；饮用水为开水和温开水，让性急的青少年一接水就可以喝；在卫生间专门设置了鲜花、热水、洗手液、干手器、卫生纸，在厕位里还设计了扶手、手机与文件搁置台，双头手包挂钩满足了女性读者的需求等等。整体空间实现了"处处可见经典书房，处处可闻素兰馨香"，这也是读者喜欢太图的一个重要原因。

第四节　功能布局

一、建设定位

太图新馆作为城市标志性文化建筑，关注建筑本身所蕴含的文化属性的表达。立项之初确定的建设定位，以未来 50 年发展为目标：特色鲜明、功能完善、经济适用、空间优美，发挥财政投入的最大功效。

在建筑方案逐步优化和馆方深入参与功能布局和空间设计后，引入新理念：更加注重人的需求，更加开放共享，更加温馨舒适，更加绿色和谐。

1. 设计突破图书馆传统模式，向国际化开放、共享型图书馆靠拢。

2. 不盲目求新，力避追求空间新颖、奇特、酷炫而给读者带来的不平静与心理扰动。

3. 打造休闲文化中心和公共交流空间，营造宁静典雅、舒适温馨的城市书房气质，在信息化时代充分挖掘公共文化场所的价值。

4. 彰显鲜明的中国气派和地域文化。

5. "模数式"设计理念同现代图书馆建筑思想相统一。全开放、通透性是新馆空间的一大特色。改造后延续低层建筑的总体规划，建筑结构统一柱网，统一层高，统一荷载，空间分合灵活，可随意变化。

6. 应用万兆光纤搭建先进的网络环境，为读者提供高效快捷的数字化、信息化服务。

色彩以自然色和国际流行色为基本色。外墙为清水混凝土和节能玻璃，在大片的绿色和景观映衬下，简洁时尚，生机勃勃。

7. 注重新技术、新材料的应用，创造开放、绿色、智能的建筑，反映时代气息，提升城市形象。

二、总体布局

太原市图书馆总平面布置与城市总体规划紧密结合，根据使用功能要求，在总体布局、空间组织、竖向设计、立面造型等方面，力求创造出一个有文化内涵，能启迪思想、激发灵感、抚慰心灵的文化空间。总平面布置科学、合理、实用，力求做到功能完善、设施完备，满足现代化图书馆不同功能的综合要求。

新馆空间布局本着"以人为本"的服务理念，"尊重文化、关爱读者"。充分考虑公共图书馆集典藏、借阅、检索、信息数字化、阅读推广、服务、研究、管理等于一体的各项功能的实现，既要符合图书馆建设规范、建设标准、布局原则，又要考虑读者便利到达、便利使用，交通流线顺畅，疏散及时有效，以及空间舒适、氛围协调等因素。

旧馆与南侧新建主体之间为一至六层通高的新大厅。新大厅东侧为主要读者入口，西侧为次入口、办公及图书设备物流通道，南侧为会议展览入口，并与室外2个连桥相连，北侧为办公次入口及疏散通道。基底东侧布置主要人行入口和次车流出入口，基底西侧为主要车流出入口和次人行入口，设有地面停车位。基底南侧设地下停车库及出入口。北侧有消防疏散和物流通道。建筑四周均设计开阔的绿地和景观，美化整体环境并供人休憩。

位于南面新中央大厅大台阶直通西侧二层平台的剪刀楼梯，可以步行通往各个楼层，东侧四层、六层跳跃式设计的宽阔连桥，将大厅南北区域联系起来；北部东侧新加出一跨的侧边厅的步行楼梯，是贯通一层到六层的纵向延伸空间，不仅分流了读者流量，合理有效地利用了空间，还为读者开辟了徜徉于温馨城市书房与馆外园林美景、汾河两岸城市风景的观赏平台。每层平台或设置与阅览服务区相协调的不同地方特色的文化背景墙，或由通透家具围合而成开放式休闲阅读、交流区。

三、分层布局

根据读者对象以及资源利用率的高低，按照初步分层的原则，进行科学合理的布局。将读者流量大、使用率高的服务区域设置在低层，依次由低到高、动静分区设置。比如，一层为人群相对密集的公共服务、文化展示及方便出入的少儿、弱势人群服务区域；二层为提供基本服务的流通量大的借阅区域；三层南部电梯可直达、采光好的区域设中老年人阅报区；四层较安静区域设单独自修区，设有夜间专门通道，便利延时开放；因馆舍紧邻汾河，有水淹隐患，古籍等珍贵文献资料适宜放到六层等等。力图达到整体空间布局和谐、稳重，而又多层次、多变化的丰富空间布局效果。大的开放式空间主要采用家具分隔，便于灵活调整和组合。

一层：中央大厅的休闲阅览空间，读者在大台阶上随取旁边的软垫席地而坐静静阅读，是新太图一道亮丽的风景线；南部设文化展厅，可布置开放式的各类文化展览，咖啡书吧可延时开放，24 小时自助图书馆读者随时可刷卡进入；北部设总服务台，形成集咨询、办证、检索、导引、自助借还等于一体的服务大厅；依次向北利用旧馆中庭建常设展厅，运用传统与时尚结合的展陈设计，开展不同风格的展览；西部因便利出入及疏散，设公共图书馆建设规范要求的须直通室外的低幼及少儿阅览服务及活动区域；少儿阅览区可供 7 到 12 岁的少儿借阅，地面色彩导向性的设计与整体明亮简洁的空间，更能让少儿在此愉快安静地享受阅读时光，体验少儿电子设备，进行多媒体阅览；亲子阅读馆分设幼儿绘画区、手工区、绘本区、故事区和"国学小课堂"，吻合幼童生理、心理特征的浅木色家具与淡雅、明亮的空间色彩搭配，营造童趣盎然的亲子活动氛围，形成激发儿童心智的活力空间；在各分区小空间还设有视障阅览室、少儿培训室、多媒体培训室等。

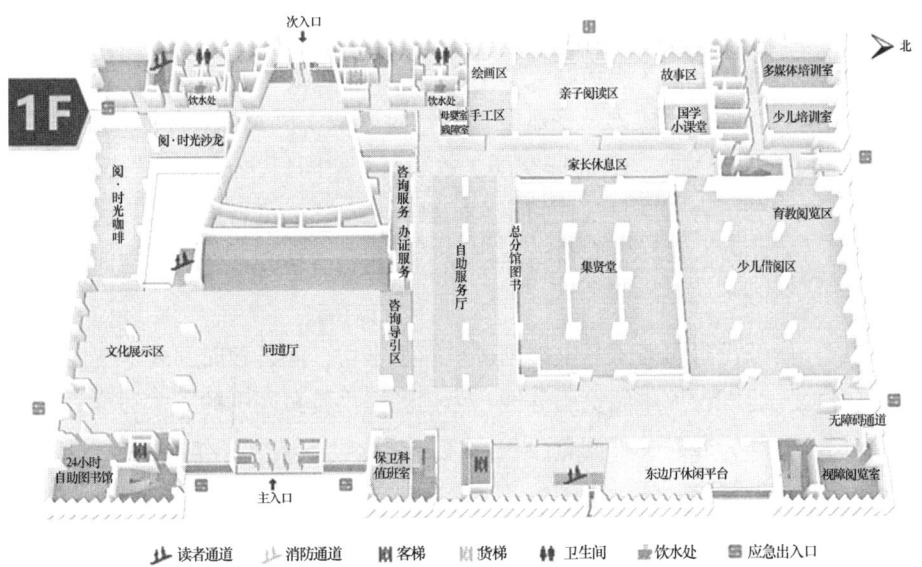

图 9 - 16　太原市图书馆一层平面图

图 9 - 17　太原市图书馆一层新中庭阅读共享空间

　　二层：整层的空间设计整齐划一，主要布局读者利用率最高的社会科学、自然科学图书借阅。在采光好的南部新建空间设文学类图书借阅区，北部设社会科学、自然科学图书借阅区。

三层：南部设报刊文献借阅、电子阅报区，采光好、可电梯直达，便利老年人阅览报刊；北部整体为数字服务区域，设有数字阅览区、多媒体服务区、数字体验区、创e空间、3D打印空间、数字影音空间、"公开课堂"等。空间简洁灵动，可分可合，突显现代阅览空间融合互动体验的特征。家具色彩采用了大和谐、小跳跃的手法，少量选用浅绿、浅蓝色，体现数字阅读空间的时尚和轻松。

四层：南部设自习兼工具书阅览区、问茶书坊，除开馆时间外，夜间延时向读者开放；北部设库本阅览服务区，为读者提供馆藏图书的库本阅览。

五层：北部为专题文献阅览及研究区域，分设中国方志馆（2个）、地方人文馆、晋版文献馆、特色文献馆、港台文献馆、建筑文献馆、诗词文献馆8个专题馆；西部设"太原书院"，集展览、文化沙龙、传统雅集、艺术品展示等功能于一体；南部为行政办公区。

图9-18　太原市图书馆五层专题文献服务区

六层：南部设马克思书房、马克思主题邮局、时代新人体验馆、书画研究室、专家研究室；北部为古籍库、善本库、古籍阅览区"青主书斋"以及古籍、民国文献及古籍保护研究中心。

地下一二层：地下一层因交通流线的设计与一层紧密相连，又有2个连桥直通室外，开设可延时开放的读者餐厅兼自修厅、多功能报告厅、多功能会议室、地下车库。下沉庭院既提供了读者自习、用餐的良好采光条件，又提供了休闲阅读的室外空间环境，通过东西两侧的步梯实现了消防安防控制、地下停车场的直通室外功能；地下二层除地下停车库、机电设备用房外，设有满足文献资源典藏功能的密集书库、密集报刊库、采编周转库、馆外流通周转库，以及可满足荷载要求的计算机中心机房，同时通道宽度和层高的设计均考虑小型货车可通行的距离，并直通货运电梯。

图 9 – 19　太原市图书馆负一层读者餐厅兼自修厅

太图为读者提供用于公共交流的阅览、休闲、展览、会议、交流、研究等空间 80 余处，实现了空间全开放，文献随取随阅。这种空间全开放导致的图书乱层、乱架比较严重，但是馆方的服务理念是："为给读者找方便，哪怕给自己找麻烦"。

第五节　改扩建难度下的馆方作为

毋庸置疑，改扩建图书馆远比建设一个新馆要复杂，设计、施工难度大得多，无异于"量旧体、裁新衣"。新馆改扩建内容涵盖主体改扩建工程，钢结构、外幕墙工程，室内外装饰工程，机电安装工程，消防安防工程，弱电智能化工程，室外园林景观、绿化工程，以及附属配套工程、图书馆专业设施设备购置安装等等。旧馆除保留原有建筑框架和 6 层层高以外，包括以前的二层报告厅、电梯等设全部予以拆除，进行结构、负荷的重新计算并加固。同时必须确保新建体量与原有体量的结构融合、风格统一。

一、主导、优化设计，挖掘空间价值

太图新馆改扩建团队根据图书馆功能需求，提出新馆项目功能布局配置、建设内容、建设标准，组织开展图书馆的总体规划、空间设计、平面布局，完成多项契合公众需求和服务需求的人性化设计：读者阅览服务异形定制书墙、书柜书架、阅览桌椅、阅览灯的设计、选型，电子体验区设计、设备选型，logo 标识、VI 系统及应用设计，室内外导示标识设计，氛围装饰设计，展厅专业展陈设计（墙、顶、地色彩，墙面材质与做法、展览灯、轨道及轨道灯等），会议室、音乐鉴赏室、电子视听室、书画研究室等空间的墙面、灯光、家具及装饰设计，不同服务区域、与氛围相协调的异形定制窗帘设计等，充分挖掘空间价值，实现了太图精细化、一体化、人文化设计理念。

与此同时，跟踪代建施工，提出工程各专业系统的设计优化建议和方案，比如：

（一）建筑专业

消防设计须安全可靠、兼顾经济实用，进行性能化论证评估，确保在保障空间布局的同时满足消防要求，解决了空间布局、家具围合与消防规定的疏散通道、消防分区、消防排烟等等的矛盾；在旧馆适当位置设置一部观光电梯，既免除了工程改造中再挖电梯井道之尴尬，又让读者在便利乘梯中一览层层变幻的书香空间；考虑电动扶梯的安全隐患，将在东边厅设置的电动扶梯改为人行步梯，营造优雅的边厅休闲阅读空间；开放的阅览服务大空间，利用书墙、书架、隔断等进行适度的到顶或不到顶围合，空间再分割的书墙等贴近图书馆功能需求，便利文献资源的管理，也为读者营造优雅宁静的阅读氛围；在同样可满足消防规范的条件下，改变密集书库的砌筑设计，沿建筑柱子重新设计砌筑墙体并修改门的位置，使可利用的空间更多，便利密集架排布和馆员出入；确保报告厅舞台声场和舞台入深而拆除山墙；协调馆外园林景观不建专用集中供热换热站，并且实现市政管网供热三种温度接入，可控、可选择；信息化综合布线，在土建设计时预留到位，满足信息智能化设计、施工需求，以及图书馆长远发展建设的需求。

（二）弱电系统

邀请国家原文化部、国家图书馆专家和优秀设计单位对数字化、智能化及弱电系统进行设计指导和论证，形成适用、安全、可成长的弱电系统；充分考虑图书管理系统、数字化信息化综合布线、信息点的设计、楼宇智能监测、区域温湿度控制、无线全覆盖等，认真推敲各区域、各室智能化需求的特殊性和平战结合的门禁人流管理，要求代建全面整改设计施工。

（三）强电系统

实现市政供电双回路断电自动互投，以及变配电室 24 小时监控和温度控制系统，实现不间断供电，确保图书馆管理系统数据安全；厨房等功能区域电负荷足量设计，并合理进行厨房设施设备布局及排烟防爆设计，营造安全就餐环境。

（四）暖通系统

采取多种供暖方式，优化新风系统、VRV 控制系统、古籍书库温湿度控制、报告厅温度控制、中心机房温湿度控制、阅览区噪声控制等，不仅达到公共文化场馆设计规范要求，且满足图书馆不同功能区的建设规范要求，为图书馆的每一位到访者提供舒适宜人的空间环境。

（五）安防、消防系统

实现远程监控，控制室大屏、广播系统优化，监控及门禁布点无死角等，完善智能图书馆建设。

（六）外装修工程

外幕墙未按设计进行密缝施工的补救整改，解决幕墙漏水、漏风问题；从恢弘大建筑的角度，进行了幕墙钢结构优化，主入口恢复原设计的整改。次入口增加雨棚、门斗与建筑协调的设计等，在不破坏建筑结构安全和原外立面设计形态的基础上，增加了幕墙防雨和入口保温的功能。

（七）内装修工程

书墙隔板跨度超规范的整改、地面及木饰面色板色调协调、不同区域的灯光设计、大会议室取消柱子进行结构优化、公共空间优化美化、空间再造、化妆间设施优化以及卫生间恢复隔层排水设计、减少蹲厕位的台阶、排水整改及设施优化等。

图 9 – 20　太原市图书馆一层老中庭馆方空间再造前后对比

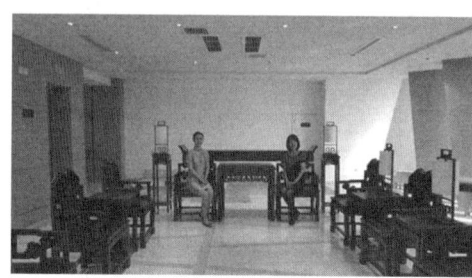

图 9 – 21　太原市图书馆六层东边庭平台休闲阅读区馆方空间再造前后对比

（八）绿化景观工程

与整体建筑的协调，进行 logo 景墙和馆名碑设计优化，园林景观的美化细化，注重细节，强调协调，实现新太图内外空间的完满呼应。下沉庭院恢复馆方上报政府确定的庭院景观设计，拆除混凝土地面铺装和墙面挂板，增加了园林休憩座椅、室外景观灯、箱式绿植，并预留了未来文化装饰类似拴马桩的生根条件。

图 9 – 22　太原市图书馆负一层下沉庭院整改前后对比

(九) 报告厅舞台灯光系统

舞台灯光幕布设计、面光灯设计、音响系统优化等，建设兼具小剧场演出需求的多功能学术报告厅。

二、立足实际，自主搭建数字化信息化建设平台

根据建设不重复、不浪费、前瞻性、可拓展的专业数字化系统要求，以读者服务平台为核心，馆方制定了《太原市图书馆（改扩建新馆）读者服务业务管理平台建设总体方案》，于 2015 年 3 月 10 日在国家图书馆通过专家论证。方案中所需的设施设备采用先进技术、选用中高档产品，基础设施平台采用成熟技术，关键设备充分考虑冗余备份，存储系统考虑云存储等先进技术，容量具备拓展空间，并充分、合理考虑网络信息安全建设，满足新馆业务管理和读者服务的使用需求。

(一) 实现中心机房智能化

采用动力环境监控系统和网络管理系统，实现环境温湿度、精密空调、漏水监测、消防系统、UPS 系统、精密列头柜、双电源切换动力柜和服务器、网络设备的远程集中监控管理和报警。

中心机房通过软件、网络设备、服务器、存储设备等软硬件的系统集成建设，实现双路 ISP 接入、网络虚拟化和链路聚合、域名双 IP 地址解析、Oracle RAC 集群和服务器虚拟化、电子阅览室云桌面、存域网系统管理。

(二) 建成太原地区总分馆二级平台

采用图书馆集群管理系统，形成山西省图书馆总分馆体制下，以太原市图书馆为中心馆，各县区图书馆为区域总馆，乡镇、街道图书馆为分馆，村（社区）图书馆（室）等为基层服务点的五级服务网络。实现与省馆和太原各县（区）和乡镇（街道）、社区馆的一证通用、通借通还、文献共编、资源共享。

(三) 建设图书馆自动化集成系统

利用计算机网络和 RFID 等现代技术，实现信用办证、无感借阅、不下车还书、大数据分析与展示、智能交互、一卡通自助复印、电子资源单点登录和跨库检索等全方位、多样化借阅和文献资源信息化服务。

三、建设经济实用、全方位的多媒体会议系统

通过与代建方签署备忘录的形式，与代建协商约定使用代建资金约500万元，在建设施工过程中主导设计、招标、采购原本属于代建施工范畴的多媒体会议系统，确保按规范、按需求进行隐蔽工程的施工，满足各级各类会议交流和读者活动的需求。

馆方根据不同会议、交流空间的功能需求，结合各种类型、不同规模活动的个性化需要，自主规划、设计或固定或灵活的数字红外无线会议系统、多媒体无纸化会议系统、全数字会议系统，以及用于读者主题报告演讲、交流等所用的即席发言、扩声、投票互动系统、多媒体显示、同声传译系统、7.1声道的电影放映系统、中央控制系统，用于书画研究及文学鉴赏的显示、投影和互动交流系统，用于专业影音播放、鉴赏的扩声、显示系统，用于音视频拾音、剪辑、录播及处理系统，使多媒体会议系统具有可移动、可调整、可扩容性，达到现场级的声场和视觉效果。

四、生态理念打造"绿色建筑"

早在新馆建筑初步设计方案确定之前，在专家论证会上，经过既往案例分析讨论，馆方与设计方就充分利用自然光、自然空气、应用洁净能源和节能技术建设"绿色建筑"，达成共识。

（一）自然采光、通风

新馆建筑五面采光，馆方向设计方提出以下要求：在不影响建筑外形的基础上，尽可能减少黑空间；在节能设计规范内最大限度设计可开启窗扇，使读者常年可获得新鲜空气，也在春秋两季大量节能降耗，降低了图书馆在公共卫生突发事件时因为空气不能充分对流产生的风险；要求施工方在三个中庭顶部安装可调节遮阳帘，让读者在炎炎夏日，同样能感受和沉浸于美好的阅读空间；设置新风系统，进行空调的合理分区，减少空间耗能；充分利用自然光，室内照明遵从直接、就近的照明原则，达到节能环保目的；夜景泛光智能照明，建筑顶部的肌理与东西幕墙延续，在汾河岸边呈现出晶莹剔透的建筑形态，倒映于宁静汾河中的光影，为城市点亮了温暖的人文之光。

（二）制冷制热因地制宜，节能降噪

根据建设绿色建筑的规范要求，新馆暖通系统区分不同层高、不同区域、

不同需求，分别采取不同系统、多种方式的供冷、供暖。主要采用的多联机分体式空调系统（简称 VRV 系统），安装方便，使用灵活，可以分区域、分房间选择性运行，较之常规的水系统空调，避免了管道漏水对书籍的影响。多联分体空调的室外机设置于屋顶，减少了噪声对使用空间的污染；室内机带有冷凝水的提升泵，对提高室内净层高效果显著；报告厅、大会议室采用多联分体空调加新风系统；阅览室采用多联分体空调系统按功能分区布置；古籍特藏书库、计算机中心机房采用恒温恒湿精密空调；供暖系统接入市政热力，重点大厅、大空间根据净高和需要采用地板辐射采暖；阅览服务空间、靠建筑外围的房间采用上供下回单管式散热器采暖，VRV 系统做采暖补充。在空调和新风系统降低噪声方面，着重对照图书馆不同阅览区建设标准和设计规范，在工程承接查验阶段，对每个区域、每个房间逐一进行噪声测评，对于不达标的绝不放行，一律查明原因、制定整改方案，情况复杂难以整改达标的区域，采取路径优化、更换降噪消音相关设备和配件等方式，直至满足每个空间的降噪要求，确保创造宁静、舒适的阅读环境。

（三）节约能源，绿色供电供水

太图改扩建项目进行了新、旧建筑变配电系统及变配电设备的资源整合，提高资源利用率。电气系统设计做到安全可靠、技术先进、经济合理，将变配电室集中设置在新建部分的地下架空层，采用清洁能源和绿色环保型节能用电设备，并适应可持续发展需要；给水系统与市政系统对接，充分考虑分区设计，自来水管径满足需求、洁净供水，达到使用安全和节能要求；热水系统主热源采用洁净能源太阳能和电能；排风系统设计中厨房设油烟净化系统，中央大厅、中庭、负一层报告厅、大会议室、地下车库、设备机房、公共卫生间及有特殊要求的技术用房设机械排烟系统；机电设备、材料选型以实用为主，优先选用成熟的技术和产品，合理选用新技术、新产品。

五、新旧馆统一层高，实现技术突破

为确保改扩建新、旧馆结构和层高的完美融合，建筑设计上新馆与旧馆统一层高，新区不再使用旧馆的密肋梁，以增加实际使用层高；在建筑的管线综合时，在旧馆舍部分，尽量将各种管线、VRV 空调卡机尽可能地布置于密肋梁的方型模壳内，甚至在进行卫生间的厕位排水等设计时，也充分考虑层高问题，必须降板的地方采取局部降板方式，确保大区域的层高；在读者阅览服务专用设备的设计、定制、布局时，也充分考虑合理高度，既满足藏书量要求，又保证空间不压抑。

经过了3个月的技术攻关，改扩建新馆的橡胶隔振垫和幕墙挂板的建筑科技应用实现了国内第一。旧馆单体建筑中大量应用橡胶隔振垫作为建筑整体抗震设计，因使用年代较长，改扩建时重新进行了测算和科技攻关，最终确定进行全部的迁移和更换，橡胶隔振垫在单体建筑中应用的数量为全国第一。立面材料采用清水混凝土，表现文化建筑力量感和简洁度，外幕墙清水混凝土挂板幅面，为国内建筑用混凝土挂板中最大。

图 9-23　太原市图书馆外幕墙

第六节　使用评价

经过艰苦努力，馆方在太原市委市政府、市文化局的组织领导和关心支持下，用3年的时间完成了普遍需要5—8年可完成的大型馆舍改扩建及新馆建设工作，成为在全国图书馆中少有的实现了一次性功能齐备、全面开放的新馆。两年多来，由新馆空间发端而来的公共文化服务效能和城市文化品质，已成为业界、媒体和市民热议的话题。

一、太图新馆开放的社会效果

（一）传统经典与现代时尚完美结合的宜人文化空间，唤醒了潜在的阅读群体

诸多细致入微的设计方案，成就了太图新馆内外高品质的阅读空间。在原址改扩建的太图新馆，是全国少有的拥有宽阔园林空间的公共图书馆，将城市空间、汾河景观引入阅读空间，用端庄雅致的阅览书架、桌椅和精致温馨的阅览灯具营造出典雅、静谧的空间氛围，注重体现中国元素，稳重大气、端庄典雅的新中式风格让读者心灵归于平静，深受读者喜爱。

新馆开放后，读者接待量屡创新高。2019 年，仅太图单体馆（不含各类分馆）接待读者 421 万人次（寒暑假日均接待 2 万人次），是太原市总人口 440 万的 95%。借还文献 380 万册次，是馆藏可流通文献 100 万册次的 3.8 倍。

每到暑期来临，太图都会迎来又一轮"读书热"，日均进馆人次达 2 万余人。为缓解一座难求的紧张局面，自修室、公共区域提前一小时开放，晚上 10 点关闭，包括闭馆日也仍然向自习读者开放，每周开放 108.5 小时。

每天清晨数千读者排队等待进馆，井然有序、蜿蜒曲折的队伍已成为太原市一道文化风景线。市民争相前往，参与阅读推广、参加读者活动，太原市图书馆"一座难求"，太图真正成为引领阅读新风尚的又一城市文化地标。据集群管理软件服务机构统计，新太图已跻身全国一流公共图书馆行列，服务效能位列全国相近规模单体公共图书馆前 5 名。

（二）空间开放、时间延展、服务模式创新，激发市民对图书馆的热爱和眷恋

新馆实行空间全开放的服务模式，外借文献开放式管理，读者可以在任何开放区域实现轻松阅读。24 小时自助图书馆、全年无休的自习室、开辟自习加简餐服务的读者餐厅，都成为太图吸引读者的服务亮点。

太图全面实现自助办证、信用借还、脸部识别借还、自助查询、自助借还等智能化便捷服务模式，开通网络、微信服务平台，实现馆藏图书查询借阅、读者活动预约登记、海量数字资源共享的信息化、全媒体服务。主要服务功能都可以通过微信公众平台远程实现，让读者足不出户就可以享受到太图提供的

优质数字资源与服务。除了传统的图书馆现场借阅模式外，书店和馆中店"你选我购"、京东"太图飞书"、"太图约书"网络下单快递到家、读者图书荐购、Kindle 电子阅读器借阅等创新的借阅方式为读者带来了全新的阅读体验。通过参与"你选书、我买单"、"馆中店"、"太图飞书"、读者荐书活动，读者亲自采选的图书 35380 册，相当于全年采选图书的近 30%。

数字阅览区内的视听休闲太空舱、瀑布流电子书、3D 打印、多点触控屏、三维电子书、互动沙盘、AR、VR 影音鉴赏、电子视听等设备，为读者提供数字体验、新科技体验、数字化经典阅读及移动图书馆服务；公开课堂定期为读者免费播放"全国文化信息资源共享工程"及馆藏特色优质视频资源、精品电子讲座，全面展示中华优秀文化，定期开展各类公开课录播；结合大众热点、读者需求定期聘请知名专家、学者举办现场讲座，并可利用实况直播技术实现馆内多处大屏实时同步观看。2019 年官方微信关注人数 16.3 万余人，传播影响力稳居全国图书馆前 20 位；数字资源访问量 193 万次、下载量 30 万次。

（三）以品牌化、系列化活动推广全民阅读，点亮富有精神内涵与人文关怀的书香之城

新馆开馆以来，逐步形成了二十大系列品牌活动，内容精彩纷呈、遍地开花，在全国图书馆界声名鹊起，走在了省会城市前列。"太图讲座"、"书香雅集"（古典传统文化沙龙）选题立意新颖、内涵丰富，底蕴深厚，邀请市民互动参与共同打造了一道道公益文化盛宴；"市民课堂"（市民公益学习中心）、"太宝故事汇"（少儿绘本故事分享）、"漪韵读书汇"形式多元、内容活泼，切入更多的时尚、休闲阅读元素，满足不同层次读者的个性化需求，开启民智，增加城市书韵；"E 起说吧"打造市民英文交流中心，营造国际化都市氛围，增加太原市民幸福感；"太图有戏"丰富市民文化生活，增加市民文化体验的多样性。2019 年一年间，仅太图单体馆开展读书会、少儿阅读推广、公益演出、新书见面会、线上线下各类阅读推广各类活动 1227 场，带动 200 万人次的市民融入阅读推广和书香城市建设中。

二、专家、媒体、百姓称赞太图国际一流，为新时代公共图书馆的样本

新馆开馆以来，最大限度发挥公共文化服务场馆的功能，极大增强读者与图书馆的黏合度，各项业务能力不断攀升，专家、媒体、百姓纷纷点赞。业界专家、同仁、原文化部领导、国家图书馆学者、媒体记者给予了太图充分肯定和鼓励，也给予了很高的评价。北京大学李国新评价太图："空间、环境、资源、服务国际一流，新时代中国公共图书馆的样本。""太原市图书馆国内国际一流，细微之处见精神，见创新。在经济并非一流的地区打造出一流的公共图书馆，太原的经验值得总结推广。"华东师范大学范并思称太图是"改扩建图书馆的成功典范"。南开大学柯平评价太图："太图通过服务引领、管理增值、专业打造，为城市提升品质增添了文化内涵，无愧太原市文化地标的称号"。温州图书馆胡海荣评价"太图是目前我见过的最美图书馆，没有之一，美而实用，大且精致"；凤凰网王琴说："毫不夸张地说，太原市图书馆是最懂读书人的图书馆。满足了我们听读坐憩的一切想象。文人情怀，匠人精神，严格把关每一处细节，让人感动。太图不愧是千年古城的文化客厅，汾河岸畔的城市书房！更是山西的文化高地！此生有此一心灵栖息地足矣！"家住太原市滨河小区的一位市民点赞："纳税人的钱花在这里，值了，市里把钱花在这儿就对了！"

各级各类媒体高度关注太图，讲述太图故事，展示太图风貌。在媒体传播力的影响下，省内外读者纷纷点赞太图，频频走进太图，使公共图书馆的阅读功能和社会效益实现了最大化。随着新媒体的迅速发展，读者使用图书馆资源的方式也呈现多样化。太图通过新媒体平台，拓宽读者服务、阅读推广、宣传推介的渠道，吸引了越来越多的读者参与到图书馆的建设发展中。

三、空间再造和创新性利用

图书馆是一个不断生长的有机体，因此太图新馆在空间布局上留有余地。空间的可塑性使创新利用空间、挖掘场所价值成为可能。

新馆开放后，在空间再造方面做了一些积极有益的探索和尝试，独特创新空间，服务功能延展。2018年5月10日，全国首创的文献整合、空间叠加、功能融合的主题书房——"马克思书房"，在书香浓郁的太图对外开放。马克思书房收藏了关于马克思列宁主义、毛泽东思想、邓小平理论、习近平新时代中国特色社会主义思想等相关文献20000余册。书房内分设展览展示区、学习阅读区、"马克思大脑"主题活动区、交流研讨区，紧邻马克思书房，专设"马克思主题邮局"。面积仅235平方米的马克思书房，因理念先进、设计时尚、空间新颖，仅2019年就吸引了男女老幼和全国各界人士12万余人前来参观学习。空间＋主动讲解＋线上线下阅读推广＋红色时尚文创，让马克思书房成为图书馆界最独特最热议的新空间。

图 9 – 24　太原市图书馆主题活动区"马克思大脑"

2018 年 7 月 9 日，开馆近一年时，为弘扬中华优秀传统文化，不断丰富太图的精神文化内涵，为公共文化空间铸魂，太图又开设了集文化沙龙、传统雅集、书画展览、传统文化教育、艺术品展示等多种艺术体验、文化艺术传承

图 9 – 25　太原市图书馆家具可灵活组合的书院空间

推广的人文空间——"太原书院"。经典雅致的展示、书画、琴声、昆曲、京剧，书香、花香、沉香……共同构成了一个最中国的文化空间。中国特色、中国风格、中国气派，空间画作、文化沙龙与太原书院精神高度契合，是图书馆新时代新功能新空间的又一探索。

太图新中庭设计恢宏震撼，书香浓郁，符合数百年来世界上最美图书馆殿堂式空间营造的审美取向，是新时代有声有色阅读推广的新空间。新中庭先后举办过惠民交响音乐会、名家阅读分享会、学术报告分享会、"二青会"体育电影周开幕演出、读书节和传统礼射等表演。

图 9 - 26　太原市图书馆新中庭多次举办惠民交响音乐会

第七节　经验总结

太图新馆的政府"代建制"模式保证了政府投资效能及工程施工的专业化。但是如何在代建制模式下，又好又快完成项目，如何全面确保公共图书馆多元化、多方位、广泛的公共交流空间及其服务功能的实现，如何利用场馆功能、挖掘公共阅读空间价值、在社会中发挥应有的公共文化服务功能，却是我们在实践中一直面对的问题。因工程建设者不尽了解现代图书馆功能、服务等多元化需求，建设概念往往简化为传统功能单一图书馆，甚至向办公、写字楼偏离，在建设中设身处地地为享有图书馆服务的公众考虑得较少，从而忽略了图书馆内部功能、使用需求和未来发展的可调整性。且当前国内不成熟的代建制模式，在操作过程中往往模糊馆方作用，建成之后的馆舍及设施设备不符合图书馆需求，到工程承接查验、移交阶段，因不符合使用需求，需耗费大量的时间和资金进行涉及各专业的工程整改，费时费力，背离了最初建设宗旨。因此，在实践中，太图创立并坚持在项目规划、建设、验收过程中采用"三为主"、"三同时"建设原则和工作方法。这种做法不仅成为全国改扩建图书馆的典范，也是代建制下馆方主导设计、功能布局及内外空间建设的成功实践。

一、"三为主"工作模式

（一）可行性研究和项目概算以图书馆为主

设计建造之初，"为市民建一个什么样的图书馆"，为读者构筑阅读、交流、创新空间，激发读者阅读、分享、展示的欲望，成为新馆建设的目标愿景。图书馆负责出具项目的功能布局配置、建设内容和建设标准。我们经调研、分析、借鉴和吸收国内外近几年新建的同级公共馆的建馆案例、建设经验，将新馆建设目标定为"中式风格、书宅大院、空间书香浓郁、地域文化鲜明、打造宜人的公共交流空间、一体化的内装与柜架桌椅、文化氛围装饰设计和谐统一"，并融入新馆可研报告的初稿编写中，选择熟悉太图建设历史的单位进行可研报告的编制和项目概算。几经讨论、修改，通过评审。

（二）规划、设计以图书馆为主

新馆的规划方案、建筑设计、设计任务书的提出均以图书馆为主。建设过程中，馆方以读者为中心，牢牢把各类有关实现现代信息化图书馆功能、满足读者使用需求的设计抓在手上。共同谋划建筑规划方案、建筑设计方案，提出建筑、水、电、暖、装修、消防安防、弱电、绿化等专业设计任务书及专业建设要求及标准，从功能规划、平面布局、空间设计，到网络平台、弱电智能化，到专业柜架桌椅、内装、灯光、氛围，乃至logo标识、VI系统及应用、导示标识等设计，多次召开碰头会、论证会，反复比选设计，进行多次的方案细化深化优化，努力实现前瞻性和一体化、精细化、人文化设计。同时，跟踪代建施工，及时提出设计建议，提出施工中各专业的设计补充、优化及变更建议，想方设法与代建多次沟通建筑、结构、水暖、强电、弱电、消防、外幕墙、内装等功能设计和深化设计，确保各项功能实现。

（三）查验整改、竣工验收以图书馆为主，以读者需求为主

图书馆的最终使用者是广大市民，建成的图书馆是否达到使用标准和要求，检验者是市民、读者以及提供图书馆服务的馆员，所以工程的承接查验、竣工验收也须以图书馆为主。

2016 年 10 月，新馆工程基本完工。馆方主动担当，做工程承接查验和开馆准备，而不是按照代建方要求的不经查验就全面接收。提前完成物业招标，及早介入，跟踪隐蔽工程和承接查验，聘请专业机构和专家进行指导，为工程移交查验准备技术力量，制定竣工移交验收方案，召开"新馆开馆准备暨工程承接查验对接会议"。太图与代建、监理、施工几方按照专业，分成 15 个承接查验、整改验收小组，每日召开碰头会议，所有专业每周召开一次大的汇总、分析、督促例会。每次会议都用投影，把查验中提出的问题列出清单，通过现状图片、相关建设规范的一一对照，找出问题症结、责任单位，沟通协调，拿出具体整改方案，协调代建方督促落实，进行多轮多次的初验、整改、复查、再整改，完成了不符合工程质量标准及不满足服务读者需求等问题的督促整改。

为实现新馆早日开放，市领导多次督导工程整改。2016 年 11 月至 2017 年 9 月间，市长、副市长多次到新馆工地调研，召开协调会。2016 年 11 月 7 日，市长指示代建单位负责督促施工单位，对不满足规范及使用功能的消防、空调、新风、弱电等工程按设计和规范整改完善。图书馆负责制定开馆方案，做好设备安装、图书上架、人员配备、承接查验等工作。2017 年 3 月 22 日，副市长召开协调会做出决议，施工单位工程余款结算和质保金退还，均须代建和馆方双方签字确认后方可支付，对工程整改的质量和进度起到了至关重要的作用。为督促整改，耿彦波市长委派时任市住建委总工王清雨自 2017 年 4 月开始，连续两个多月每日督战解决工程整改遇到的各种困难和实际问题。

同时，市领导督导各方落实总设计师崔愷院士提出的空间优化意见。就崔愷院士提出的主入口、新旧大厅、灯光氛围等与"中式风格、书宅大院"的书香空间设计不符的 17 条意见，馆方做了充分调研，对 17 条意见整改备

选方案、改造成本等提出建议，耿彦波市长 2017 年 1 月、6 月两次到工地，带领市级相关部门，现场研究馆方建议并要求代建及施工方，按照建议完成主入口幕墙、室内光环境、下沉庭院、空间优化美化、园林绿化等项目整改。

二、"三同时"工作模式

（一）可行性研究、初设概算阶段，同时要把图书馆专业建设经费充分考虑、单独列项

在充分调研、综合考虑基础上，提出包括专业数字信息化建设、网络平台系统建设、专业柜架桌椅、文化氛围装饰、标识导示系统等项目经费，并与工程建设费用分开、单独列项，便于实现专业建设资金的馆方单独管理、预算、申请、拨付、招标、采购、评审等。

（二）工程建设过程中，图书馆专业建设同时推进

太图作为业主和使用单位，在馆舍拆除、改扩建期间，并没有坐等代建完工，而是按照市政府赋予的职责，在积极协调推进工程建设的同时，充分发挥图书馆作为使用方和最终的管理运行者的作用，努力实现馆方主导、设计先行、并行工作。对建筑、内装、水暖、强弱电设计提出建设要求并与代建、设计、施工单位共同深化，组织新馆的功能布局、业务规划和专业设施设备建设规划，组织专业的设计交流、方案讨论及专家论证会，注重内外空间融合，精耕家具软装布局和设计，最大限度地优化现代信息化公共阅读空间的视觉效果，实现服务创新功能，努力完成建设愿景，实现读者利益最大化；开展数以万件计的专业数字信息化系统、专业设备、柜架桌椅、沙发、灯具等的异形定制设计，政府招标、采购工作；拓展思路，首创无馆舍的"多点服务"模式，秉持"闭馆不闭服务"的理念，拓宽服务渠道，优化服务水平，以各图书馆分馆为阵地，继续开展文献服务及读者活动；以"书香太原"主题，尝试系列化、品牌化运作读者活动，取得良好效果；注重科学管理，组织第六次公共图书馆评估工作，建立阅读推广联盟团队；加强人力资源储备、专业队伍建设、文献资源建设，周密组织、紧凑有效完成文献及设备整体搬迁任务。

（三）工程查验整改中，专业设施设备、资源规划布局同时布置、同时推进

新馆工程基本完工后，馆方主动开始承接查验、做开馆各项准备工作，以便完工后能无缝衔接，及时开馆。主动反复与人事、编办、财政申请解决馆舍成倍扩大而编制不能增加、如何确保开馆后服务读者的问题；落实基本运行经费，完成物业招标，为工程移交之前的查验整改准备技术力量；与工程查验并行工作，积极进行专业设施设备、文献资源的规划和布局，经分专业查验，对于符合网络对接、设备安装等条件的，分楼层、分区域，科学有序地组织专业书架、书柜、阅览桌椅、会议系统、读者阅览服务自助、多媒体等设备的进场、安装、调试，组织读者服务应用系统的调试、试运行；组织原有和新购图书文献资源的有序回迁，整体文献资源的规划布局、整理上架、回溯建库、总分馆平台搭建，组织开馆氛围、环境布置等。

三、确保"三为主"、"三同时"建设原则落到实处的"三及时"原则

一是及时向市领导及相关部门汇报工程推进存在的困难与问题，请求支持协调，保障工程进度。

二是及时与财政部门沟通，获得财政评审、政府采购、资金支出部门的支持，保障项目快速推进。经过沟通，财政评审中心同意按工程进度提出审核意见；政府采购处同意尽可能批复满足图书馆业务服务需求的采购方式，如前置性采购和突出设计能力的定制家具设备采购；支出部门教科文处同意按照简化的审批程序在概算内按工程进度支付等。

三是从规划设计阶段开始，在聘请工程设计专业机构作为智囊及技术指导的同时，及时组织本馆骨干参与工程设计、施工、查验、整改全过程，保障图书馆对工程建设的全面知情权和专业建设与工程建设的有机协调推进，实现图书馆专业设施设备等建设的专业性、系统性、完整性。

在未来，太图人依然会秉承"传承文明、涵养文化、温暖心灵"的愿景，以我国《公共图书馆法》的颁布为契机，大力推进图书馆转型与创新，适时开展空间优化与再造，不断满足读者对公共文化的美好需求，让每一位走进图书馆的人，在浓浓暖意中拥有更多的文化获得感，让这座"千年古城的文化客厅、汾河岸边的城市书房、市民读者的精神驿站"不断散发出熠熠光辉，

努力建设最有精神、最有温度的图书馆！

图 9 - 27　太原市图书馆实景

（执笔人：郭欣萍　冯　芳）

第十章　天津滨海新区图书馆

天津滨海新区图书馆于 2017 年 10 月 1 日正式落成开放，是继承本地公共图书馆事业 60 年发展史，在国家综合配套改革试验区创新环境中建设的大型图书馆。滨海新区图书馆（多馆区多馆舍）标志性建筑是坐落在天津滨海文化中心的"滨海之眼"。建筑作为基本构成要素之一决定着图书馆的存在，而这座建筑，作为核心要素决定了滨海新区图书馆——从创意到完成其追求和呈现的是一种新的价值。

第一节　建设背景

一、区域公共图书馆体系沿革及现状

滨海新区图书馆是滨海新区文化和旅游局主管的公益一类事业单位，它整合了原有的区属中小型图书馆，承担着区域公共图书馆事业发展的核心职能。天津市滨海新区行政体制 2009 年 11 月成立时撤销了域内 3 个市辖区，原各区属的塘沽区图书馆、汉沽区图书馆、大港区图书馆、塘沽少年儿童图书馆、汉沽区少年儿童图书馆，转隶更名成为滨海新区宣传文化系统所属的事业单位。2017 年滨海新区文化中心工程所包含的图书馆，明确要建立公益性事业单位体制，由区级图书馆管理运行，定名为天津市滨海新区图书馆。新的事业法人注册成立后，由新馆（即中心馆）承担主要服务功能，同时依托原有各馆设施建立起中心和次中心辐射的"一馆多区"体系。

滨海新区范围内现有 5 个不同功能的开发区，其中 3 个开发区建设了大型

公共图书馆。泰达图书馆、天津空港经济区文化中心、中新天津生态城图书档案馆，是响应开发区建设并主要服务于本区域的公共文化设施。滨海新区图书馆与这些图书馆以及分支设施，共同构成本地区的公共图书馆矩阵式服务体系。

滨海新区图书馆作为一体化文化中心综合业态的重要成分，承担政府举办的公益性文化单位的主体责任，发挥专业服务机构的职能，同时又是文化事业与文化产业结合、文化和旅游融合发展的新型角色。天津滨海新区文化中心聚合了文化长廊、图书馆、美术馆、科技馆、演艺中心、市民活动中心（含有影院）以及餐饮等配套服务项目，功能和业态综合性十分明显。滨海新区文化中心 2007 年提出规划构思、2009 年确定选址，规划设计和建筑设计经历 6 年时间的调整、完善和提升。项目（一期）于 2015 年启动建设，2017 年 10 月 1 日竣工投用。文化中心是大型综合体，要从建筑设计、管理运营、服务效能等多个方面考虑文化建筑本身与城市的关系，也要考虑综合体内部成分之间的关系。滨海新区图书馆要考虑与综合体的关系，也要考虑自身专业功能与建筑特性的关系。单体建筑造型彰显的强烈个性以及综合体建构的功能关系，提出了图书馆创新发展的命题，甚至可以说是建筑让滨海新区图书馆不由自主地迈上从空间再造走向使命变革的探索之路。据统计，2017 年 10 月 1 日至 2019 年 9 月 30 日两年间，滨海新区文化中心接待民众 625 万人次，滨海新区图书馆到馆读者 438 万人次。在到馆读者中，本区读者的借阅需求有明显刚性且稳定增长。但分析表明，这部分数量没有占到大比例。服务供给必须有新的产品开发来支持，否则建筑优势或将逆变为图书馆不能承受之重。面对新需求、新对象、新环境，滨海新区图书馆始终正视和珍视建筑资源价值，坚持用自己的价值体系和话语体系来引导内涵建设。内涵建设从服务内容提升跃迁到概念含义提升，目标是造就形象鲜明、内涵独特、服务于新时代的图书馆。

二、文化综合体中的图书馆

《滨海新区文化发展"十二五"规划》明确提出，实施国家公共文化服务体系示范区设施达标计划，高起点规划建设滨海文化艺术中心等标志性文化设施项目，以完善公共文化设施网络。文化中心项目是滨海新区核心区开发建设重点工程，对改善核心区城市形象、提升公共服务水平、形成城市核心竞争力具有重要意义。滨海新区文化中心的设计原则规定：总体规划统筹兼顾，分步

图 10 - 1　天津滨海文化中心实景

骤实施；发挥区位及景观优势，注重与周边自然资源相结合，利用地形地貌，科学合理布局，营造现代公共空间与自然景观和谐共融的城市环境；突出亲民性、可达性、参与性，体现为民众与社会服务的人文关怀；注重建筑艺术、生态环境与经济性的合理统一，充分体现现代化、国际化的文化内涵；注重节能与环保，采用简洁、现代、庄重的建筑风格，彰显当代建筑的特征；建设规模和功能配置在满足现有需求的基础上适度超前，在服务滨海新区的同时建立国际性文化交流合作的平台；与天津市文化中心形成互补，突出滨海特色，力求创新，以人为本，低碳环保，建造人与自然、社会、城市环境等协调发展的文化中心。

　　滨海新区文化中心位于中国（天津）自由贸易试验区内，规划四至为东至中央大道、南至新港三号路、西至旭升路、北至大连东道。规划总用地面积约 92 公顷，其中文化建筑区占地 22.5 公顷，文化公园占地 69.5 公顷。天津市滨海新区文化中心（一期）建设项目主要经济技术指标是：用地面积 1196404 平方米，总建筑面积 313585 平方米，地上建筑面积 194880 平方米，地下建筑面积 118750 平方米。

　　滨海新区文化中心是多种功能聚合、多元文化一站式供给的惠民工程。在建筑空间上，以文化长廊联系图书馆、美术馆、科技馆、演艺中心、市民活动中心等功能类别，构成"一廊三馆两中心"的城市文化综合体。这一设计模

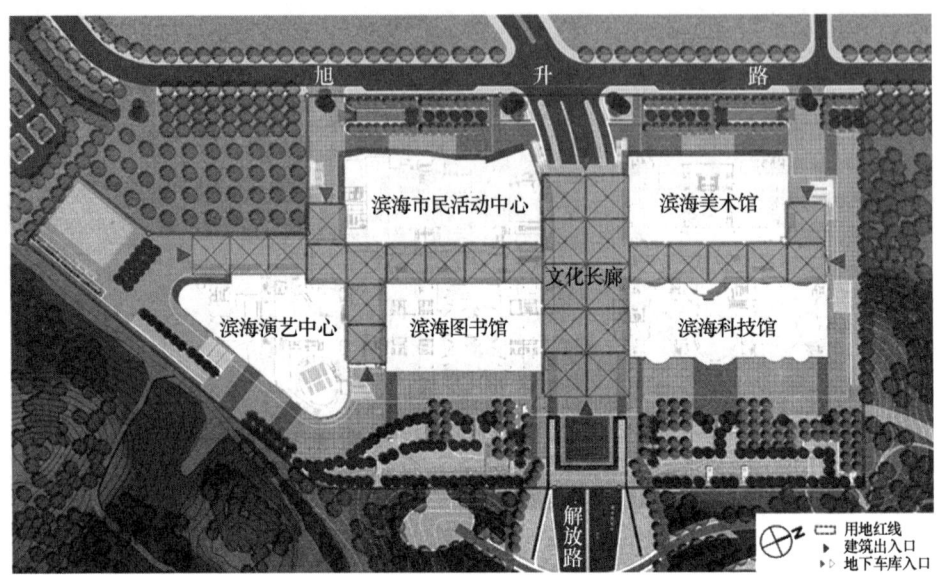

图 10 – 2　天津滨海文化中心总平面

式，充分吸收和运用了中国"和"文化的积极内涵，也完美展现了"和"文化的从集合到凝聚的精神面貌。综合性一体化建筑，其空间整合不仅节地、节能、节材，还能够最大限度减少北方地区寒冷天气对消费行为（包括公益文化消费）和体验感的不利影响。全长 450 米贯穿南北的文化长廊与面积 9000平方米通达东西的中央大厅，构成新型城市公共空间系统。它在整合功能、强化联系的基础上，将分布的单体建筑通过共享空间紧密组织起来，使全部设施通过文化创新建立起有机联系。单体建筑共享长廊、长廊向城市开放，展现了文化建筑与城市的新型关系。滨海新区文化中心项目策划之初就明确以创新为先导，创新要贯穿建筑设计到设施运营体制机制的全生命周期。

第二节　基本概况

一、建筑概况

　　天津滨海新区图书馆坐落于滨海文化中心（一期）东侧，东向文化公园，南北西三面在文化中心内部被长廊围绕，南面是滨海演艺中心，西面是滨海市

图 10 - 3　滨海新区图书馆东侧外景

民活动中心，北边是滨海科技馆。图书馆占地面积约 6600 平方米，建筑面积 33700 平方米，南北 110 米、东西 60 米、高 29.6 米，地下 1 层、地上 5 层，设计藏书能力 135 万册、坐席 1500 个。立面以玻璃幕墙和暖黄色铝合金格栅构成，造型简洁、完整、平稳，形象核心特征是"滨海之眼"和"书山"。

　　滨海新区图书馆的设计团队由中方、合作方和顾问方组成。中方包括：天津市城市规划设计研究院，负责土建和机电设计；天津市建筑设计院，负责室内设计。合作方是荷兰 MVRDV 事务所，负责建筑方案设计。顾问方包括：英海特工程咨询（北京）有限公司，担任幕墙设计顾问；天津大学建筑学院，承担建筑物理环境优化设计；中广电广播电影电视设计研究院，承担球形多功能厅音视频和声学设计。建筑主创设计师是 MVRDV 规划建筑事务所韦尼·马斯（Winy Maas）。

　　基于对图书馆新空间含义的理解，中庭空间被设计成可看的"滨海之眼"与可用的"书山"。同时，文化中心着重考虑室内与室外、建筑与城市之间的关系将图书馆的公共性发挥到最大限度，中庭在承担馆内空间交通枢纽作用的同时还连接长廊与室外公园，形成文化中心公共空间系统的有效延伸。

二、使用简况

建筑主要使用空间面积 2 万多平方米，到 2019 年尚有约四分之一区域处在功能开发中。2017 年 10 月 1 日投入使用至 2019 年底，接待进馆读者 4873237 人次，完成借书量 1586710 册次，注册读者新增 112229 人。事业单位体制的运行管理团队最早在建筑精装修阶段以开馆筹备工作角色进场，负责工程之外的图书馆专用家具和专用设备选配采购。物业管理采用文化中心一体采购、图书馆按需求向文化中心付费的方式实现，满足工程维护、秩序管理、保洁服务以及小部分图书馆基础工作内容。运行启动以来，建筑功能通过实际使用得到验证，建筑形象通过在馆体验和媒体传播产生广泛影响。

第三节 设计理念及建筑特色

一、概念立意

（一）滨海之眼与书山

天津滨海新区图书馆建筑设计理念所包含的核心内容是"滨海之眼"和"书山"。因此，强调功能、重视造型就成为理念外化的突出要求，尤其在中庭。中庭是造型的核心，是关键视觉元素，也是服务功能的枢纽，"滨海之眼"与"书山"在这里呼应呈现诗意空间。这个最主要的公共空间以球形体为中心元素，南北环绕、层级展开的平台，构成了体验与交流的读者参与空间。造型与功能，在这里是一个存在、两种属性。中庭是在 60 米 ×54 米 ×18 米的方盒子里面形成，投影面积（按照建筑结构中庭桁架）大约占总建筑面积的 1/10，空间的断面呈梭形，南北平台以球形厅为中心按山地等高线形态围塑空间。平台从层层向外铺展，转向层层向心收拢，形成立体空间边界。传统意义的屋顶、墙面、地面三者边界被消融，如同神秘岩洞。"书山"在竖向可以分为三段，从地面向远、向上的第一段是满足读者登临的体验平台，之上竖直的第二段模仿开敞书架，再往上向中间聚拢的第三段则围合上空、呼应氛围。书山曲线的多意性诱发参与者对公共空间产生绵延梯田、知识海洋、智慧书山等解读，并联系球形体与"书山"互为参照对话，形成宇宙星空等饱含诗意的遐想。这是因使用而超越实用的功能，也是因参与而灵动的形象。中庭顶部设计了直径 18 米的结合通风窗的采光天井，它将公共空间引向神秘而开放的通道，既解决球形厅与"书山"空间顶部尺度限制的困难，又使自然光线引入公共空间。天空与书山柔性连接，使读者感受到时光流转。

（二）空间特性与核心造型的设计

图 10 - 4　天津滨海新区图书馆中庭

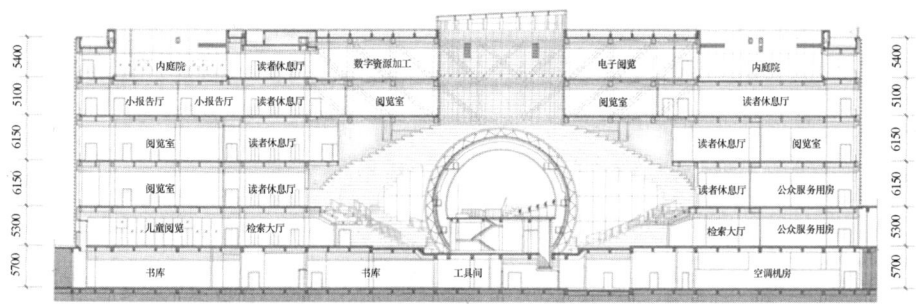

图 10 - 5　天津滨海新区图书馆剖面图 1

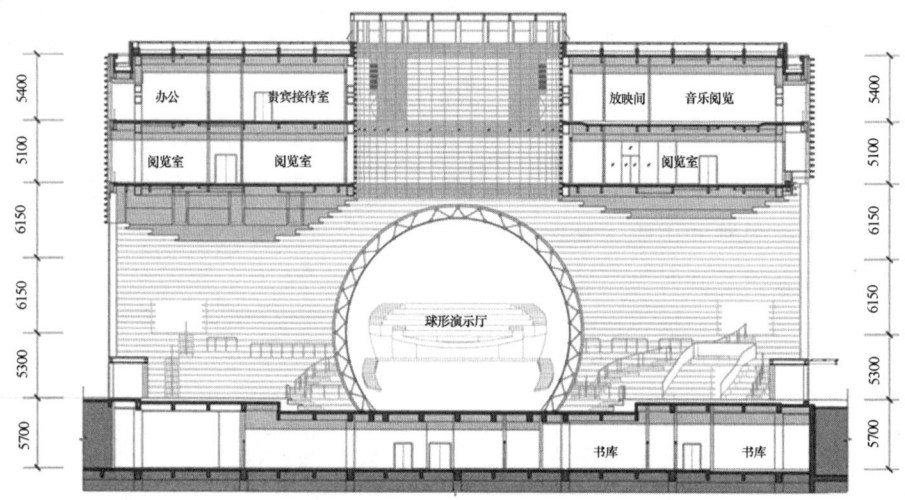

图 10 – 6　天津滨海新区图书馆剖面图 2

　　功能创新需要空间创新来支持。中庭是交通空间，"书山"是使用空间，这里既是动态空间又是静态空间。中庭之外的使用空间基本属于静态，更适合深度学习和主题化阅读体验。一方面，中庭和借阅区之间有明显、可靠的区隔，功能分配合理、适用，并且有一定灵活性；另一方面"书山"与二层楼面之间的空间流动使动与静可以适度转换，合理满足了功能融合需求。中庭将整个建筑的一层至三层分成南北两个区域，二、三层南北不连通，也算是造型对使用带来不便。但经过合理设计，这种不便被降至很低。电梯是主要的垂直交通方式，它保证了动线安全、便捷，同时保证高效利用空间，且不破坏中庭的形象完整。公共空间通过复合文化内容形成人气聚集，借阅空间按照基本服务、专题服务和数字化服务等功能形成学习氛围，过渡空间提供良性功能关联。通过功能的非均质化安排创造出异构空间，同时塑造出鲜明形象，整体形成一个富含学习、交流乃至文旅融合发展的新型图书馆形态。

　　中庭是建筑空间和造型的核心，中庭中央外径 22.5 米的球形体是具有强烈视觉冲击力的形象焦点，也是建筑对信息时代技术革命引发知识媒介转变的认知表达。球体采用表面铝合金穿孔板后置并联微型 LED 点光源形成显示屏功能，可显示全彩动静态画面。球形体内部的多功能报告厅安装有一大两小三块 LED 屏幕和环绕立体声音响及灯光设备，82 个座位的伸缩坐席可以满足现

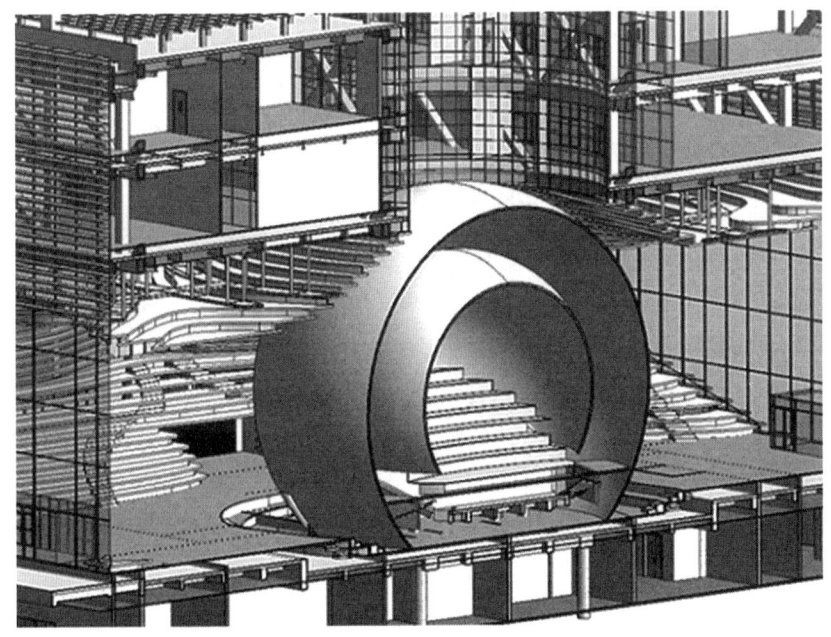

图 10 − 7　天津滨海新区图书馆局部剖面示意图

场活动的多种需求。作为空间核心，它的设计建造耗费了设计师和工程技术人员的很大心力。以球体表面材料选择为例，最初方案里表面为镜面金属板，企图通过镜面反射实现景观一体化的设计意图。但随着球体结构在现场形成，其荷载、眩光等问题显露出来。经过数十次方案比选，从镜面反射金属板到亚克力、张拉膜，再到铝合金穿孔板等材料，综合考虑造价、工艺、安装、维护等因素，最终选择穿孔金属板后衬匀光板组合 LED 灯阵的方式完成。表面板的穿孔直径 10 毫米、间距 15 毫米，LED 间距 50 毫米，这组数据确保这个罕见的外球幕平衡各种因素、满足各种条件、达到最佳效果。

二、以人为本

（一）环境舒适

工程注重声学、光学、认知功效学以及装修设计，力求创造舒适度高的人性化空间。使用分析软件建立模型量化舒适度进行深入的行为分析，保证人活动响应所产生的主观感受显着低于临界值。室内整体采用简洁大方的装饰风

图 10 - 8　天津滨海新区图书馆综合服务区

图 10 - 9　天津滨海新区图书馆借阅合一服务空间

格，主要使用空间的顶面采用穿孔石膏板结合石膏板制作造型，墙面采用石膏板横条分割造型，顶面和墙面全部白色乳胶漆饰面。为了保证风格一致，一层南北大厅及走道沿用"书山"模数化设计手段并尽量简化形体，使整个空间成为一个延续的整体。地面在不同区域选用了不同材料和工艺。交通走道、服务大厅、读者休息区等公共区域采用自流平地面,光洁柔和、连续舒展;借阅区选用环保 PVC 地胶,消声降噪、美观大方。靠墙柱的固定书架为制成品现场组装,金属材质表面采用象牙白色烤漆,环保耐用、便于维护。"书山"视觉纯净,但进深和挑高尺度大、人员密集,热环境复杂。专项设计将空调形式、送排风方式与空间性状及使用功能等因素充分结合,通过模拟分析,经反复比选最终采用内外分区的空调系统。同时,为保证空间形象纯净,尽量避免设备风口影响整体视觉效果,"书山"空间采用地板和侧下送风、中部回风的形式。气流组织温度场数值模拟分析显示,空调区域温度分布均匀,能够满足舒适度要求。公共空间以白色为主色调,自然光照下素雅洁净、浑然一体。沿"书山"平台曲线设计安装暖白色 LED 泛光灯带,满足公共空间光环境照度及舒适度要求,同时强化书山层叠造势的视觉效果。设计通过引入模拟计算工具来优化智能照明系统的效果,完成后形成舒适的阅读环境,同引起良好的视觉体验。阅览空间在屋顶面安装阅读灯,灯具色温为 4000 开尔文,经过匀光处理满足阅读照度要求。这些做法造就了一个可以满足阅览、交流、休闲乃至观光等多种活动的优质公共空间。

(二) 尺度人性化

使用空间都充分考虑各种因素进行人性化设计。"书山"是超常规空间,要满足比较复杂的行为需求,尺度选择十分重要。在方案深化阶段,为了实现"书山"平面等高线与建筑外立面对应部位形象贯通、尺度一致的设想,经反复论证,结合人体工学以及构造需求,平台梯级以 480 毫米为基本模数,外檐横向金属格栅的间距采用同样尺寸。最终,内外统一模数策略为空间表达的整体性奠定了基础。处理平台曲线立面给施工带来难度,工程采用参数化设计和相应施工方法完成精准定位及现场加工,完美建造出三维立体空间。"书山"平台本身可以当成坐席,总共有 34 层梯级平面人可以上到第 11 级平台(联系二层楼面),480 毫米高度与一般阅览坐席椅面高度相当,所以读者无论坐在"书山"哪个位置都会觉得很舒适、惬意。高大公共空间一旦被赋予文化性功能,就应当是亲切的场景空间,人不能被压抑,也不应显得渺小。中庭"书山"梯级平台合理尺度加上立面背景呼应,让人在这个大尺度空间里有很强的主体感、存在感。

（三）综合性服务

图10-10　文化中心里的图书馆

　　图书馆存在于文化中心综合体当中，关联多种产品和服务的综合供给，这可以认识为设计理念的优势。服务对象在图书馆被称作"读者"，在文化中心被称作"顾客"。图书馆朝向长廊的界面充分考虑了综合文化服务的配合形式，使用中初步显示出双向激励效果。滨海新区文化中心项目对建筑设计与运营匹配从始至终十分重视，并且有强烈的创新冲动。思路主线是通过文化产业与文化事业融合，形成一站式、综合性公共文化供给。"一廊三馆两中心"可以提供图书馆、美术馆、科技馆、演艺（剧院）、影院、文化及艺术培训教育、文创制品售卖、配套餐饮等服务内容，这导致消费人群与图书馆之间已经不是单纯含义的读者服务关系。综合体服务，对公共图书馆来说可以促动和助力功能提升甚至使命变革，但也可能导致偏离根本价值。建筑本身带来的影响，作为体制和机构的图书馆要有认知、有应对，要有自己的追求。

三、绿色建筑

工程按照国家绿色建筑二星级设计，遵循被动措施优先原则。总平面布局设计合理，避开冬季主导风向并有利于夏季自然通风；建筑体型设计尽量优化，体型系数为 0.08，内部空间布局充分利用自然通风和自然采光。采光天井侧面是开启式排风窗，设计时经自然通风模拟分析，根据内部风压分布和气流组织进行合理安排，使 30 米通高的中庭空间（采光天井尺度高出建筑主体楼顶）有效形成风塔效应。外檐表皮玻璃幕墙经过反射率控制加上铝合金水平格栅配合，对周围环境不会造成光污染，并同时保证多数沿外墙分布的阅览空间可以充分利用自然光照且没有日晒影响。

工程合理安排建筑平面布局，优化空间功能组织，减少相邻设备噪声干扰和外界噪声影响。设计将室内主要噪声源空调机房安置在远离静区的位置，并采取隔声、减震等措施，有效降低对服务和工作区域的环境干扰。外界主要噪声源是城市道路交通，中空玻璃幕墙作为隔离噪声主要措施起到明显作用。朝向长廊以外的幕墙设置了占 10% 面积的可开启窗，加上通风换气装置，对降低能耗、改善和保持室内空气质量有明显积极作用。建筑表皮的横向金属格栅在保证阅览空间可获得最充沛自然光照的同时，有效遮挡了阳光对架上图书直射。为使空间具有满足使用功能变化的适应性、灵活性，室内采用轻质隔墙，可变换功能空间采用灵活隔断的比例达到 40%。工程注重建筑全生命周期关照，尽可能选用可再循环使用建筑材料，如钢梁、钢柱等，改造或再装修时的材料浪费和垃圾产生都会非常低。

四、数字化与智能化

（一）智能化建筑

滨海文化中心设计了整体覆盖的智能化管理系统，能耗监测系统、安全防范系统、智能照明系统、建筑设备监控系统、一卡通系统等，通过总集成平台汇聚到管控中心，各责任主体可以获取相关信息和进行相应操作。应急指挥、运营管理、能耗控制等可以实现整体和分级应对。客使用分析系统利用形状识别与动态追踪结合技术，形成基于视频的人员流量监测功能，检测精确度保证在 95% 以上。智能照明系统可对各建筑单体夜景及立面照明进行三级控制，即：平时夜晚场景、一般节日场景、重大节日的场景。由于综合体建筑整体形象的需要，灯光场景应用由文化中心管控平台集中设置和控制。

（二）数字化智能化基础及应用

按照单体建筑认识，图书馆智能化设计包含多个系统内容：通信接入系统、有线电视系统、计算机网络系统、设备 IP 管理网、综合布线系统、安全防范系统、一卡通系统、信息导引及发布系统、背景音乐系统、会议系统、建筑设备监控系统、客流量分析系统、图书馆智能照明系统、能耗监测系统、无线对讲系统、智能化系统集成等。作为信息传输基础的综合布线系统是智能化图书馆的神经系统，其承载的应用主要为计算机网路、图书馆管理系统及通信系统，按信息点类型分为网络、语音、无线覆盖三部分。综合布线系统与图书馆业务自动化、办公自动化、通信自动化、监控管理自动化、读者服务自动化等设施统一设置，支持读者服务和运行管理，并可具备与国内外同行进行网上交流的功能。集成管理系统和 RFID 无线射频技术的应用，充分满足资源管理、流通管理、总分体系管理以及自助服务等基本需求。基于超融合方案的网络系统应用层面，为数字图书馆和智慧图书馆建设奠定可靠基础，也为新型场景开发和文旅融合发展提供有力支持。

五、结构与造型

（一）结构特点

建筑整体地下一层（不含其下部两层车库）、地上五层，结构主体长 110 米、宽为 60 米、标高 33.65 米。主体采用钢框架—中心支撑结构体系（局部为偏心支撑），外框架柱采用矩形钢管混凝土柱。建筑地上部分属于特大跨度连体结构，中间连接体由四榀 54 米跨双层高平面桁架及楼面梁、板、水平支撑等组成。中间连体结构下部是中庭空间，"滨海之眼""书山"的形象和功能形成于此。中庭空间如同一个巨大的盒子，对外沟通东侧公园与西侧文化中心长廊，内部则维系"书山"南北与中央球体的对话。为了实现方案设计所追求的空间自由表达，结构必须满足建造一个无柱、通透空间的要求。中庭空间承载多种类型功能并且尺度大，为了确保上部（4 层、5 层）空间完整、功能连贯，同时给下部创造连续无柱空间提供结构基础，工程采用钢框架支撑的整体结构形式。南北侧 1 层至 3 层为独立的两部分结构，分设相对均匀、对称、完整的支撑体系，4 层、5 层隔跨设置的 4 榀双层高桁架与下部连成整体。桁架（整体提升）与南北两侧独立结构进行连接，连接完成的桁架形成端部向两侧延伸一跨的结构。"书山"上段吊挂在桁架之下，桁架同时还承担东西两面幕墙的荷载。中庭部分的 4 层楼面吊挂于 5 层楼面梁，两侧山墙边框架柱在嵌固端托柱转换。总体上，建筑 4 层和 5 层空间结构是中间 54 米 × 60 米跨度桁架向两侧延伸并联系两侧空间的形式。考虑技术和工期要求，连续桁架施工采用现场地面拼装、整体吊装的施工工艺。"滨海之眼"的"眼球"也就是球形多功能空间，采用与上部主体结构脱离的双层球形网壳结构，各种功能要求全部通过下部结构实现。球形体内部为上下两层结构，上层是多功能报告厅空间，下层包括中心工作间和环绕楼梯走道。

（二）形象构成

造型标志化是滨海新区图书馆建筑完成之后凸显的重要特征——建筑形象直指建筑功能的图书馆属性。外檐立面由玻璃幕墙加外侧一层格栅构成建筑表皮。玻璃幕墙面积约 20000 平方米，采用框架支撑结构形式，全隐框与半隐框结合。幕墙龙骨是表面氟碳喷涂钢方管，格栅是表面氟碳喷涂铝型材。表皮围合的是一个简洁单纯的长方形体，但在这个案例，建筑形象并不能等于同外廓本身，表皮与被其界定为室内的中庭空间结合成一体的形象才是真实的形象。表皮是通过这样一波"表演"塑造了"滨海之眼"的：在对应中庭"书山"侧面棱形空间的东西两个立面部位，整体包围建筑结构的玻璃幕墙外侧附加的金属格栅，用"减法"留出"眼眶"，而室内"书山"中央的球形体化身为"眼珠"刚好显露出来。从正立面看，建筑形象围绕一只巨大的"眼睛"展开，"眼睛"是关键视觉元素。结构所释放的空间，让这只"眼睛"生动而深邃，甚至有些神秘。主创设计师韦尼·马斯坚持认为中庭空间还可以理解成一个从建筑形体"凿出来的洞穴"，它吸引人们充满好奇地进去探索。馆的东西两个主入口设计在"眼眶"落地部位，读者可以从这里进入"书山"；"眼眶"也是视觉入口，从室外可以看到人在"书山"上活动。"书山"作为实体在室内的核心形象的造型，有明显的景观含义，也有明确的使用功能。34 级层层向上递进围合的平台，立面满是书脊图形，配合其间小径蜿蜒般的台阶，本身就是一个等待参与、等待开始的场景。

第四节　功能与空间

一、价值取向

　　建筑空间组织从功能出发，最终回归落实到功能。滨海新区图书馆坚持专业传统职能同时强调功能创新，建筑空间创造性地配合了这个需求。空间整体构成可以分析为中庭和其他使用空间这两种不同属性的成分。建筑空间的突出价值在于，直接给出了一个读者的主场。在这个场景里，推送给读者的是"内容"，而管理和服务则形式退后。读者出现才算完成的场景表明：空间组织从功能的出发，功能组织从读者行为出发。

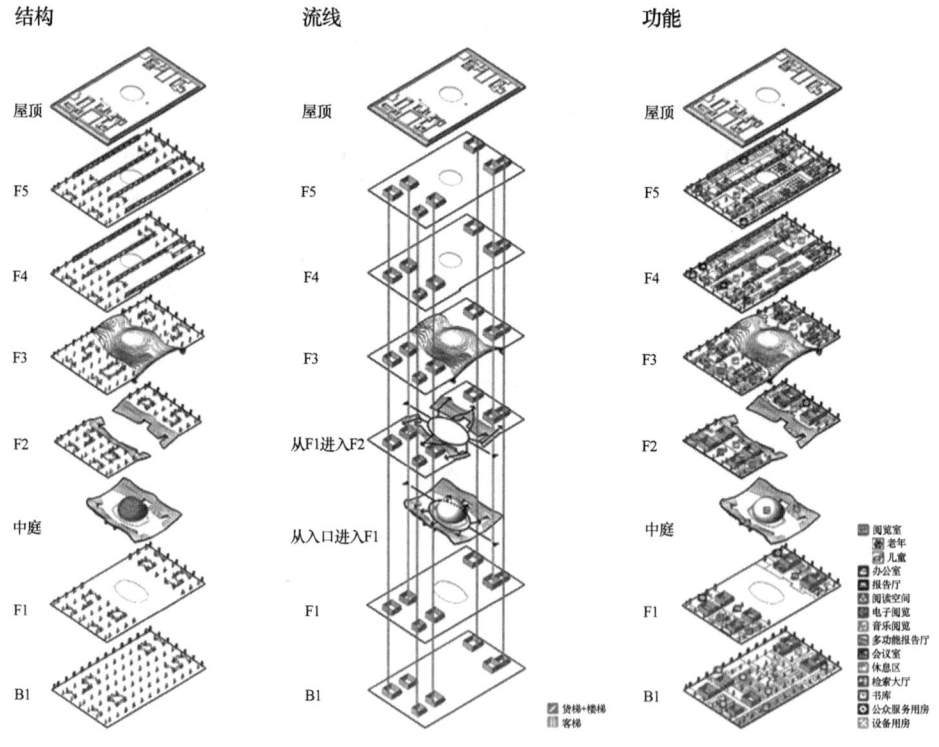

图 10 - 11　天津滨海新区图书馆空间结构分析

二、空间布局

主入口设置在一层东西两侧。一层主要安排给特殊群体，包括低幼儿童、老年人、视障者服务。二层有展厅、学习室、儿童图书借阅室、文创综合区。三层是借阅合一的中文普通图书区。

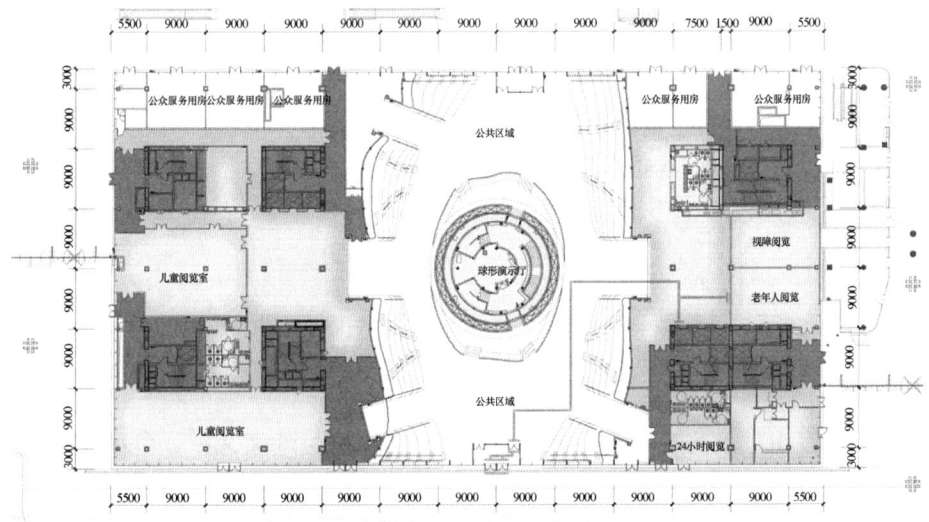

图 10 – 12　天津滨海新区图书馆首层

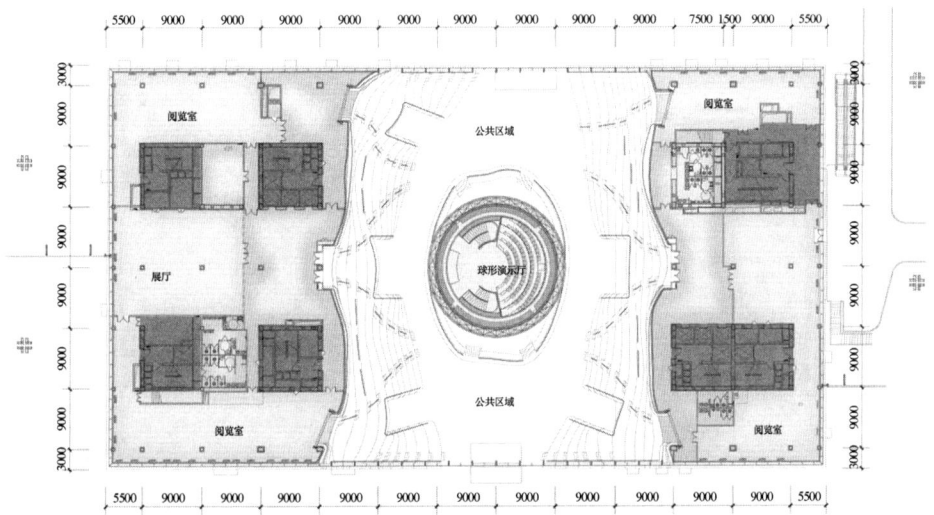

图 10 – 13　天津滨海新区图书馆二层

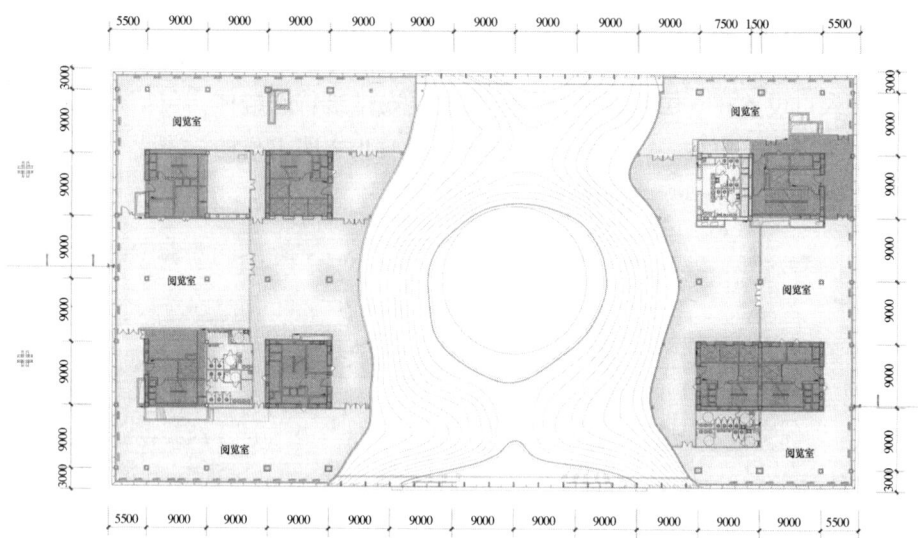

图 10 - 14 天津滨海新区图书馆三层

四层有相对丰富的功能成分。包括：中文报刊、外文文献、台港澳文献、工具书、地方和历史文献和其他专题服务，小报告厅、培训教室、读者研究室、主题馆。五层是数字化服务基础空间，西侧是行政办公区。负一层包括书库和综合加工区。

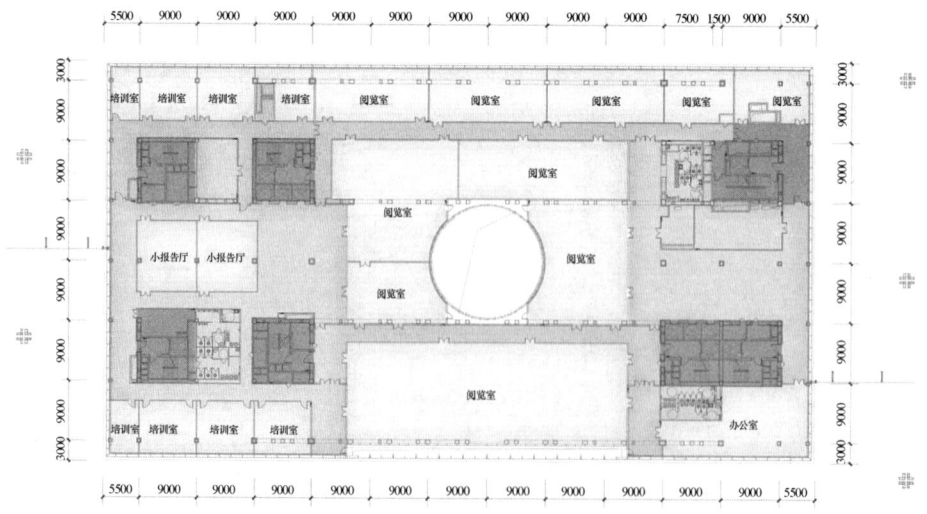

图 10 - 15 天津滨海新区图书馆四层

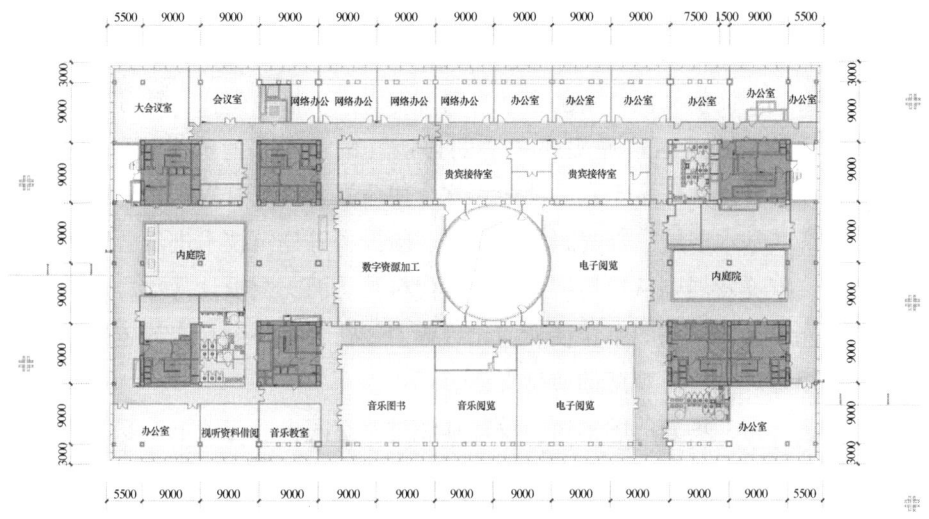

图 10-16　天津滨海新区图书馆五层

三、综合体空间关联

滨海新区文化中心功能组织对图书馆服务条件是有一定覆盖的，试图通过整体空间的综合配置实现功能互补、业态融合、高效运营。图书馆内部没有超过 100 个座位的报告厅和会议厅，没有超过 500 平方米的展厅。文化中心内的演艺中心、美术馆、中央大厅有承办演出、会议、讲座、展览等文化艺术和学术活动很强的承接能力；配套商业设施可以提供餐饮和商品售卖，地下车库能够满足读者停车需要。这些功能对大型公共图书馆运行是必要的，实践情况是，空间使用没有功能障碍，但业态配合与专项经费使用相对复杂。

第五节　使用评价

一、创新实践对图书馆空间再造的响应

（一）建筑设计对图书馆发展的理解与探索

服务的图书馆和建筑的图书馆。图书馆作为公共文化服务机构的职能是明

确的，当然也是发展的；图书馆作为典型文化建筑的价值除了专业服务功能，也在于其城市文化角色与城市景观形象。文献物质形态演变，特别是互联网和数字资源出现，促使阅读行为甚至学习精神都发生了极大变化。针对传统职能所面临的挑战，图书馆行业提出"空间再造"的命题是有充分内在动因的。图书馆存在的合理性规定于它的使命，这个使命不允许建筑以个性化的名义疏远甚至背离其基本职能。新材料、新构造、新设备等建筑技术进步会直接影响建筑形态，审美发展则从思想层面吸收时代精神从而支配设计活动。建筑的图书馆和功能图书馆，在图书馆使命演化进程中往往会有一个是先超越的，滨海新区图书馆是一个值得观察的典型案例。

符号、行为、场景的图书馆。设计师经过对空间再造与图书馆职能转变这一规定性关联的判断，决定用"滨海之眼"来表征图书馆。其实这个形象的表面意义并不算什么，在更深层面，以"满眼图书"的能指与"这里是图书馆"的所指相结合，来表征"空间再造与职能转变"的新时代图书馆，这才是建筑造型（形象）的深刻意指。在这个并不简单的建筑里所发生的行为，其实更不简单，甚至已经超出设计师的预期。可以观察到，阅读行为明显超出读者与文本的关系——阅读行为已经被"解构"。曾经不止一次，国际艺术家组合自发在"书山"进行行为艺术（实验艺术）即兴演出，现场读者通过对"行为"的阅读或多或少能够体会和理解艺术家试图表达的思想。跟这种极小规模的介入相比，密集发生在"书山"的读者（游客）手机拍照场景其实更值得关注，它确认了建筑自身的符号价值——这并不是一个替代场所，而是独有的关于图书馆的新存在（目的地）。日均到馆 0.6 万人次、单日最多到馆 2.5 万多人次，释放的不只是阅读热情，"我在图书馆"的行为完成，可能是大概率。观察发现，这种行为的确应对了"书山"满足市民休闲阅读、读书交流的设计理念。但并不能因此鄙视这个理念的浅薄与媚俗，因为可以肯定，很多行为人在这个场景实现了对阅读价值和图书馆价值的再认识。正如我们所期望的，这种单纯的浅阅读甚至即时就转化为获取知识信息的兴趣和行动，当然也有部分读者并非在阅读。总体而言，滨海新区图书馆从满足基本服务需求来说这也是一座优秀的建筑。"阅读"搭乘数字化、在线、云、AI 等等，在融合发展的坐标系里从"图书馆"这个原点已经走出挺远，有不少读者开始回头顾盼，他们从与"滨海之眼"的对视中似乎看到了一个被重新对象化的"未来图书馆"。

　　空间再造指向的另一个情况是，图书馆功能在一定范围（专业、地域等）的系统化、结构化配置。业界普遍了解，赫尔辛基中央图书馆 Oodi 号称仅有10 万册藏，它创新转型获得成功的前提是，赫尔辛基城市图书馆体系有设施充足、覆盖完整、成熟高效的系统化服务能力。滨海新区范围内先后建成泰达图书馆、空港文化中心图书馆、滨海新区图书馆、中新天津生态城图书馆（中新友好图书馆）4 个大型公共图书馆。依托矩阵结构、集群服务所形成的雄厚资源基础和强大供给能力，滨海新区图书馆有充足条件和韧性按照自身价值体系和话语体系建设和推广新空间图书馆。

　　建筑作为核心要素，决定了滨海新区图书馆从创意到完成其追求和呈现的是一种新的价值，这价值重要而独特的内涵在于，它不是只为自己也不能仅靠自己而实现。

（二）理念成长与激发

　　滨海新区图书馆建筑设计有世界级眼光，也有地方文脉延续。2012 年投入使用、坐落在天津文化中心的天津图书馆新馆建筑，与滨海新区图书馆是同一个中方设计单位（两个项目都是中外合作设计，但外方主体不同）。天津图书馆项目对图书馆建筑理想模式进行了充分思考，提出"共享、交流、激发、乐园"的核心理念。共享即信息共享、资源共享、空间共享，交流即行为交流、视线交流、心灵交流，激发即共享与交流带来无穷的求知与好奇，乐园即功能复合、激发活力、智能乐园（选址用地原来是城市公园——天津乐园）。实现"共享、交流"就需要空间开放、通透、流动。设计对经过功能分析梳理出的开放和相对不开放部分尽量集中分布安排，给创造新空间提供最大可能性。"空中庭院"概念意在通过功能整合分类，运用平面分区设定、竖向分层限定、空间分形界定的逻辑来构筑不同空间场景，从而强化空间的公共属性、开放属性和交流属性。同时，在功能组织上尽量将开放大空间布置在低层，半封闭和封闭空间布置在周边或上层，以保证公共空间近人开放。滨海新区图书馆吸收并提升了天津图书馆的设计理念和模式，更加注重共享空间的塑造。在"书山"设置体验与交流区域，使功能整合布局方式的设计思路发挥到更高境界。这种新的追求，保证了建筑整体使用率高，满足了围绕图书馆基本概念的多样化需求，保证了极具象征性的标志化形态完美实现。从天津图书馆建筑纯粹而新奇的空间结构当中，直接的体验是"理性美"，而滨海新区图书馆建筑则为高冷的逻辑设置了一个交互的、理解与迎合的"界面"——滨海新区图书馆更能体现建筑与人的共生、共情。

二、使用实现价值

（一）建筑成就于创造性

滨海新区图书馆项目在 2009 年 6 月至 2011 年 5 月期间进行国际设计咨询工作，初步确定建筑规模和主要功能。2013 年 7 月至 9 月进行第二次国际设计咨询，邀请荷兰 MVRDV 规划建筑事务所与天津市城市规划设计研究院（TAUPD 天津规划院）共同承担建筑设计。2014 年政府主管部门和建设投资相关单位委托天津规划院进行方案深化及实施设计。中外方合作的工作方式在满足对国际一流设计水平追求的同时，也有效保证了方案有效落地。设计从始至终保持着创造性追求。综合体工程实施阶段，图书馆项目紧密配合整体统筹协调，顺利完成消防性能化设计、确定投资标准和主材料等工作内容。中庭部分是结构和形象亮点，也是项目中的重点、难点。方案几经质疑、争论、妥协，甚至对作为概念设计形象核心的球形体保留或取消，都进行了再三思考。图书馆专业在项目整个过程的主要阶段以建设方顾问形式介入，精装修后期开馆筹备工作启动时运营管理团队进场。很重要的经验是，图书馆行业应当对建筑和运营创新投入更多热情和资源，新馆建设特别需要图书馆专业的支持。

（二）建筑成功于关注度

当今语境，成功存在于关注。建筑、"流量"（进馆人次）、关注度，共同构成滨海新区图书馆价值体系的新型组分。关注，主要包括用户关注、媒体关注、行业关注和其他形式的社会关注。关注本身不保证马上代表正确，但它应该会驱动你走向正确。用户（图书馆用户——读者）关注点大体在三个方面：大型图书馆的阅读服务、建筑本身、"网红"。媒体关注广泛而持续，国际媒体从新闻、文化、图书馆和建筑专业等角度都有报道，时尚和旅游媒体也投入很高的传播热情。用户和媒体注意力，关注到基本一致的热点，而且相信并支持这是一个"好看、好玩、好用"的图书馆。两年多的服务运行从使用方面表明了建筑的优秀品质，但也显露出一些不精细、不适用、不合理的地方。

"书山"每级平台迎面看起来是满满的书，这是工程很"走心"的设计。

铝合金穿孔吸音板表面彩色转印书脊图案，很好满足了中庭空间控制回声和混响时间的声学需要，同时还强化了空间功能属性。但这个形式也引起不少误读和质疑。必须说，"关注"其实也是实时的"压迫"，能在关注压迫下存活，是价值的证明。行业关注是另外一回事。建筑行业和图书馆行业视角不同、评价标准不同、表达方式也不同。图书馆行业的态度和意见至关重要，天津滨海新区图书馆想表达给业界的是：再突出的形象，精神永远是它的上位类。要从建筑价值出发，去追求使命价值。滨海新区图书馆的使命愿景：你在我眼里，我在你心里。

图 10－17　天津滨海新区图书馆中庭场景

（执笔人：刘秀峰　黄　芳）

第十一章　上海杨浦区图书馆

　　杨浦区图书馆新馆位于杨浦区恒仁路 128 号，系由旧上海市图书馆修缮扩建而成。该项目在保留原民国上海特别市政府"大上海计划"上海市图书馆建筑的基础上，依据董大酉建筑师的设计手稿进行修缮扩建，着重体现当代公共图书馆发展理念与趋势，力求建设成为服务杨浦区域经济社会发展的"知识·创新·交流"中心。新馆于 2018 年 10 月 1 日试运行，同年 12 月 8 日正式开馆。

第一节　建设背景

一、历史建筑保护与江湾历史文化风貌区划定

　　1986 年 12 月，上海由国务院批准为第二批国家历史文化名城。自 20 世纪 90 年代末至 21 世纪初，上海城市建设管理愈加重视上海近现代城建史的物质性保护。1991 年上海市规划局会同文管会组织研究上海市历史文化名城保护规划的编制，公布了第一批共 61 处优秀历史建筑，并颁布《上海市优秀近代建筑保护管理方法》，提出了应当保护除文物保护单位以外的具有传统意义的历史建筑。然而，迅猛的城市发展，使得城市的功能结构产生了急剧变化，城市现状与发展之间的矛盾尖锐，冲突不断。对此，1997 年《上海市历史文化名城保护规划》出台，指出在对单体建筑保护的同时，应进一步加强了对成片的历史风貌进行保护，并在中心城区划定了 11 处各具特色的历史风貌保护区，作为城市保护的核心。这一系列的研究成果作为专项规划被纳入上海市城市总体规划（1999—2020），规划明确指出："要保护好历史文化名城的整体

风貌和环境，保护真实历史遗存，挖掘城市历史文化内涵"。规划很大程度地减少了保护与建设的矛盾，为探求建设现代化国际大都市与保持独特传统风貌的和谐中，找到了一个很好的平衡点。

1994 年 2 月，旧上海市图书馆被列为第二批上海市优秀历史建筑，编号为 YP－B－004，纵使建筑已是颓垣废井，其建筑艺术和文化历史价值仍受到

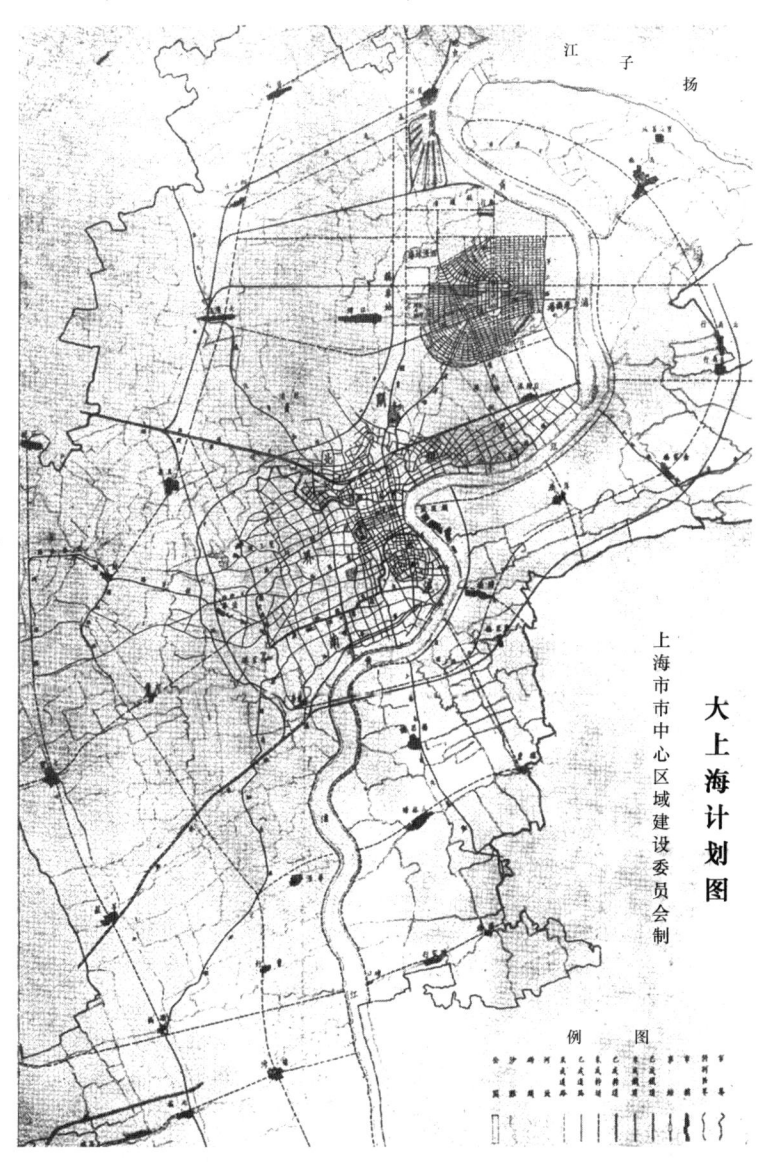

图 11－1　大上海计划图

了肯定。1997 年，原市中心区域划为江湾历史文化风貌保护区，具体范围是中原路—虬江—黑山路—政通路—国和路—翔殷路—黄兴路—国权路—邯郸路—淞沪路—闸殷路—世界路—嫩江路所围合的区域，总面积 457.22 公顷。风貌区以保护历史遗存的真实性、保护传统风貌的完整性和保持街区生活功能的延续性为基本原则。图书馆与原市政府大楼、上海市运动场（体育场、体育馆、游泳馆）及上海市博物馆等公共建筑，以民国时期行政建筑风貌为风格特征，对民族风格和现代风格的融合进行了有益的尝试，共同组成了风貌区的重要遗存，是风貌区的核心保护范围，面积约为 63.5 公顷，占风貌区总面积的 14%。与上海的其他风貌区相比，江湾风貌保护区位于浦西的东北隅，不受租界或帝国主义势力范围的影响，故能相对独立地展现中国传统文化特色，在作为帝国主义占据的半殖民地城市的近代上海，充分反映了民族自强的精神。风貌区内还有 20 条风貌道路，长度约 15.6 千米，一些道路沿用了以"中、华、民、国、上、海、市、政、府"等字为首字组词而成的独特路名。2014 年旧上海市图书馆与博物馆、医院、卫生研究所作为近代重要史迹及代表性建筑，归并入现有市级文物保护单位"大上海计划"公共建筑群。

上海市城市总体规划确定的江湾五角场城市副中心与江湾风貌保护区西北部分重合，给予风貌区新的机遇与挑战。在风貌区功能定位、结构布局、道路交通、景观设计、绿地系统等各方面，都应与副中心规划相衔接和协调，以打造一个历史与时代有机交融、知识与产业联动发展，以科教服务为特色的智慧型城市副中心。

二、杨浦区的文化新地标

2018 年，杨浦区发布了打响上海"四大品牌"创新发展引领区的行动方案。依托"三个百年"的深厚底蕴和特有资源，秉承"三区联动、三城融合"的发展理念，以"创新"为生命线，建设创新生态示范区、创新智造功能区、创新消费体验区和创新文化承载区，全力打响"上海服务""上海制造""上海购物"和"上海文化"四大品牌。而江湾历史风貌保护区即是最好的城市文脉，是杨浦区独具特色的文化建设的重要组成部分。

公共图书馆是一座城市的文化地标。杨浦区图书馆新馆承载着丰厚的历史，以物质性的存在，唤醒人们对图书馆的空间感知和精神属性，并创造新的城市文化空间，是城市公共文化生活新的标志性场所。新馆建设秉承杨浦

"三个百年"主题特色，向以"知识、学习、交流"三大中心为特征的第三代图书馆发展，从空间设计、文化内涵、功能布局等方面进行再造，创建示范杨浦品质生活的公共文化服务品牌，打造"创新杨浦"的文化新地标。

2018年10月，这座尘封了八十载的老建筑重新回到市民的生活中，开馆接纳市民。作为杨浦百年文明的重要见证，它将引领市民回眸杨浦近现代城市发展，共同展望杨浦建设"国家创新型试点城区"的宏伟蓝图。新馆将与区域内的旧市政府大厦、旧上海市博物馆等历史建筑遗产一并成为杨浦城区的历史名片，在自然环境、历史环境以及人工环境的融合中，彰显区域深厚的文化特色与魅力。

第二节　馆舍概况

杨浦区图书馆新馆总建筑面积为14152.01平方米，划分为四大功能区：

文献借阅区：含总咨询台、多媒体导航展示、自助阅览、报刊阅览、青少年借阅、数字服务等功能。

数字服务区：引入最新的图书相关科技设备，使读者能及时体验新科技、新技术。

图 11－2　修缮后的杨浦区图书馆

展览展示区：暨"上海近代市政主题馆·杨浦馆"。实现对杨浦近代市政文明的文化重现和现代城市文明的再现，揭示当代"知识杨浦"、"智慧城区"之于"大上海计划"的传承和发展，彰显百年市政历史的厚重性。

主题活动区：含交流互动区域，集创意实施、作品表现、学习和小组讨论于一体的综合性空间及各类会议、学术讨论、演讲报告等学术交流场所。

新馆使用 RFID 自动化管理技术，实现 24 小时自助借还。新馆利用 3D 导航等先进技术建造以支持"学习"为中心的综合性空间，集学习、讨论、创意、实施为一体，体现了用户需求的最大满足、现代新技术的充分应用和服务方式的开放多元。

第三节　设计理念

经历了 80 多年人为和自然的双重破坏损耗与改造修复之下，老建筑早已不复 30 年代初的风貌。2012 年起，图书馆的修缮保护及扩建工程启动。图书馆在修复历史建筑的同时，根据董大酉的设计手稿进行扩建，实现建筑师最初设计的"井"字型布局构想。

最终，杨浦区图书馆新馆的扩建方案通过论证，根据最初的设计蓝图扩建。工程共分二期，一期包括：对现状建筑进行修缮保护，并在其南北毗邻扩建三翼——东北翼、东南翼、西南翼和地下室，二期为西北翼的扩建。

整个修缮复扩建工程秉持着"向史而生，临湾而立""最大程度的保护和利用，最优方式的更新与再生"的设计理念，修复留存建筑，并以董大酉的设计草图为意向参考，完整展现其"中国复兴式"建筑的历史特征与建筑风貌，并顺应时代背景、区域愿景，考虑现状环境条件及分期建设需要，在有限的空间内达成杨浦区图书馆在新时代的功能定位。

修缮工程严格按照《文物保护法》《文物保护法实施条例》《文物保护工程管理办法》《文物古迹保护准则》等国家和上海市的有关规定执行，遵循文物保护的合理利用原则、最小干预原则、可识别原则和真实性原则。修复以现存有价值的实物为主要依据，在不改变文物原状的基础上，尽量少地增加附加部分，并采用新技术、新材料加固主体结构。而新建部分追求与老建筑的协调统一，在建筑立面上具有可识别性。整个建筑的内部空间则根据当代图书馆的

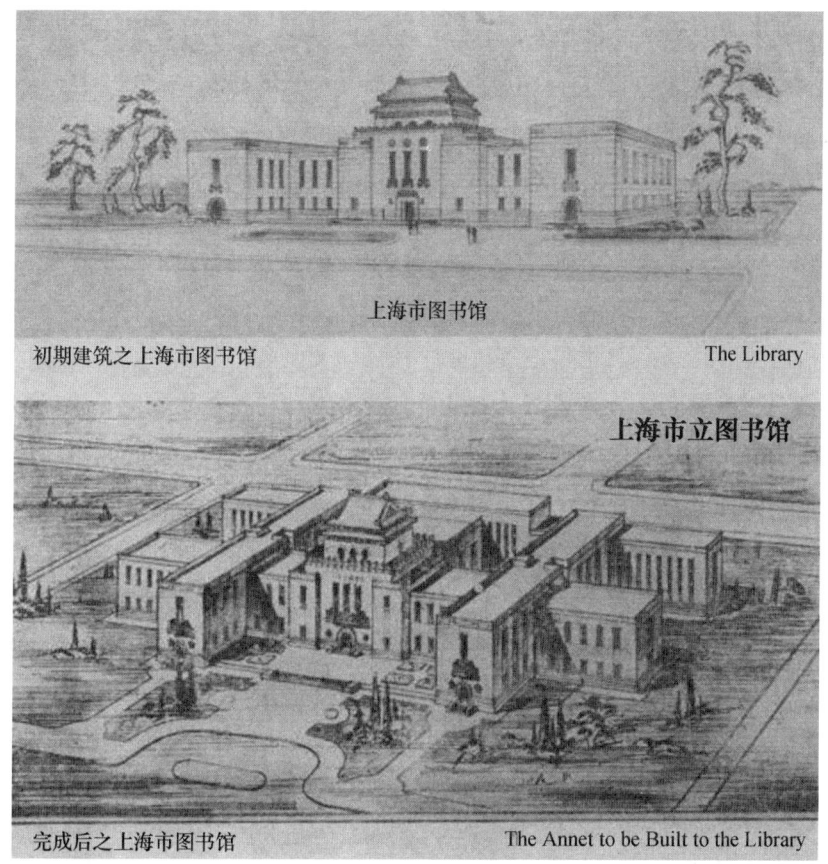

图 11 - 3　旧上海市建筑师手稿

功能需求重新设置，旨在为读者提供多元化的共享空间，以满足不同的受众群体的要求。

一、扩建与全新的功能

建设是发展，保护也是发展。虽然整个图书馆的外貌"修旧如旧"，但其内核却是新的，在保持老建筑原有墙体和结构基本不变的前提下，在内部植入新的功能，与新建部分一同完成使杨浦区图书馆的当代转型。

由长海路入口进入一层服务大厅，内含总咨询台及自助服务、多媒体展示、信息检索等功能区。一层南侧为文献借阅区，东北侧是报刊阅览区，西北侧是人文书房。而独具特色的孔雀门在恒仁路入口处，其两侧的壁龛内分别陈放旧上海市图书馆临时董事会董事长蔡元培和建筑师董大酉两位先生的铜像，以纪念上海图书馆界的两位先行者。原孔雀门后的报刊阅览室现为开放式阅览区。原建筑后部的书库由于图书馆的使用需要，现改一层为展厅，二层作为上海近代市政文献主题馆，三层为办公区域；同时加设两部疏散楼梯以满足消防设计要求，并连通平屋顶。

沿着接待大厅的大楼梯通往二层，孔雀门后为阅览室，前厅两侧的两个小房间为专题阅览室。东南部是社会科学院阅览区；西南部是青少年借阅区、影视厅和艺术借阅区；东北部是多功能厅和互动交流区，为读者、创业者的学习研究和创意体验提供新技术工具支撑、专业文献和科技信息查阅、作品的展示和交流；西北部是报告厅。

原书库部分三层现作为内部用房，门楼为读者沙龙。东南翼和西南翼扩建部分增设地下室，作为机动车、非机动车车库、设备机房、书库及数据中心。

图 11 - 4　上海杨浦区图书馆三层读者沙龙

新建筑每层的地面标高相同。因为老建筑地面沉降不均匀，老建筑与四翼的连接处有不等的高差，均以坡道连接。

二、室内设计

老建筑室内的装饰材料、灯具、家具，均以历史资料为样本，设计定制，尽可能地恢复当年的空间氛围，而扩建部分的室内设计则强调海派文化的特色，古典而雅致，现代而时尚。

扩建部分的阅览室、大厅、走道等公共部分采用石材地面，办公室为复合木地板地面，卫生间为防滑地砖露面。地下车库为水泥地坪，刷耐磨地坪漆。阅览室顶棚采用吸音板结合生态木吊顶。一般房间采用硅钙板吊顶；卫生间为轻钢龙骨耐水纸面石膏板吊顶；公共部分为轻钢龙骨石膏板吊顶。阅览室、办公室内墙面采用涂料，卫生间为瓷砖墙面，公共部分为面砖墙面。外立面门窗为单框双层中空铝合金玻璃，古铜色氟碳喷涂窗框，阅览室门为定制仿古木门。家具、灯具等均彰显海派文化的摩登基调。

三、扩建部分结构设计

为确保新建筑对老建筑无不利影响，新建建筑与老建筑之间设置抗震缝，缝宽100毫米；为避免新建筑的基础与老建筑基础靠得太近，导致对老建筑基础的扰动，新老建筑交接部位采用悬挑两班的方式，柱与老建筑的外墙距离不小于3.7米。

基础是结构设计的重点。东面两翼为地上二层，无地下车库，采用桩基。带地下车库部分的基础采用筏板＋承台桩基础，桩基础为抗拔兼承压桩。

新建筑与老建筑的距离较近，在施工过程中，一层地下室的基坑围护结构体系攻克了诸多技术难题。土方开挖从南至北，以减少北侧临近老建筑的围护墙体的暴露时间，缩短围护墙体被动土压力的持续时间缩短围护墙体被动土压力的持续时间。挖土遵循"分层、分区、留土护壁、盆式开挖"的原则，开挖一部分后即浇筑垫层，依次开挖浇筑，最后形成一个整体。为减少对原有基础的扰动，围护形式采用CSM工法桩，即通过钻杆下端的一对液压铣轮，对原地层进行铣、销、搅拌，同时掺入水泥浆固化液，与被打碎的原地基土充分搅拌混合后，形成具体一定强度和具有良好止水性能的水泥土连续墙，可以在坚硬的地层进行深层搅拌施工，工效快且对周边几乎没有震动。CSM工法施工从西北侧角向东推进，即先施工靠近老建筑一侧的围护墙体，以尽早形成围护。为防止降水过程中原有建筑下地基土流失，基坑周围做止水措施。坑外设置 9 个地下水位检查孔，以控制基坑降水深度、判定围护体系的隔水性能及坑内、外地下水的联系程度，使浅层地下水位保持一适当的水平。

图 11-5　CSM 工法现场施工

　　整个深基坑施工过程中，老建筑的垂直位移、倾斜、裂缝等被全程检测观察。为防止在周边基坑施工过程中可能存在沉降及沉降不均等情况，控制不当还将造成内墙墙体和顶面的开裂和一系列裂缝变形等情况，施工现场准备约 200 根圆木琵琶撑，搭设在顶面易开裂和易变形处等关键性部位，从而确保老建筑原有结构的整体性。整个施工过程中设置的沉降监测无一次报警。

　　新建筑的地面部分采用钢筋混凝土框架结构，抗震等级为二级。

四、景观设计

　　景观设计在空间上以正对恒仁路的仪式性入口为中央景观轴。入口广场严谨贴合民国建筑风格，参照历史原貌复原大草坪及绿植。建筑的四个立面都强调严谨的对称布局，四周的景观以大草坪为主，最大限度地展现建筑物主立面的历久弥新。

　　新老建筑之间在南北面围合有两个封闭静谧的内院及两个三合院均采用欧式庭院的设计手法，且各具特色。两个三合院兼作为人行出入口，两个封闭庭院是图书馆内部的休憩驻留空间，它们是兼具室内与室外渗透，建筑与自然融合，过去与未来对话的生态空间，也是四季变换的多重景观空间。

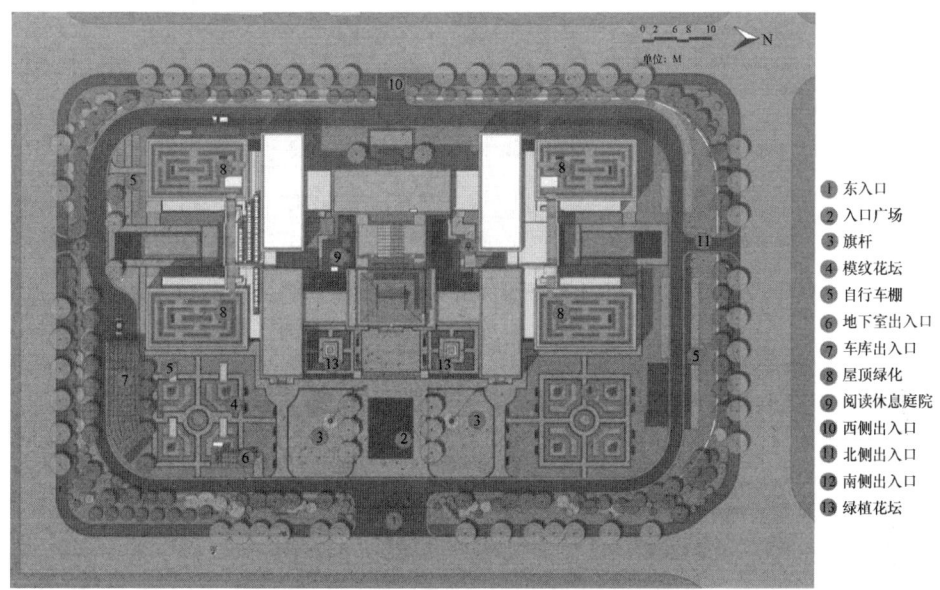

图 11 –6　上海杨浦区图书馆景观总平面图

第四节　功能布局

一、迈向第三代图书馆

过去未去，未来已来。跨越了近一个世纪的杨浦区图书馆顺势而为，在当今公共图书馆转型变革与创新发展的背景下确立"服务读者生活，实践知识共享与文化传播"的使命愿景，从基于图书，注重"藏"与"用"的第一、第二代图书馆，迈向基于知识，注重"交流"与"共享"的第三代图书馆。第三代图书馆的五个特征，即：注重人的需求，注重可接近性，注重开放性，注重生态环境，注重资源融合。

公共图书馆职能的转变，改变了原有的建筑空间。杨浦区图书馆新馆在建筑的设计改造中体现了"多功能服务实践，多维度信息供给"的当代理念。

图 11 - 7 上海杨浦区图书馆一层报刊阅览区

图 11 - 8 上海杨浦区图书馆二层影视厅

杨浦区图书馆同时以近代城市规划和发展为主线，重点挖掘"大上海计划"在上海城市规划史上的文化价值，用现代新技术揭示杨浦发展的轨迹，再现当代"知识杨浦""创新型城区"的发展目标。其建设思想既遵循了当代图书馆模数化、大空间的原则，符合第三代图书馆的特征要求，又兼顾优秀历史建筑保护的要求，传承百年、历久弥新，成为杨浦"最有故事"的阅读服务新地标。

图 11 – 9　上海杨浦区图书馆二层多功能厅

二、传承百年历史文脉

城市历史建筑的保护价值不仅仅在于让当代人了解"从前"的历史知识，更应该让它成为一个城市历史的学习与体验的开放平台。杨浦区图书馆建立"上海近代市政文献馆"，聚焦 20 世纪 30 年代"大上海计划"的形成与实践范畴，通过建筑、文献等历史资源的开发研究，用当代技术手段，系统揭示城市发展的历史轨迹。

"上海近代市政文献馆"专注资源建设，以杨浦地区的百年市政发展进程为主旨，以"大上海计划"与百年市政发展进程中的重要人物、事件、文献、图集、影像为主线，系统收集反映杨浦百年脉络，对上海近现代化进程造成巨大影响的各类文献，囊括上海都市珍贵文化记忆的影像资料等，其长远历史价值无可估量，将引发公众对当代中国城市建设与发展问题的重点关注。

"上海近代市政文献馆"提供专业科研与社会公众的多样化服务，构建多终端、立体化的数字服务空间，应用文献信息检索、全媒体阅读等最新科技方式，开展多种载体文献的近代市政信息阅读和参考咨询服务。并将城区不同历史发展阶段的地标建筑等制作成实体或数字模型，利用多媒体、虚拟现实等电子技术，再现杨浦近代市政建设与城市文明的进程。读者步入馆内，通过智能手机即可实现功能区域的实时导航，进行 AR 体验，感知建筑的前世今生。

图 11-10　上海杨浦区图书馆二层上海近代市政文献馆

三、打造"书香文化圈"

图书馆是城市的公共文化中心，不仅能丈量一个社会的文明尺度，同时也检测着一座城市的精神厚度。2016年，建立在上海市中心图书馆"一城一网一卡"的基础之上，杨浦区图书馆致力于"书界"O2O图书网借平台的探索实践，进一步深化"1+12+X"城区公共图书馆服务体系建设。

2017年，"书界"O2O图书网借平台经过科学求实的风险评估测试后正式启动，项目采用"图书馆+互联网+信用"为核心的创新服务模式，联手支付宝、嘉图软件、邮政、EMS等第三方社会资源，辐射万达、百联、创智天地、宝地、长阳创谷等商区园区，通过手机App、微信、网站等多种操作手段，实现了线上借阅、线下物流的网购式借阅，在改变传统借阅模式耗时、低效等不足之处的同时，有效解决读者借阅图书"最后一公里"的难题。

2018年，杨浦区图书馆进而优化区域公共文化设施资源，因地制宜地设计项目发展蓝图，将"书界"O2O图书网借平台作为现代公共图书馆延伸智能化服务的有益补充。即将规划建成的52个自助服务点以及与国内三大通讯运营商的深化合作，将不断扩大网借图书平台的覆盖范围，提升服务能级，强化市区两级跨系统资源整合，以科技驱动未来，以文化助推书香杨浦的建设。

2019 年，"书界"O2O 图书网借平台助力大五角场阅读综合服务圈建设，与实体书店、高校、园区广泛联动，获得了社会各界的广泛关注，市民对"书界"未来的发展给予了厚望。项目荣获了上海市文化广播影视管理局科学技术进步奖、上海市"市场信用建设优秀案例"奖。

四、构筑"阅读第三空间"

图书馆是一个城市的文化符号，是一个城市的灵魂栖息地。公共图书馆已成为都市人的"第二起居室"和城市生活的"第三空间"。智慧转型的杨浦区图书馆功能日益宽泛和精深，从传统单一的图书借阅向多元服务转变，到注重品牌培育，提升用户体验，构筑复合型的文化共享空间，使每一位读者宾至如归。

美誉为"小故宫"的杨浦区图书馆总建筑面积近 85% 的空间留给了读者，"高颜值"的建筑格局以及"有温度"的阅读体验最是吸引读者的关键。自 2007 年起，杨浦区图书馆持之以恒打造"我的小书房""阅读好声音""欧洲之窗""行走杨浦""书香下午茶""静思讲坛""悦音书话""寻根家源"等十一项阅读品牌，深耕内涵，专业引领，不断推进项目的优化升级，精品沙龙、主题展览、名家讲座、人文行走、书话品茗、艺术分享……一个个不同主题的阅读活动精彩纷呈，拉近了人与人、人与书之间的距离，俨然是市民读者乐享其中的"书房、客厅、工作室"。

位于互动交流区的杨浦区图书馆创 Yue 空间内，馆员与创客、读者融为一体，空间不仅提供创新创业、艺术设计、茶文化等中、英文特色文献供读者参考查阅；并设有专题跨库检索平台为创客和微小企业提供信息支持；AR、3D 打印、机器人编程、无人机等设施设备一应俱全，为人们激发创新思维营造了良好氛围。

五、进入"图书馆+"时代

图书馆发展已经到了一个新的转折点，未来公共图书馆的模样：高效、先进、便捷、人性，让阅读走向所有的社会空间，实现"图书馆+"。杨浦区图书馆在顺应时代的潮流中坚守阅读和公益的初心，充分借用现有平台、整合社会资源、借助外部智力，开展多方合作，实现与高校、实体书店、博物馆等各领域的跨界融合，把"阅读"根植于人们生活的所有空间，更好地发挥图书馆文化育人的社会功能。

革新服务理念，提供无时不在、无处不在、个性化的泛在化阅读。杨浦区图书馆未来最重要的工作之一不仅是要借助大数据分析、云计算、人工智能等前沿尖端技术，制作"读者画像"，在"最合适的书"与"最合适的读者"之间建立链接，实现阅读的精准推送。并且要加速馆藏数字化建设，突破地域、时间的限制，建立全时空的数字信息模式，实现阅读的无障碍、一键式分享。

公共图书馆是不断生长的有机体，未来图书馆有着无限的可能，创新交流环境，挖掘场所价值，吸引更多的读者回归图书馆。未来，杨浦区图书馆还将是人们多元交流与碰撞的社交场所，读者可以在完全开放的空间里交流思想、学习知识、阅读文化、体验音乐、绘画、手工，化身荐书达人、主讲嘉宾、活动主持，充分感受这座"城市会客厅"的独特魅力。图书馆终将成为彰显杨浦城区精神的一张"生动名片"。

第五节　使用评价

2019 年 10 月 1 日，在喜迎中华人民共和国成立 70 周年华诞之际，杨浦区图书馆亦逢新馆开放一年。自新馆运行以来，共接待市民读者 100 万人次。馆内十大文化品牌项目结合新时代文化传承要求，主动对标高标准、高水平、高起点，推动业务高质量发展，受到社会广大读者的高度认可。广大市民读者用"脚底板"实实在在踏出的赞许声，促使图书馆完成了由"网红"打卡点向"知名"阅读地标的转型升级，实现了两代图书馆世纪之交的使命和荣光，向广大市民读者交出了一份令人满意的答卷。

一、从历史中走来，建成之初力求精进

回溯历史，作为其前身，旧上海市图书馆这一民国时期的市图书馆建筑在建成之初就备受读者青睐，成为人们心之所往。

旧上海市图书馆于 1936 年 9 月 1 日试行开放，与旧上海市政府、旧上海市博物馆形成三足鼎立之势。这座综合了中西建筑艺术的巨厦，一经开放吸引到馆阅览者日渐众多。

　　从建筑本身而言，图书馆中西融合、雍容大雅。据当时的记者雪芩在
《雍容大雅的图书馆——上海市中心区观光记之四》一文中记载到，"抬头一
望，像碉堡一般的门楼，巍然高耸，彩色的画檐，盖上了荷绿的琉璃瓦。这种
雍容大雅的气概，完全是中国宫殿的特色；只下层人造石的直线建筑，和立体
形的两边厢屋，采取了现代建筑的形式。全馆平面呈工字形，前部两厢突出，
环抱着满植花草的大平台，真合乎'雄壮''美观'两个条件了。"步入图书
馆内厅，记者描述到："全厅充满了富丽和堂皇""一切的点缀和布置，饱含
着雕栏玉砌的古宫色彩"。

图 11-11　旧上海市图书馆大厅

　　从其功能与服务而言，旧上海市图书馆设有报室、杂志室、参考室、借书
室、目录室、儿童图书室，提供较为齐全的读者阅览服务。从目录上看图书的
分类，便立刻会感觉到图书馆的藏书之多。图书馆室内光线充足，冬季各阅览
室水汀全部开放，满室生春；室内用胶树块铺地，使走路时不致发出声音，扰
乱看书人的心绪。值得一提的是，图书馆对读者也设定了一定的阅读规范，如
门口设有寄放大衣帽子的地方，读者需将自己的衣帽寄放在外面，否则不准带
入。另外，读者需持阅览证，否则也将不被允许进入看书。

　　从交通与到馆人次来看，旧上海市图书馆交通较为便利，搭五路公交汽车
可以直达。建成开放以后人气颇高，到馆人次颇多。十月到馆阅览者，达五千

图 11 – 12　旧上海市图书馆目录柜

二百余人，星期日尤以为多。十一月虽因图书杂志两阅览室有修缮工作，各有数天停止开放，但阅览人数也达到五千五百余人。

　　无论是旧上海市图书馆的建筑设计，还是图书馆的功能与服务，从细节之处便知馆内的每事每物都力求精进，可见政府对于文化建设的重视。让图书馆成为读者静心读书的理想所在。

二、在传承中创新，阅读地标焕活生机

　　历经 80 多年历史长河的流淌，这栋建筑作为上海市杨浦区图书馆新馆重新回到了市民读者身边，带着历史的厚重，更因她的新颜与各类品牌文化服务重新焕发着盎然的生机。图书馆粉丝量激增，在网络评价中五星好评率颇高，成为了读者眼中"有颜值、有口碑、有内涵"的文化栖息地。

　　空间再造，让建筑变得可阅读。习近平总书记曾在北京考察工作时说："历史文化是城市的灵魂，要像爱惜自己的生命一样保护好城市历史文化遗产"。杨浦区图书馆能以其"高颜值"回归，得益于建筑得到了最大限度的系统保护，老建筑里珍贵的彩绘、琉璃瓦、水磨石、孔雀门等历史风貌都被原汁原味地保留了下来，完整再现了"中国复兴式"建筑的历史特征与建筑风貌。

而图书馆实施的保护性修缮扩建工程，依据设计师董大酉最初的设计手稿，将当时未能完成的"两翼"建筑还原扩建，作为图书馆功能分隔区域，不仅实现了建筑师最初设计的"井"字形布局构想，同时，图书馆面积得以扩建数倍，为更多的文化服务提供了空间与可能。

城市历史建筑保护的价值，不仅仅在于让当代人了解"从前"的历史知识，更应该让它成为一个城市历史学习与体验的开放平台。旧上海市图书馆变身杨浦区图书馆新馆，有读者说，我几乎走遍了上海每一座图书馆，没有哪一座比得上这里，因为这儿的每个角落都有故事。

品牌培育，使文化可以知兴味。文化服务是焕活空间的重要内核。杨浦区图书馆在发展的过程中，将重心从"文献收藏中心"向"学习支持中心"转移，品牌服务项目成为阅读推广与学习支持的活动载体。国家级品牌"我的小书房"从 2008 年至今有了 11 年的积淀，让儿童阅读推广既充满童趣，又具专业价值，为此建立的专业绘本馆以及故事妈妈彩虹培训计划在家长群中广受欢迎。市级品牌项目"阅读好声音"从 2015 年开始尝试有声阅读推广，后来风靡全国的电视节目《朗读者》的诞生，让此项目深入读者心；"静思讲坛"巧用名家外力，传播优秀文化思想。近几年，通过提炼海派文化、传统文化元素，培育了创新阅读服务品牌，"大家话海派"引导市民在书香中启智养心；"书香下午茶"融合文化传承开启创意阅读体验；"寻根家源"弘扬家风家训制作新式家谱；"试客巢"体验创新技术，分享美学生活；"开卷有益"一站式阅读服务形成线上线下动态服务闭环；"行走杨浦"聚焦城市历史底蕴开展城市微旅行；"悦音书话"以音乐普及焕新文化空间；"书界"自助服务点网络建设打破了读者与书的最后一公里。

品牌服务项目的培育，让书香氤氲城市，不断涵养市民文化生活。一个专业的文化工作者和读者之间的关系，也许有的是"引领"，有的是"迎合"，但更重要的是"影响"。广大读者粉丝热衷参加品牌活动项目，上海电视台新闻综合频道、新民晚报、文汇报、腾讯大申网、澎湃新闻等多家主流媒体的竞相报道。甚至有外籍粉丝感叹，图书馆的活动平台让他们更好地了解了中国的传统文化，感受中华传统文化的魅力，让他们爱上喝茶，爱上阅读，爱上中国！

阅读打卡，使空间运营成为新课题。在上海公共文化空间创新大赛中，杨浦区图书馆获得"公共阅读空间设计奖"、"网络人气奖"两项大奖，成为沪

图 11 - 13　上海杨浦区图书馆阅读好声音

图 11 - 14　上海杨浦区图书馆书香下午茶

上新晋"阅读新地标"。一经开馆就"引爆"各社交媒体，读者粉丝蜂拥而至前来一睹图书馆风采，因此也给图书馆的管理者带来一些困扰。如何运营好一座"网红"图书馆，成为了新的课题。

图 11 –15　上海杨浦区图书馆新馆开放首日排队的读者

　　面对开馆客流压力，图书馆多次讨论修订相关预案，并提前演练，特别加强了读者安全管理。开馆以来图书馆内秩序井然，但访客日流量依然较大，尽管"打卡"读者比刚开馆之初略有减少，但依然有不少粉丝"有备而来"，在各导览点位间穿行、拍照、对话交流，对正在阅览、自习的读者难免产生困扰。不少读者在网络评价或向馆员反馈意见时，最常提到的就是参观市民读者较多，参观时走动及交流声音较大，影响读者自修及阅读。

　　面对读者的意见，图书馆想方设法改变现状，尽量将影响降到最低。开辟网上团队参观预约渠道，将团体参观集中安排在每周五上午闭馆期间，减少因团体参观对读者阅览的影响；制作了一批"手卡"，当读者在馆内大声喧哗或有不文明行为时，馆员向读者出示"手卡"，用温柔、静默的"示意"代替直接、干涩的"说教"，很快就得到了读者与访客们的认同。少一些生硬的管理，提供更多人性化的提醒与服务，拉近了图书管理员和读者之间的空间与心理距离，让读者对图书馆充满如家中书房一样的归属感。图书馆将读者的负面评价转化为运营好图书馆的新方法，凝聚读者力量共同培育和打造属于爱书人的阅读新地标。管理一座"网红"图书馆并非易事，各类新情况也将不断涌现，在文旅融合的背景下，这将在一段时间内成为图书馆管理者不断研究和实践的新课题。

　　时间是历史的见证，而建筑是凝固了的历史。历经 82 年的光阴荏苒，从旧上海市图书馆到杨浦区图书馆新馆，这幢一脉相承、新旧衔接的建筑正彼此深情凝望、隔空对话，完成了世纪交接的荣光与使命。如今，当人们信步走入这座典雅庄重的建筑，犹如翻开了一本厚重的历史书籍，百年传承，书香依然，一座"有故事、有品质、有温度、有精神"的城市阅读地标孕育而生。

　　　　　　　　　　（执笔人：赵彦静　陈　晨　陈莉华　杜超瑜）

第十二章　清华大学图书馆

　　清华大学图书馆总馆建筑群由四个时期的建筑组成，第一期由美国著名建筑师墨菲（Henry Killam Murphy，1877—1954）设计，1919年建成；第二期由清华校友、中国著名建筑师、中国科学院院士杨廷宝（1901—1982）设计，1931年扩建；第三期由中国著名建筑师、中国工程院院士关肇邺（1929—）设计，1991年建成；第四期亦由关肇邺院士设计，建成于2016年。由中美三位著名建筑师在不同时期设计的图书馆建筑，构成一幅流动的华彩乐章，演绎百年不绝于耳的经典老歌。建筑是凝固的音乐，清华大学图书馆是由四个乐章共同演绎的交响乐。"乐章的起点在东端，由一个南北走向的修长的两层楼形成一个主题旋律，然后以一个西南向的中心塔楼为连接点，折而向西，把那南北走向的主题旋律重奏一遍，这是第一乐章。第二乐章是个过渡，在第一乐章重奏部分的中间，向北边的深处略略延伸，与第一乐章拉开一段距离，又一折，如一流清溪向西流去。在第二乐章的尽头，回环过来向南折，经过一个小小的过渡，进入第三乐章，整个交响曲也进入高潮。第三部分以一个东西走向的主楼为中心，四面环以配楼，鳞次栉比，构成厚重而灵动的高潮。"[1]高潮过后一路向北串联，奏响终乐章。第四部分采用上部逐层内收的手法，在平面组织上发展出内、外两层的空间嵌套关系：在最外沿三层高的通透表皮之内，包裹着更具实体感的四层高的墙体[2]。乐章在此集中升华，随后渐渐于北端淡出，余音袅袅。

　　三代建筑师，四期工程，共同完成了清华大学图书馆这件艺术品。百年建筑，连绵不断，既有继承，又有创新，她记录了不同时期的建筑风格和文化传承，成为清华校园的标志性建筑。

第一节　建设背景

　　1901 年，义和团运动失败后，清政府被迫与八国列强签订辛丑条约。条约规定，列强要求清政府赔款 4 亿 5000 万两白银，年息 4%，分 39 年还清，史称"庚子赔款"。1909 年起，美国退回部分赔款，充作留美学习基金。1909年 6 月，清政府决定设立游美学务处，由外务部会同学部共同管辖，负责选派游美学生和筹建游美肄业馆。1909 年 7 月 10 日（宣统元年五月二十三日）颁布《遣派游美学生办法大纲》，计划设立肄业馆，"（约容学生三百名，其中办事室、讲舍、书库、操场、教习学生居室均备）。沿用美国高等初级各科教习，所有办法均照美国学堂，以便学生熟习课程，到美入学可无扞格。" 1909年 9 月 28 日（宣统元年八月十五日）在《外务部为兴筑游美肄业馆奏稿》中，"查有西直门外成府东北清华园旧址一区，方广约四百余亩，尚存房屋数十间，卉木萧疏，泉流映带，清爽高旷，于卫生最为合宜，且与京张铁道路线距离仅有半里，往来亦称利便，以之建筑讲堂、操场、办事室、图书馆、教习寓庐、学生斋舍，庶几藏修游息各得其宜。" 1909 年 10 月 26 日（宣统元年九月十三日）宣统皇帝批准了奏章，赏拨清华园作为游美肄业馆馆址。

图 12-1　清华大学图书馆总馆鸟瞰图

清华学堂开学时，已经有一些公书，建了一个小图书室。1911 年 2 月公布清华学堂章程，1911 年 9 月 6 日修订章程，修订后的学堂章程第三十五条规定在教务内设图书馆经理员，负责管理学堂的图书。据吴宓日记记载，1911 年 6 月 8 日图书室开始清理书籍，"学生凡有用学堂书籍者，皆依次携至图书室，分别购取、借用二项，凡借用者，即时盖图书章于上，作为学堂公书，读毕即当归还。"

1911 年 10 月 10 日爆发了辛亥革命，为了躲避战争，外籍教师纷纷离校，多数学生也四散回家，同时清政府挪用了这一年退还的庚款弥补军费的不足，清华学堂经费断绝，11 月 9 日学校只好宣布停课。1912 年 5 月 1 日学校重新开学，7 月初放暑假，1912 年 8 月 20 日新学期开学。

暑假期间，对图书室书目进行了全面整理，书籍置于书柜中，1912 年 7 月完成《核对华文书籍与旧目录不符残缺不完全特记簿》。据吴宓日记记载：1912 年 8 月 10 日 "校中之图书馆（室）近复移设高等科，日来装车搬运，堆置纷乱，并停止阅书"。图书室地点在清华园同方部西侧，为临时图书室。据资料记载，此时有书籍 2000 册，大房一间，小房两间。1912 年 8 月 20 日临时图书室正式开门。1912 年 10 月 17 日，清华学堂改称清华学校，学校监督改称校长。根据前《清华学堂章程》规定，图书室应属教务处管辖，但从 1912—1913 年 "清华学校组织系统表" 上看，图书室隶属于庶务处。这是因为，该处是由原游美学务处之提调处改组而成，权限极大，学校行政除教学事宜外，几乎均属于该处管辖。1914 年图书室脱离庶务处，自成学校直属管辖的一个行政单位。

一、清华图书馆初建

近代图书馆事业兴起以后，各地建立了不少图书馆，但馆舍一般利用旧有房屋，如民国初年的北京大学图书馆是由京师大学堂藏书楼发展而来，馆址原为清和嘉公主的梳妆楼，尽管楼中藏书万卷，但极不适用[3]。而中国旧式房屋以木结构为主，极易发生火灾。1923 年 12 月 12 日，原东南大学图书馆所在地口字房发生火灾，数万图书巨册化为灰烬。建新式图书馆馆舍在中国显得极为重要，然而这在当时却是凤毛麟角。

1914 年以后的清华学校图书室，随着藏书量的较快增长，图书室空间不足的矛盾开始凸显，周贻春校长在任内着手考虑建设独立图书馆舍。1914 年周校长聘请年轻的美国建筑师墨菲为清华进行总体规划，并设计了图书馆、科学馆、大礼堂、体育馆等清华园中著名的早期四大建筑。初建的图书馆有大厅出纳台、阅览室、书库等，主要发挥学习空间的作用，为师生提供读书阅览服务。下图是清华图书馆的第一期馆舍。

图 12-2　清华大学图书馆第一期馆舍效果图

二、第一次扩建

随着学校的发展，图书馆第一期的规模逐渐不足以满足师生的需求，图书馆时任馆长戴志骞在 1926 年就曾提出图书馆扩建方案。1928 年清华改为国立大学后，首任校长罗家伦非常重视图书馆的建设，他在其就职典礼中提出："清华现在的弱点是房子太华丽，设备太稀少。设备最重要的是两方面：一方面是仪器；一方面是图书。我以后的政策是极力减少行政的费用，每年在大学总预算里规定一个比例数，我想至少百分之二十，为购置图书仪器之用。呈准大学院，垂为定法，做清华设备上永久的基础。"他还强调："图书馆阅览座位、中西文书籍都太少，所以非积极扩充不可。我认为图书馆不厌舒适，不厌便利，不厌书籍丰富，才可以维系读者。希望图书馆和实验室成为教员学生的家庭。我希望学生不在运动场就在实验室和图书馆，我只希望学生除晚上睡觉外不在宿舍！"

1928 年 11 月，清华学校教授会、学生会分别讨论图书馆扩建问题。教授会通过建筑设备预算，图书购置费五万，仪器购置费五万，图书馆建筑费（扩充）二十万。但后遭到学校董事会阻碍。直到 1929 年 5 月清华大学划归教育部管辖后，学校在呈请教育部批准的《校务进行计划大纲》中规定，清华大学的经费固定每年为 120 万，每年的图书仪器购置费至少占总预算的百分之二十。至此，图书馆馆舍和图书的扩充有了资金保障。

另一方面，关于扩建的方案也一直在设计规划中。原计划为在第一期馆舍两侧各加阅览室、杂志室，在书库后面加盖书库。但由于扩建图书馆工程需在原馆舍基础上接建，而原馆舍左临河、背靠山，没有发展余地，经过多方比较研究，最终选定 1921 届校友杨廷宝先生设计的方案开始图书馆的第一次扩建工程。

杨廷宝先生把扩建图书馆作为一项重要任务，进行重点设计。扩建工程与原馆舍连为一体，向西发展，构成清华图书馆的第二期馆舍。两次接建工程天衣无缝，成为一个整体，也为后来的历次扩建奠定了基础。如今，清华师生将第一期和第二期馆舍统称为"老馆"。

三、西馆（逸夫馆）的扩建

1978 年党的十一届三中全会以后，教育战线拨乱反正，迅速发展。清华大学自 70 年代末期开始进行学科调整，逐渐恢复理科、文科等院系，发展成为一所综合性大学。随着学校学科布局的调整和规模的不断扩大，图书馆馆藏的种类和数量也有了较大的发展，到了 1978 年馆藏已经达到 173 万册[4]，1990 年更是达到了 240 万册（件）[5]。快速增长的馆藏书远远超出馆舍的承载能力，走廊内、过道上堆满了书刊，不仅管理困难，使用也非常困难。除此之外，老馆座位数仅约 600 余席，很难满足师生（1984 年 11 月统计在校师生共约 1.9 万余人[6]）对图书馆阅览座位的需求。据 1977 级校友回忆，1978 年年初入校后的那些年，图书馆的馆舍还只有老馆。要想在图书馆求得一座位，每天早上六点半之前就到大铜门前台阶排队。等到六点半大铜门一开，所有学生都一拥而入。那时由于座位少，图书馆里占座情况很严重，图书馆员常常都在处理占座纠纷。为缓解占座问题，有一段时间，图书馆曾给各院系发图书馆座位卡，每班二张，只有持卡学生在图书馆才有座位。

1982 年，学校决定扩建图书馆，刚从美国回来的关肇邺先生接受了设计任务。在西馆建设中，遇到的第一个重要问题是选址。清华大学建筑学院高冀生教授曾做客"邺架轩·读者面对面"活动，提到图书馆当年的三个候选地：一是在主楼后方，现在学校综合体育馆的位置；二个是北院的位置，现在学生称作"情人坡"的地方；第三个便是如今西馆的位置。主楼后方地方宽敞，设计自由度大，但与老馆缺乏联系。其余两个候选地都在老图书馆旁扩建，新旧二馆联系方便，利于管理，节约人力[7]。考虑到北院附近有几棵需要保护的古树，图书馆不适合向东边发展。旧馆西侧"三院"（旧平房教室）附近地段因距离图书馆太近，不适于他用，为充分利用土地，决定拆除"三院"，在此扩建西馆[7]。

在设计方案不断修订的同时，国家教委的940万人民币拨款，以及邵逸夫先生的2000万港币的捐赠也相继投入使用，图书馆三期工程得以顺利地开工。西馆建成后，馆舍面积增加，图书馆的环境大大改善。

图12-3　清华大学图书馆第三期馆舍西馆

四、北馆（李文正馆）的扩建

西馆建成之后，图书馆经过十余年的发展，逐渐超出了最初规划的保障能力，书库空间不足，很多珍贵的馆藏没有符合规定的保存和陈列空间，而且图书馆读者阅览座位也不足，每天开馆前的大门外总是有大批学生等候。此外，随着学校学科建设的迅速发展，图书馆需要为一些新学科提供必要的文献资源保障和专业阅览条件，原有馆舍已无法适应新形势的要求。作为教学、科研支撑单位的图书馆，无论从自身事业新发展还是服务学校的功能上，扩建新馆舍的需求都已十分紧迫。

2011 年关肇邺先生再次领衔设计北馆建设工程，著名华人金融家、实业家、印尼力宝集团董事局主席李文正先生为北馆建设捐资 800 万美元。经过五年的建设，2016 年 4 月北馆建成交付使用。北馆开馆极大地改善了图书馆的条件，并推动清华大学图书馆的进一步发展。李文正先生在北馆落成典礼上表示："看到清华校园里处处洋溢着喜庆的氛围和青春活跃的身影，仿佛看到了中华民族的未来。作为一名华裔企业家，能够为清华大学新百年的腾飞尽一份力，自己感到无比光荣和自豪！"北馆成为校图书馆总馆的第四期建筑，与图书馆原有三个时期的建筑融为一体。

清华大学图书馆百年以来四个时期的建筑，就像一首经典的老歌温润如水，绵绵不绝。

第二节　馆舍概况

清华大学图书馆总馆建筑群位于校园中部，大礼堂北面。前后四期工程总建筑面积约为 4.3 万平方米，提供阅览座位 2700 余席。跨越近百年的三次扩建，建筑师们都遵循"尊重历史、尊重环境、尊重先人的创作"的理念，并赋予了图书馆建筑群"和而不同"的特质，各期建筑在和谐统一的前提下，表现出时代精神，是我国建筑史上文脉主义设计的代表性作品[2]。

建成于 1919 年的图书馆第一期馆舍由德国泰来洋行承办，1916 年 4 月开始设计，1917 年春开工兴建。1919 年春图书馆的大阅览室首先建成，原先清华图书馆的图书悉数迁入。又过了两年，即 1921 年，进口的书库钢架运至并安装完毕。至此，图书馆第一期建筑全部落成。整个建筑面积 2114 平方米，计费银 175000 万元[8]。据 1917 年《清华学校校务报告》记载，在迁入新馆舍的同时，清华学校图书室改称清华学校图书馆。

第一期建筑为二层楼房，前为主建筑，呈"一"字型，包括阅览室、研

图 12 - 4 清华大学图书馆图书馆第一期馆舍建成后外景图

究室、办公室等，中、西文阅览室可同时容纳读者 240 人；后为书库三层，每层书架数十排，可藏书 15 万册。阅览室与书库整体呈"T"字形。

整个馆舍是用钢筋水泥建造，图书馆内书库全部采用钢制书架，整栋建筑均采用欧美新式防火材料，书库用厚玻璃地板，阅览室地面用软木铺成，其他部分则用花石铺砌。中部建筑廊道内地面与墙壁均使用大理石，围栏采用汉白玉石。建筑材料、窗帘及书库内钢制书架几乎全部购自美国。书库内还设有升降运书机，是当时国内最先进的图书馆设备。

1919 年建成的清华学校图书馆成为国内建筑最早、规模最大、最先采用新式避火材料建造的图书馆馆舍。1925 年鲍士伟博士考查中国图书馆之后说，"用最新方法办理图书馆事业，新式避火图书馆房屋之建筑，现有二处，南京东南大学图书馆和北京清华学校图书馆是也。"[9]

1931 年完工的图书馆第一次扩建，是采用天津基泰工程司杨廷宝设计的方案，由协顺木厂承办。扩建工程于 1930 年 3 月开工，1931 年 11 月完工，建筑面积 5600 平方米，费银 25 万余元。

杨廷宝先生巧妙地用一个斜的连接体将第一、二期建筑连接在了一起。二期中间的轴线又呼应了大礼堂中心的轴线，更好地衬托大礼堂。据《清华图书馆新筑续闻》中记载[10]，整个扩建从三部分进行。

在原书库基础上向西北延伸加建的新书库，占地 7040 方呎，共三层，可放书 40 万—60 万册[11]，将来书库仍可向西北扩充。

中部连接处设计大厅和楼梯，设在中部二层的大门成为全馆的主要出入口，直接连通各大阅览室。新、老建筑之间的两个八角形过厅和楼梯天衣无缝地把两期建筑的内外连接起来。这一部分占地 7706 方呎，共四层。一层有大阅报室；二层为图书馆办公室；三层为史地图表等室；四层则为陈列室及毕业论文特藏等。

在一期馆舍的西北方向与原建筑成九十度直角设计了两层楼，占地 9648 方呎。一层为研究室，二层整体为一大阅览室，可容 300 多人。

扩建后馆舍总面积达 7700 平方米，新旧书库连通，共可容书约 80 万册，可同时容纳约 600 人阅览。两期馆舍外形对称呈"L"形，中部四层，两侧翼阅览室二层。扩建后图书馆内部部门也有调整，将办公室移至西边，原来的西文阅览室改为杂志阅览室等。

第二期馆舍扩建工程建筑材料采用高标准要求，力求与原建筑风格一致，砖块精挑细选，门厅用大理石镶嵌。阅览室内墙壁安放有固定的榆木书柜，阅览桌上装有新式台灯。书库内的钢制书架从英国罗历公司订购，地板用花石铺砌。两次建筑浑然一体，越是随着时间的推移，越是难以发现它们是不同时期的建筑，被誉为接建史上的一个成功范例。2001 年 6 月 25 日，由墨菲、杨廷宝等设计师设计建造的清华大学早期建筑被国务院批准列入第五批全国重点文物保护单位名单，成为近现代重要史迹及代表性建筑[12]。

从 1920 年至 1936 年期间，清华图书馆经历了一段迅速发展的时期，成为清华师生们精神的家园和学习的天堂。

"七七事变"后，学校被迫南迁。1938 年春到昆明后，清华在西南联大时期独设图书部继续服务着南迁的师生。一批历经战火的图书经过唐贯方等图书馆人的守护而幸存下来。

留守清华园的馆员毕树棠成为了 1937 年 8 月学校成立的校产保管委员会委员之一。一年之内守护图书馆留存的图书、器物无任何变动。但随着进驻校园的日军增多，1938 年 8 月，"北平校产保管委员会"被赶出学校，至抗战胜利，图书、器物损失惨重[13]。满目疮痍的图书馆内处处伤痕。1939 年春，日本陆军第 152 兵站病院进驻清华，而图书馆成为了医院本部。为使用方便，日军在图书馆正门口修筑水泥柜台一座，作为接待处，通向各阅览室的铁栅栏门全被去掉，二楼西部大阅览室变成病房，阅览室内甚至还装上厕所，东部阅览室被作为医院办公室，一楼原文科各系研究室隔成许多小间，作为将校病室，有些房间还装上了日式木炕。原馆内各办公室变为诊疗室和药房，大书库变成手术室及药库。书库中的西文书贵重部分多被掠往日本，中文书及期刊遭到焚毁，在书库后面设有专门的"书类烧场"。书库第三层书架被拆走，阅览室中桌椅荡然无存，樟木书案被盗卖，木地板遭到破坏，书架、目录柜、书档被洗劫一空，一个战前拥有 30 多万馆藏的图书馆，一本存书不剩[14]！

抗战时期遭受破坏的图书馆，在学校复员后经过紧急整理修复，自 1946 年 10 月底陆续开放。第一阅览室可阅西文书及指定参考书，第二阅览室阅中文书，第三阅览室阅期刊，第四阅览室阅报纸。经过馆员们艰苦的努力，各处收回的图书终于排进了书库。当时，玻璃书库无大损坏，二期扩建的新书库已经修复好两层，办公室及文法两院各学系研究室也已恢复。但是门窗地板、灯光等工作设备，因为涉及全校工程的步骤，暂时没有全部恢复。当时共有座位 624 个，按当时学生 2499 人[15]计算，平均约 4 人分得一座位，较为拥挤。因此图书馆多次改动开馆时间来缓解座位紧张的问题[13]。

解放后的图书馆仍以她 7700 平方米的馆舍面积服务着清华师生。整个馆舍随着学校的发展和师生的需求，图书馆也适时地做出布局调整。

20 世纪五六十年代，图书馆门前右侧设有展览橱窗，配合时事举办各种展览。60 年代图书馆书库中仍然设有研究桌椅，师生可以在书库内看书。但因日军占做伤兵医院而拆掉的第三层书库还没有修复。1972 年年初，图书馆开始馆舍修缮工程。曾备受读者欢迎的阅览室软木地板因年久失修而破烂不堪，此次大修换上了水磨石地面。楼内建筑设施粉刷一新，阅览桌椅重新油漆，部分阅览桌更换了桌面。1973 年夏，修复了日军占领图书馆时拆毁的书库第三层钢制书架，在第二、第三层书库之间加装了楼板。

1982 年，学校决定扩建不敷使用的图书馆。第三期扩建工程从 1982 年开始设计到 1984 年落实方案，之后的三年进行方案修改、扩初设计、报批到完成全部的施工图，1987 年底正式施工一直到 1991 年 9 月竣工落成，用时近十年的西馆终于在 1991 年 10 月 14 日部分开放，1992 年全面投入使用[16]。西馆建筑面积 20120 平方米，馆内设有两个书库，八个阅览室兼库区，共可容书 230 余万册，约 2000 个阅览座位。

备受读者好评的西馆，曾多次获国家各类优秀建筑奖，如国家教委邵逸夫先生赠款工程一等奖（1992 年）、中国建筑学会建筑创作奖（1993 年）、国家教委优秀工程设计一等奖（1993 年）、原建设部优秀工程设计一等奖（1993

图 12 – 5 清华大学图书馆西馆

年）等奖项，并被评为"北京市九十年代十大建筑"。1996 年 8 月 28 日，国际图联主席罗伯特·韦奇沃斯和国际图联总部其他人员参观清华大学图书馆，罗伯特·韦奇沃斯主席称："这是一个在世界上任何地方都堪称杰出的图书馆，令人印象深刻。"

最新建成的北馆，于 2011 年 4 月 23 日奠基，经过多次讨论沟通深化建筑布局和风格后，2013 年 12 月工程正式启动，2014 年 9 月主体结构基本完成，后续随着二次结构施工、地面施工、内部装修以及景观施工等各项建设的顺利进行，2016 年 4 月北馆落成开馆。北馆建筑面积为 15000 平方米，可藏书 60 万余册，提供 800 余阅览座席。

北馆建成后，与原来的西馆通过三个通道连成一个整体，各类图书按照中国图书馆分类法顺序排列，集中收藏中外文图书并提供借阅。馆舍分为地面以上五层，地面以下两层。另外多楼层分布有自助文印、自助借还、自助咨询电话、检索终端、读报机等便捷服务设施。地下 B 层为密集书库区，G 层与下沉广场相通。北馆在功能上补充了图书馆建筑群大开间阅览室的不足，增加了展厅、咖啡厅、开放书店、单人研读间、团体研讨间等。自 2016 年开馆以来，深受清华师生喜爱。北馆建筑获得了中国建筑学会 2017—2018 年度建筑设计奖建筑创作——公共建筑类金奖。

图 12-6   清华大学图书馆北馆

自北馆落成后，图书馆对于馆舍空间再次调整。老馆主要用于特藏、老报刊的收藏与服务。北馆和与其相连的西馆阅览室组成图书借、阅、藏一体的开放服务区。

不同时期建成的老馆、西馆和北馆形成一个综合性、藏书丰富、多功能、现代化、一流的大学图书馆，共同组成清华大学图书馆体系中的总馆。

第三节　设计理念与功能布局

一、古典西式的老馆

墨菲设计的清华校园，主要采用美国当时流行的校园建筑风格。整个设计一改中国传统校园的建筑格局，为古老的中国带来西洋建筑的新风。

第一期馆舍的整个建筑是砖混结构，外形对称、比例端庄、立面三段划分。清水砖墙面砌出线脚，有些地方模仿文艺复兴式的门窗柱式、基座、檐口及门窗等重点部位点缀一些石料古典柱式、线脚花饰等[17]。

图书馆从外形到内部皆采用西洋古典形式，尽量讲求气派，追求一种永恒的、有纪念意义的建筑风格，因此建筑用材极为讲究，主要的建筑材料都是从美国、英国、意大利等国直接订购，如图书馆的钢书架、钢楼梯、玻璃地板，甚至一些附属用品，也都从美国购买。

图 12 – 7　清华大学第一期馆舍中的书库（玻璃书库）

温暖的红砖墙，灰瓦坡屋顶，局部平顶女儿墙，典雅的拱形门窗，这些建筑形式体现着早期校园建筑的风格，长期以来形成清华园建筑的形象特征。还有馆前水池中古朴的铜质喷水塔，透出图书馆浓浓的书卷味和人文气息。

清华图书馆第一期馆舍是我国最早的按当时欧美流行的图书馆的"T"形平面建筑格局设计的一座近代图书馆建筑，也是我国按图书馆闭架管理要求，将藏、借、阅和办公等不同功能明确分开的早期图书馆建筑之范例。它突破了我国古老的藏书楼的建筑模式，实行藏阅并重和藏阅分开的近代图书馆的闭架管理模式，这种设计模式日后被广泛采用。

整个图书馆"分上下二层：下层是办公室，同各教员预备室；上层是阅览室二大间，分中、西文二部，同时可坐 220 多人。馆后为藏书库，共分三层，每层列架数十，可容书十万有余。全馆地面或用软木，或用花石，墙壁如阅览室等处，系用大理石，轮奂壮丽，可谓全国冠"。[18]下层（一层）还设有装订室、阅报室、接待室等；上层（二层）大厅后面是图书管理员办公室，守着书库。这里的教员预备室，又称研究室，是为教师就近使用图书馆资料提供方便而设。每间预备室配有一张桌子，一个辅助书架，一套案卷柜，三张椅子，以及一个衣架，还订有教员研究室使用简章。

新建成的图书馆为建校初期的清华学子们创造了优越的学习环境，受到了广大师生们的喜爱。在《不尽书缘》一书中，众多校友们回忆图书馆时多称其为乐园、知识宝矿、天堂。当时《清华周刊》中写道："吾清华图书馆之建筑，固为东亚独步（此系某报之评论，非夸张也）。"[19]

图书馆自图书室创立至独立馆舍的落成，经过近十年的积累，初步形成了一定的规模，而且给初创时期的清华图书馆提供了一个极好的发展空间，为清华图书馆在下一个阶段的迅速发展和繁荣奠定了坚实的基础。

二、浑然一体的扩建

1919 年建成的图书馆，仅平方米有余。随着学校发展，扩建图书馆成为紧迫需求。如何扩建？校长、馆长们经过多方调研，采用了清华校友杨廷宝的方案。

据杨廷宝先生的回忆，"1930 年扩建时学校要求把新建部分作为主体，并要求新建阅览大厅南北向，因此，我就把正门放在东北角直上二层，使之壮观，而建筑细部及各种用料尽量和原有细部协调，以使全部建筑表现出一种完整统一的章法"[20]。

这种浑然一体的扩建是根据建筑环境组织建筑形体和轴线关系，以一个与原楼从总体到细节完全一样的新楼与它垂直方向布置，并用一个以 45 度方向布置的 4 层高的中楼将二者连接起来，在细部处理上衔接得几乎天衣无缝，成为一个整体，避免了可能产生的过于零碎的缺点。图书馆天衣无缝的扩建也是杨廷宝先生"融贯中西"建筑文化观的代表之作。

扩建后的图书馆主门厅面积不大，但上下左右四通八达，是一个经济而高效的交通空间。扩建后的"L"形图书馆位于校园的中心建筑——大礼堂之后，从东面和北面把礼堂拱卫、衬托起来。它的屋顶轮廓在平缓之中又有变化，在这一组建筑群中扮演着积极而恰当的角色。它的每个局部或构件，无不在尺度上、构图的繁简上做次一级处理，使人们在这个环境中享受到一种平和、庄重和有秩序的整体之美，并营造出浓郁的学术气氛。

两个八角形小过厅和两个旋转楼梯间成为新老楼间在平面上和外形上的联接与过渡，十分自然妥帖，天衣无缝。中楼的大门设在二层，成为全馆的主要入口，直接联系各大阅览室，它没有重复原馆由一层入口后再上大扶梯的手法，既在外观上表现了入口的主次，形象上也有个变换。

图 12 – 8　清华大学图书馆第二期馆舍中的旋转楼梯

　　这一方面完成了当时校长所要求的轴线，另外一方面又把一、二期融合为一体，衬托了大礼堂的形状。既满足了校长的要求，又解决了设计中艺术的问题，这个设计是中国近代建筑史上很重要的一笔[12]。

　　为提升图书馆学习和研究的服务功能，第二期建筑设置了大阅览室。罗家伦校长富于激情地说："大阅览室是最可以使人兴奋、最能刺激人好学兴趣的场所。所以这次在西面所建的大阅览室中，预计可设一千个座位，而且每一个或两个座位上都安置台灯。"这样一个良好的学习环境得到同学们的无比喜爱，流连忘返，留下了很多美好的回忆。

　　为了方便利用图书馆，扩建后在图书馆一层增加了许多研究室，供教授使用，使图书馆更好地发挥为学习研究服务的作用。此时的图书馆按文种、文献类型分设了 4 个阅览室：期刊阅览室、中文阅览室、西文阅览室、报纸阅览室，并且采用了开架阅览的形式。

在抗战前图书馆经历了一段稳定发展时期，专业的馆长、敬业的馆员、努力的学子共同在图书馆这一美好的建筑里谱写传承着清华行胜于言、自强不息的精神。在 19 世纪 30 年代，泡图书馆被清华学生戏称为"开矿"。每天开门前，总有不少好学的年轻人在排队等待，准备冲入图书馆去探寻这座藏满知识的宝矿。

1929 年入校的钱钟书先生面对图书馆丰富的中西文馆藏，进校就立志要"横扫图书馆"。1934 年毕业的季羡林先生曾回忆道："一想到清华图书馆，一股温馨的暖流便立即油然涌上心头。"还有 1933 年考取研究生的杨绛先生曾深情回忆："我在许多学校上过学，但最爱的是清华大学；清华大学里，最爱清华图书馆。……我敢肯定，钱钟书最爱的也是清华图书馆。"

老馆自建成投入使用后的时光里，陪伴着一代代清华师生成长，也让清华校友们始终怀念。校友杨振宁先生曾深情地回忆：每当有外地朋友来清华，总要带他们去看看这座全中国最讲究的图书馆。

在这座讲究的图书馆里，承载着一代代清华人青春记忆的老阅览桌椅已逾古稀。从 1946 年定制使用 70 年来已经不堪重负。1980 级的校友在他们毕业 30 周年之际捐款，更换了老馆全部实木桌椅，这些桌椅按照老馆的老桌椅风格和样式制作。2017 年国庆节期间，新桌椅在老馆安装完成并全部正式投入使用。一位 80 级校友表示，以班级为单位捐赠桌椅是充满归属感的一件事，毕业三十年了，"班级"的概念还如此强烈。他们不仅在大学期间互相扶持，更是一生的兄弟姐妹。这些校友捐赠的座椅不仅传递着从这里走出的学子对母校的深深眷恋与反哺之义，还将陪伴更多清华学子遨游于知识的天堂。

三、珠联璧合的西馆

1991 年落成的西馆，是关肇邺先生对"重要的是得体，不是豪华与新奇"这个理念生动的诠释[21]。关先生巧妙处理了西馆与老馆的相互关系，从整体上力求取得和谐一体的效果，使西馆与老馆脉络相连，珠联璧合，完美续写了清华百年弦歌。

西馆建筑面积接近老馆面积的三倍，总体上可划分为六个部分。第一部分为主体，高 5 层，包括门厅、目录厅、出纳台、书库、阅览室等功能空间；第二为北翼，层高二层，与后来的北馆相连接；第三为南翼，亦为二层，均为阅览室；第四则是与第二期馆舍的对应体，包括馆长室、贵宾接待室等；第五为东翼，层高3层，均为阅览室；第六为连接体，层高2层，首层为计算机房和空调机房，二层为图书馆报告厅。

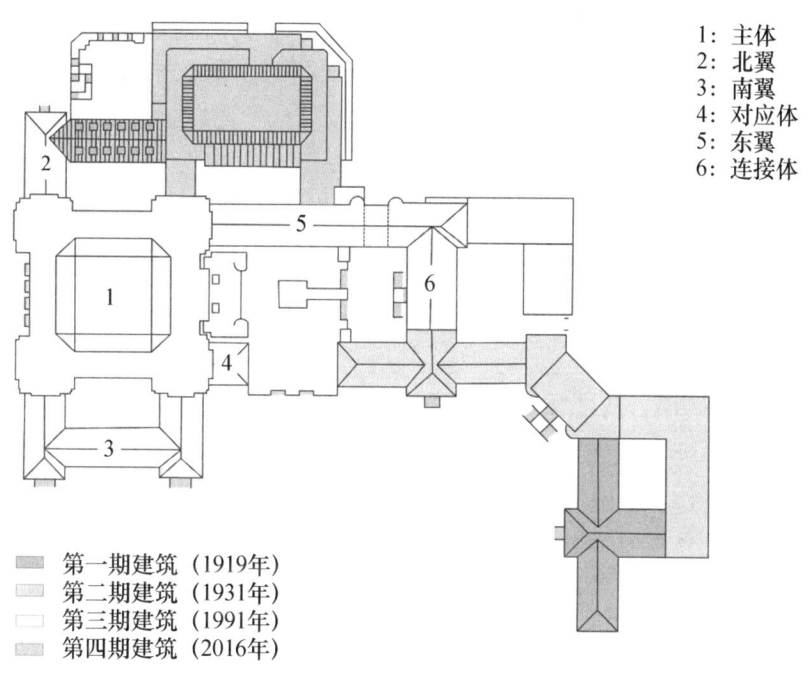

1：主体
2：北翼
3：南翼
4：对应体
5：东翼
6：连接体

■ 第一期建筑（1919年）
■ 第二期建筑（1931年）
□ 第三期建筑（1991年）
■ 第四期建筑（2016年）

图 12－9　清华大学图书馆总馆平面图

为了不使大体量的西馆对老馆造成喧宾夺主之势，保持大礼堂在构图上的中心地位，关先生将西馆的主体往后移，高度控制在低于南面大礼堂圆顶5米左右。在主体北面、南面，东侧的外围裙房设计成与老馆高度相适宜，主体南翼与主体围合成为内庭院，对应体、主体、东翼和连接体形成一个半开敞的庭院空间[7,22]，西馆的入口藏于庭院内可谓神来之笔，这样的处理避免了同老馆入口争高低的局面，一虚一实，相得益彰，从而使扩建工程与老馆紧密联成一整体[7,23]。庭院正中置一青铜喷泉，与西馆入口相呼应，丰富庭院景观。青铜喷泉由1922级校友捐赠，最初放置在第一期建筑门前，后来在校园中的位置几经变更，返校的老校友提议放回图书馆，西馆建好后，便搬至此处[21,24]，着实为整个庭院添辉生色。西馆与老馆的入口均在南侧，在庭院偏东北处设置的过街楼成为北面师生来馆的主要通道[7]。

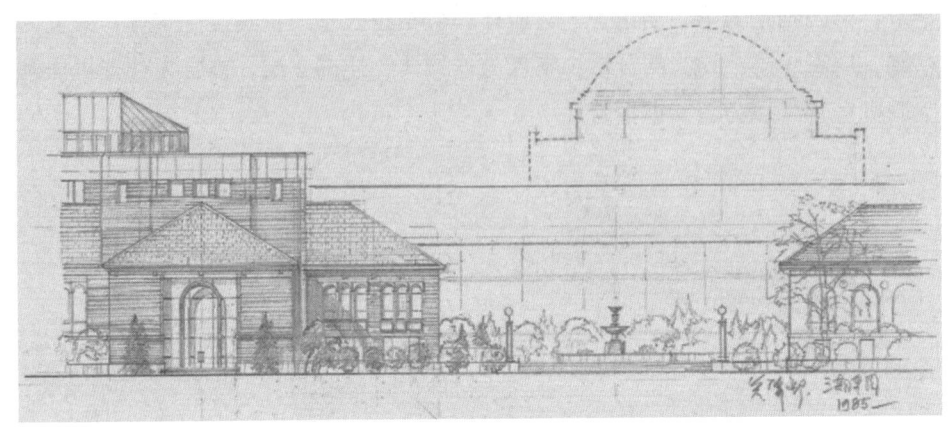

图 12 - 10　关肇邺 1985 年绘制的清华大学图书馆西馆建筑设计草图

"清水红砖墙，灰瓦坡屋顶"的清华园建筑特色，已成为历代清华人的"集体记忆"。半圆拱窗是老图书馆最显著的外形特征，在西馆设计中，关先生恰当地再现这一建筑符号，使西馆与老馆之间讲述同一种"语言"，这也是建筑取得和谐统一的重要手段[7]。在建筑风格上，西馆延续老馆古色古香、"和谐"的红砖灰瓦、坡屋顶，局部平顶女儿墙，并在主要部分巧妙地运用拱形门窗[7]，新扩建的图书馆在结构和色调上与原来的图书馆浑然一体，相映成趣，可谓匠心独具，建造精美[25]。

然而，西馆不是照搬老馆的特征，在细节上的处理颇具时代新意[23]。细看西馆，便会发觉与老馆"神似而不形似"，清华校友熊明曾回忆"每逢校庆或因其他事情回清华，我总要抽空到老校园区走走。三次从不同的方向接近新建图书馆，都有一种既新颖又熟悉的感觉"[23]。从建筑细节上来看，新材料的使用和对老馆构件与符号元素的变形处理，取消之前馆舍窗檐下的牛腿装饰，改为开间内做三个小窗户，并使用白色的装饰[26]，以及平顶与坡顶的混合使用等，都彰显着"和而不同"的时代特色。从空间环境上来看，西馆在老馆的基础上更加丰富周边环境，注重细节打造，形成令人印象深刻的庭院空间，营造出图书馆良好的学术文化氛围。

"接建的新馆在大玻璃入口面上用米红色砖镶嵌就了一只拱形门框，它好像是要告诉人们，在这现代化的光洁玻璃墙的后面，有一条漫长的历史隧道，千年古砖用它最喜欢的形式向年轻一代人呼唤着进入、索取、研讨和贡献。"[27]

从门厅进入，沿着向上的楼梯往前，是一个高达 15 米的大厅，纵贯四层楼高，大厅周围是阅览室和书库。站在大厅中央，透过玻璃墙可以看到多层围绕的书架，作为进馆后的第一个印象，使读者产生"进入知识宝库"的心理感受，从而激发其努力学习的热情。为了烘托图书馆的文化气氛，在大厅外面二楼门厅两侧布置了休息厅，墙上悬挂着先贤语录。这些精心挑选的古代、近代、中国、外国、科学家、政治家的励志格言，由清华大学建筑系教授汪国渝先生书写。图书馆坚持"以读者为中心、服务为主导"的办馆理念，积极探索为读者服务的新模式，在馆舍布局上也进行新尝试，没有沿用过去全闭架的管理方式，而是采用开架和闭架相结合的方式，以开架外借和开架阅览为主，并将各个阅览室按服务对象及书刊类型分层，按阅览室职能划区以形成体系，力求功能合理，动静分区，方便管理，经济实用[22]。

图 12 – 11　清华大学图书馆西馆大厅

90 年代初，图书馆大力发展自动化、网络化建设，越来越多的先进电子设备进入了馆藏空间，开始向现代化图书馆迈进。1996 年，图书馆成功将计算机系统更换为 INNOPAC 新系统，这是国内第一个先进的图书馆集成管理系统[4]，可通过网络提供馆藏资源的公共查询以及馆内业务工作的系统管理化，标志着一个传统型图书馆向现代化图书馆的转变。1998 年，图书馆在国内率先创立学科馆员制度，依托丰富的实体馆藏，拓宽了图书馆信息服务渠道，这是图书馆服务专业化、个性化、知识化的一次重要创新举措。

两院院士周干峙校友曾在《中国建筑 2000 年展望——探求健康、文明、永续的发展》一文中指出"清华大学图书馆新馆的设计，在尊重老馆的历史价值，维持著名的清华大学中心区建筑的传统特色的同时，做到在总体上和谐又具有时代特征，简洁朴素的设计，表现着深层的思想内涵。从更高层次更全面的整体观进行创作正在影响着中国建筑。"[28]

四、和而不同的北馆

2016 年建成投入使用的北馆，在西馆的基础上，继承与发展了"和而不同"的设计理念。北馆呼应西馆和老馆的风格，沿用红砖墙、坡屋顶等传统元素。建筑形体处理采用上部逐层内收的构成手法，并在最高一层采用与西馆相类似的斜切屋顶形态，在中、远尺度上与紧邻的西馆建筑建立起视觉对话关系[2]。此外，运用大面积的玻璃幕墙，立面调整为更具线条感的竖向柱，建筑的通透感表现强烈，轮廓清晰分明，并设置下沉广场，建筑内部创造内庭院空间，丰富环境景观，"得体"地延续清华图书馆历史文脉的"基因"的同时，充分表达出当代图书馆的建筑特色。

图 12 - 12　清华大学图书馆北馆

北馆位于西馆北面，总体主要分为三个部分，主体、西翼与下沉广场。主体地上层高5层，一层融合展览区、休闲区、阅览区、特色书架区及咖啡厅等，组合为现代化复合式空间，弥补了原馆舍功能空间的不足。入口大厅处点缀圆拱形门廊，与西馆门厅相互呼应，达到和谐一体的效果。二至五层为图书阅览区，形成藏、阅、借一体化布局。

在地面以下还有2层：G层与下沉广场相通，设有“邺架轩”阅读体验书店、古籍阅览室等对外开放空间及辅助办公用房；地下B层为密集书库，采用闭架服务模式。

北馆西翼与西馆北翼相通，层高3层，一层为“清华印记”互动体验空间，二、三层为研讨间与研读间以及会议室。北馆主体、西翼与西馆围合出两个内庭院空间，中部设置两馆的主要过道，使北馆与西馆连接为统一整体，同时也形成一个幽美宜人的过渡空间。

主体南侧采用通透斜向布置的玻璃幕墙，彰显现代感，玻璃幕墙清晰透出内庭院景观与西馆建筑墙体，巧妙联系馆内空间与院中环境，与西馆相望对话，诉说馆舍的时空流转。

图12－13　清华大学图书馆室内实景

大开间阅览区摆放着一排排实木桌椅，典雅、厚重、纹理美观，颜色与室内环境相协调，桌上配有电源插座为读者提供便利。北馆桌椅也按老馆的老桌椅样式制作，由2001级和2002级校友在毕业10周年时捐赠，它们承载着清华同窗情谊，与老馆阅览桌椅遥相呼应，传颂着图书馆的历史情缘。

　　李文正先生曾在北馆落成典礼上指出，"图书馆是一所大学的生命，图书馆的内容和设备与一所大学是否能办好有着密切的关系。"北馆多楼层提供多种自助服务设备，满足读者自助借还、自助文印等需求。2017 年，图书馆稳步完成了资源管理系统由 INNOPAC 向 ALMA 系统的迁移。以 ALMA 系统为基础，实现了全网域资源的一体化管理和从资源发现到资源获取的一站式服务，极大地提升了图书馆对全媒体资源的管理能力和服务能力，加速了建设"研究型、数字化、开放式"图书馆的进程。

　　下沉广场位于北馆西北角，广场入口以廊亭为标示，与对面杨廷宝先生的作品明斋形成对话。下沉庭院为 G 层提供良好的采光，庭院点缀树木，引入瀑布跌水，增加生动趣味，丰富庭院造景，为来访行人提供休息娱乐的场所。

图 12 – 14　清华大学图书馆北馆下沉广场

第四节　图书馆特色空间

一、清华文库

　　1988 年清华大学图书馆开始建设清华文库。如今的清华文库是指老馆东侧的阅览室，专门收藏清华学人（包括历届校友和曾在清华任职的教师与工作人员）的个人学术著作以及清华自建校以来的校刊及其他内部或对外出版刊物，以及各种有关清华人、事、物、历史的书籍资料等。现文库中分设有院士文库、名人专架、名师专藏等专题图书。

书香氤氲的文库展示着清华学人的学术精神和倔强文脉；来来往往的学子瞻仰着先辈风采，攀登着学术高峰。

回首望，曹禺先生的著名剧作《雷雨》就是在这里诞生的。郑秀先生在其《〈雷雨〉在这里诞生》一文中写道："（1933年）6月初暑假开始了，在图书馆西文阅览室大厅的东北边，靠近借书台的长桌的一段对面两个座位是我们（指的是郑秀和曹禺先生）固定的座椅。上午8—12时，下午2—6时，晚上7时30份—10时开馆时间，我们从不缺席……"[29]

现如今，文库依然是最有生机的地方。每年盛夏，校长选择在文库与优秀毕业生座谈，让年轻学子们带着先辈的力量，乘着知识的翅膀从这里展翅飞翔。

图 12-15　位于清华大学图书馆老馆的"清华文库"

二、"邺架轩"阅读体验书店

"邺架轩"阅读体验书店建在北馆下沉广场，书店之名来自校歌中的"左图右史，邺架巍巍""肴核仁义，闻道日肥"，意在通过阅读滋养身心，培育精神丰满的清华学子。

"邺架轩"总面积700多平方米，包括了500多平方米的图书展示与阅读空间，提供阅览座位150席，为读者提供一个安宁舒适的阅读体验环境，为广大师生在第一时间阅读、购买各家出版社的新书、好书提供机会。书店甄选自国内百余家优秀出版社的精品图书1万多种、3万多册，以人文社科、思想文化类图书为主，并为清华师生提供图书订购服务。"邺架轩"内还有近200平方米的读书沙龙讲座空间，为读者提供一个交流互动的平台。在此开展的如"真人图书馆""邺架轩·作者面对面""邺架轩·科学在身边"等系列读书沙龙活动，倡导跨学科、超专业的通识教育，提供有深度的阅读体验。

"邺架轩"以"服务阅读，引领阅读"为理念，努力成为连接读者与作者、译者、专家、学者、出版者的平台和清华校园中有高度、有温度的文化地标。"邺架轩"书店获得2019年度实体书店项目扶持，并被评为2019年度"北京市特色书店"。

图12-16　清华大学"邺架轩"阅读体验书店

三、"清华印记"互动体验区

清华大学百余年的文化积淀，滋养了一代代清华人成长。随着信息技术及智能终端的发展，世界已开启万物皆媒模式，知识交流的新范式正待重建。作为知识交流中心，图书馆亦努力寻找新媒体技术与图书馆服务的恰当结合点，以便快速融入新媒体环境，成为探索新型知识交流体系的助推器。为此，图书馆在北馆一楼开辟"清华印记"互动体验空间。在"清华印记"中，通过运用新媒体技术来讲述清华的文化与故事。

"清华印记"中包含若干人与媒体和数据的互动项目。空间的开篇，是入口处展示清华大学图书馆发展历程的信息墙。在"清华记忆"中，汇集了展现清华大学历史风貌的老照片，并增加读者照片嵌入互动体验。再向前是视觉冲击力强烈的"电子书瀑布流"，瀑布流中主要展示高预约图书、每周新书和热门书等，校内读者可通过移动终端扫码阅读电子版本。"数字学术"项目利用可视化技术和海量文献数据，展示清华人 100 多年来的丰硕学术成果。"历史长廊"项目将《清华周刊》数字化，600 多期的内容随历史年代缓缓展开，呈现给观众绵延不息的文化传承。"数字人文"项目利用现代数字化、3D 扫描与打印技术，将珍贵的馆藏文物与典籍文献直观呈现出来，使读者真切感受学校深厚文化内涵。

图 12 - 17　清华大学"清华印记"互动体验空间

"清华印记"互动体验区意在通过人、媒体、数据的互动，孕育不一样的知识和服务，为从容实现清华大学"更创新、更国际、更人文"的新百年目标求索实践。

四、展览空间

图书馆的展览空间，是图书馆基本阅览空间的延伸，能提供除馆藏资源以外的人文、艺术、科学方面的阅览体验。图书馆提供展览服务，一方面，能充分发挥图书馆在传承历史文化、普及科普知识、陶冶艺术情操、拓宽资源视野、引领先进文化[30]等方面的作用；另一方面，以展览服务为载体，采集文献资源，进一步丰富图书馆的馆藏。

总馆主要包含两个展览空间：北馆展区和西馆展区。北馆展区靠北馆入口门厅设置，入口与北馆进出口相对，出入馆与观展人流在门厅处自然分流，互不干扰。西馆展区位于西馆二层检索大厅，展区丰富阅览空间，营造优雅、休闲、人文的阅览氛围，吸引更多不同类型的读者入馆。展区均设置可活动的展板与桌椅，方便师生布展与展示作品。

清华大学图书馆展览内容呈现多元化特征，有各出版社提供的中外文图书展，有促进两岸文化交流的台湾原版学术图书展，有展现馆藏资源的清华藏珍馆藏历史文书展，有启迪摄影爱好者创作灵感的风光、人物、人文纪实等主题摄影展，有提升读者美学修养的插花、布艺、手工制品、折纸展，有激发师生学子想象力的抽象画展，也有展望未来，感受科技魅力的体验展等。展览空间的展出作品开拓师生视野，为读者提供丰富的"精神食粮"，承载着学校、图书馆浓厚的历史文化底蕴。

五、古籍阅览室

2019 年 4 月 27 日上午，图书馆古籍阅览室在北馆正式揭牌。该阅览室，取名为"观止堂"，由美院副院长方晓风采用马王堆出土的帛书书体题字。古籍阅览室位于图书馆北馆 G 层。其环境典雅精致，十几个通顶玻璃书柜里藏有古籍上万册，还有部分使用率较高的古代典籍和常用古籍工具书供读者阅览。该阅览室还负责办理闭架古籍的阅览手续，备有馆藏古籍卡片式书名目录，供读者查阅，读者亦可通过查询清华馆藏古籍目录系统进行预约服务。

值得一提的是，该阅览室的书柜、藏书架、桌椅等都是由 1991 级全体校友在 2016 年毕业 20 周年之际向母校捐赠的。校友们在校庆返校的参观中表示，一流的大学必须有一流的图书馆，每一位清华人都对图书馆有着热烈而持久的感情。因此他们也始终关心着图书馆的发展，并愿意奉献自己作为清华人的一份力量参与到图书馆的建设中。

图 12－18　清华大学北馆 G 层的古籍阅览室

六、音乐图书馆

音乐图书馆的建设，是清华大学图书馆舍空间再造的新实例，是满足师生对音乐文化和艺术教育多元需求作出的积极尝试。音乐图书馆是大学音乐教育非常重要的资源，也是大学生音乐素养培养的重要场所。

建设音乐图书馆，最重要的建设内容有两点，一个是音像与文献资源，另一个是场地与设施设备。

音像与文献资源体现了一个音乐图书馆的核心价值。清华音乐图书馆定位以古典音乐为主，再加上民族音乐和戏曲等等，全部为高清、无损音源，CD光盘的品质为起步，将来主要朝着高清和无损方向发展。

音视频欣赏场地，包括设施设备，这是音乐图书馆跟读者面对面最直接的形式，也是读者最能感受到音乐魅力的场所。音乐图书馆主要包含三种场地。一是个人赏析区，为综合性的区域，包含 64 座个人带耳机欣赏音乐和三组集体欣赏区，每组集体赏析区可供 2—4 人共同欣赏。二是音乐研讨间两间，读者团队在欣赏音乐之后可以开展讨论。三是音乐讲堂，可以举办音乐讲座，讲座中可以带有小型的演奏和表演，也能欣赏国内外优秀的音乐会实况。

图 12 - 19　清华大学音乐图书馆个人赏析区

音乐图书馆个人赏析区自 2018 年 12 月开放以来，非常受读者欢迎。音乐研讨间和音乐讲堂也将陆续开放使用。2018 年校庆期间，1998 届校友在毕业 20 周年之际，向音乐图书馆捐赠了钢琴和家具，进一步丰富音乐图书馆设备资源。

历经百年沧桑的清华大学图书馆，陪伴着一代代清华人留下他们努力的身影。无论是如曹禺、钱钟书、杨绛、资中筠等学子，还是朱自清、潘光旦、冯友兰、季羡林等老师，数不尽的清华师生同图书馆一起见证记录着清华这一个世纪的历史。

图书馆静静滋养着一代代朝气蓬勃的清华人、丰满着清华精神、传承着清华文化。邺架巍巍、书海浩瀚，百年清图，文脉相传。

2019 年 10 月 9 日，一年 365 天不曾闭馆的老馆关上了大门，开启维修工程。我们期待与那些穿越岁月的文字在"修旧如旧"后的老馆里早日再相遇。

参考文献：

[1] 张建军. 清华图书馆：展开的多乐章交响曲 [M] //邓景康、韦庆媛. 邺架巍巍——忆清华大学图书馆. 北京：清华大学出版社，2011：36 - 38.

[2] 中国建筑学会 2017—2018 年度建筑设计奖 | 清华大学图书馆北楼 [EB/OL]. [2019 - 1 - 10]. https：//mp. weixin. qq. com/s/Q_wAkaeUFM9X6wu4espTcw.

[3] 吴晞. 北京大学图书馆九十年记略 [M]. 北京：北京大学出版社，1992.

[4] 韦庆媛、邓景康. 清华大学图书馆百年图史 [M]. 北京：清华大学出版社，2013.

[5] 清华大学图书馆九十三年历史回顾展览 [EB/OL]. [2005 - 04 - 24]. https：// lib. tsinghua. edu. cn/about/celebrate - 2005. html.

[6] 同 [5].

[7] 清华大学校史研究室. 清华大学一百年 [M]. 北京：清华大学出版社，2011：370.

[8] 关肇邺. 尊重历史、尊重环境、为今人服务、为先贤增辉——清华大学图书馆新馆设计 [J]. 建筑学报，1985 (7)：24 - 29.

[9] 戴志骞. 清华学校图书馆之过去现在与将来 [J]. 清华周刊，1927，27 (408)：550.

[10] 朱家治译. 鲍士伟博士考查中国图书馆后之言论 [J]. 图书馆学季刊，1926 (1)：81 - 86.

[11] 清华图书馆新筑续闻 [N]. 中华图书馆协会会报，1930，5 (5)：37 - 38.

[12] 王文山. 图书馆新书库 [J]. 清华副刊，1932 (9)：10.

[13] 走进巨匠 | 杨廷宝为母校清华大学设计建筑 [EB/OL]. [2019 - 05 - 08]. https：//mp. weixin. qq. com/s/mgs61vZBO_AQ9H - c0jpKKw.

[14] 国立清华大学图书馆概况 [N]. 中华图书馆协会会报，1947，21 (1, 2)：6 - 7.

[15] 朱育和、陈兆玲. 日军铁蹄下的清华园 [M]. 北京：清华大学出版社，1995.

[16] 同 [7]：163.

[17] 《百年清华图书馆》编写委员会. 百年清华图书馆 [M]. 北京：清华大学出版社. 2012：142 - 144.

[18] 屈德印. 时代风格与尊重人性（自然）——对清华大学早期四大建筑的几点认识 [J]. 河南城建高等专科学校学报，1999，8 (1)：3 - 5，17.

[19] 清华大学校史研究室. 清华大学史料选编 [M]. 北京：清华大学出版社，1991：1，449.

[20] 凤. 本校图书馆纪要 [J]. 清华周刊，1919：24.

[21] 杨廷宝. 关于图书馆扩建问题 [M] //侯竹筠、韦庆缘. 不尽书缘：忆清华大学图书馆. 北京：清华大学出版社，2001：3 - 4.

[22] 关肇邺. 重要的是得体不是豪华与新奇 [J]. 建筑学报，1992 (1)：8 - 11.

[23] 叶茂旭. 艰辛探索精耕细作——清华大学图书馆新馆设计与实践 [M] //侯竹筠、韦庆缘. 不尽书缘：忆清华大学图书馆. 北京：清华大学出版社，2001：27 - 33.

[24] 张祖刚、彭培根、熊明等. 清华大学图书馆新馆工程建筑设计评论会 [J]. 建

筑学报, 1992 (1)：12 - 22.

[25] 关肇邺、周榕. 缀玉联珠尽菩提——关肇邺先生访谈 [J]. 建筑学报, 2019 (1)：2 - 7.

[26] 王树文. 日新月异四十年 [M] //侯竹筠、韦庆缘. 不尽书缘：忆清华大学图书馆. 北京：清华大学出版社, 2001：216 - 218.

[27] 得体和谐的总体和而不同的细节——访清华大学图书馆"李文正馆"设计者关肇邺院士 [EB/OL]. [2016 - 04 - 28]. https：//mp. weixin. qq. com/s/F_b7 - shATRcj6FccPwPxhg.

[28] 曹群英. 看清华图书馆 [M] //侯竹筠、韦庆缘. 不尽书缘：忆清华大学图书馆. 北京：清华大学出版社, 2001：39 - 41.

[29] 周干峙. 中国建筑 2000 年展望——探求健康、文明、永续的发展 [J]. 建筑学报, 1993 (5)：2 - 7.

[30] 郑秀.《雷雨》在这里诞生 [M] //侯竹筠、韦庆缘. 不尽书缘：忆清华大学图书馆. 北京：清华大学出版社, 2001：5 - 6.

[31] 庄玫、张蓓、李洁芳. 高校图书馆展览服务的"移动"时代 [J]. 图书情报工作, 2014, 58 (5)：48 - 52.

（执笔人：董　锦　刘宇婧　庄　玫　韦庆媛　邓景康）

第十三章　汕头大学图书馆

汕头大学（Shantou University），坐落于汕头市风景秀丽的桑浦山麓，是1981年经国务院批准成立的综合性大学，也是全球唯一一所由私人基金会——李嘉诚基金会持续资助的公立大学。

作为粤东高层次创新人才培养和科学技术研究的重要基地，汕头大学设有医学院、理学院、工学院、文学院、法学院、商学院、长江艺术与设计学院和长江新闻与传播学院，面向全国（含港澳台地区）招收博士、硕士和本科生，形成了从本科生到博士研究生完整的人才培养体系。现有教职工1602人，全日制在校生10294人，五所附属医院和3所托管医院。

校园依山傍水，占地面积1991.55亩，建筑面积56.61万平方米。因其整体建筑风格独特高雅，气势磅礴，密集、整体高架庭院式结构布局与四季飘香的园林风景融为一体，而被誉为全国高校建筑之花。

近年来，在国家和李嘉诚基金会的大力支持下，汕头大学秉持"有志、有识、有恒、有为"的校训，坚持以学生为本，进行大学管理体制的改革和人才培养模式的创新，在学科建设、师资队伍建设、人才培养、教学科研等方面都取得了显著成绩，为将汕头大学建设成为具备现代大学的优质管理体制和卓越教育，国内先进、国际知名的高水平大学奠定了坚实的基础。

第一节　建设背景

汕头大学图书馆旧馆，筹建于1981年，建成于1985年，位于校园中心，占地5596平方米，建筑面积16480平方米。这是由一座呈三角形和另一座呈口字形的联体楼房所构成，最高为五层的白色建筑物。其底层架空为连接教学区、行政楼、学生宿舍群的人行通道。设有 11 个藏、阅、借合一的开架书厅和 1 个保留本书库。与国内同时期的图书馆相比，汕头大学图书馆旧馆的亮点突出：底层架空的格局极大地便利了恶劣天气条件下读者的出行；在国内率先采用藏借阅三位一体的大开架管理模式，也拉近读者与藏书的距离；20 世纪90 年代初，所有业务全部实现计算机集成化系统管理。

但是随着数字图书馆技术的出现、发展、成熟，以及在图书馆界的大规模应用，数字资源的主流地位逐步确立，读者数字消费习惯的养成和信息获取方式的主动求变，旧馆的弊端开始显现。建筑体等物理设施日益老旧。随着人力资源成本的快速上涨，11 间书厅的建筑格局，分类藏书借阅的藏书格局和管理模式，既耗费大量人力，也不便于新型的数字图书馆读者服务工作的开展。

为了顺应数字图书馆技术的发展潮流，为读者营造一个优越的阅读学习交流空间，2002 年，新馆建设项目被提上议事日程，并获李嘉诚基金会专项资金资助。

汕头大学图书馆新馆，由"亚洲最具影响力设计大奖"得奖者的陈瑞宪先生担纲设计。总体建设方案和内部功能布局经过了较长时间的论证，于2009 年 6 月落成启用。同时，旧馆改作他用。

第二节　馆舍概况

汕头大学图书馆新馆，位于校园中轴线的最东端，靠近校大门，座西北望东南。与校门周边的绿地环境相融合，共同表达"知识大门"的意象。

图书馆建筑主体的造型是以存放线装书的书盒为原型的扁平立方体。四周以景观水池环绕。水池外围是大片绿地。万里晴空之日，站在桑浦山之巅往下看，图书馆就像是一叶知识的扁舟，在绿树青草的守护下，很随性地漂浮在波光粼粼的水面上，以一种含而不露的方式向人们展示它的魅力及内涵。

图书馆的外墙是浅浅的土黄色，不同于汕头大学其他建筑物的以白色为主，设计师称之为"大地的颜色"，象征着永恒[1]。馆内的墙面、天花及各种家具色彩由黄、咖啡、白和黑以及一些绿色构成。这些色彩的搭配使用，使汕头大学图书馆既享有了传统图书馆的古朴厚重而又不失现代气息的轻快活泼。

图书馆占地面积为 9413.6 平方米，主体建筑总面积达 21245 平方米。主体建筑共三层，首层面积为 8091 平方米、二层面积为 7045 平方米、三层面积为 5682 平方米。

表 13-1　汕头大学图书馆面积

参数 （平方米）	基地总面积		覆盖面积		总建筑面积（平方米）	
	45478		8518		21245	
面积 （平方米）	一楼	二楼	三楼	机房	绿地	水池	停车
	8091	7045	5682	427	22000	3804	7538

为了更直接地与大自然接触，三层还特别设计了两个面积各为 175 平方米的露天庭院，翠竹点缀其间。主体建筑的南面和北面都设计有大面积的玻璃幕墙，这既有利于自然光线的导入，也有利于室内读者的视觉延伸。馆内空间流畅，相互穿透，强调横向感。图书馆设计饱和藏书量 56 万册、报刊 2500 种左右。阅览座位 2118 个，有 27 个可供 4—20 人共同学习讨论的研讨室。另配有语言学习馆、演讲厅、学生活动中心和学生创新创业园等设施空间。

图书馆正面在西北面。正面配套的景观水池中树立着一座由英国著名艺术大师 Zadok Ben David 创作的雕塑《Look Up Look Down 建立自我追求无我》。这是汕头大学的标志性公共艺术作品之一。该雕塑是一个由无数小人堆砌而成的约 5.5 米多高的大人，和一个不足 0.8 米高的小人组成的人物塑像。小人仰

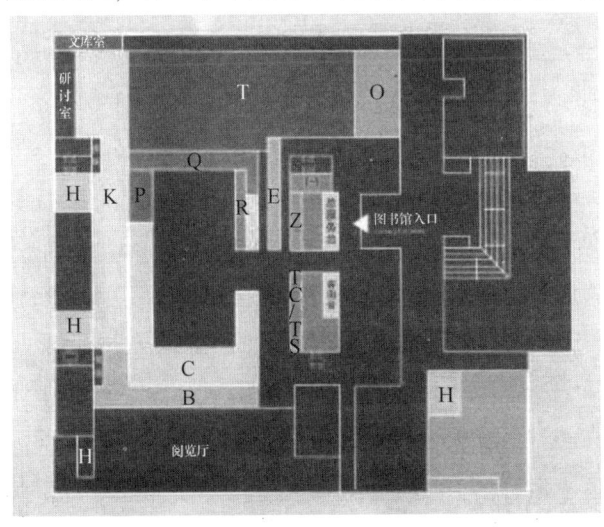

图 13-1　汕头大学图书馆一楼平面图

视，大人低俯，二者对立沉思。塑像通过人像的堆砌和大、小人的尺寸对比，产生强烈的视觉效果，借此表述人与社会之间的关系，启发人们思考人生目标、知识追求与为人处事之间的关系。

图书馆设置两处入口，即读者入口和图书馆员工入口。读者入口在二层，通过宽幅的台阶从一层引导而入。图书馆员工入口则设置在首层侧面，以便新书的运达。

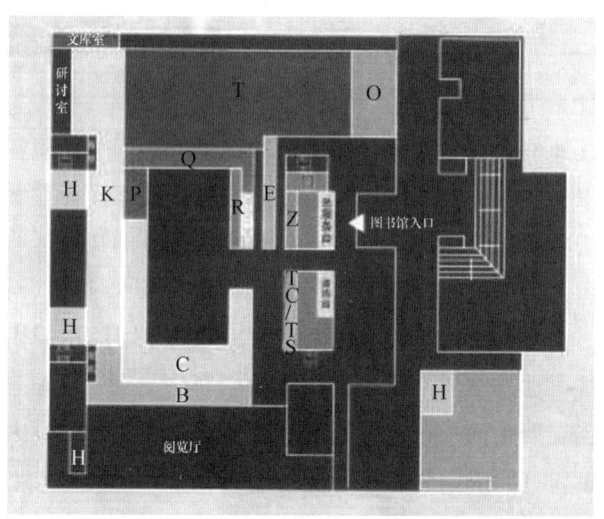

图 13－2 汕头大学图书馆二楼平面图

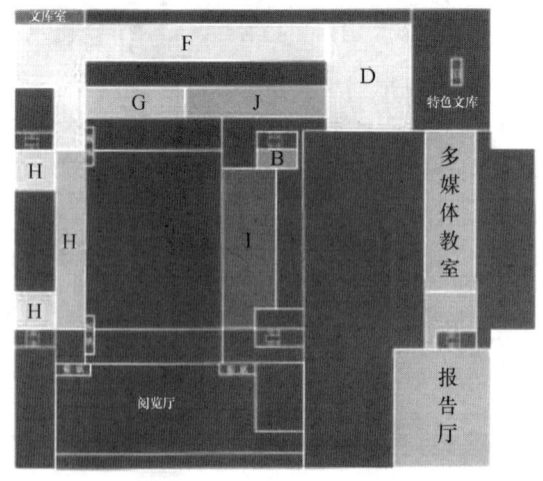

图 13－3 汕头大学图书馆三楼平面图

图13-4　汕头大学图书馆正面雕塑

第三节　设计理念

一、方盒子的意象营造

"方盒子"代表了20世纪现代主义建筑外部形象的基本形式，许多大学图书馆建筑塑造了"方盒子"的形象融入校园环境。汕头大学校园建筑群基本采用简单的方形平面，底层架空，中间设置庭园，许多的方形单元将行政楼、教学楼、实验室、食堂及学生宿舍连成一体。图书馆外部的设计采用了现代主义的语言，和校园轴线相匹配，强调造型的横向感，以景观建筑的手法，用简洁的造型融入校前区绿化景观之中。图书馆位于校园中轴线的最东端，靠近校正门。从校正门进入汕头大学，映入眼帘的第一座建筑物就是图书馆。因而采用简单扁平的主体造型，同时通过在校正门和图书馆之间设置大片的绿化缓冲带，使图书馆自然融入整个校园体系中，就不会造成视线上的阻隔，从而突出了校园中轴线的效果。图书馆外部造型取意自中国的线装书，体现了中国线装书书盒的雅致结构，空间内涵中则透出中国传统书院园林空间的精神理念，通过中庭、内院的空间加入形成一个完整的空间整体，旨在营造一种对"中国古代知识盒子的现代演绎"的意象。[2]这样的造型，一方面可以激发人们"图书馆是知识的宝库"的联想，象征了知识存在的广阔性与普遍性。另一方面，不会破坏校园的整体景观格局。

图13-5　汕头大学图书馆整体效果图

二、庭院深深的空间序列

汕头大学图书馆内部空间设计源自经典"庭"的意匠，提供了多样的空间层次[3]。沿着横轴展开"庭"的序列，分别是"景观自修区——竹园——中心内庭——竹园——开放阅览区"。

"景观自修区"——阶梯式的自修室设计同样别具匠心。所有自修室的座位都面朝落地的玻璃立面，"水景和天空两个自然元素"一览无余，室内和室外的空间融为一体；自修室这种宁静的空间氛围引导读者专心于自己的学习，透明的外表使往来于校园的访客能看到学生们埋头苦读的景象，使追求学问的学生们成为图书馆空间真正的焦点。

图 13 – 6　汕头大学图书馆自修大厅

"竹园"——主阅览厅两侧各设置了一个面积为 175 平方米的露天竹园，种有大片的翠竹，四季常青，潇洒自如。竹是文人的象征，代表正直、高雅、纯洁、虚心、有节，是典型的中国传统书院园林空间元素。内院竹园的设计，与主阅览厅串联起良好的横向空间序列，同时也是读者自省、休闲的场所。

图 13 – 7　汕头大学图书馆竹林

　　"开放阅览区"——两层的开放阅览区由吹拔空间、螺旋楼梯、走廊等空间元素构成。动静皆宜的走廊和螺旋楼梯为宁静的学习氛围增添了别样的色彩。

图 13-8　汕头大学图书馆二楼旋梯

　　"中心内庭"——位于两个空间序列交叉点的是主阅览空间，同时，也是整个读者空间的精神中心，恢弘的体量、充足的光照和挑高的设计使置身其中的人们充分感受建筑师陈瑞宪所要营造的氛围。围绕这一中心空间而设的是层层退台的小型阅览厅和书架墙，各个小空间都因其藏书类别不同而各具特色。

图 13 - 9　汕头大学图书馆一楼中厅

读者的交往行为是大学图书馆内信息交流的重要内容。汕头大学图书馆读者空间设计源自"院"的意境，通过中国古代书院式空间的有机组织和意趣营造来实现高校图书馆读者空间的私密性和公共性，院空间的转移和重组，有效地诠释了图书馆特有"人与书""人与人"和谐并存的信息交流传播方式。读者空间"院"的序列是"入口水院——内院——中心内庭——休闲区"。

"入口水院"——汕大图书馆外部形象像是一本躺在水面上的书，入口水院将水、光线等物理因素同建筑较强的形体感和材质感交织起来；池面上放置了以色列雕塑家设计的《建立自我追求无我》。

"入口内院"——作为入口空间和中心空间之间的过渡空间，材质的变幻、水池的倒影使其成为读者空间的前奏。

"休闲区"——提供辅助的服务空间设施、休闲座椅和部分小组研讨空间，空间引导标志设计是其特点。

图 13 - 10   汕头大学图书馆二楼服务大厅

三、水光潋滟的诗意感观

　　水是具有灵性、永恒、无处不在的生命之源，亲水的环境给予人诗意和生命力。在我国传统书院园林空间中，水一直扮演着重要角色。将水与图书馆建筑巧妙地融为一体，是汕头大学图书馆的设计理念之一。图书馆四周以景观水池环绕，一楼有延伸而入的内庭水景。历史上，西方的书是站着的，而中国的线装书则是躺着的。汕头大学图书馆看上去好像是一本躺在水面上的、古老的善本书，当它被轻轻地开启之后，水可以流动到被打开的空间里面，变成一个充满了水、空气、光线、植物等很多物理性交织的有趣味的空间。将水融入图书馆，也可以调节小气候、节能环保。汕头地处中国南方，夏天酷热，因为水景的存在，图书馆的室内温度可以下降一至两度。

　　充分利用自然光线是汕头大学图书馆设计理念之一。透过入口大厅上面的玻璃天顶，光线会自然地把读者引导入馆内；多功能中庭大厅的间接采光天窗，让自然光线柔和地散布整个大厅，使整个空间充满祥和与明亮；穿插于馆内外的半户外空间露台，让自然光线与馆内空间和谐地交融。所有这些设计都能使读者在馆内感受到自然光线的重要意义。

　　在阅览厅的设计上，设计师充分利用玻璃幕墙，将室内空间的书香四溢和室外的水景、绿地和天空融为一体，阳光透过天窗照进来，为阅览空间增添了神圣的气氛。主阅览厅采用阶梯式设计，前面的学生不会挡住后面学生的视线。伏案苦读之余，透过自修大厅的玻璃幕墙，就可以清晰地看见外面波光粼粼的景观水池、如茵的绿草地、蓝天白云，顿时心旷神怡，学习的舒适感与幸福感油然而生。

图 13 – 11　汕头大学图书馆阅览厅外水池

第四节　功能布局

　　汕头大学图书馆由香港知名爱国人士李嘉诚先生捐资兴建。李先生对图书馆的角色定位作过精辟的阐述：世界各地的图书馆有着林林总总的形式、外观与规模，但它们均秉持恒久不变的价值观：为学者提供研习空间，让每一个人可寻找到一生中所选择追求的知识。我们生活在瞬息万变的年代，对一些曾经深信不疑的事物，需要恒常作出灵活的反思，令我们的认知能够与时并进。当人们积极探究人生意义时，这所图书馆所扮演的角色将不仅是汕头大学的中心枢纽，它更是启发理想的泉源。[4] 设计师陈瑞宪先生和汕头大学图书馆的广大同仁完全认同李嘉诚先生这一理念。并在图书馆空间的分配和功能区域的划分上，充分体现了该理念。

汕头大学图书馆功能布局的重点是以读者空间的学习与交流功能来实践现代大学图书馆的价值取向，旨在为师生提供一个学习、交流、信息查

图 13-12　汕头大学图书馆二楼阅览区及休闲区

询及获取的空间和平台，而不是单纯地以藏书空间的容量来表现图书馆文献的博大浩瀚。因此我们把大量的空间用于建设学习空间、交流空间、阅读空间和休闲娱乐空间，为了给读者营造舒适、温馨，独立和开放兼备的学习交流环境，以聚集"人气"，而把相对少量的空间留作藏书空间，以建设"知识的仓库"来聚集"书气"。同时也优化了员工工作空间。空间配置如下：

图书馆主体建筑各层都有大开间的借藏阅一体化的阅览区。阅览区配置有形状及功能各异的桌椅，共计2300多套件；可供4至20人使用的研讨室27间，皆配备有必要设备；多功能多媒体教室3间；400座的阶梯式自修厅1间；200座的演讲报告厅1间；可供读者学习、交流、休闲的半户外空间露台两处；各层皆配备有文印室，读者可以自助扫描复印打印；各层皆配备茶水间，可为读者提供冷热开水；另外还有语言学习馆、特色地方文献馆、员工工作室、员工休息室、员工餐厅厨房、会议室、书店、健身室、半户外休息平台、咖啡茶室等。

第五节　使用评价

一、低调而优雅的内外设计

国内大学多为内向封闭的形态，高墙大院，使得校园俨然成为一个独立的社区。而图书馆以其特有的历史人文内涵当仁不让地成为这一社区的"精神中枢"。因此很多大学都将图书馆作为重要的校园坐标进行设计，以它为轴心，来主导整个校园内的其他建筑，从而主导着校园的整体秩序。然而汕头大学图书馆的设计却一反常规、另辟蹊径，无论是选址，还是体量和外立面的材料，都展现出一种"低调"的姿态。位于校园东南侧的图书馆作为校园内一个重要的组成部分，没有为了突出自身而标新立异，而创造新的秩序，而是遵从现有的校园整体规划。根据中轴线的力向，建筑师选择近乎方形的体量，将建筑的角度偏离正南北，使图书馆的建设融入整个校园体系中，以求更加突出中轴线的美观效果。建筑取意中国"线装书"这一概念，简洁的外形仿如精美的线装书书盒。更重要的是它所形成的水平横向的体量，以"水平匍匐"的低调状态，亲密地依附于大地，再加上采用汕头当地的土黄色外立面材料，用建筑师的话来说，它是一种"大地的颜色"，这些都进一步强调了与自然的交融。建筑师旨在以此来向同学们启迪一种平和的生活态度。

汕头大学图书馆的访客，往往会惊讶于设计师通过空间的流动与凝固的手法所表现出的优雅。空间之间相互渗透，行走的流动，视线的穿透，精心设计的螺旋楼梯，四季常青的露天竹园，书香四溢的中庭阅览厅，水光潋滟的内庭水景，玻璃幕墙外面的绿意盎然，引人深思的室外雕塑，处处表现为一种优雅的气场，体现出一种领域感、归属感、亲切感。走进图书馆内，深色的地板、木质的书架、柔和的灯光，简洁而大气的设计让人耳目一新。每当夜幕降临，华灯初上，馆内无处不在的一盏盏橘黄色的台灯依次亮起，橘黄色的灯光和室内大量同色系的饰面材料一起，创造出古朴雅致的氛围，渲染出温馨的效果。置身其中别有一番滋味。

如果要用一个短语来点评汕头大学图书馆，那么"充分人性化的低调的优雅"再适合不过。[5]

二、无可替代的场所精神

高校图书馆是高校师生知识学习、学术思辨以及信息交流与沟通最理想的场所，应该具有高水平的学术服务、高层次的文化内涵、高格调的艺术审美和高标准的价值取向。这种场所精神，是其他任何机构不能替代的。

无论图书馆建筑内外如何设计，读者空间始终是图书馆行使建筑功能最重要的场所。汕头大学图书馆内部空间设计围绕阅读空间，辅以藏书空间、员工工作空间、休闲娱乐空间，充分体现了各功能空间的流畅与和谐。本着"图书馆作为场所"理念，汕头大学图书馆把藏书空间压缩到了极限，设计藏书总容量仅为56万册，把大量的空间用于为读者营造舒适、温馨、独立而又开放的学习交流环境。高校图书馆学习交流环境，不仅要从理性上努力发掘和创造空间最大价值，还要从感性上把握读者的环境心理、尽力营造空间的艺术审美和人文情怀。汕头大学图书馆融会诸多中国传统文化元素，并赋予现代大学生活的格调。

主阅览厅的玻璃外墙以及墙外大型水池的布置，使阅览厅和水池之间形成一种人与自然、图书馆与校园环境的内外交流。两侧种满竹子的露天庭院，象征着中国文人高风亮节、刚直不阿的性格和翩翩君子的风度。阳光透过天窗照进主阅览厅，为读者空间增添了知识殿堂的神圣气氛。

为了满足广大师生对短暂的、愉悦的随意休闲的普遍要求，图书馆在各个阅览区的衔接处布置了组合式沙发雅座，周围摆设报架、盆景，读者在这里可以轻声闲聊、午间小憩、随意翻阅报刊等等，旨在通过读者空间环境的优化实现图书馆场所功能的多样化。

营造读者空间的开放性特征同时，有必要兼顾其私密性。人们在公共场所下都希望有个人领域，图书馆中半开架和开架阅览室是读者活动频繁的空间，要保有个人领域和读者的私密性，图书馆必须妥善处理读者空间的流动与停息，创造出一些相对独立的空间领域，以满足读者的个人化需求。室内色彩有利于创造安静舒适阅览环境，汕头大学图书馆在阅览桌上放置了一盏盏造型古朴典雅的台灯。台灯的使用除了用来补充日光及整体空间照明的不足之外，还能给读者营造出一个属于自己的"光线空间"。特别是到了晚上，看到读者们在各自相对独立的"光线空间"中静静地学习，给人"秉烛夜读"的景象，真的是别有一番情趣。此外，在主阅览厅的每个桌椅的后面都有一个格子，供读者存放书籍、衣服、水杯、睡枕等一些他们认为需要的东西。

图书馆作为学习、科研场所，除此以外还希望能给读者带来生活、休闲的便利。图书馆一楼设计有学生活动厅、咖啡茶室、书店及休闲的半露天平台，方便读者在学习之余放松身心。学生活动厅设在图书馆正入口外面，里面有休闲茶座、桌游、电脑游戏、电视、台球、健身房、攀岩室，以收费的方式向读者开放。

特别值得一提的是员工休息室、员工餐厅厨房。汕头大学图书馆与国内多数高校图书馆一样，实行的是每周七天、每天不间断开放 14 小时（国家法定假日也同样开放）的开放制度，员工休息室及员工餐厅厨房很好地解决了轮值员工的用餐及休息问题。

三、资源与服务的空间统一

对于高校图书馆读者而言，信息共享空间的最大好处就是多功能信息资源与服务的空间统一，读者可以享受一站式的文献信息服务。基于汕头大学图书馆的建筑结构，信息共享空间不可能也不应当独立于阅览空间，因此，对于汕头大学图书馆而言，阅览环境建设就是信息共享空间的构建过程，两者密不可分、相辅相成。[6]

构建信息共享空间离不开图书馆实体资源的配置，而在实践中最难突破传统图书馆服务理念的就是馆藏纸质书刊资源的配置与布局。汕头大学图书馆的藏书布局，实践了图书馆"藏"与"用"的变革，从馆藏分类布局走向功能阅读布局汕头大学图书馆不仅实行全馆开架式阅览，而且藏书空间与阅览空间交叉分布，除古籍、特色文献外，没有布置藏书厅，也没有严格按照《中图法》22个大类对各学科文献分楼层顺序排列。例如二楼不仅有B、C、K等大类哲学、社会科学中文图书，还有O、P、Q、T等大类自然科学和工业技术中文图书，中外文期刊集中在一楼，而所有报纸则分散摆放在各个阅览区的衔接处。其理由是读者关心的是如何在图书馆获得一个适合个人需要的学习空间，并快捷地找到适合自己专业或兴趣的书刊，而不是馆藏布局的系统化程度。

为了体现高校图书馆平等、自由的文献信息服务特征和职能，馆内在各阅览区配置90台个人电脑供读者免费使用，师生可以检索馆藏目录和本馆购买的中外文电子资源，也可以利用网络硬盘进行文档的存取，此外，馆内覆盖了无线宽带网络以方便日益增加的笔记本电脑的使用。

为了满足学生相互交流和集体学习的需要，馆内各阅览区共有27个大小不同、设备齐全、可供4至20人使用的研讨室，读者只需通过研讨室预约系统选择自己所需的研讨室及使用时段，并输入自己的校园一卡通，就可以在预约时段凭校园一卡通打开研讨室。

为了提高服务效率，馆内各楼层都备置了自助式复印、打印和扫描一体机，并与图书馆网络硬盘服务的数据传输功能互联，实现个人文件处理的高度信息化。此外，汕头大学图书馆还实现了全馆普通图书的超高频RFID自助借还服务。

图书馆是读者阅读的天堂，在现代信息技术、开放服务理念以及读者个性化服务需求的推动下，图书馆的空间结构和服务模式日新月异。汕头大学图书馆在建筑设计、功能布局和服务模式等方面独具匠心，在一定程度上诠释了社会主体价值观、审美潮流以及数字时代高校图书馆的服务理念。然而，也存在一些美中不足的方面，例如，空间布局较为固化，不易进行空间重组以适应图书馆服务模式的不断创新与变革；除主阅览厅之外，动静空间分区不够明确，难以保持阅读环境的宁静；无障碍通道的不完整，未能从整体到细节体现出对弱势群体的重视和尊重等等，都有待改善和提升。

参考文献：

［1］陈瑞宪，叶李杰．秩序与空间汕头大学图书馆［J］．室内设计与装修，2010（04）：40－46．

［2］翁桂南．汕头大学图书馆［J］．图书馆建设，2010（02）：2．

［3］黄东翔．复合型大学图书馆读者空间研究［D］．北京：清华大学建筑学院，2012：64－71．

［4］杨明华．解读汕头大学新图书馆建筑设计特色［J］．图书馆论坛，2010，30（01）：54－55＋41．

［5］同［1］．

［6］毛羽．高校图书馆阅览环境的优化与思考以汕头大学图书馆为例［J］．河南图书馆学刊，2012（02）：63－65．

（执笔人：唐光前　谢芦青）

第十四章　山东交通学院
无影山校区图书馆

山东交通学院无影山校区图书馆位于山东省济南市天桥区。该项目由清华大学建筑学院设计，2001 年 5 月开始动工，2003 年 5 月竣工运行，是我国高校系统中第一座绿色生态图书馆。该馆原名"山东交通学院图书馆"，2010 年山东交通学院启用长清校区，该馆现称为"无影山校区图书馆"。

山东交通学院无影山校区图书馆注重建筑与环境与的友好和谐，利用节能环保技术手段充分调动自然环境要素，在节能环保、环境优化、功能审美和谐统一等方面堪称典范。该项目 2007 年 3 月荣获第二届全国绿色建筑创新综合奖一等奖、"2007 中国建筑节能年度代表工程"，2009 年荣获第一批"绿色建筑评价标识"项目二星级标识，2014 年获国际可持续发展校园联盟（ISCN）年度优秀建筑奖。

第一节　建设背景

山东交通学院始建于 1956 年，原隶属交通部，2000 年，学校由交通部划转山东省，实行中央与地方共建的管理体制。2002 年，教育部批准济南交通高等专科学校和中国重汽职工大学合并组建山东交通学院。多年来，学校坚持社会主义办学方向，全面贯彻党和国家的教育方针，以民族振兴和社会进步为己任。坚持"立足山东，服务交通，把学校建设成为国内知名的具有鲜明交通特色的高水平应用型大学"的办学定位，以创新创业的活力、科学务实的态度，服务国家战略、地方经济发展和交通行业发展的责任，逐步成为以培养综合交通人才为办学特色的全日制普通本科高校。目前，山东交通学院学科涵盖文、理、工、经、管、法、艺7大门类，重点专业覆盖海、陆、空、轨等交通领域。学校设有19个学院（部），开设61个本科专业和交通运输、机械2个工程硕士专业；具有省级重点学科4个，省级特色重点学科1个；国家级特色专业2个，国家级一流本科专业建设点2个，省级特色专业7个，省级一流本科专业建设点13个，通过工程教育认证专业1个，构建起交通建设类、综合运输类、载运工具设计制造类三大优势专业群。学校现已发展成为交通特色鲜明的区域性知名工科院校。

山东交通学院图书馆是学校发展的一个缩影。无影山校区图书馆建成之前，图书馆与其他部门合用实验楼，无独立馆舍，临时馆舍使用面积4000余平方米，座位仅678席。1997年，图书馆在自动化、数字化、网络化建设等方面取得长足进步，先后建立了"中国学术期刊（光盘版）文献检索二级站"、CNKI知识网络服务站（一级站）；实现计算机管理的全开架借阅；是第一批通过山东省高等院校图书馆自动化建设评估单位之一。馆内各类计算机、服务器、光盘塔、磁盘阵列（近3000GB）、打印机、复印机等硬件设备100多台套；其中，2个电子阅览室有80多台多媒体计算机面向读者提供网上信息检索服务。这一时期，图书馆馆藏建设水平迅速提升，服务内容不断拓展。与此同时，为适应区域经济社会特别是交通运输事业发展需要，学校亟须提升办学层次和办学规模，学校加大对信息资源建设投入，馆藏规模尤其是馆藏图书大幅增长。由于学校招生规模迅速扩大，校园信息化程度不断提高，计算机网络快速普及，图书馆馆藏量和利用率大幅度增长，图书馆馆舍已经不能满足学校发展及读者需求，馆舍建设迫在眉睫。

1999年，学校在当时主校区（现无影山校区）北部，新征150余亩建设用地，用于拓展校园规模、改善办学条件。北校区建设坚持高起点、高标准，整体改造改建规划之初，学校出台系列"绿色校园"建设相关文件，从组织机构、制度建设、节能环保技术应用、节能节水管理、节约育人等多方面将低碳和可持续发展理念融入教学管理和校园文化生活，引导校园环境建设和教学措施良性发展，实现从单纯改善日常教学生活条件向关注学校发展与改善教学与人居环境并重的转变，全面提高师生环境素质。"绿色校园"也成为山东交通学院此后秉持的建设和发展理念。目前，山东交通学院为国际可持续发展校园联盟（ISCN）成员，在节能环保"绿色校园"建设中取得了丰硕成果，赢得了广泛赞誉。

北校区建筑群由图书馆、教学楼、汽车博物馆、艺术楼等建设构成，清华大学建筑学院统一规划设计，主设计师为袁镔教授。建设用地为辉长岩山体，曾为采石场、垃圾填埋场，用地原貌坡度大、凸凹不平，是一个极富挑战性的建设项目。北校区建筑群的设计建设，不仅改善了学校办学条件、完善了教学设施，而且改善优化了区域生态环境，成为建筑学中新经典。在北校区建筑群，图书馆的设计与建设是整个项目中设计理念最先进、采用环保节能技术手段最充分、最引人关注的亮点，是经典中的经典。

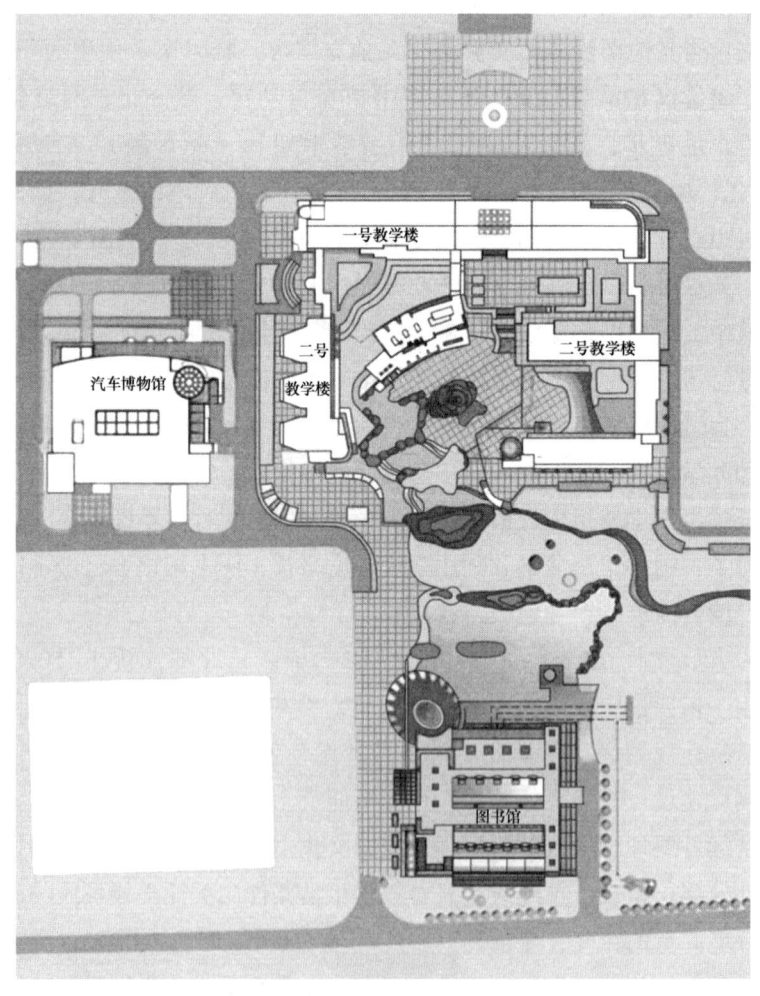

图 14-1 山东交通学院无影山校区北院平面图

图书馆位于北校区东南部、废弃采石场一带。袁镔教授多次亲临现场勘察，不断完善设计方案，施工建设的关键节点，袁镔教授现场指导，优化建设方案。袁镔教授带领自己的团队，因地制宜、适度创造，充分利用社会组织尤其是学校大力支持的有利条件，采用各类节能环保技术，进行了水景观多功能建设、绿化多功能建设以及建筑与环境一体化建设等，建成了一座集舒适、实用、安全、科学、美观、环保、节能、健康要求和国家规定标准于一体的绿色生态图书馆。

山东交通学院无影山校区图书馆，对原有的恶劣生态环境进行了重塑和再造，营造出了如诗如画、宜游宜学的校园环境；倡导绿色理念，创造出了节能环保、优雅舒适的学习阅览空间；实现了建筑与环境的和谐一致、功能与审美的完美统一。无影山校区图书馆是袁镔教授的代表作之一，也是我国现代图书馆设计建设研究的重点案例。

第二节　馆舍概况

图书馆位于无影山校区北区，建筑占地面积为 3000 平方米，总建筑面积达 1.5 万平方米，建筑高度为 32.5 米，地上五层，地下一层，外形呈平面方形。目前馆藏图书 70 余万册，以交通运输类收藏最为丰富。校园网覆盖全馆，实行门禁管理，读者凭一卡通入馆。

图书馆内部采用大开间、全开架、借阅藏管一体化服务模式，共设新书展借区、自然科学借阅室、社会科学借阅室等四个开架图书借阅区，电子阅览室、现刊阅览室等三个阅览室，另外还设有密集书库一个，多功能报告厅一个，视听室一个，咖啡厅一个。阅览座位 2000 席，电子阅览座位 240 席，视听座位 260 席，咖啡厅座位 80 多席，报告厅座位 310 席。图书馆启用后，场所功能得到全面提升，馆舍面积增加 1.1 万平方米，座位增加 2212 席，舒适又实用的学习空间为广大师生提供了健康、美观、静谧的阅读环境。

图书馆建筑设计是国内较早探索绿色生态技术策略，选用适宜技术，系统、整体推进可持续发展建设思想的项目。在设计、建筑和装修等每个阶段都充分考虑到节能降耗与能源利用，并力求在人、建筑、自然之间重构和谐统一的关系，提高绿色建设、绿色管理水平，实现自然与人工的良性循环，并使建筑规模、建筑技术与投资之间达到总体平衡。

图书馆建筑坐北朝南布置，根据济南气候特征和场地内原有的坑洼地貌，在图书馆北部设计建造了中心水景湖。湖区驳岸经过精心整治，保留原有自然岩面，大量运用湿地和水生植物打造自然景观；湖面往北，山石荦确，壁立如劈，犹如一片天然屏障阻挡了冬季寒风吹向建筑。美丽的中心水景湖与图书馆建筑融合，不仅呈现出绿色校园新貌，而且充分利用自然水体资源改善了周边生态环境，湖水的冷却功能也尽量减少了中央空调功率和热量排放。

图 14-2　山东交通学院无影山校区图书馆

图书馆外形规整，框架结构，主体平面呈四方形。室内围绕中庭布置了玻璃边庭、报告厅类椭圆形附楼、水上平台。报告厅走廊、水上平台边界模仿自然驳岸形态呈现规则几何式，平台尽可能贴近水面，柱子延伸至水面以下，使自然驳岸和建筑水线形成连续景观线，赋予建筑以韵律和节奏感。湖面映衬着建筑的倒影，图书馆楼显得更加庄重宁静明亮。水上平台的花坛丰富了近景，也为隔岸眺望建筑提供优美景框。建筑主体、报告厅、水上平台、景观湖错落有致，高低适中，建筑风格简洁明快、造型别致，对校园人文环境形成创造了良好条件，在增强校园的空间形态塑造、生态环境保护和知识交流活动等方面都具有重要意义。

图书馆西侧为主入口，外观设计以火车的力量象征，寓意图书馆是专业特色鲜明的文献信息服务中心，同时也代表了校园文化形象和精神驱动力。西侧为双层界面，外层界面为砼花格遮阳墙，花格墙除了有虚实过渡的装饰效果外，主要起到为建筑防晒降温的作用。北侧面向室外景观，采用大面积开窗，窗口位置迎着自然风口开设，一方面有利于自然通风，内外通透，另一方面窗外园林景观给阅览空间带来更加安静、通透、温和的视觉感受。

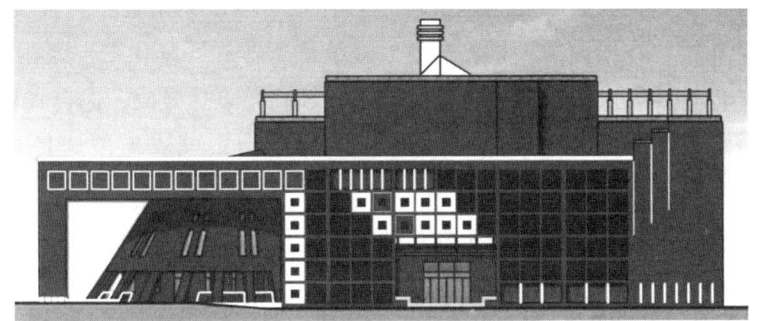

图14－3　山东交通学院无影山校区图书馆西立面图

东侧为退台式、水平式绿化界面，建筑面积由二层向顶层逐渐减少，每层减少的建筑面积成为上一层的平台，每层平台成为一个开放的露台花园，顶层

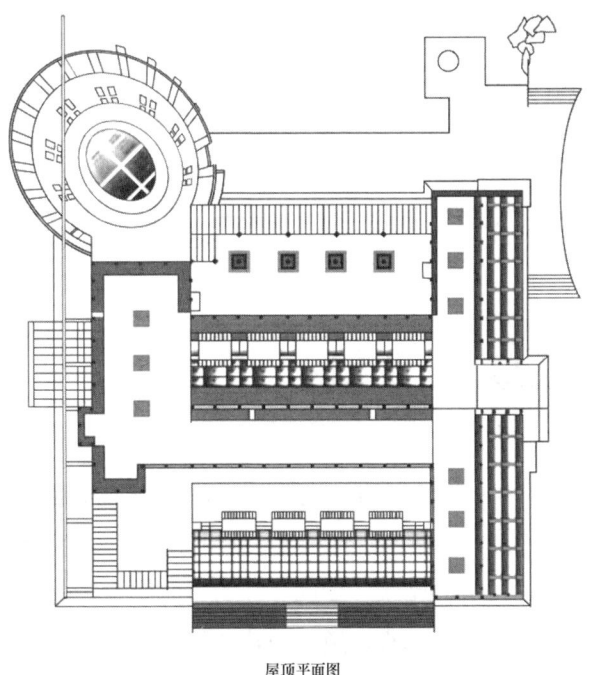

屋顶平面图

图14－4　山东交通学院无影山校区图书馆屋顶平面图

为屋顶花园。四层屋顶南北各有一片室外绿化阅览场，室外阅览场面积200平方米，园林小景风格简约有序，由于夏季炎热、冬季寒冷，所以种植了耐旱、耐寒、低矮、抗风、耐移植的浅根性植物，如月季、夹竹桃等等，漫步花园，闹中取静的环境使人整个心都能沉静下来。五层屋顶利用空心砖做成25厘米高的各种花槽，花槽内填入培养介质，栽植草木花卉，绿化平台绿化面积400平方米，露台花园和屋顶花园对整幢建筑起到降温隔热效果。退台式界面即美化环境、净化空气、改善局部小气候，还能增加东侧立面俯仰景观的轻快之感。

图书馆南侧设计了玻璃南边庭，玻璃幕增加冬季光照取暖，遮阳板使夏季遮阳面积加大，冬季遮阳面积减小。玻璃南边庭室内水幕夏季开启后可以进行室内降温。整个玻璃南边庭利用空间高敞的结构，玻璃幕在室内热缓冲、通风质量、日照采光等方面均起到良好的调节效果。

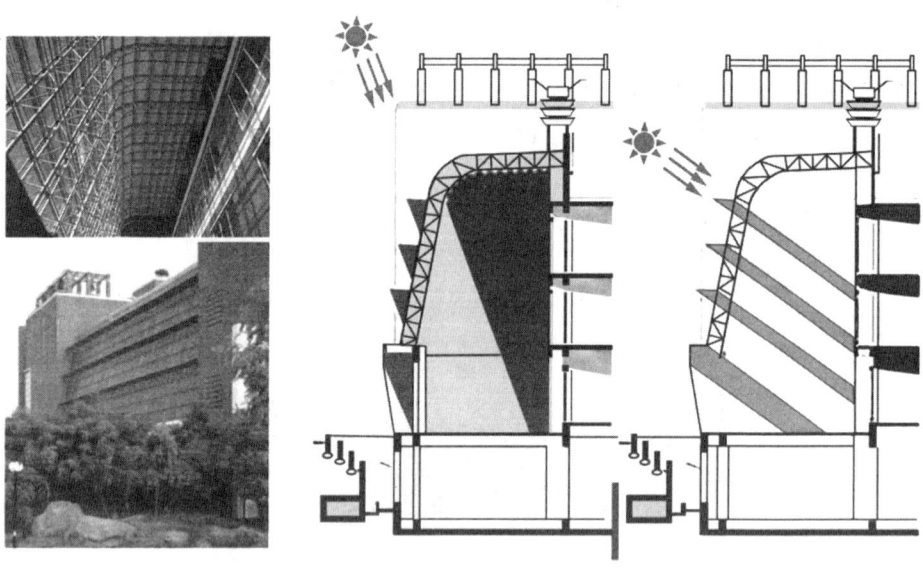

图 14-5　山东交通学院无影山校区图书馆南立面玻璃房

建筑室内环绕中庭分割结构，中庭设计为竖向空腔，由下向上收缩，阶梯筒状，顶部设置拔风烟囱，垂直风道利用热空气上升的原理，将建筑各层的热空气排出，达到自然通风、降低建筑墙体的传热系数的目的，达到了节约建筑能耗的作用。

图 14 - 6　山东交通学院无影山校区图书馆中庭

图书馆建筑风格简洁新颖,外立面设计以适宜的建筑形态与教学楼群统一。设计中注重把生态技术构件作为建筑艺术元素进行处理,实现了技术与艺术结合、建筑与园林景观结合。

第三节　设计理念

无影山校区图书馆以生态建筑为建设理念,依据地域气候、地形地貌、自然资源和生活方式,采取因地制宜、适度设计的措施,协调物质、能源在建筑系统内的循环转换,创造出环保、低耗、节能、生态平衡的建筑环境和健康、美观、高效的学习工作环境,充分体现人、建筑与自然和谐统一。无影山校区图书馆投入使用后,第一年运行能耗比普通学校建筑相比,降低 40% 以上,节能减排环保效果明显。

一、因地制宜规划设计

山东交通学院无影山校区图书馆创作于 2000 年下半年,是国内较早探索生态技术手段,对场地风环境、光环境、热环境、声环境等加以组织和利用的新成果。在设计和实践中发展了生态建筑的概念,结合地形地貌进行场地设计，建筑布局与场地气候条件和地理环境相适应，节约资源，保护环境，满足了师生信息获取和阅读空间使用要求，从经济角度对生态建筑探索方面看，效果也十分显著。

设计者深入研究了国际上许多优秀的绿色建筑工程案例后认识到，绿色建筑的建设不存在统一技术模式和通用发展道路[1]。参考基地生态系统的规律，因地制宜进行适度规划设计，才能达到生态建筑的理想状态，即能在小范围内达到自我循环，而不对环境造成负担。[2]提出：一方面规划设计思路不照搬发达国家的技术和做法，平衡地区的经济社会发展阶段、建筑特点、建设资金和施工单位的技术水平，设立切合实际的阶段目标。另一方面规划设计要符合本地的自然条件特点，本着简单、适用、灵活、高效、经济和多功能的原则，解决建筑生态问题，力争节约资源，实现一定程度的物质能源的循环利用。

对于建设者，拟建图书馆场地原貌的环境条件很具有挑战性。山东交通学院无影山校区位于济南市区的西北部，辉长岩分布区，长期风化后，砂、岩混杂，形成"砂包石"的独特地貌；地段内曾经是一个采砂场，人为大量地破石头挖取岩石，地面坑洼不平，尤其是常年倾倒垃圾，有些地方堆积深度达4.5米，场地内垃圾与风化后的岩体混杂形成比较恶劣的地貌环境[3]；地下水位层深达数百米，不具备利用地下水或土壤热的条件；整个校园的场地坡度较大，地势北高南低、东高西低，内部排水不畅，图书馆北部场地地势最低，是挖砂留下的大坑，周围渗水和地表水汇聚在此，形成了一个有一定蓄水量、常年积水的纳污坑塘，内生芦苇杂草，沼泽遍布。在种种不利条件下，直接进行大量性建设确实困难重重。

气象条件方面，山东省济南市地处寒冷地带，冬冷夏热，冬季气温低于5℃的天数约为90～100天，夏季气温高于28℃的天数约为70天。冬季采暖、夏季空调降温是耗能最大的两项内容，而且建筑内制冷采暖期长，建筑使用能耗十分巨大。

尽管自然环境比较严峻，对建筑设计是一种制约，但是通过尊重和保留土地中有利用价值的地貌和物质资源作为生态要素，也可以成为建筑形式无限多样性的源泉。正如柯里亚所说它可以构成建筑作品的深层结构[4]，对环境的保护和再利用可以使建筑的个性化特征与环境融合不断增强。例如，污水塘改造中，彻底清理了垃圾，再通过回填自然土壤保持土壤渗透率，利用水塘改善周围环境，并借自然弯曲的水体软化校园主要建筑体块边界，使之具有自然山水的景观情趣。水塘改建后，污水塘变成清水池塘，不时有鱼群游过，自然生态系统与人工建设系统自然交融。坑塘"变废为宝"，开辟出面积 7000 多平方米建设用地，美丽的自然景象又成为校园中心景观。

另外，在研究气象条件时发现当地风力资源是一种重要的有利资源。图书馆拟建地段南敞北收，有一定的风力资源可利用，冬季主导风为东北风，平均风速 3.1 米/秒，频率 15%，夏季主导风向为西南风，平均风速 3.1 米/秒，频率 14%，对于建筑的自然通风极为有利；同时济南地区属于我国太阳能资源比较丰富的地区，因此太阳能也是该项目可以考虑利用的重要资源。

建筑生态是一个开放的系统，生态建筑的实现必须全面综合地考虑当地自然生态和社会生态的需要，考虑宏观、中观和微观的结合，总系统与子系统的结合。[5] 因地制宜地规划，才能更好地发挥生态性能的整体优势。所以，在深入调查了场地特征、气候分区、土壤和地下水资料、土壤对于回填和渗透的适宜性等等数据后，设计者确定以下 6 个主要设计策略[6]：

1. 尽量采用被动式构造技术，充分利用济南地区太阳能资源；

2. 充分利用场地的有利地形条件和良好的风环境，加强室内自然通风；

3. 改造北部水塘，使它成为可收集雨水的室外水景观，调节微气候；

4. 重视室外场地和建筑周边的绿化，并通过立体绿化和室内外绿化相结合的办法，改善场地生态环境，提高建筑的舒适性；

5. 针对济南夏热冬冷的气候特点，建筑外围护结构，采取保温隔热和遮阳措施；

6. 研究地道风技术用于预冷预热空气的可能。

设计技术要点：围护结构优化设计、自然通风设计、地道风、自然采光设计、空调系统设计。

设计采用建筑能耗模拟软件 DeST 对该建筑围护结构热工性能进行模拟，对其负荷特点进行计算分析；采用拔风烟囱等手段，保证了建筑的自然通风效果；利用地道风对空气进行预冷，承担部分空调负荷；充分利用当地水文条件，建立水源热泵空调系统；设计采用多种遮阳设施保证了室内良好的自然采光质量；并根据以上各方面计算结果，对建筑内部的热环境及通风、空调设备的运行状况进行模拟计算，实现了该建筑的节能、高效运行。

通过统筹布局、科学规划，设计初期遇到的问题依靠合理的适宜性技术手段得以解决，形成了行之有效的通风、蓄冷蓄热、保护环境、调节微气候、亲切自然的调控机制，最大限度地提高资源（太阳能、风能水能、生物质能等）的利用率。

二、适度设计实现建筑生态化

山东交通学院无影山校区图书馆的建设资金有限，如何在设计和建设中降低技术成本，降低建设造价同时保证技术的使用效果，是设计者考虑的重要问题。在方案创作时首先考虑图书馆的规划布局要争取有利的朝向和风向，以便充分利用日照和自然通风[6]，通过制冷、取暖、照明、采光、家具、装饰和室内绿化等各个环节提高建筑的"生态化"。

（一）建筑界面的生态节能技术

建筑设计中综合考虑了当地日照、主导风向、景观等因素，设计重点放在减少外墙面积的思路上。设计后的建筑物体形系数达到 0.35，良好的体形系数大大减少了冬季外墙的热损耗。

图书馆位于无影山校区进出自然风的路径上，北立面三分之二面积设置了窗口，窗口位置迎着自然风口开设。夏季，穿堂风、谷地风、水陆风经过湖水面，吹向建筑窗洞口，利用自然通风可以改善室内、外的湿、热环境。冬季，封闭的立面隔热性能强，足以抵御寒风，减少热损失。报告厅上部的开窗形成一圈封闭的立面，下部是轻盈的券廊结构。封闭的立面像一堵山墙规整了东立面产生的阶梯形状，为东立面绿色花园遮阳，同时又扩大了建筑物的上下空间。但大面积的竖面容易产生拘谨、压抑之感，于是设计者在立面二层东边缘设置了突出的玻璃边庭，上角开出一个方口，增加了阅览室和东立面绿色花园的光照和通风，整个北立面凹凸变化，疏密对比，增强了立面的通透感。湖面映衬着建筑的倒影，显得更加庄重宁静明亮，丰富了空间层次。水上平台的花坛造型简洁，避免了形式上花里胡哨影响建筑整体效果。

南立面结合功能要求设计了玻璃南边庭，它是一至四层阅览室与户外相连的媒介，玻璃温室开敞通透，掩映在绿荫之中，形成温度缓冲的调节空间，曲面的玻璃屋盖使建筑温暖而活泼。冬季被动式利用太阳能形成的"暖房"可以减少室内热损耗，节约供热能源。夏季落下遮阳卷帘柔和光线，通过热压作用加强自然通风，提高室内热舒适性。在建筑中通过合理的空间布局及构造设施形成风压及热压，可引导建筑内部空气流动，产生通风降温的效果，这也是对风能最直接最简易的利用方式。[7]

　　图书馆主入口设在西向，西立面是双层界面设计，内层是普通意义上的建筑界面，外层界面为通透的砼花格遮阳墙，是在建筑主体前即离处设置的一道混凝土防晒墙。防晒墙与建筑主体完全脱离，内、外层界面之间的空隙是北宽南窄，最窄处4.5米宽，主要起缓冲层作用，利用内、外层界面之间的空气层减少太阳对西墙暴晒，进一步起到降温的作用，使建筑内部拥有更舒适的环境。夏季砼花格遮阳墙可遮挡西晒的太阳直接辐射并形成拔风效果，打开西侧山墙上的对外窗，缓冲层内的夹道风可以带走室内的热空气，减少冷负荷，节约能源。冬季砼花格遮阳墙可遮挡西北风并蓄热形成热保护层，促进室内外自然风的流动，也保证室内的均匀光照。

　　西向立面的双层界面有效缓解不利气候因素对建筑的影响，降低了建筑能耗，是实现建筑生态化的一种有效手段。同时通透的网格化洞口造型也创造出一种崭新的建筑空间形态，由砼花格遮阳墙向北延伸出的横向线性直角拱柱，使立面整齐对称，方口形状疏密对比，扩大了建筑的空间感和层次感。

图14-7　山东交通大学无影山校区图书馆西立面

　　东立面是异形的建筑界面，设计者主要从生态需要出发，根据建筑采光、遮阳、通风的需求将上层阅览区设计为退台式植物绿化遮阳结构，退台式建筑的特点是底层面积最大，随着楼层增加，面积逐渐减小，形成一个梯形体，朝南朝北的侧面就是梯形的斜边，每层平台用联拱柱分割空间，单调的环境中适当增加空间间隔，外立面看起来更加层次分明，空间更为开阔，提升了建筑的艺术感。平台、拱柱和墙面等开辟为绿化场地，用以遮阳降温、净化空气，创造出一个环境优美的空间。

退台及屋顶的绿化构架及绿化场地、拔风烟囱、西向遮阳墙，南侧玻璃大厅遮阳板、室内外墙面装饰面砖采用黄河淤泥烧制而成的红色劈离砖，建筑构件即节能环保又兼具装饰表现。

（二）外围护结构保温隔热技术

建筑的外墙、屋顶都采用保温隔热材料，外墙采用 240 毫米厚砼墙体加 60 毫米厚膨胀珍珠岩，屋顶采用 350 毫米厚加气砼[6]保温屋面，外窗安装中空塑钢窗。

外墙传热系数 0.58 瓦/平方米度，屋顶传热系数 0.54 瓦/平方米度，外窗传热系数 2.8 瓦/平方米度，保温性能高于 2001 年的国家标准，甚至可以达到 2005 年国家新颁布的公共建筑节能设计标准的水平。

建筑四面是可开启的大窗户，确保了自然采光和通风。外窗窗外设置固定百叶遮阳，在玻璃大厅内采用了内遮阳方式，将光线充分、均匀引入室内并避免了眩光。

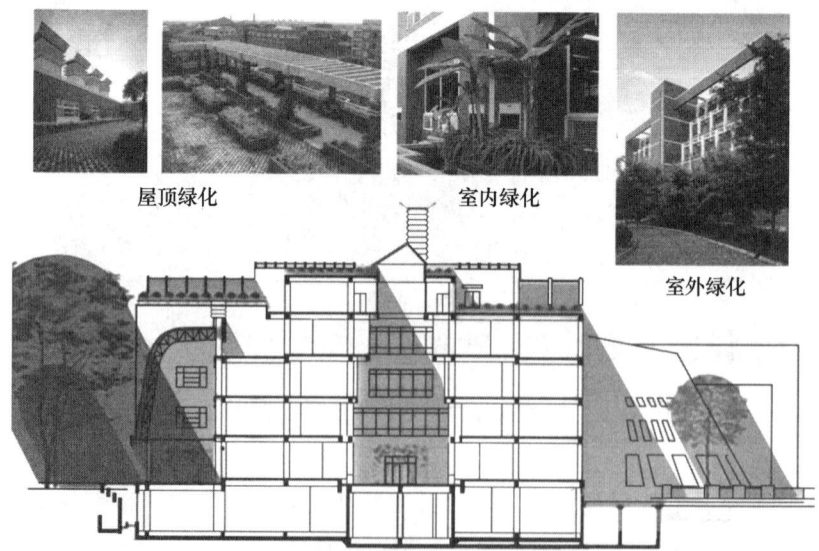

屋顶绿化　　　　室内绿化

室外绿化

图 14-8　山东交通大学无影山校区图书馆立体绿化技术

图书馆生态系统是一个高度人工化的生态系统，绿色植被为图书馆生态系统平衡和稳定的基石。设计者在二至五层屋顶室外设计了退台式、水平式的绿化空间，这些绿色花园起到遮阳、降温和输送氧气的作用。室外建筑场地种植乔灌木和花草复层绿化，栽种了很多树冠较大的树，用于改善场地生态环境。夏天，植物茂密旺盛，大树绿叶成荫遮挡强烈的阳光；冬天阳光透过稀疏的树枝洒落在室内。足够规模数量、结构分布均衡的绿地系统使图书馆绿色生态得以良性发展。

（三）湖水冷却节能技术

图书馆北面的景观湖湖水是建筑冷却用水和循环使用室内水景用水。湖水通过设置的循环水泵给高水位水箱供水，水箱内的水经采用明沟排水回落至湖内。排水明沟中的水通过流动、跌落，产生水花，增加水和大气接触的机会和接触的面积，从而增加水中溶解氧的含量。水在湖水和水箱之间不断循环，有效地除去了水中的污染物，使湖水长期保持较好的水质情况[8]，大大减少了净化水质的资源消耗。同时，利用湖水代替冷却塔，中央空调散热系统设置在楼底湖面上。新风经过通风道降温后再进入中央空调制冷，使得每台采用高性能的冷空调机组制冷量为额定制冷量的130%。

（四）室内环境中的生态节能技术

图书馆室内通过遮阳、自然采光、中庭和边庭自然通风、外围护结构高性能保温、水池替代冷却塔、地道风等方式存储和控制热能，降低能源消耗，保持室内的舒适性和空气新鲜，创造出健康的室内环境。

1. 自然通风系统

通风是进风与排风的循环过程，其中室外新风引入室内，室内气味、粉尘和有害气体等污染物随空气流通稀释并排出室外。为加强自然通风效果，图书馆建筑室内采用中庭的风塔自然通风、太阳房自然通风、地下廊道自然通风三种形式相互补充通风效能，保护使用者的健康与舒适感。这种系统十分节能，也易于维护。

图书馆一至五层大空间阅览室自然通风主要是结合建筑中间通高的中庭采光井作为整个建筑物的"通风核"，面向中庭的楼板由下往上逐层收缩，中庭天窗上增加拔风烟囱，通过风压、热压的耦合强化自然通风。打开通风塔的百叶窗，自然风通过外墙窗户百叶、阅览大厅和中庭之间的玻璃隔断百叶窗引入

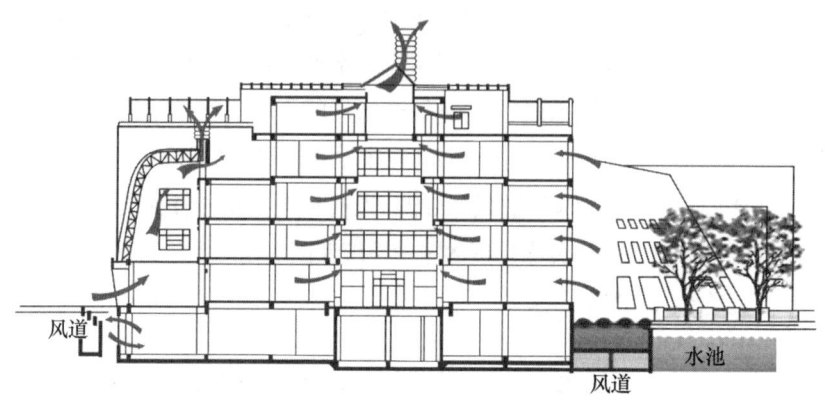

图 14 - 9　山东交通大学无影山校区通风降温示意图

图 14 - 10　山东交通大学无影山校区中庭拔风烟囱出风口

新鲜空气，再通过中庭顶部的风塔上释放。百叶进风口与通风塔排风口之间高度差产生的风压，加速自然风的流动，同时太阳辐射透过图书馆中庭顶部的玻璃采光顶棚，使中庭内的空气温度升高，热空气上升由上部风口排出，再吸入外部较重的冷空气引发空气流动，形成图书馆采光中庭热压自然通风。[9] 在窗户和中庭间形成"穿堂风"为每层大开间敞开式阅览室提供了自然风。烟囱效应不仅实现了热压式自然通风，能应对常变的外部风环境，而且还有效阻挡了热量传递，降低建筑墙体传热系数。

太阳房自然通风。图书馆南庭全玻璃幕墙咖啡厅北墙设有通风竖井，通风竖井从地下室一直贯穿太阳房屋面顶部，通风竖井在地下室侧墙、咖啡厅侧墙和各层阅览室侧墙上设有可控制的通风百叶窗，相互联通。阳光投射进咖啡厅，温暖的空气通过进入附墙的通风竖井百叶，空气自然地被导入各层阅览室，在建筑内部形成空气流动，增强通风效果，控制四季室内的温度和湿度。

图 14 - 11　山东交通大学无影山校区一层咖啡厅

地下廊道自然通风。图书馆在地下室北墙室外平台下、南墙室外地面以下设置了水平地下廊道通风道，抽取地面新风后，室外空气经过混凝土地下廊道通风道和地下室进行预冷预热处理，阴凉空气通过地下室、通风竖井、楼梯间，向各层阅览室引进潮湿阴凉的空气。因此，利用地道自然通风可以降低冬季采暖和夏季空调能耗。

2. 自然采光技术

自然采光技术有侧面进光和顶部进光两种形式，除了适当加大方形外窗面积，在中庭、南庭全玻璃幕墙咖啡厅、校史馆都充分利用顶部天窗引入合理日光，增加室内照明。校史馆屋顶格栅遮阳使光线更均匀、柔和、舒适，降低照明负荷，提高室内光环境。

图 14-12 山东交通大学无影山校区校史陈列室

3. 室内绿化

室内中庭南北两侧花坛种植散尾葵；大厅中央布设 4 个花坛，种植翠竹；南庭中央两组花坛，培植榕树、棕榈树等乔木和灌草、咖啡座分隔花坛种植冷季草等等绿植。一方面起到分隔空间、遮挡视线、分流人群之用，另一方面室内绿化用来调节并改善室内微气候。

4. 节水

位于图书馆南庭外侧是全玻璃幕墙，夏季，强烈的日光照射给室内造成大量的热辐射，来自池塘的水经过初步净化，进入图书馆地下消防水池，用泵通过预先埋设的纵向给水管、水平给水管送至咖啡厅玻璃幕顶部设置的出水设备，水顺着玻璃幕墙外部流下，底部设有水池，排水口可将水排向外部的排水管，循环利用水形成水幕墙，减少了热辐射，避免浪费水资源，满足环保需求。经过初期处理的池塘水在高温下雾化冷却玻璃幕墙外表面，夏季玻璃结构外表面温度可降低到足以保证室内空间热舒适的程度。水幕墙所需的水量少，水耗低，电耗也低，节省了运行维护费用。水流通过幕墙表面形成水幕同时给人一种飞流直下的壮观和深邃，阳光照射下银光闪闪，池水碧波，显示出水的无穷魅力，成为建筑构成的景观艺术作品。

5. 节材

室内环境设计中最大的环保隐患来自墙面装饰和家具。因此，在室内设计时中庭柱子及地下室混凝土墙都尽量利用素混凝土面装饰，中庭内墙采用外墙砖贴面，减少了装饰材料的耗费和建筑废弃物等污染物数量。采选家具时注重了家具的环保属性，选择的家具制造商都是具备绿色环保认证资质的企业，以免有害气体滞留室内造成环境污染。

图 14-13　山东交通大学无影山校区一层报刊室

由于遮阳、绿化、自然通风等一系列生态技术手段的运用，在节能前提下，完善的通风系统增加了室内新鲜空气量和循环气量，消除了室内外空气污染物，保持了室内健康良好的空气质量。

第四节　功能布局

图书馆具有文献存储流通职能、信息素养教育职能、信息服务职能以及科研协作职能，是校园文献信息中心、自主学习中心、知识传播中心、文化交流中心，因此，图书馆建筑内部空间通过多元化功能布局满足信息存储、信息获取、学习交流等多种需求。比如，合理、科学、安全的三大流线设计（藏书、读者、馆员）为读者营造了顺畅、轻松、方便的视觉感知与空间体验；室内装饰从校园文化、专业特色角度营造出舒适、美观、和谐的阅读学习氛围；沙龙活动和讲座专区，不定期地举办各种读书节、数字资源推介、信息获取竞赛、名家讲座和电影放映等文化主题活动。图书馆室内开放、平等的空间功能，开拓出知识获取、文化交流和思想迸发的交融空间。

一、功能组织

从楼层布局看，图书馆室内由封闭空间、动态空间和静态空间组成，服务于图书贮藏与阅览、电子资源阅览、办公、休闲、活动中心的功能。

（一）封闭空间

图书馆地下室空间在视觉、听觉等方面具有很强的隔离性，该区域规划为非纸质阅览空间，主要设置电子阅览室、密集书库、视听室，为到馆读者提供现代化、信息化、数字化为一体的文献信息资源、美育教育、图书续借、图书预约、网上书目检索、网上参考咨询、在线观看等多样化服务项目。如视听室作为重要的美育教育空间，承担了多种功能，提供高品质影音鉴赏服务，读者可以通过预约方式登记使用。视听室每月都会举办不同主题系列的影音鉴赏活动和馆藏图书推介活动。

（二）动态空间

一层入口、中庭、二层展厅人员流动性大，视觉或听觉上动感强，规划为动态区域。该区域主要有报告厅、校史陈列室、借还书处、咖啡厅、咨询台。

图书馆一楼入口空间，主要进行门禁管理和分流进出馆人员。入口两侧为借还书总服务台、咨询台，读者一进入图书馆就能快速找到馆员，进行流通借还和简单的信息咨询。

入口迎面文化墙前是孔子雕像，雕像背后是竹简样式的主体文化墙，刻有篆书的中国古代著名经典长卷——《大学》，字体笔力深雄。山东交通学院校训"明德至善 格物致知"即选自《大学》。校训"明德至善 格物致知"其原文为："大学之道，在明明德，在亲民，在止于至善。""古之于欲明明德于天下者，先治其国。欲治其国者，先齐其家。欲齐其家者，先修其身。欲修其身者，先正其心。欲正其心者，先诚其意。欲诚其意者，先致其知。致知在格物。格物而后知致，知致而后意诚，意诚而后心正，心正而后身修，身修而后家齐，家齐而后国治，国治而后天下平。"明德是指注重道德修养，使道德法令化为内在需求，达到人生道德境界。明德为做人第一要务，为教育首要职责。至善是指明辨是非、善恶，除不善之行与思，臻于尽善的生存状态，实现自我超越；张扬个性，发挥所善之特长，造就个性化人才。格物是指探究事物内在本质及物理性原理，追求实学。实践出真知，目标为道与器的和谐统一。致知是指开启智慧，学会认知，改善心智模式。知识的态度是人的普遍之美德。[10] 入口文化墙是校园文化展示与建设的一部分，通过书写经典，树立了学校品牌形象，培育了学校共同价值观和"交院精神"。图书馆文化宣传推动了绿色校园建设，是形成校园和谐、文明、人文、艺术的风景线。

一层大厅还设有新书展示架，方便读者浏览到馆新书；大厅正中部分是信息检索区；南侧咖啡厅是读者休闲放松和交流讨论的场所，是图书馆延伸服务的一部分；多功能报告厅主要用于各类学术活动、会议；读者接待室主要用于接待贵宾或用于小型学术交流或会议；二层西侧校史陈列室，展示学校自1956年创办以来的发展历程，还是举办各种主题教育活动的基地。

（三）静态空间

根据建筑结构和设施设备使用情况，设置了两类静态空间，一是藏阅合一的阅览空间，二层、三层、四层围绕中庭布局藏书和摆放阅览桌椅，全开架管理，图书均按《中国图书分类法》分类，并按照大类排架，允许读者自行取阅图书资料；二是办公空间，一层、二层东侧、五层设有办公室、保安监控室、消防控制室、网络中心和空调机房。这两类静态空间都是独立性较强，位置固定、范围清晰、功能明确的固定空间。

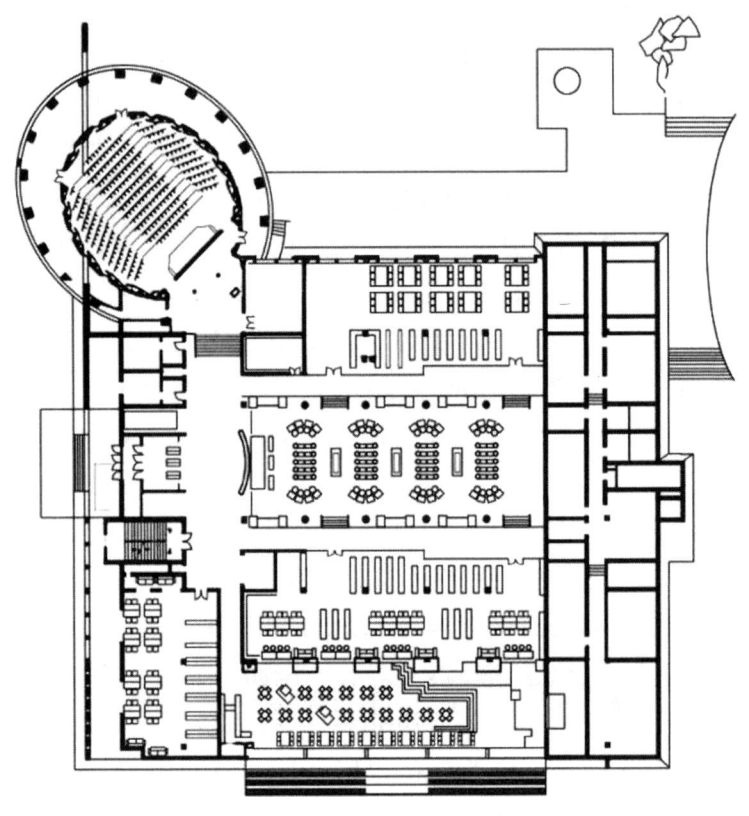

首层平面图

图 14 – 14   山东交通大学无影山校区图书馆首层平面图

二、审美意境

规划设计中，袁镔教授对建筑结构的科学、合理与美感把握十分到位，所以多样简约的结构形式成为建筑室内环境结构与装饰的突出亮点。

首先，中庭构架下宽上窄，内部空间一直向外无限延伸，寓意知识是进步的阶梯，图书馆文化知识没有界限，可以无限延展。阶梯状的层次感、直线与曲线结构的组合设计手法，增添了规律性，简单空间产生出交替节奏，有了丰富的艺术感情。

其次，大玻璃窗和采光天窗达到良好的通风采光效果，最大限度地保留了自然的光线，建筑材料和家具选用色调淡雅、环保节能的产品，内部装饰通过简洁的线条运用、素雅的色调，整个空间被透过大玻璃窗和天窗照射到馆内的阳光和室内雅致的色彩烘托出舒适温暖的氛围，和谐的内外空间色彩关系营造出室内环境的舒适、自然与时尚。如二层自然科学借阅室整体色调为银灰色，阅读桌椅为深灰色，家具为大面积银灰色，点缀少量黄色系列书架，顶面分别采用铝合金条形吊顶和白色石膏板加横向的长条形白色灯光照明，表现出科技之光的现代气息。三层是人文社科借阅室，采用凝聚中国古典色调的家具，温馨而宁静。置身特色鲜明、风格迥异的阅读环境中，可以避免因环境单调所造成的视觉疲劳。

图 14 – 15　山东交通大学无影山校区二层自然科学借阅室

无论是从建筑美学角度还是从建筑空间功能布局的角度，或者是从人流线、交通流线的角度观察，图书馆整体空间功能布局都是合理有序的。

第五节　使用评价

该项目采用普通适用技术和措施，在一定程度上实现了节能、节水、节地、节材、减少污染、保护生态环境，提高了使用空间的舒适性。山东交通学院无影山校区图书馆建成启用后经过使用测试，实效显著。[1]

1. 夏季地道风降温效果显著，测试证明平均降温可达 8℃左右，可节约 60%～90% 新风负荷；

2. 夏季夜间自然通风可实现热压换气 2.5～3.5 次/小时，蓄冷能力约为 90 千瓦；

3. 湖水冷却效果明显，实测单台冷机制冷量为额定制冷量的 130%，COP ＞5.5；

4. 空调制冷设备，年均耗电量仅 13.6 千瓦时/平方米；

5. 冬季采暖可达 7.8 千克标煤/（平方米·年），高于济南市节能标准 9.8 千克标煤/（平方米·年）。

在综合应用多项技术降低材料与技术成本后，图书馆建成决算出的单方造价约为 2150 元/平方米。其经济性性价比显著，同时也节约了可观的采暖和空调的运营费用。

山东交通学院无影山校区图书馆在建筑设计时因地制宜、适度设计，充分利用本地地质、气候、水文、植被等自然要素，变不利因素为有利条件，通过改造坑塘扩大了建设用地；通过环境建设、遮阳、外围护结构保温、水池降温、地道风等普通技术集成应用，形成了自然通风、超低耗能、天然采光、健康空调、再生能源、绿色建材、资源回用、生态绿化、舒适环境等生态化优点，具有明显的节地、节能效果和减排温室气体的意义。但是，在多年的使用中也暴露出设计存在的许多不足。如低估了中庭加烟囱后的通风效能，导致中庭超强的拔风能力将厕所臭味抽进中庭。铺设在水塘中的冷却水管，日积月累管外壁上的灰泥越来越厚，冷却效率降低，需要清理。尽管仍有许多不足，从整体看来，预设的环保节能、保护生态方面是成功有效的，其显著的示范效果产生了重要的社会影响。

参考文献：

［1］袁镔. 简单 适用 有效 经济——山东交通学院图书馆生态设计策略回顾 ［J］. 城市建筑，2007（4）：16－18.

［2］汪洋. 绿色城市的守望 智能建筑与绿色建筑 ［M］. 长春：吉林人民出版社，2014：82.

［3］山东交通学院图书馆：普适技术升华绿色建筑 ［J］. 建设科技，2007（06）：10－

11.

［4］西安建筑科技大学绿色建筑研究中心.绿色建筑［M］.北京：中国计划出版社，1999：105

［5］马国馨.环境城市论稿［M］.天津：天津大学出版社，2016：150

［6］袁镔.山东交通学院图书馆绿色建筑实践［J］.建设科技，2009（14）：50－52.

［7］尹晶.生态建筑与环境研究及案例［M］.北京：中国建材工业出版社，2009：48.

［8］尹晶.生态建筑与环境研究及案例［M］.北京：中国建材工业出版社，2009：101.

［9］尹晶.生态建筑与环境研究及案例［M］.北京：中国建材工业出版社，2009：230.

［10］山东交通学院校训［EB/OL］.［2020－01－01］.http：//www.sdjtu.edu.cn/xygk/xxbs.htm.

（执笔人：张悦霞）

第十五章 中国科学院文献情报中心

中国科学院文献情报中心（National Science Library, Chinese Academy of Sciences）是国内最大的科研院所图书馆，是集图书馆和情报研究与服务于一体的文献情报机构，立足中国科学院、面向全国，主要为自然科学、边缘交叉科学和高技术领域的科技自主创新提供文献信息保障、公共信息服务、战略情报研究与服务、科学交流与传播服务，同时通过国家科技文献平台和开展共建共享为国家创新体系其他领域的科研机构提供信息服务。

中国科学院文献情报中心建于 1950 年 4 月，1951 年 2 月正式定名为"中国科学院图书馆"；1985 年 11 月，更名为"中国科学院文献情报中心"，同时保留"中国科学院图书馆"的名称；2001 年 10 月，进入中国科学院知识创新试点工程序列；2006 年 3 月起改用"中国科学院国家科学图书馆（筹）"；2014 年 3 月，重新确定为"中科院文献情报中心"。[①]

第一节 建设背景

1995 年起，中国科学院文献情报中心根据发展需求和有关土地资源合理配置与开发利用政策，确定了新馆筹建工作与王府井馆舍开发齐头并进的方针。1995 年底，新馆筹建团队就根据 600 多万册藏书量及其发展、接待读者历史最高记录和对图书馆业务发展的展望，提出了 43900 平方米的新馆建筑需求测算报告，并经中心领导和学术委员会讨论后，于 1996 年上半年向中科院

[①] 本章中涉及不同历史时期的名称使用，实际均为同一机构。

基建局做了报告。之后的一年多时间，新馆筹建团队就新馆建设规模与院有关部门进行了十几次的反复讨论。到 1997 年，中科院重新调整中关村科学城改造建设规划，院领导和有关部门研究决定图书馆新馆改在中关村科学城中心区 4#地（原中关村体育场北段）建设，并与院档案馆和网络信息中心合建为一座建筑，新馆建设规模控制在 30000 平方米。

中国科学院图书馆的建设作为中科院知识创新的重要支撑系统，承载着中科院实施知识创新工程乃至建立国家创新体系的需要和落实党中央"科教兴国"战略的需要，以及全国科学家、广大科技工作者、教育工作者的迫切愿望，于 1999 年 9 月 23 日奠基，历经两年的施工建设，于 2001 年 9 月 28 日竣工，2002 年 6 月 28 日正式开馆。

中国科学院图书馆新馆总建筑面积 40900 平方米，其中图书馆 31000 平方

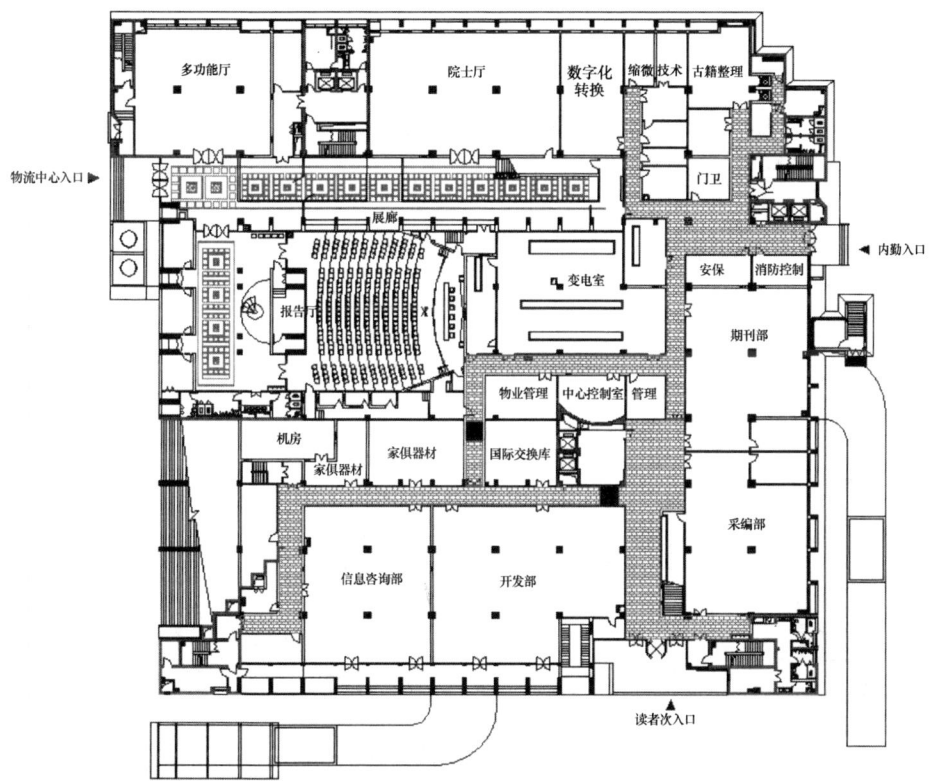

图 15－1　中国科学院文献情报中心一层平面图

米，另有档案馆和部分通用办公空间。工程建设用地 18000 平方米，建筑基地 5665 平方米，建筑东西长 84.1 米，南北宽 77.1 米，总高度 42.4 米。

根据规划建设用地和所处位置的特点，新馆建筑首层和地下一层平面为 84.1 米×77.1 米的近乎正方形，二—六层平面呈开口朝西的"凹"字形，七层则由大型钢桁架将"凹"字形开口连接合拢，平面变换呈"回"字形，建筑北侧为局部九层。

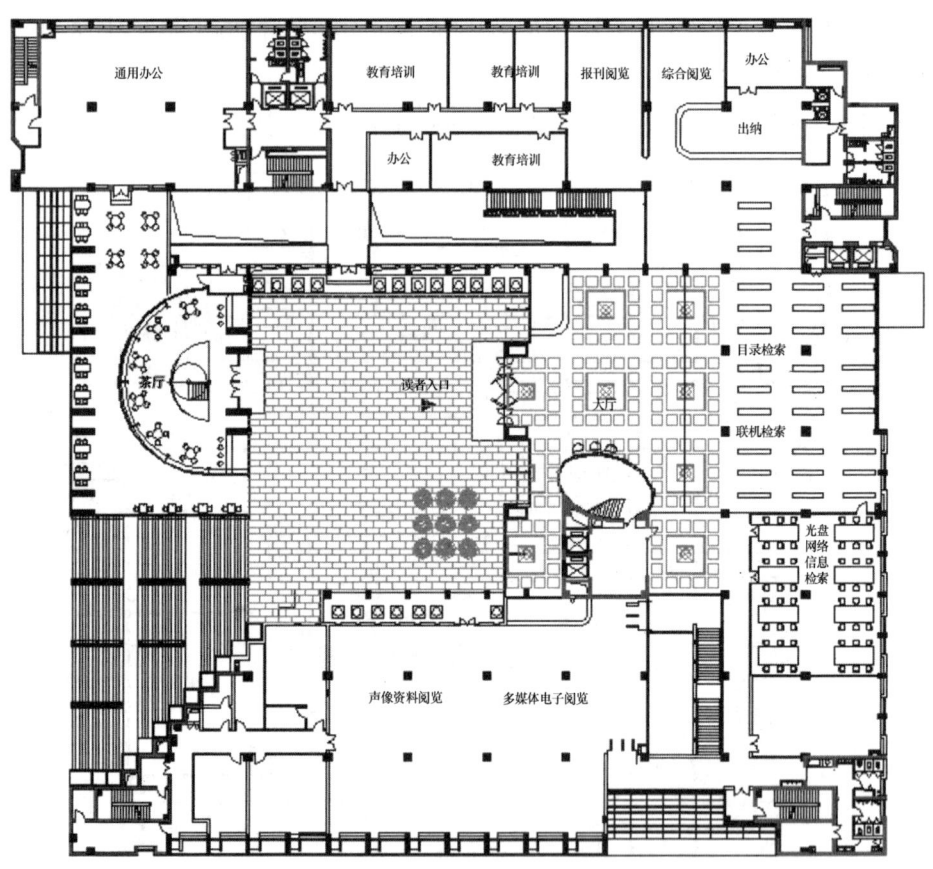

图 15-2　中国科学院文献情报中心一层平面图

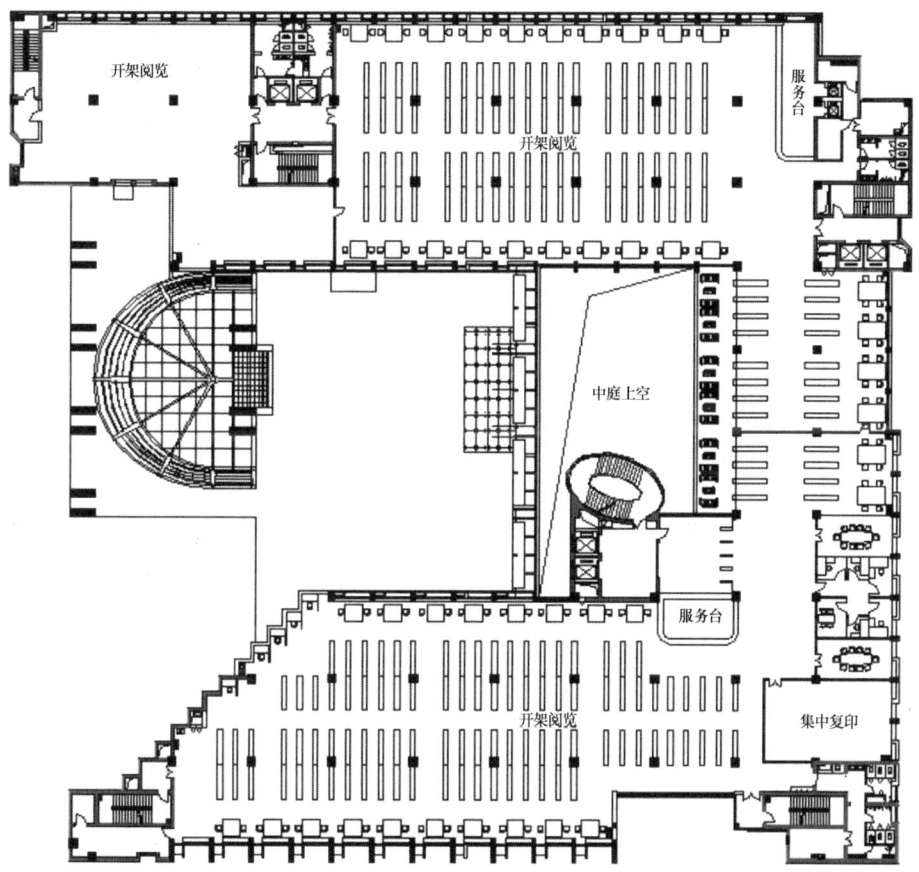

图 15 – 3　中国科学院文献情报中心三层平面图

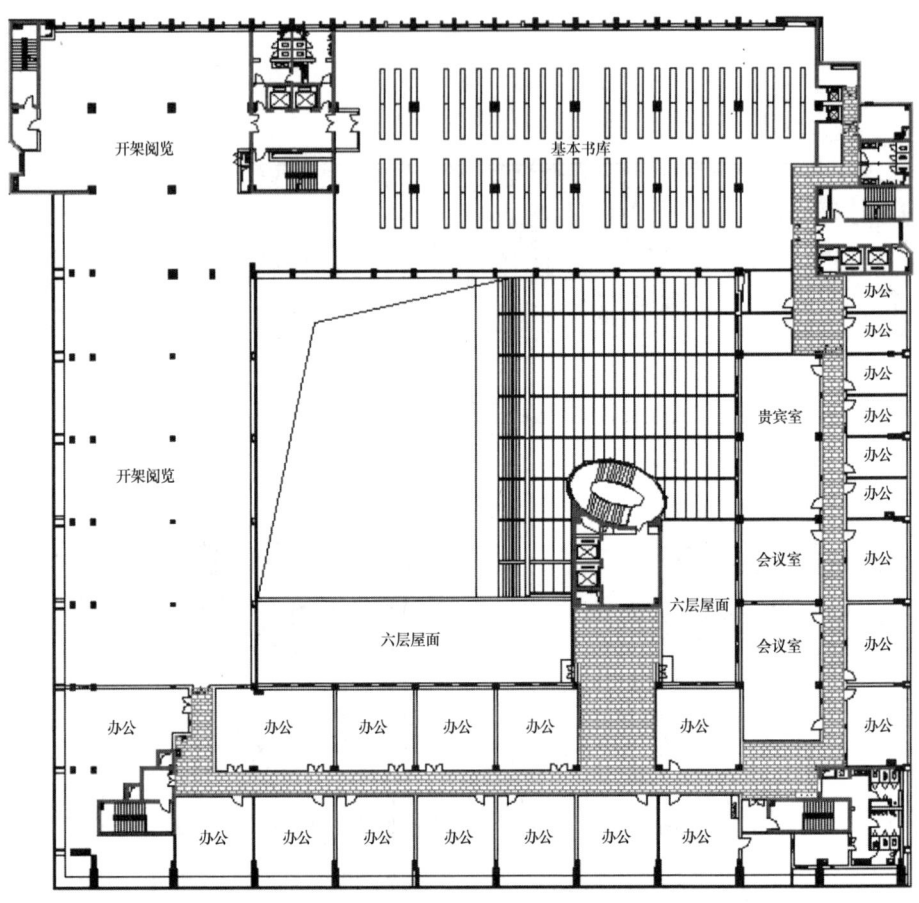

图15-4 中国科学院文献情报中心七层平面图

在立面造型上，建筑师以庄严稳重的基座、端庄挺立的柱廊、南低北高的局部错落、秀丽匀称的竖向长窗、凌空欲飞的轻质挑檐，并配以鲜而不艳的灰红色彩，创造了新馆建筑简明的形体、空透的造型，表达着文化建筑的庄重和典雅，展现出中国科学院图书馆作为国家级科学图书馆应有的科技和文化品质。

图 15 – 5　中国科学院文献情报中心新馆建筑效果图—西立面

中国科学院图书馆

图 15 – 6　中国科学院文献情报中心新馆建筑效果图—南立面

图 15 – 7　中国科学院文献情报中心新馆建筑实景照片

图 15 - 8　中国科学院文献情报中心新馆建筑夜景照片

在平面组合中，考虑到图书馆与档案馆、通用办公三大功能空间要达到功能互不干扰、资源共享、物业共管的目的，将通用办公空间安排在建筑的西北端，竖向布局，自成体系；档案馆则位于建筑北侧八、九层，横向布局，相对独立；并在建筑首层西侧北段设有与学术交流空间共用的出入口。档案馆和通用办公共用一套垂直交通系统。

建筑西侧南段宽大的台阶将读者迎入"凹"字型的中心庭院，透过点式玻璃幕墙图书馆的内部已依曦可见，穿过旋转门进入宽敞明亮的大厅，使人从建筑上感觉到科学院图书馆内涵的丰富和深邃。

第二节　馆舍概况

中国科学院图书馆新馆地处当年规划的中关村科学城的中心区域，南靠北四环路中关村段（新馆地址为"北四环西路 33 号"），东邻由中科院动物所、电子所、声学所和过程所组成的科研园区，西侧为规划占地约 1 公顷的科学主题广场。新馆地理位置优越，交通便利，读者来馆方便。

按照图书馆 30000 平方米的建筑规模，新馆设各种阅览座位 500 个、读者研究座位 100 个，藏书 320 万册（其中开架阅览区藏书 150 万册），非书资料

100 万件，日接待到馆阅览读者 1200 人次，满足全天候网上查询检索 5000 人次，提供设施完善的 300 座报告厅以及相当规模的展厅、院士厅和多功能厅，设可容纳 100 人接受培训的教育培训中心，并满足 300 多人办公需求。

第三节　设计理念

在文献情报中心向中科院争取新馆建设规模的阶段，新馆筹建团队在深入调查研究，认真分析论证的基础上，结合国情、院情、馆情，明确、统一新馆建设指导思想，科学合理地提出新馆建设总体要求。1996—1997 年，新馆筹建团队对国内的北京地区、华东地区，国外的美国和加拿大总共 30 多个新建和著名图书馆进行了考察，查阅了大量图书馆建筑的专著、文章及相关资料，与多位国内图书馆界、建筑界的图书馆建筑方面的专家进行交流座谈，听取馆内各层面对新馆建设的建议。归纳总结出面向二十一世纪的科研图书馆必须具有功能多样、文献载体多元、服务开放、技术先进、环境舒适等特征，进而确定了建筑规模求精、结构设计求灵、技术含量求高、环境创造求美的新馆建设指导思想。

在坚持调查研究和反复仔细测算的基础上，提出了新馆建设总体要求和基本功能要求：新馆工程作为科学城的标志性建筑，要体现 21 世纪现代化科学技术文化设施的时代特色；按照开放型、综合性、多功能的现代化图书馆进行设计，既能适应 21 世纪文献情报事业发展的趋势，又要兼顾当前与长远的需要，充分满足各项功能要求，达到实用、高效、灵活、舒适、安全、经济、美观的和谐统一；平面布局应满足方便读者，便于管理，高效服务的要求，满足以开架的"查阅藏借一体化"为主的管理方式，室内空间尽量采取开敞、连贯的大空间，以便能根据事业的发展和需求的变化，灵活调整布局。

为了满足新馆基本功能对空间的需求，解决好藏书空间压力大的突出矛盾，新馆建设做了几方面的具体考虑。首先，非常用书刊不进入新馆；其次，新馆安排相当规模的密集书库增强藏书容量；第三，基本书库的楼面荷载按密集书库荷载要求设计，为今后藏书发展，可将基本书库改造成密集书库提供可能。

同时，特别强调新馆建筑的灵活性。对图书馆建筑的灵活性问题，专门进行了调查研究和分析论证。为实现灵活性我们提出新馆建筑采用同层高（净层高3.2米）、同柱网（7.5米×7.5米）、同荷载（500千帕/平方米）的先进模数式设计，并且打破传统上按部门划分空间的布局思想，强调按功能分区进行空间布局，坚持室内空间尽量采取开敞、连贯的大空间，这不仅便于根据事业的发展和需求变化，灵活调整布局，同时也减少了楼道和内墙的占用面积，大大增加了建筑的使用面积，有效保证了各种功能区的面积需求。新馆运行方案进行布局时，在开架阅览布局上能够考虑出多种组合方案。在投入使用后充分证明当初所强调的新馆建筑灵活性的正确和重要，收到了极好效果。

现代图书馆的先进性主要体现在先进的科学管理思想和现代化的高新技术装备上。而先进的装备和技术是先进的科学管理思想得以贯彻和实施的保证。环境的舒适性是现代图书馆人文精神和文化建筑特质的突出体现。舒适环境的创造，除需充分运用设计、装修和借助自然环境等手段外，更需要技术装备的必要支持。因此，在新馆的立项和工程实施过程中，我们一直非常重视提高新馆的技术含量和所采用技术的先进性。在充分考虑为满足读者多元化信息需求而采用各种现代技术的服务手段（计算机检索馆藏资源、网络数据库查询与全文阅览、获取，声像多媒体视听、缩微阅览等）和建立功能强大的计算机网络系统的同时，建筑智能化系统是新馆技术先进性和环境舒适性所考虑的重要内容之一。中国科学院图书馆新馆的建筑智能化系统在新馆建成后的多年中，成为后续图书馆建设参考的典范。

我们认为新馆建设中实现建筑智能化系统，旨在利用现代计算机技术、控制技术、通信技术和相应设备的有机结合，提高建筑物运行、管理、安防及信息服务等方面的自动化程度，在为读者和工作人员提供安全、高效、舒适、便利的学习和工作环境的同时，实现节约能耗、降低人工成本、提高管理效率的目的。

在进行大量调查研究的基础上，我们提出新馆建筑智能化系统要整体优化，既满足功能要求，又充分发挥各种设备的功能和作用。建筑智能化系统的实现要遵循实用性、开放性、先进性、成熟性、可靠性、可扩充性、经济性、可管理性和便于操作性的原则。新馆建筑智能化系统的内容包括：楼宇自控系统、火灾自动报警和消防联动控制系统、安保监控系统（电视监视、防盗报警、保安巡更、通道管理）、综合布线系统、公共广播系统、卫星电视接收和有线电视系统、数字程控交换机系统、一卡通系统、电子会议集成系统（视频会议、同声传译、大屏幕投影、音响扩声）、车库管理系统和集成系统。

第四节　功能布局

按照方便读者，便于管理，高效服务和开放型、多功能、现代化的建设要求，图书馆在以下几方面有一些比较突出的特点。

一、在功能空间布局方面

图书馆为到馆读者提供各种服务的主要功能空间全部集中在整座建筑中楼层最适合的二至五层，除读者研究室外，均为大面积开敞空间，并向共享中厅开放，纵向和水平的空间形态非常紧凑、简捷。供读者使用的楼梯、电梯设在中厅南侧，位于"凹"字形内拐角，最大限度地减少了读者在馆内垂直和水平方向的行走距离。7.5 米×7.5 米的柱网间距符合各种书刊架和阅览座位布置的最佳模数要求，并为满足各种布置提供了极大的灵活性。

图 15 – 9　中国科学院文献情报中心开架阅览区

二层以中厅为中心，周边布置联机书目检索、网络信息服务、电子文献阅览、多媒体资料视听、闭架藏书外借出纳台以及面向社区服务的公共科普文化阅览等多项功能空间，同时具有读者接待、咨询和导读功能。三—五层为印刷型文献开架阅览区，近400个阅览座位全部在南、北、东三个方向沿窗设置，并在三、四层设有单人、多人研究室30间。各种印刷型文献按读者使用习惯、使用频率和文献类型自下而上分区布置为自然科学中外文期刊阅览区、自然科学中外文图书阅览区、参考阅览区、中外文社会科学书刊阅览区、中科院院士文库以及图书馆学、情报学阅览区等。整体空间分区和布局具有层次上的逻辑性和从一般到特殊的哲理性。

功能完善、设施齐全的学术交流区集中布置在一层西北段。独立的出入口内，一条长近40米、宽7米、高约9米的展廊将300座位的学术报告厅、200平方米的多功能厅和300平方米的院士厅连成整体。与大多图书馆的学术交流区完全独立于读者服务区所不同的是，展廊尽头的直通大楼梯和展廊南侧的二层回廊与二层中厅相连，形成流通空间，在保证学术交流活动不会对读者造成干扰的同时，却能使读者在不经意中，感受到另一个活动空间的存在，并为"科学人文"的展廊艺术装饰或不断变换更新的展示内容所吸引。

图15－10　中国科学院文献情报中心学术交流区

新馆的专门藏书空间位于开架阅览区的上下两端。地下一层为2000平方米的密集书库，其中约2/3是"平战结合"的人防工程。六、七层北侧各设1000平方米的基本书库一个。所有藏书空间与开架阅览区由专用的垂直送书电梯上下连通。在藏书空间极其有限的情况下，六、七层书库也按密集书库荷载设计，先按普通书库摆放书架，以后视馆藏的增加可改造成密集书库。

二、在方便读者和开放服务方面

新馆强调服务的开放性，首先体现在读者活动空间的全方位开放上，目的就在于最大限度地方便读者。

新馆开架阅览区查、阅、藏、借一体化的管理方式，为读者营造出"人在书中，书傍人旁"的"知识超市"氛围。分布在各阅览区的书目检索终端、供读者自行服务的复印设备、"一站式"咨询服务方式，使读者在开架阅览的每一楼层、每个区域都能就近得到便利的全套服务。即使在印刷型文献阅览区，阅览座位近旁都设有网络信息端口和电源插座，为读者使用自带便携式电脑提供便利。

新馆内专门设计的导引标识系统，如同为中科院图书馆这部鸿篇巨著编制的目录和索引，把图书馆的一个个"章节"，准确地揭示在读者面前。

新馆开馆后的前几年，二层大厅内百余台计算机可让读者跨越图书馆的有限空间，到更广阔的信息海洋去畅游。多媒体视听服务既设有可容纳40多人的集体视听室，也提供互不干扰的视频点播（VOD）方式的个人欣赏。随着网络化数字文献资源的大量引进和科研用户利用资源方式的变化，中科院文献情报中心提出了"资源到所，服务到人"的资源建设和服务转型要求，并取得重要成效。到馆利用资源和获得服务的读者显著减少，图书馆"阵地服务"的空间需求相应缩减。2016年新馆二层改造成为了中国科院院院史馆，主要用于展示中科院的科研创新成就等。

位于二层中心庭院西侧的半圆形钢结构玻璃咖啡厅，可为来此小憩的读者提供茶点和休闲服务。

作为一个多功能的现代化科学图书馆，新馆的学术交流空间，包括学术报告厅、院士厅、多功能厅和展廊等也将向全社会开放，可供举行各种学术报告会、信息发布会、新技术新产品展示会、院士生平事迹展览、科学成就和科普展览等活动。

开放时间是检验图书馆服务开放性的又一重要指标。中国科学院图书馆已经基本完成了在新馆硬件平台上的业务重组和机制创新，新馆开馆后，将最大限度地延长开馆时间。

随着现代计算机技术和网络通信技术的发展和广泛应用，现代图书馆跨时空开放已成为现实。中国科学院图书馆新馆通过网络系统功能和结构的合理构建，通过图书馆自动化集成信息系统的研究与开发，为读者提供馆藏信息资源的查询，并借助 Internet 网络，向读者提供网络资源门户导航、Internet 信息资源检索、即查即得的全文获取、频道推送、专题追踪、新闻发布、科技论坛等信息服务。同时，通过网上信息资源的搜索、发掘、组织、加工和整理，形成特色虚拟馆藏，全天候地为读者和广大用户提供最新科技信息，实现图书馆服务开放的时空跨越。

三、在创造舒适、美观的环境方面

人类已进入 21 世纪，图书馆建筑已不再是简单地为书安排个地方而设计的。中国科学院图书馆新馆在环境创造上，体现了"以人为本"的设计理念。

室外环境强调与科学主题广场的关系。建筑的形态结合绿化和广场雕塑，层次分明地展现了空间视觉的良好效果。从科学广场、内庭院到气势恢宏的中厅，形成了东西贯通的连续空间，读者在楼内的大厅、阅览区、甚至站在大厅的观光电梯中，都可以享受到室外的绿色、阳光和空气。

新馆的室内环境刻意在视觉环境、听觉环境和空气环境等方面努力为读者创造宁静和典雅的气氛。室内环境室外化的装修手法，使读者置身室内却有如在室外回归自然的感觉。新馆的阅览空间和基本书库均有良好的自然采光。背景音乐系统将定时播放轻松典雅的背景音乐，使读者和管理人员能在一个静和雅的环境中学习和工作。舒适性中央空调系统将带给读者一个清新舒适的空气环境。开架阅览区钢木结合的书刊架和阅览家具，木制构件均采用天然木材贴面，颜色庄重、和谐；另有读者休息座位和绿色植物点缀其中，更增添了温馨、亲切、自然的韵味。

图书馆的艺术装饰，内容以"科学、人文"主题为主，表现形式既有抽象的壁饰，又有具象的雕塑，既有传统的中国大漆，又有人造水晶和光导纤维等现代技术的运用，合理地利用空间，给人一种在凝固的空间里似乎流动着艺术化的科学文化历史，又仿佛要告诉人们，这里的每一页纸都记录了人类的文明，记载着科学进步的历程，令人崇敬，令人遐想。

四、在现代化技术应用方面

一座面向 21 世纪的现代化科学图书馆，仅有良好的建筑空间而缺少配套

的各种现代化信息技术设施，是难以发挥其各种功能的。21 世纪图书馆的先
进性主要体现在先进的科学管理思想和现代化的高新技术装备上，而先进的装
备和技术是先进的科学管理思想得以贯彻和实施的保证。为此，新馆建筑非常
重视技术的先进性。

建筑智能化系统是技术先进性所考虑的重要内容之一。新馆建筑智能化系
统的设计坚持了实用性、开放性、先进性、可靠性和经济性相结合的原则，内
容包括了楼宇自控系统、火灾自动报警和消防联动控制系统、安保监控系统、
综合布线系统、公共广播系统、卫星电视接收系统、数字程控交换机系统、一卡
通系统、电子会议系统、车库管理系统，并实现了基于楼控系统的系统集成。

为了建设优化配置、高质量的文献资源体系，提供前瞻、及时的信息服
务，实现对国家和科学院的科学研究可持续创新能力和传播现代化科学文明的
强大信息支撑，新馆将努力构筑先进、高效的网络信息平台。图书馆网络信息
系统定位为：（1）支撑新馆业务管理自动化的局域网；（2）提供新馆局域网与
Internet 的互联，为 Internet 用户访问和利用新馆资源和服务提供保障；（3）为
新馆访问 Internet 和挖掘 Internet 信息资源提供保障；（4）为实现院内外资源
共享提供网络支持等。新馆网络系统的建设将为实现图书馆的动态信息管理、
Internet 服务、查询服务、电子阅览、业务及行政管理等功能提供先进、有效
的网络环境。

新馆集成信息系统为美国 Innovative Interfaces 公司新一代大型图书馆自动
化系统—MILLENNIUM 系统。在新系统上对原有的采访、编目、流通、检索等
功能模块进行优化改进的同时，着重对数据库建设与服务、Internet 网络信息
资源开发利用以及网站建设与服务等适应最先进的信息服务功能模块进行研制
和开发，以期把中国科学院图书馆逐步建成拥有丰富多载体信息资源、支持普
遍存取、分布式管理、集成服务的国家科学数字图书馆。

第五节　使用评价

图书馆建筑采用同层高（净层高 3.2 米）、同柱网（7.5 米×7.5 米）、同
荷载（500 千帕/平方米）的先进模数式设计，坚持室内空间尽量采取开敞、
连贯的大空间，使得建筑空间具有极大的灵活性。新馆投入使用后，随着图书

馆业务功能的发展和对空间需求的变化，中科院文献情报中心对新馆空间功能和布局进行了多次调整，建筑空间的灵活性优势得到充分体现。

新馆二至六层的中厅，对着"凹"字形庭院的西立面采用点式玻璃幕墙，屋顶采用与幕墙相同的玻璃结构，宽敞明亮。置身其中，感觉舒畅。但六层部分办公空间开窗在中厅玻璃屋顶下，中厅产生的热气聚集效应（厅内热空气上升到顶部聚集在玻璃屋顶下），对六层办公空间开窗空气流通和室内温度造成一定影响。且玻璃幕墙和玻璃屋顶的清洗保洁都一定难度。

常言道，建筑是凝固的艺术，也是遗憾的艺术。这说明任凭建筑师和建设者们想象得如何周到，总会给使用者留下某些难以弥补的缺憾，哪怕是成功的作品。但凭借全馆的智慧对新馆运行这一软件平台进行周密设计，依靠全体员工的勤奋工作和热情服务，一定能使中科院图书馆新馆这一科学殿堂焕发出耀眼的光彩。

参考文献：

[1] 新世纪的科学图书馆——中国科学院图书馆新馆拾零. 图书情报工作，2002（6），12-14.

[2] 中国科学院图书馆新馆的建筑智能化系统. 大学图书馆学报，2000（6），16-20.

[3] 戴利华. 塑造新世纪科技图书馆建筑的新形象. 1999海峡两岸图书馆建筑研讨会论文集. 台北：教育资料与图书馆学季刊社，1999.

[4] 现代图书馆建筑的灵活性. 图书情报工作1997（12），43-45.

[5] 林贤光. 智能建筑 — 建筑发展的必然趋势和进步的标志. 智能建筑技术. 1999（1）：10-13.

[6] 华东建筑设计研究院编著. 智能建筑设计技术. 上海：同济大学出版社，1996.

[7] 中国工程建设标准化协会通信工程委员会编. 建筑与建筑群综合布线系统工程设计规范. 北京：中国工程建设标准化协会，1997.

[8] 旧金山公共图书馆新馆建筑. 图书情报工作，1999（6），59-61.

[9] 面向21世纪的电子图书馆：纽约公共图书馆的科学、工业与商业图书馆. 图书情报工作，1998（9），60-61.

（执笔人：郑建程）

附录一 改革开放以来副省级以上、省会城市 公共图书馆新建、改扩建项目调查汇总表（已完工项目）

单位名称	时间*（年）			项目名称	项目建设类型（新建/改扩建）	新建/改扩建面积（平方米）	投资金额（万元）**	
	开工时间	竣工时间	开放时间				核定总投资	决算总费用
国家图书馆	1983	1987	1987	北京图书馆新馆建设工程	新建	142162	29108	28069
	2010	2014	2014	国家图书馆一期维修改造工程	改扩建	170000（其中新增面积30000）	69288	/
首都图书馆	1997	2000	2001	首都图书馆新馆工程	新建	37033	/	28000
	2009	2011	2012	首都图书馆二期工程	新建	57000	46061	46000
天津图书馆	1987	1991	1991	天津图书馆复康路建设工程	新建	28819.91	4315	/
	2006	2009	2009	天津图书馆复康路馆舍改造项目	改建	0（无新增面积）	3500	4059.03
天津市少年儿童图书馆	2014	2014	2014	天津市少年儿童图书馆新址装修改造工程	改扩建	9900	531	555.05

（续表）

单位名称	时间*（年）			项目名称	项目建设类型（新建/改扩建）	新建/改扩建面积（平方米）	投资金额（万元）**	
	开工时间	竣工时间	开放时间				核定总投资	决算总费用
河北省图书馆	1983	1987	1987	河北省图书馆新馆工程	新建	28605	960	920
	2007	2011	2011	河北省图书馆改造工程	改扩建	50606	31772.78	31397.18
石家庄市图书馆	1988	1991	1991	石家庄市图书馆建设工程	新建	11300	/	732.60
	2006	2008	2008	石家庄市图书馆改扩建工程	改扩建	161700（其中新增面积3000）	/	3709.60
山西省图书馆	2008	2012	2013	山西省图书馆长风馆工程	新建	49865.70	36319	36973.70
太原市图书馆	2014	2017	2017	太原市图书馆改扩建工程	改扩建	56066	55460	/
内蒙古自治区图书馆	1995	1997	1998	内蒙古自治区图书馆建设工程	新建	21350.08	4762	4762
	2008	2009	2009	内蒙古自治区图书馆一期改扩建工程	改扩建	7090.26	6208	/
	2014	2015	2015	内蒙古自治区图书馆外服务设施建设工程	扩建	6625.76	1300	1300
呼和浩特市图书馆	1985	1990	1990	呼和浩特市图书馆新馆建设工程	新建	8000	400	/
	2015	2015	未闭馆	呼和浩特市图书馆维修改造工程	改建	约1000	115.81	/
	2016	2017	2017	呼和浩特市图书馆维修改造工程	改建	约3200	358.67	/
	2018	2018	2018	呼和浩特市图书馆维修改造工程	改建	约2800	571.49	/

（续表）

单位名称	时间*（年）			项目名称	项目建设类型（新建/改扩建）	新建/改扩建面积（平方米）	投资金额（万元）	
	开工时间	竣工时间	开放时间				核定总投资	决算总费用**
辽宁省图书馆	1989	1997	1998	辽宁省图书馆新馆建设工程	新建	32000	6259	/
	2011	2014	2015	辽宁省图书馆新馆（浑南）建设工程	新建	103180	84000	/
沈阳市图书馆	1987	1991	1992	沈阳市图书馆新馆建设工程	新建	12000	/	/
	2004	2005	2005	沈阳市图书馆新馆建设工程	新建	39629	11017	11159.90
大连图书馆	1985	1989	1990	大连市图书馆新馆舍建设工程	新建	25000	2100	/
	1999	2000	2000	大连市图书馆馆舍改扩建工程	改扩建	40000（其中新增面积7000，改造装修部分面积33000）	5500	/
吉林省图书馆	2010	2013	2014	吉林省图书馆异地新建项目	改扩建	53713	54900	54900
长春市图书馆	1989	1992	1992	长春市图书馆异地新建工程	新建	16521.07	/	3143
	2003	2004	2004	长春市图书馆扩建工程	改扩建	24757.07（其中新增面积6036）	1754.90	/
	2007	2008	2009	长春市图书馆铁北分馆新建工程	新建（代建）	8028	4477.66	/

（续表）

单位名称	时间*（年）			项目名称	项目建设类型（新建/改扩建）	新建/改扩建面积（平方米）	投资金额（万元）**	
	开工时间	竣工时间	开放时间				核定总投资	决算总费用
黑龙江省图书馆	2000	2003	2004	黑龙江省图书馆新馆工程	新建	34530	17050	17050
哈尔滨市图书馆	1986	1990	1991	哈尔滨市图书馆新建工程	新建	17502	/	/
	2003	2004	2004	哈尔滨市图书馆扩建工程	扩建	11823	/	/
上海图书馆	1993	1997	1996	上海图书馆新馆工程	新建	83251	27306	63506
	1986	1988	1989	上海图书馆龙吴路书库工程	新建	9949	1000	935
	1998	1999	1999	上海图书馆航头书库工程	新建	5319	800	785
	2009	2010	2011	上海图书馆航头藏书楼工程	新建	7731	2751	2882
	2009	2012	2012	上海图书馆广场地下设施工程	新建	2882	2909	2832
南京图书馆	2003	2006	2007	南京图书馆新馆建设工程	新建	77860	70000	70000
金陵图书馆	2005	2009	2010	金陵图书馆新馆建设工程	新建	25165	17600	/

（续表）

单位名称	时间*（年）			项目名称	项目建设类型（新建/改扩建）	新建/改扩建面积（平方米）	投资金额（万元）**	
	开工时间	竣工时间	开放时间				核定总投资	决算总费用
浙江图书馆	1996	1998	1998	浙江图书馆新馆工程	新建	34007.25	12441	/
杭州图书馆		1985	1985	杭州图书馆浣纱馆建项目	新建	5228.46	145	/
	2012	2013	2013	杭州图书馆浣纱馆改造工程	改扩建	改建面积为3996	1580	1585.95
			2008	杭州图书馆中心馆工程	新建	43860	/	/
杭州少年儿童图书馆	1998	1999	1999	杭州少年儿童图书馆新馆工程	新建	5695	1485.70	1014
	2010	2012	2012	少儿图书馆改造工程	改建	5695	1756	1327
宁波市图书馆	1987	1988	1988	宁波市图书馆工程	新建	7259	500	536
	2001	2002	2002	宁波市图书馆扩建工程	改扩建	3552	700	1206
	2010	2012	2012	宁波市图书馆扩建阅览室工程	改扩建	544	430	428
	2015	2018	2018	宁波市图书馆新馆工程	新建	31793	24938	/
安徽省图书馆	1974	1980	1980	安徽省图书馆图书馆车楼建设工程	新建	7660	/	/
	1998	2002	2003	安徽省图书馆新馆扩建工程	改扩建	22236.70	/	7264

（续表）

单位名称	时间*（年）			项目名称	项目建设类型（新建/改扩建）	新建/改扩建面积（平方米）	投资金额（万元）**	
	开工时间	竣工时间	开放时间				核定总投资	决算总费用
合肥市图书馆	1998	2001	2003	合肥市图书馆新馆建设工程	新建	15000	8000	/
福建省图书馆	1990	1995	1995	福建省图书馆新馆工程	新建	22500	4650	4650
福建省少年儿童图书馆	2009	2011	2011	福建省少年儿童图书馆建设工程	新建	17938	14500	14500
厦门市图书馆	1989	1991	1991	厦门市图书馆综合楼建设工程（公园南路）	新建	4410	/	462
	1992	1994	1994	中山图书馆（鼓浪屿分馆）改建工程	改扩建	1520	/	204
	2004	2006	2007	厦门市图书馆新馆建设工程（体育路95号）	新建	25732	10777.40	/
	2011	2017	2018	厦门市图书馆集美新馆（诚毅图书馆）建设工程	新建	59968	57000	71000
厦门市少年儿童图书馆	1985	1986	1986	厦门市少年儿童图书馆	改建	1768	华侨郑中益先生私人商城捐赠	/
	1998	2000	2001	厦门市少年儿童图书馆新馆工程	新建	5031	503.25	503.25
	2007	2009	2009	厦门图书馆旧馆改为厦门市少年儿童图书馆	改建	5075	100	100
福州市图书馆	2012	2016	2017	福州市图书馆新馆建设工程	新建	58000	/	40000

（续表）

单位名称	时间*（年）			项目名称	项目建设类型（新建/改扩建）	新建/改扩建面积（平方米）	投资金额（万元）	
	开工时间	竣工时间	开放时间				核定总投资	决算总费用**
江西省图书馆	2016	2019	2020	江西省图书馆新馆建设工程	新建	96247.47	96235.01	／
山东省图书馆	1995	2002	2002	山东省图书馆新馆建设工程	新建	62000	17333	17315
	2013	2015	2016	山东省少年儿童图书馆加固整修工程	改建	5637.80	2200	2400
济南市图书馆	1983	1986	1987	济南市图书馆新馆建设工程	新建	9000	974.65	974.65
	2010	2013	2013	济南市省会文化艺术中心（济南市图书馆）工程	新建	40593（未包含配建面积17870）	56200	56200
青岛市图书馆	1986	1989	1991	青岛市图书馆扩建工程	改扩建	8769	500	／
	1998	2001	2002	青岛市图书馆第二期扩建工程	改扩建	26000（其中新增面积17000）	7500	／
河南省图书馆	1985	1988	1989	河南省图书馆新馆建设工程	新建	29500	1680	1680
河南省少年儿童图书馆	2010	2012	2013	河南省少年儿童图书馆续建工程	新建	12129.50	3896（土建）4100（装修）	捐赠工程
郑州图书馆	1991	1994	1994	郑州市图书馆建设工程（大石桥）	新建	11240	992	913
	2009	2012	2013	郑州图书馆新馆建设工程（郑东新区）	新建	72095	60989	56179

（续表）**

单位名称	时间*（年）			项目名称	项目建设类型（新建/改扩建）	新建/改扩建面积（平方米）	投资金额（万元）	
	开工时间	竣工时间	开放时间				核定总投资	决算总费用**
湖北省图书馆	1973	1980	1980	十层书库大楼工程	新建	5825	120	/
	1986	1993	1993	扩建工程	改扩建	17671	2298.84	/
	2008	2012	2012	湖北省图书馆新馆建设工程	新建	102300	77983.29	81561.12
武汉图书馆	1997	2000	2000	武汉图书馆新馆工程	新建	32975	15000	15000
湖南图书馆	1979	1984	1984	湖南图书馆新馆建设工程	新建	22900	973.45	973.45
	1995	1996	1996	综合服务楼	新建	2300	200	200
	2002	2004	2004	湖南图书馆培训楼	新建	6700	1000	1000
湖南省少年儿童图书馆	1988	1991	1992	湖南省少年儿童图书馆阅览大楼建设工程	新建	5753.75	441.82	/
长沙市图书馆	2008	2014	2015	长沙图书馆新馆建设工程	新建	31314	45000	/
广东省立中山图书馆	2005	2011	2010	广东省立中山图书馆改扩建项目一期工程	改扩建	76207.45（其中新增面积39346）	39363	/
广州图书馆	2006	2012	2012	广州新图书馆新馆建设工程	新建	98177.84	131450	/
广州少年儿童图书馆	1996	1996	1996	广州少年儿童图书馆改建工程	改扩建	4500	230.80	/
	2006	2008	2008	广州少年儿童图书馆海珠分馆改建工程	改扩建	4500	1350	/
	2013	2015	2015	广州少年儿童图书馆新馆改造	改扩建	18000（其中改造面积15000）	2238.81	/

（续表）

单位名称	时间*（年）			项目名称	项目建设类型（新建/改扩建）	新建/改扩建面积（平方米）	投资金额（万元）**	
	开工时间	竣工时间	开放时间				核定总投资	决算总费用
深圳图书馆	1980	1986	1986	深圳图书馆新馆建设工程	新建	12878	/	1957.83
	1998	2006	2006	深圳图书馆	新建	49589	/	60380
深圳少年儿童图书馆	2007	2008	2008	深圳少年儿童图书馆改建工程	改扩建	15600（其中新建地下车库面积1600）	6974	6930
广西壮族自治区图书馆	1981	1984	1984	广西壮族自治区图书馆建设工程	新建	18431	245	272
	2002	2004	2004	广西壮族自治区图书馆扩建改造工程	改扩建	31576	5000	4898
	2014	2018	2018	广西壮族自治区图书馆地方民族文献中心建设工程	新建	23506.83	13411.42	/
广西壮族自治区桂林图书馆	2010	2014	2016	广西壮族自治区桂林图书馆建设项目	新建	31500	16195.33	27453.40
		1990	1991	广西壮族自治区桂林图书馆安新分馆	新建	12556.36	/	922.66
南宁市图书馆	2016	2018	2018	南宁市图书馆新馆项目	新建	36127	/	41758.26
海口图书馆	1984	1986	1986	海口图书馆建设工程	新建	4000	157	157
重庆图书馆	2005	2007	2007	重庆图书馆新馆建设工程	新建	50381	29200	29218.94
四川省图书馆	2011	2015	2015	四川省图书馆新馆建设工程	新建	52000	49000	/

（续表）

单位名称	开工时间	竣工时间	开放时间	项目名称	项目建设类型（新建/改扩建）	新建/改扩建面积（平方米）	核定总投资	决算总费用**
成都图书馆		2004	2004	成都图书馆新馆建设工程	新建	19873	/	/
贵阳市图书馆	1994	1996	1996	贵阳市图书馆新馆建设工程	新建	10421	1640	1640
云南省图书馆	1998	2003	2004	云南省图书馆新馆改扩建工程	改扩建	32600	15000	15000
昆明市图书馆	1985	1987	1987	昆明图书馆新馆建设工程	新建	7046.60	377	/
昆明市图书馆	2006	2006	2007	昆明图书馆改造装修工程	改扩建	682.60（新增面积）	900	1200
西藏自治区图书馆	1991	1996	1996	西藏自治区图书馆新建工程	新建	11000	1843	/
西藏自治区图书馆	2015	2016	2016	西藏自治区图书馆改扩建工程	改扩建	14000（其中新增面积3000）	1800	/
陕西省图书馆	1996	2000	2001	陕西省图书馆新馆建设工程	新建	47000	16000	/
西安图书馆	1997	2000	2000	西安图书馆	新建	14366	/	3723.24
甘肃省图书馆	1983	1986	1986	甘肃省图书馆新馆建设工程	新建	18000	/	1108.71
甘肃省图书馆	2003	2004	2004	甘肃省图书馆综合业务楼	改扩建	3839	527	673
甘肃省图书馆	2002	2005	2005	文溯阁《四库全书》藏书库	新建	6160	2956.58	4211.90
兰州市图书馆	1996	1997	1997	兰州市图书馆新馆建设工程	新建	8318	1103	/

（续表）

单位名称	时间*（年）			项目名称	项目建设类型（新建/改扩建）	新建/改扩建面积（平方米）	投资金额（万元）**	
	开工时间	竣工时间	开放时间				核定总投资	决算总费用**
兰州市少年儿童图书馆	1988	1991	1992	兰州市少儿图书馆新馆建设工程	新建	1129	195	/
青海省图书馆	1993	1996	1997	青海省图书馆新馆一期工程	新建	19000	/	2424.30
	2015	2016	2016	青海省图书馆新馆改扩建工程	改扩建	24000（其中新增面积5000）	/	/
宁夏回族自治区图书馆	2006	2008	2008	宁夏回族自治区图书馆建设项目	新建	33242	24506.48	21636.57
	2016	2016	2016	宁夏回族自治区图书馆提升综合服务能力项目	改建	0	1200	/
银川市图书馆	1986	1988	1988	银川图书馆建设工程	新建	3660	271.30	/
	2000	2000	2001	银川市图书馆二期	改扩建	2320	163	/
乌鲁木齐市图书馆	2003	2005	2005	乌鲁木齐市博物馆、图书馆建设工程	新建	11490	3000（两馆）	3000（两馆）

* 根据实际情况填写三个时间节点，如果尚未开放的，可填写预计开放时间。

** 原则上优先填写"决算总费用"，如没有此数值，填写"核定总投资"。

附录二 改革开放以来副省级以上、省会城市公共图书馆新建、改扩建项目调查汇总表（已批准立项、在建或待建项目）

单位名称	时间*（年）		项目名称	项目建设类型（新建/改扩建）	设计面积（平方米）	计划总投资（万元）
	批准立项时间	开工时间				
首都图书馆	2019	截至2019年3月尚未开工	城市副中心图书馆项目	新建	75000	/
石家庄市图书馆	2015	2016	石家庄市图书馆正定新区馆工程	新建	55000	45008
山西省图书馆	2014	2018	山西省少年儿童图书馆修缮项目	新建	6235.88	3996.81
山西省图书馆	2014	2016	山西省古籍保护中心改造项目	改扩建	8407.30	4962.18
呼和浩特市图书馆	2017	2017	呼和浩特市图书馆新馆工程	新建	35000	52500
大连图书馆	2015	2015	新建大连图书馆普湾新区分馆	新建	40000	40272
上海图书馆	2014	2018	上海图书馆航头保存本书库	新建	9600	4015
上海图书馆	2016	2017	上海图书馆东馆项目工程	新建	114951	282589.60
上海少年儿童图书馆	2017	2019	上海少年儿童图书馆新馆建设工程	新建	15848.69	34808.73

（续表）

单位名称	时间*（年）		项目名称	项目建设类型（新建/改扩建）	设计面积（平方米）	计划总投资（万元）
	批准立项时间	开工时间				
浙江图书馆	2016	2019	浙江省之江文化中心项目（浙江图书馆新馆）	新建	85000	72000（此数据为项目部预计用于浙江图书馆新馆建设的金额，非整个文化中心的投资金额）
合肥市图书馆	2017	2019	合肥市中心图书馆工程	新建	66000	80200
福建省图书馆	2015	2018	福建省图书馆改扩建工程项目	改扩建	41600（其中新增面积17800）	20900
湖南图书馆	立项审批中	待定	湖南图书馆新馆建设工程	新建	82000	89872.50
广东省立中山图书馆	2013	2018	广东省立中山图书馆改扩建项目二期工程	改建	12350.50	3134
深圳图书馆	2013	2013	深圳第二图书馆	新建	69012	120000
海南省图书馆	2017	待定	海南省图书馆二期工程项目	改扩建	40600	28000
贵州省图书馆	2018	2019	贵州省图书馆异地扩建项目	异地扩建	54000	52500
贵阳市少年儿童图书馆	2018		贵阳市少年儿童图书馆（贵阳市中小学课外教育基地）建设项目	新建	15590	22062
陕西省图书馆	2013	2016	陕西省图书馆扩建工程	异地扩建	81900	65120
甘肃省图书馆	2013	2015	甘肃省图书馆二期扩建项目	改扩建	26000	21500
银川市图书馆	2018	2019	银川市图书馆建设工程	新建	39542.03	35653.58
新疆维吾尔自治区图书馆	2013	2015	新疆维吾尔自治区图书馆二期改扩建工程	改扩建	56355.60（其中新增面积28800）	30778

后 记

　　本书是国家图书馆研究院组织编纂的系列蓝皮书——《中国图书馆事业发展报告》的第7卷，以"图书馆建筑"为主题，主要研究改革开放以来我国图书馆建筑理念的变化、建筑功能的拓展、建筑空间布局的优化，并对一些代表性图书馆建筑进行案例分析。

　　参与本书编纂工作的既有来自教育科研机构的研究专家，也有长期从事图书馆工作的管理与业务骨干。第一章"改革开放以来我国图书馆建筑发展总论"为总报告，由国家图书馆研究院院长申晓娟负责，刘英赫、李丹、张若冰参与执笔。第二章至第四章为专题报告，第二章"图书馆建筑理念的变化"由东南大学教授、东南大学图书馆原馆长顾建新负责，周建屏、尹良伟参与执笔；第三章"图书馆建筑设计与功能布局"由上海图书馆陈超馆长负责，马春、曲蕴、吴磊、王晓樱参与执笔；第四章"图书馆空间再造与创新"由华南师范大学教授、华南师范大学图书馆原馆长高波负责，汤正午、石剑兰、杜琪、胡华玲参与执笔。第五章至第十五章为案例研究，第五章"国家图书馆白石桥馆舍"由国家图书馆高级工程师胡建平负责和执笔；第六章"湖北省图书馆"由湖北省图书馆副馆长谢春枝负责，杨萍参与执笔；第七章"江西省图书馆"由江西省文化和旅游厅公共服务处处长（江西省图书馆原馆长）陶涛负责，喻至勇参与执笔；第八章"广州图书馆"由广州图书馆办公室张伟负责，肖秉杰参与执笔；第九章"太原市图书馆"由山西省图书馆馆长（太原市图书馆原馆长）郭欣萍负责，太原市图书馆冯芳参与执笔；第十章"天津滨海新区图书馆"由天津滨海新区图书馆副馆长刘秀峰负责，黄芳参与执笔；第十一章"上海杨浦区图书馆"由上海市杨浦区图书馆副馆长赵彦静负责，陈晨、陈莉华、杜超瑜参与执笔；第十二章"清华大学图书馆"由清华大学图书馆原馆长邓景康负责，董锦、刘宇婧、庄玫、韦庆媛参与执笔；第十三章"汕头大学图书馆"由汕头大学图书馆唐光前负责，谢芦青参与执笔；第十四章"山东交通学院无影山校区图书馆"由山东交通学院图书馆张悦霞负责和执笔；第十五章"中国科学院文献情报中心"由中国科学院文献情报中心研究馆员郑建程负责和执笔。文后附录由国家图书馆研究院副研究馆员刘英赫、馆员桑泽轩整理。全书策划、组织及统稿修改等工作由国家图书馆研究院统筹，国家图书馆研究馆员卢海燕为稿件最终审定提供了专业意见。

自 2018 年 12 月编纂工作启动以来，编写组全体成员为本书付梓出版投入了巨大热情，付出了辛勤劳动，特别是克服了新冠肺炎疫情爆发给调查研究工作带来的诸多不便，对书稿中所涉及数据、资料多方求证，力求精确完备，确保了书稿的高质量交付。负责案例研究部分的 11 家图书馆，在精心撰写报告以外，还为本书编纂提供了设计图纸、建筑外观、内部空间等图片资料。附录部分收录的全国 72 家副省级以上城市和省会城市公共图书馆新建、改扩建项目信息，均由各馆应邀提供，并协助我们做了反复细致核校，一些图书馆改扩建工程在本书初稿草成之后竣工，有关数据信息也随之作了及时更新调整。本书收录的所有图片资料均获得有关单位及个人授权。在此，谨向所有给予我们无私支持与帮助的同仁、朋友们致以最诚挚的谢意！

国家图书馆研究院

2022 年 6 月